一流本科专业一流本科课程建设系列教材
新工科·普通高等教育机电类系列教材

深度学习及应用

主　编　徐国艳
副主编　王章宇　周　帆
参　编　白浩杰　王爱增　赵雁雨
　　　　苑海涛

项目代码和数据集

机械工业出版社

本书内容涵盖深度学习的基础理论及前沿技术，内容循序渐进，旨在逐步提升学习者对深度学习技术的理解和应用能力。本书共 10 章，主要内容包括绪论、深度学习基础理论及实践、卷积神经网络理论及实践、基于 CNN 的目标检测算法及实践、基于 CNN 的图像分割算法及实践、循环神经网络理论及实践、注意力机制与 Transformer、生成式网络及实践、强化学习理论及实践、大模型技术及实践等。本书紧密结合产教融合与科教融汇的理念，将机械、医工、自动驾驶等领域的产业级工程项目和科研成果转化为教学实践项目，确保理论知识与实际应用的无缝对接。

本书可作为工科类专业研究生的教材，也可作为工科类专业高年级本科生的教材，还可作为有志于掌握深度学习知识的学习者的参考读物。本书配有项目代码讲解视频、部分习题参考答案，读者可扫描书中的二维码进行观看；本书提供了部分教学案例和实践项目的源代码，读者可打开书中所附链接运行或扫描内封上的二维码进行下载。本书还配有 PPT 课件、教学大纲等，免费赠送给采用本书作为教材的教师（可登录 www.cmpedu.com 注册下载）。首次使用二维码的方法请见封底有关说明。

图书在版编目（CIP）数据

深度学习及应用 / 徐国艳主编. -- 北京：机械工业出版社，2025.8. --（一流本科专业一流本科课程建设系列教材）（新工科·普通高等教育机电类系列教材）.
ISBN 978-7-111-78986-4

Ⅰ. TP181

中国国家版本馆 CIP 数据核字第 2025XB6048 号

机械工业出版社（北京市百万庄大街 22 号　邮政编码 100037）
策划编辑：宋学敏　　　　　　　责任编辑：宋学敏　李　乐
责任校对：张爱妮　张亚楠　　　封面设计：张　静
责任印制：单爱军
保定市中画美凯印刷有限公司印刷
2025 年 8 月第 1 版第 1 次印刷
184mm×260mm·15.25 印张·378 千字
标准书号：ISBN 978-7-111-78986-4
定价：49.80 元

电话服务　　　　　　　　　　网络服务
客服电话：010-88361066　　　机　工　官　网：www.cmpbook.com
　　　　　010-88379833　　　机　工　官　博：weibo.com/cmp1952
　　　　　010-68326294　　　金　书　网：www.golden-book.com
封底无防伪标均为盗版　　　机工教育服务网：www.cmpedu.com

前 言

随着人工智能技术的迅猛发展,深度学习已成为其核心推动力,深入渗透至各行各业,极大地促进了新质生产力的发展。从图像识别、语音识别到自然语言处理,深度学习技术正逐步赋予机器"理解"与"思考"的能力,为科技和社会的进步注入了新的活力。

本书采用理论与实践相结合的教学方法,全面、系统地阐述了深度学习的基本原理、卷积神经网络和循环神经网络、强化学习经典模型以及丰富的实践案例。同时,本书紧跟深度学习领域的新研究动态,介绍了大模型、注意力机制、生成式网络等前沿技术,旨在帮助读者把握深度学习的新发展趋势。

本书的特色与优势主要体现在以下几个方面。

1) 全面性与前瞻性:本书内容覆盖了深度学习系统且全面的内容,从基础理论到经典模型,再到实践应用,同时紧跟行业前沿,引入了新的研究成果,为读者提供了一个既全面又具有前瞻性的学习体系。

2) 理论与实践的深度融合:本书不仅注重理论知识的传授,更通过大量的实践项目,引导读者将所学理论应用于实际项目中,从而深化对知识的理解和应用。

3) 项目驱动式学习:本书以项目为导向,每个章节都配备了多个实践项目,这些项目旨在帮助读者将理论知识转化为解决实际问题的能力,提升学习的实用性和针对性。

期望读者通过对本书的学习,能够快速掌握深度学习技术,并在实际项目中灵活运用,为未来的科研和职业发展打下坚实的基础。

本书由北京航空航天大学徐国艳担任主编,王章宇、周帆担任副主编,参加编写的还有白浩杰、王爱增、赵雁雨、苑海涛。本书的编写得到了北京航空航天大学研究生蔡捍、王闯、张佳莹、刘星泽、刘明达、魏轩的帮助和支持,谨在此向他们表示深切的谢意。

编者在编写过程中参阅了大量教材、文件、网站资料及有关参考文献,特别是一些论述和例文,部分参考书目附于文末以供参详,但由于篇幅有限,还有一些参考书目未能一一列出,在此谨向相关作者表示谢忱和歉意。

由于编者水平有限,书中不足之处在所难免,诚望广大读者不吝赐教,提出宝贵意见。

编 者

目 录

前言

第 1 章 绪论 ························ 1
1.1 人工智能技术及其发展 ········ 1
1.2 深度学习的特点及进展 ········ 3
1.3 深度学习的框架与平台 ········ 7
1.3.1 国外深度学习框架与平台 ···· 7
1.3.2 国内深度学习框架与平台 ···· 8
习题 ·································· 9

第 2 章 深度学习基础理论及实践 ······ 11
2.1 神经网络简介 ················ 11
2.1.1 神经网络基本概念 ·········· 11
2.1.2 单层感知机 ················ 11
2.1.3 多层感知机 ················ 14
2.2 深度学习数学理论 ············ 15
2.2.1 信号前向传播 ·············· 16
2.2.2 激活函数 ·················· 17
2.2.3 损失函数 ·················· 19
2.2.4 参数优化方法 ·············· 20
2.2.5 误差反向传播 ·············· 22
2.2.6 计算图 ···················· 28
2.3 全连接神经网络实践项目 ······ 30
2.3.1 基于 MLP 的车牌识别 ······ 32
2.3.2 基于 MLP 的机械零件分类识别 ··· 34
2.3.3 基于 MLP 的自动驾驶数据集分类识别 ····················· 35
2.3.4 基于 MLP 加速生物医学成像中的图像重建 ················· 35
习题 ·································· 36

第 3 章 卷积神经网络理论及实践 ······ 38
3.1 卷积神经网络理论基础 ········ 38
3.1.1 卷积神经网络的基本结构与特点 ························ 38
3.1.2 卷积层 ···················· 41
3.1.3 池化层 ···················· 44
3.2 典型的卷积神经网络模型 ······ 46
3.2.1 LeNet ······················ 46
3.2.2 AlexNet ···················· 47
3.2.3 VGGNet ···················· 49
3.2.4 GoogLeNet ·················· 51
3.2.5 ResNet ···················· 55
3.3 卷积神经网络实践项目 ········ 57
3.3.1 基于 CNN 的斑马线检测 ···· 57
3.3.2 基于多个典型 CNN 的眼疾数据集分类识别 ··············· 58
3.3.3 基于飞桨高层 API 的交通图像分类识别 ················· 58
3.3.4 基于残差网络的自动驾驶数据集分类识别 ··············· 59
3.3.5 基于残差网络的机械零件分类 ····· 59
习题 ·································· 60

第 4 章 基于 CNN 的目标检测算法及实践 ···························· 61
4.1 目标检测概述 ················ 61
4.1.1 目标检测的基本介绍 ········ 61
4.1.2 目标检测算法的发展 ········ 62
4.1.3 数据格式与评估指标 ········ 64
4.2 两阶段目标检测算法 ·········· 66
4.2.1 RCNN ······················ 66
4.2.2 SPPNet 和 Fast RCNN ········ 68
4.2.3 Faster RCNN ················ 70
4.2.4 进阶的两阶段目标检测算法 ·· 72
4.3 单阶段目标检测算法 ·········· 73
4.3.1 YOLO 系列 ················ 73
4.3.2 SSD ························ 80
4.3.3 RetinaNet ·················· 82
4.4 Anchor Free 目标检测算法 ···· 83
4.4.1 CornerNet ·················· 83

目录

4.4.2　FCOS 和 CenterNet ·············· 85
4.5　目标检测实践项目 ······················· 86
　　4.5.1　基于 PaddleHub 预训练模型的车辆目标检测 ······················ 86
　　4.5.2　基于 YOLOv3 的自动驾驶数据集目标检测 ·················· 87
　　4.5.3　基于 YOLOv5 的机械零件数据集目标检测 ·················· 88
习题 ·· 89

第 5 章　基于 CNN 的图像分割算法及实践 ················· 91

5.1　图像分割概述 ······························· 91
　　5.1.1　图像分割的分类 ················ 91
　　5.1.2　图像分割算法的发展 ········ 91
　　5.1.3　数据格式与评估指标 ········ 94
5.2　全卷积神经网络 ··························· 95
　　5.2.1　上采样方法 ······················· 96
　　5.2.2　特征融合 ··························· 98
　　5.2.3　FCN 总结 ·························· 99
5.3　U-Net/Seg-Net ······························ 99
　　5.3.1　U-Net ································· 99
　　5.3.2　Seg-Net ···························· 100
5.4　DeepLab 系列 ····························· 101
　　5.4.1　DeepLab V1/V2 ·············· 102
　　5.4.2　DeepLab V3/V3+ ············ 105
5.5　图像分割实践项目 ····················· 109
　　5.5.1　基于 PaddleHub 预训练模型的人像分割 ························ 109
　　5.5.2　基于 DeepLab V3+的自动驾驶数据集图像分割 ········ 110
　　5.5.3　基于 PaddleX 的医学影像视盘分割 ··············· 110
　　5.5.4　基于 DeepLab V3+的机械零件数据集图像分割 ····· 112
习题 ·· 112

第 6 章　循环神经网络理论及实践 ······ 114

6.1　自然语言处理及其相关技术 ····· 114
　　6.1.1　自然语言处理的发展历程 ··· 114
　　6.1.2　词向量技术 ····················· 115
6.2　循环神经网络 ····························· 117
6.3　长短期记忆网络和门控循环单元 ······ 118

6.3.1　长短期记忆网络 ·············· 118
6.3.2　门控循环单元 ·················· 121
6.4　深度循环神经网络 ····················· 122
　　6.4.1　堆叠循环神经网络 ········ 123
　　6.4.2　深度双向循环神经网络 ···· 123
6.5　序列到序列模型 ························· 125
6.6　循环神经网络实践项目 ············· 127
　　6.6.1　使用 Gensim 库进行词向量生成 ····························· 127
　　6.6.2　基于 LSTM 的文本情感分析 ······ 128
　　6.6.3　基于循环神经网络（GRU/LSTM）的车辆轨迹预测 ····· 128
习题 ·· 129

第 7 章　注意力机制与 Transformer ··· 131

7.1　从 RNN 到 Transformer 的演进 ······ 131
　　7.1.1　循环架构的链式衰减问题 ··· 131
　　7.1.2　时序依赖与并行计算的博弈 ···· 132
　　7.1.3　编码器-解码器架构的演进 ······ 132
　　7.1.4　Transformer 的里程碑意义 ····· 134
7.2　注意力机制基础 ························· 134
　　7.2.1　注意力机制的核心思想 ···· 134
　　7.2.2　传统注意力机制 ············ 135
　　7.2.3　自注意力机制 ················ 136
7.3　Transformer 模型架构 ················ 137
　　7.3.1　Transformer 整体架构概述 ···· 137
　　7.3.2　编码器 ····························· 138
　　7.3.3　解码器 ····························· 141
　　7.3.4　位置编码 ························· 142
　　7.3.5　Transformer 的输入和输出 ···· 143
7.4　Transformer 模型训练 ················ 144
7.5　Vision Transformer 模型 ············ 145
　　7.5.1　Vision Transformer 简介 ···· 145
　　7.5.2　Vision Transformer 的整体结构 ···· 146
7.6　实践项目 ····································· 149
　　7.6.1　Transformer 注意力机制及其扩展技术实现 ·············· 149
　　7.6.2　基于 Transformer 的文本情感分析 ·················· 149
　　7.6.3　基于 ViT 的车辆图片分类 ········ 149
　　7.6.4　基于 ViT 的医学数字病理图像制片缺陷分类 ············· 150
习题 ·· 152

第8章 生成式网络及实践 ... 154
- 8.1 生成式网络概述 ... 154
- 8.2 变分自编码器 ... 155
- 8.3 生成对抗网络 ... 155
  - 8.3.1 生成对抗网络机理 ... 155
  - 8.3.2 生成对抗网络变体架构 ... 159
- 8.4 生成扩散模型 ... 162
- 8.5 基于Transformer的生成模型 ... 163
- 8.6 生成式网络实践项目 ... 164
  - 8.6.1 基于生成式网络的手写数字图片生成 ... 164
  - 8.6.2 基于生成式网络的城市驾驶场景数据生成 ... 164
  - 8.6.3 基于变分自编码器的图像生成 ... 166
  - 8.6.4 基于扩散模型的车辆图像生成 ... 167
- 习题 ... 167

第9章 强化学习理论及实践 ... 169
- 9.1 强化学习概述 ... 169
  - 9.1.1 强化学习简介 ... 169
  - 9.1.2 强化学习分类 ... 170
- 9.2 强化学习基础理论 ... 171
  - 9.2.1 马尔可夫决策过程 ... 171
  - 9.2.2 强化学习算法原理 ... 172
- 9.3 表格型强化学习方法 ... 174
  - 9.3.1 Q-learning ... 174
  - 9.3.2 SARSA ... 176
- 9.4 值函数强化学习方法 ... 178
  - 9.4.1 DQN ... 178
  - 9.4.2 DDQN ... 180
  - 9.4.3 DRQN ... 181
- 9.5 策略梯度强化学习方法 ... 182
  - 9.5.1 策略梯度计算 ... 182
  - 9.5.2 演员-评论家算法 ... 183
  - 9.5.3 近端策略优化算法 ... 185
  - 9.5.4 深度确定性策略梯度算法 ... 188
  - 9.5.5 双延迟深度确定性策略梯度算法 ... 189
  - 9.5.6 SAC ... 191
- 9.6 强化学习实践项目 ... 194
  - 9.6.1 基于Q-learning的智能体配送路径规划 ... 194
  - 9.6.2 基于DQN的智能体配送路径规划 ... 194
  - 9.6.3 基于PPO小车爬坡 ... 195
- 习题 ... 196

第10章 大模型技术及实践 ... 198
- 10.1 大模型技术概述 ... 198
  - 10.1.1 大模型的定义和分类 ... 198
  - 10.1.2 大模型技术研究进展概述 ... 200
  - 10.1.3 大模型发展中的伦理考量 ... 202
- 10.2 大模型生成技术原理 ... 203
  - 10.2.1 自回归生成机制 ... 203
  - 10.2.2 检索增强生成 ... 204
  - 10.2.3 知识处理技术 ... 206
- 10.3 大模型部署优化技术 ... 207
  - 10.3.1 模型压缩 ... 207
  - 10.3.2 稀疏架构 ... 208
  - 10.3.3 部署框架 ... 209
- 10.4 大模型提示词工程 ... 211
- 10.5 大模型训练 ... 213
- 10.6 MCP模型上下文协议 ... 215
- 10.7 大模型智能体 ... 218
  - 10.7.1 LLM Agent定义与能力 ... 218
  - 10.7.2 LLM Agent的类型与能力划分 ... 218
  - 10.7.3 智能体系统的构建流程与运行机制 ... 218
  - 10.7.4 典型智能体框架与工具生态 ... 219
- 10.8 大模型实践项目 ... 220
  - 10.8.1 大模型调用基础——文本与图像的生成方法 ... 220
  - 10.8.2 文心大模型ERNIE-4.5-VL多模态应用实践 ... 221
  - 10.8.3 文心大模型ERNIE-4.5监督微调文本生成实践 ... 221
  - 10.8.4 基于计算机视觉和大语言模型的智能停车场管理系统 ... 221
  - 10.8.5 基于DeepSeek检索增强的智能问答系统 ... 222
  - 10.8.6 基于LangChain自动驾驶决策智能体构建 ... 223
  - 10.8.7 基于大视觉语言模型的汽车驾驶场景描述 ... 226
- 习题 ... 234

参考文献 ... 236

第1章 绪 论

当前,深度学习(Deep Learning)技术已成为计算机视觉、自然语言处理等关键领域的核心技术。卷积神经网络(Convolutional Neural Network,CNN)在图像识别领域取得了显著成就,大幅提升了图像处理的效率和精度,为工业自动化、医疗诊断等行业带来了革命性的变化。循环神经网络(Recurrent Neural Network,RNN)及其变体长短期记忆(Long Short-Term Memory,LSTM)网络在自然语言处理和语音识别领域的广泛应用,不仅促进了智能客服、机器翻译等服务的广泛普及,还极大地提升了机器理解和生成语言的能力,为信息交流和处理开辟了新的路径。Transformer 和 BERT 等大模型通过其复杂的网络结构和海量的参数,能够捕捉到数据中的更深层次特征和复杂关系,从而在处理大规模数据集时展现出卓越的性能。这些技术的融合和发展,不仅标志着深度学习技术应用范围的持续扩展,而且在推动人工智能技术创新应用和提升新质生产力方面,展现出前所未有的巨大潜力。

1.1 人工智能技术及其发展

1. 人工智能技术概念

人工智能(Artificial Intelligence,AI)是一个广泛的概念,它致力于赋予机器模拟人类智能的能力,使其能够应对复杂问题或执行多样化的任务。机器学习(Machine Learning,ML)作为人工智能的一个重要分支,其核心在于通过让计算机从历史数据中学习来提升系统的性能。机器学习的研究横跨多个学科,如概率论、统计学、逼近论、凸分析、算法复杂度理论等,旨在探究如何使计算机模拟或重现人类的学习过程,以习得新知识或技能,重组现有知识体系,进而不断提高自身的性能。

神经网络,作为机器学习领域的一种重要算法,借鉴了人脑神经元的运作机制,通过由节点和连接构成的网络来处理和传递信息。深度学习则进一步深化了这个概念,通过设计和训练多层神经网络来深入学习和理解数据。深度学习虽为神经网络的一种高级形式,但仍然隶属于机器学习的范畴。因此,可以认为深度学习是神经网络的一个分支,而神经网络又是机器学习的一个子集,机器学习是人工智能的一个分支。

简而言之,这些技术之间的关系可以表示为:深度学习∈神经网络∈机器学习∈人工智能,如图1-1所示。这一层级结构展示了从人工智能到深度学习的逐级细分和专业化的过程。人工智能为计算机模拟人类智能提供了一个宏大的框架，机器学习是实现这一愿景的有效途径，而神经网络和深度学习则是机器学习领域内的具体技术与算法。

2. 人工智能技术发展历程

人工智能这一术语最早于1956年夏季，由麦肯锡（McKinsey）、明斯基（Minsky）、罗切斯特（Rochester）和香农（Shannon）等杰出科学家在美国达特茅斯学院（Dartmouth College）的一次会议中首次提出。该会议的主题是探讨"如何用机器模拟人的智能"，标志着人工智能学科的正式诞生。人工智能的研究目标旨在赋予机器人类的感官与认知能力，包括听觉（如语音识别和机器翻译）、视觉

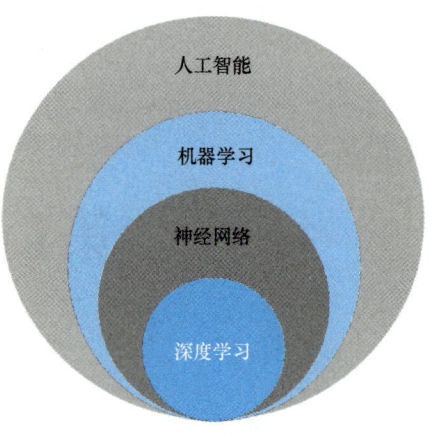

图1-1 人工智能、机器学习、神经网络、深度学习的隶属关系

（如图像识别与视频分析）、语言（如语音合成与自动问答）、思考（如人机博弈与推理求解）、学习（如知识表示）以及行动（如智能机器人与自动驾驶）等能力。

伴随着计算机技术的飞速发展和算法的持续创新，人工智能领域实现了跨越式的发展。如今，人工智能技术已深入社会各个层面，对人类的生活方式、工作模式乃至思维习惯都产生了深远的影响。

然而，人工智能的发展之路并非一帆风顺，而是一条充满曲折与挑战的道路，它经历了计算驱动、知识驱动和数据驱动三个主要阶段，如图1-2所示。

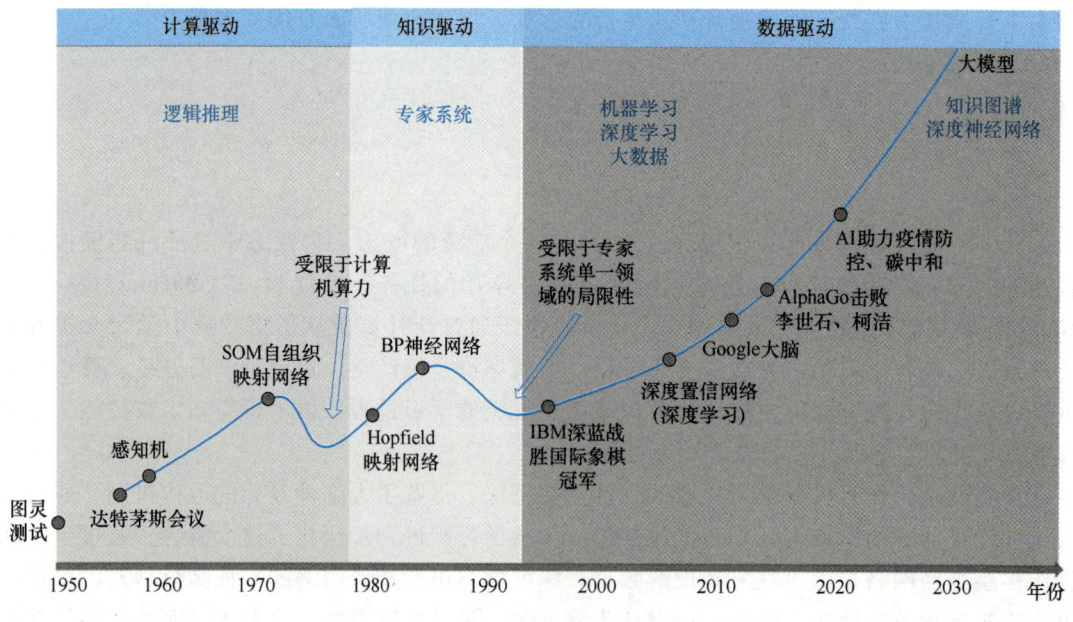

图1-2 人工智能技术发展历程

（1）计算驱动阶段 在人工智能的早期，即20世纪50—70年代，计算驱动是主要的发展动力。这一阶段的重点是探索如何通过算法和计算能力来模拟和扩展人类智能。当时的

AI研究主要依赖于计算机的计算能力和处理速度。然而，由于计算资源的限制，这一阶段的AI算法通常比较简单，应用范围也较为有限。

（2）**知识驱动阶段** 20世纪80—90年代，人工智能的发展转向了知识驱动。这一阶段的AI系统基于专家知识和规则构建，通过将人类专家的知识和经验形式化为规则或知识库，并利用推理和推断技术来解决问题。这一阶段的发展使得AI系统能够处理更复杂的任务，但仍然面临着知识获取和表达的挑战。

（3）**数据驱动阶段** 21世纪初至今，随着大数据的出现和计算能力的提升，人工智能进入了数据驱动阶段。这一阶段的代表性技术是深度学习，特别是卷积神经网络（CNN）和循环神经网络（RNN）等。这些技术能够从大量数据中自动学习和提取特征，极大地推动了图像识别、语音识别、自然语言处理等领域的发展。然而，数据驱动的方法也面临着数据质量、隐私保护和模型可解释性等挑战。

目前，人工智能正处于一个蓬勃发展的时期。特别是在深度学习技术的推动下，AI的应用领域不断拓展，性能也不断提升。但同时，人工智能的发展也面临着如何更好地融合数据和知识、提高模型的解释性和可靠性等挑战。

1.2 深度学习的特点及进展

1. 深度学习特点

深度学习，作为机器学习领域的重要分支，不仅深刻影响了机器学习的发展方向，更是推动人工智能实现的有力途径。深度学习与传统机器学习相比，其显著特点在于采用多层非线性处理单元的级联结构，以实现特征的高效提取和转换，从而进行多层次的特征表示与概念抽象的学习。深度学习免去了传统机器学习中对特征工程的依赖，实现了端到端的便捷训练，并在大数据环境下展现出显著的效果优势。

深度学习在语音识别、计算机视觉和自然语言处理等领域的卓越成就，使其更加贴近人工智能的终极目标。深度学习能够充分利用大数据的优势。传统机器学习方法在数据量达到一定规模时，其效果提升往往会放缓，而深度学习则与大数据训练更为契合，如图1-3所示。在工业界的深度学习应用中，常常涉及海量数据。例如，在机器翻译领域，可能会有上亿规模的平行语料库。这些大量的数据确实带来了更优的效果。

深度学习拥有强大的特征抽象和表示能力。深层神经网络模型的中间层能够对图像、文本、语音等信号进行特征抽象，学习到可计算的特征表示。这些中

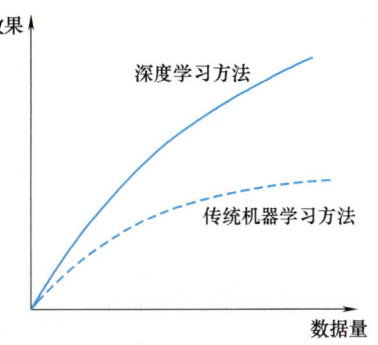

图1-3 深度学习的大数据优势

间特征表示具有广泛的通用性，使得深度学习能够更好地支持多模态学习和多任务学习，为大规模通用预训练模型的迁移学习提供了可能性。深度学习的特征表示能力同样赋予了其端到端训练的显著特性。如图1-4所示，与需要独立特征提取阶段的传统机器学习方法不同，深度学习只需输入原始的图像、语音和文本信息，即可进行直接训练。

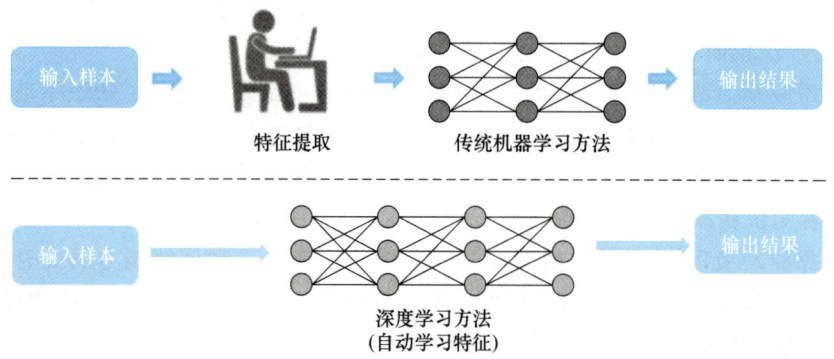

图 1-4　传统机器学习与深度学习在特征工程上的区别

2. 深度学习技术的研究进展

深度学习作为神经网络发展的一个阶段性成果，其历程与人工智能的整体发展轨迹相似，同样经历了起伏与波折，其发展历程如图 1-5 所示。大致上，神经网络的发展经历了三个阶段。第一代神经网络以单层感知机为代表，开启了神经网络研究的先河，但受限于其单层结构，无法解决非线性可分问题。第二代神经网络以浅层神经网络为代表，通过引入反向传播算法等关键技术，实现了对多层神经网络的有效训练，为后续深度学习的发展奠定了基础。第三代神经网络以深层神经网络（即深度学习）为代表，通过引入更深的网络结构和更复杂的算法，实现了对数据的更高效处理和更准确的预测，成为当前人工智能领域的主流技术。

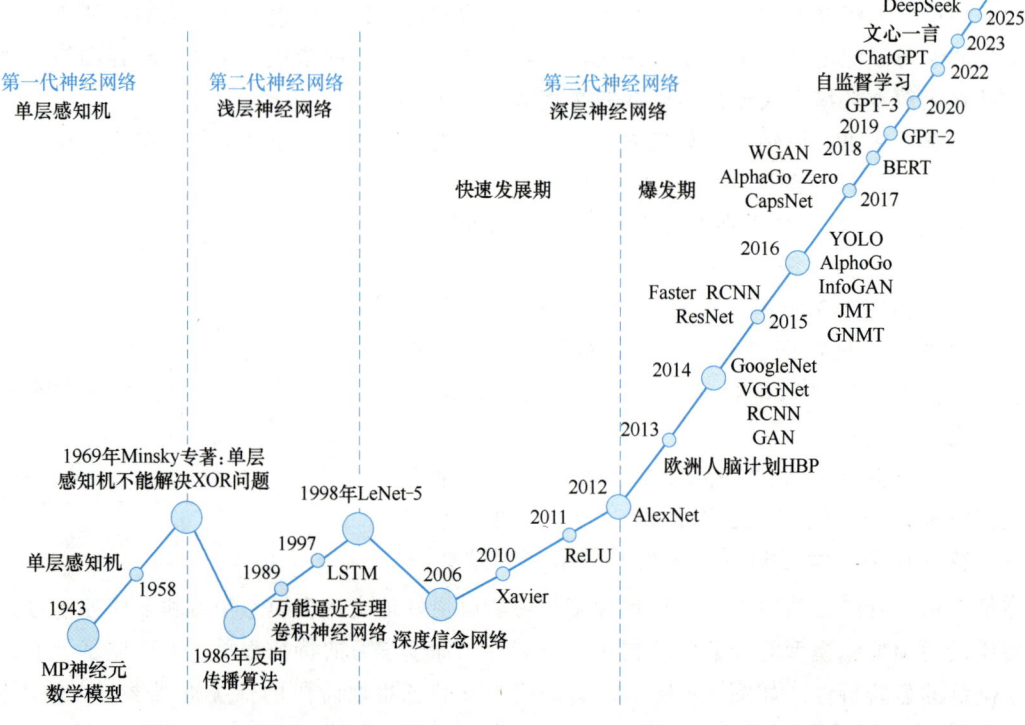

图 1-5　深度学习发展历程

神经网络技术的起源可追溯到 1943 年 McCulloch 和 Pitts 提出的 MP 神经元数学模型，该模型以数学框架模拟人类神经元的基本运作机制，但需手动配置权重参数，导致其应用场景受限且操作复杂。1958 年，Rosenblatt 提出的单层感知机（Perceptron）作为第一代神经网络模型，通过引入自动化权重调整机制显著提升了实用性，能够完成三角形、正方形等基础几何图形的分类任务，首次验证了神经网络在模式识别领域的潜力，推动学术界对智能机器感知与学习能力展开探索。然而，受限于单层结构，该模型仅能处理线性可分问题，1969 年 Minsky 等人通过理论证明指出其无法解决异或（XOR）等非线性问题，并进一步质疑多层神经网络的训练可行性，这一结论直接导致神经网络研究在后续十余年间陷入低谷，技术发展几乎停滞。

在 20 世纪 80 年代，随着计算机技术的迅猛发展，计算能力实现了跨越式提升，为神经网络研究的突破提供了关键硬件支撑。1986 年，Rumelhart 团队提出反向传播（Back Propagation，BP）算法，该算法通过误差的反向传播机制实现了多层神经网络的高效训练，解决了非线性可分问题的学习瓶颈，标志着神经网络研究进入第二次繁荣期。同年，Hinton 等人提出第二代神经网络架构，将传统单层特征结构扩展为包含多个隐藏层的深度结构，并引入 Sigmoid 等非线性激活函数，显著增强了网络对复杂模式的表征能力。

1989 年，Cybenko 和 Hornik 等学者通过数学理论证明了万能逼近定理（Universal Approximation Theorem），明确指出仅需三层神经网络（输入层、隐藏层、输出层）即可逼近任意连续函数，为神经网络的泛化能力提供了理论依据。1997 年，Hochreiter 和 Schmidhuber 在论文"Long Short-Term Memory"中提出长短期记忆网络（LSTM）架构，通过引入输入门、遗忘门和输出门等门控机制，解决了传统循环神经网络（RNN）在长序列依赖建模中的梯度消失问题，提升了序列数据处理能力。1998 年，LeCun 提出 LeNet-5 卷积神经网络模型，将卷积层、池化层与全连接层结合，成功应用于手写数字识别任务（如 MNIST 数据集），其层级化特征提取机制为后续深度学习在计算机视觉领域的突破奠定了方法论基础。

2006 年，Hinton 等提出深度置信网络（Deep Belief Network，DBN），通过逐层贪婪预训练+微调策略首次成功训练深层神经网络，为深度学习的复兴铺就技术基石。在反向传播算法与 DBN 的启发下，深度学习以多层神经网络为核心架构，在计算机视觉领域迅速突破，开启了图像识别技术的新纪元。

2010 年，Glorot 与 Bengio 提出 Xavier 初始化方法，基于理论推导与实验验证系统性解决了深层网络训练中的梯度不稳定问题，成为神经网络参数初始化的经典范式。2011 年，Glorot 团队进一步提出 ReLU 激活函数，通过非饱和非线性特性有效缓解梯度消失，为深度学习模型的可扩展性扫除关键障碍。同年，微软与谷歌率先将深度学习应用于语音识别，将错误率从传统方法的 40%~50% 大幅降至 20%~30%，创下该领域十年来的最大技术飞跃。

2012 年，Hinton 与其学生 Krizhevsky 设计的 AlexNet 在 ImageNet 图像分类竞赛中以 Top-5 错误率 15.3%（较前一年降低 11 个百分点）的绝对优势夺冠，深度学习自此进入爆发式增长阶段。2013 年，欧洲委员会启动"人脑计划"（Human Brain Project，HBP），旨在通过超算模拟人脑神经机制推动神经科学与计算科学的交叉融合，该项目在脑科学、高性能计算及 AI 领域取得突破性进展，成为全球脑科学研究的标志性项目之一。

2014 年，研究者们提出了 GoogLeNet、VGGNet、RCNN 和 GAN 四大经典网络，分别在图像分类、目标检测和生成模型领域掀起变革，从高效架构设计、深度特征学习、目标检测范式和生成模型创新四个维度推动了深度学习的发展，至今仍是计算机视觉领域的核心基石。

2015年，Faster RCNN以"RPN+锚框"机制实现目标检测端到端优化，速度提升200倍（5 FPS），精度达73.2% mAP，终结手工候选框依赖；同年的ResNet用残差连接突破152层深度瓶颈，使"跳层连接"成为深度学习标配。二者同年问世，前者革新检测效率，后者定义超深网络，共同奠定计算机视觉的工业与学术根基。

2016年，深度学习迎来里程碑式进展：YOLO（You Only Look Once）首次将目标检测简化为单阶段回归任务，以45 FPS的实时速度和端到端架构革新检测范式，成为工业界实时检测的基石；AlphaGo通过深度强化学习击败围棋世界冠军李世石，其"蒙特卡洛树搜索+策略/价值网络"的融合设计，标志着AI在复杂策略游戏中的突破性胜利；InfoGAN提出通过互信息最大化解耦生成数据的潜在变量（如控制生成图像的旋转角度或数字类型），显著提升生成模型的可解释性；JMT（Joint Many-Task）在自然语言处理中实现多任务联合学习，通过共享底层表示同步优化词性标注、句法分析等任务，开创高效NLP模型设计范式；GNMT（Google Neural Machine Translation）则通过深度LSTM与注意力机制，将机器翻译质量推向接近人类水平，并部署于Google翻译系统，推动全球语言服务智能化。这五项成果分别在计算机视觉、游戏AI、生成模型、自然语言处理及机器翻译领域树立了技术标杆，共同塑造了深度学习从学术研究向工业落地的关键转折。

2017年，深度学习的三大模型——WGAN、AlphaGo Zero和CapsNet，分别以生成对抗网络的稳定性革新、纯强化学习超越人类围棋的里程碑、胶囊网络对传统CNN架构的挑战，重塑了AI技术范式。WGAN解决了GAN训练崩溃问题并推动生成式AI商业化，AlphaGo Zero验证了AI自博弈的通用决策能力并跨领域应用，CapsNet虽未大规模落地但为空间关系建模与小样本学习提供了新思路。三者共同标志着深度学习从理论突破迈向工业落地的关键转折，其技术持续影响AI的未来方向。

2018年，BERT（Bidirectional Encoder Representations from Transformers）模型的诞生掀起了预训练模型的革命，通过双向编码机制显著提升了自然语言处理任务的性能，成为NLP领域的里程碑。2019年，OpenAI发布的GPT-2以1.5亿参数规模震撼业界，其生成文本的真实性引发技术突破与伦理争议的双重热议，同年计算机视觉领域在目标检测、图像分割等任务中持续突破，深度学习技术加速向多场景渗透。

2020年，自监督学习迎来爆发式创新，对比学习（Contrastive Learning）、动量对比（MoCo）等方法的提出为无监督表征学习开辟新路径；GPT-3以1750亿参数规模横空出世，其语言理解与生成能力刷新多项基准，同时RoBERTa、ALBERT、ELECTRA等BERT优化变体进一步推动NLP技术边界。

2022年底，OpenAI基于Transformer架构推出ChatGPT，融合生成式预训练与双向编码特性，通过深度优化实现交互体验的质变，其与GPT系列模型的协同演进标志着大模型技术进入"对话即服务"的新阶段。

中国AI企业加速追赶，2023年，百度发布"文心一言"，依托知识增强理念实现跨模态融合学习，突破检索、对话与知识整合的协同瓶颈；智谱AI推出"智谱清言"，以高效语义理解与生成能力在垂直领域快速落地；阿里巴巴同期发布"通义千问"，凭借多模态处理技术赋能智能客服、机器翻译等场景，彰显中国大模型的技术实力与产业应用潜力。

2025年，DeepSeek 的发布标志着大模型技术向"轻量化、高性能"方向迈出关键一步。该模型通过动态稀疏架构与自适应推理机制，在保持千亿级参数性能的同时，将推理成本降低70%，并首次实现端侧设备实时部署。其核心创新包括：混合专家系统（MoE）的动态路由优化、跨模态知识蒸馏框架以及基于强化学习的能效比优化算法，在医疗问答、工业质检等场景中展现出超越传统大模型的性价比优势，为AI普惠化提供了新范式。

大模型的蓬勃涌现恰似春日百卉竞放，以多元架构与创新范式点燃全球对人工智能的探索热忱，其技术竞逐犹如百家争鸣，在参数规模、多模态融合与能效优化等维度持续突破，共同勾勒出AI能力边界的无限延展图景。展望未来，随着算力基础设施的迭代升级与数据洪流的深度挖掘，大模型有望在规模跃迁与性能跃升中实现"质变式进化"，不仅将重塑人机交互、科学发现与产业创新的底层逻辑，更将催生跨学科融合的智能生态，为人类社会开启一个由AI驱动的"创意涌现与可能无限"的崭新纪元。

1.3 深度学习的框架与平台

深度学习的编程与计算特性为统一编程框架的出现奠定了基础。随着各类深度学习框架的涌现及其逐步成熟，深度学习技术和应用的发展迭代步伐显著加快。

1.3.1 国外深度学习框架与平台

1. Theano

最初，深度学习框架主要服务于科研领域。早期的代表性开源框架包括2010年蒙特利尔大学 MILA 实验室推出的 Theano，以及2013年加州大学伯克利分校视觉与学习中心发布的 Caffe。Theano 作为一个数值计算库，使得开发人员能够在高效的 GPU 上执行数值运算，它通过符号运算表达计算图，并自动优化计算过程，从而在 GPU 上实现高性能计算。Theano 在引领技术发展方面功不可没，尽管在工程设计和性能上存在一些不足，自2017年起停止了开发。

2. Caffe

Caffe 则通过简单的声明性配置文件来定义网络结构，用户仅需编辑文本文件即可定义神经网络，无须编写大量代码。Caffe 以 C++ 为核心，利用高效的 C++ 和 CUDA 代码实现关键计算，因此在 GPU 上执行深度学习计算极为高效，尤其适用于计算机视觉任务。然而，Caffe 在设计和使用上存在局限性，灵活性和扩展性不足，导致其在近年来的发展势头放缓，许多用户转而投向更灵活、功能更丰富的框架。尽管如此，Caffe 在特定计算机视觉应用和历史上的重要作用仍值得一提。

3. TensorFlow

2015年11月，Google Brain 团队推出了开源深度学习框架 TensorFlow。TensorFlow 是工业界推出的首个深度学习框架，其卓越的性能和全面的功能设计一经面世便引起了广泛关注。作为一个基于数据流图的框架，TensorFlow 提供了高效的数值计算能力，特别适合于大规模深度学习模型的训练和推理，展现了极高的通用性。然而，其声明式编程的静态图模式在灵活调试方面存在不足，为此，Google 随后推出了更加灵活的即时执行模式——Eager 模式。TensorFlow 以 Python 作为主要接口语言，同时也支持 C++、Java 和 Go 等多种编程语言，从而允许用户在不同的开发环境中使用 TensorFlow。TensorFlow 在深度学习领域取得了巨大成功，并在学术界和工业界得到了广泛应用。除了标准版的 TensorFlow，还推出了适用于移动和嵌入式设备的 TensorFlow Lite，以及能够在 Web 浏览器中运行深度学习模型的 TensorFlow.js。

4. PyTorch

2017 年 1 月，Facebook 人工智能研究院推出了 PyTorch，这一深度学习框架以其简洁明了的设计理念迅速获得关注。PyTorch 独具特色地采用了命令式编程和即时执行的动态图模式，使得用户能够在运行过程中直接编写代码，实时监控计算图和结果，极大地提升了开发的灵活性。这种特性使得 PyTorch 在调试和理解方面更为直观，尤其适用于研究和实验性质的工作。PyTorch 在深度学习领域迅速崭露头角，成为继 TensorFlow 之后又一备受推崇的框架。

随后，PyTorch 通过整合 Caffe2 作为其后端，进一步优化了其在性能和部署方面的能力。PyTorch 因其灵活性、易用性和强大的功能性而深受青睐，广泛应用于学术研究和工业领域。在科学研究、计算机视觉、自然语言处理等多个领域，PyTorch 都展现出了其广泛的应用潜力，并赢得了越来越多科研人员和开发者的喜爱。

5. 其他学习框架

除了上述框架，国际上还有其他一些开源深度学习框架，例如，亚马逊推出的 MXNet、微软开发的 CNTK，以及 Chainer、DyNet、Deeplearning4j 和 Keras 等。随着时间的推移，其中一些框架的影响力逐渐减弱，甚至已经停止了进一步的开发。Keras 以其简洁易用和模块化的设计而著称，极大地简化了深度学习模型的构建和训练过程。最初作为一个独立的深度学习库，Keras 后来被集成到 TensorFlow 中，成为 TensorFlow 2.0 版本的高级 API，进一步提升了 TensorFlow 的用户体验和易用性。

1.3.2 国内深度学习框架与平台

1. 飞桨

国内最早开源的深度学习框架是由百度公司于 2016 年推出的飞桨 PaddlePaddle，它致力于为用户提供一套高效能、灵活性强且易于上手的深度学习工具箱，赋能开发者与科研人员轻松构建并训练深度学习模型。其最新发布的 3.0 版本，实现了"动静统一自动并行、大模型训推一体"等创新特性，进一步提升了框架的性能和易用性。这一版本的推出，不仅标志着飞桨在技术创新上的突破，也巩固了其在深度学习领域的领先地位。

飞桨不断扩展其在计算机视觉、自然语言处理等多个前沿领域的应用，提供了丰富的模型库和预训练模型资源，满足了用户多样化的需求。飞桨现已发展为集深度学习核心框架、模型库、端到端开发套件、工具组件和服务平台于一体的全面开源开放、技术领先、功能完备的产业级深度学习平台，具备广泛影响力，支持大量应用落地，是国内领先的成熟稳定、具备大规模推广条件的深度学习平台。不仅在学术研究中得到广泛应用，还在产业界有着丰富的落地场景。

2. 计图

在 2020 年初，清华大学推出了自主研发的深度学习框架——"计图"（Jittor）。这一框架专注于学术研究，采用元算子来表述神经网络的计算单元，构建了统一的计算图，并完全基于动态编译技术，展现了其卓越的探索性和创新性。Jittor 具备跨平台运行的灵活性，它提供的灵活接口，让用户能够轻松自定义和扩展模型，进行复杂的高级操作。Jittor 旨在为用户提供一个高性能且易于使用的深度学习平台，特别适合于研究和实验性质的工作。尽管 Jittor 在深度学习框架领域尚属新秀，但其不断成长和完善的过程中，已在多个研究项目和领域中展现出其应用潜力。

3. 旷视天元和 MindSpore

同期，旷视科技和华为也纷纷加入了开源深度学习框架的行列。旷视科技推出的旷视天元（MegEngine）是一款国产工业级深度学习框架，作为旷视 AI 生产力平台 Brain++的核心，MegEngine 兼具静态图和动态图的支持，以其训练推理一体化、极低的硬件门槛和全平台高效推理等优势，极大地缩短了产品从实验室原型到工业部署的时间，实现了快速转化。华为的 MindSpore 深度学习框架则与华为昇腾芯片完美适配，充分发挥了软硬一体的协同效应，并在自动化并行技术方面取得了显著进展。这两个框架都在快速迭代中，不断优化和扩展其功能。

当前，深度学习框架的发展已迈入新的历史阶段，其基础架构与功能设计在相互借鉴中展现出显著的趋同性。面对这一现状，有着双重挑战：一方面，需要构建一个稳定、高效且用户友好的综合能力平台，发挥社区生态的影响力，从而真正为深度学习的创新与应用提供便利；另一方面，还需锻造独特的竞争优势，通过产品差异化和核心技术的创新，夺取未来市场竞争的先机。在这一过程中，深入洞察深度学习技术的发展趋势，以及计算和应用环境的变化，显得尤为关键。

习题

1. 选择题

1) 以下哪项不是人工智能的主要研究领域？（　　）

   A. 机器学习　　B. 自然语言处理　　C. 数据库管理　　D. 机器人技术

2) 深度学习属于以下哪种人工智能技术？（　　）

   A. 符号主义　　B. 连接主义　　C. 行为主义　　D. 进化主义

3) 以下哪个深度学习框架是由谷歌公司开发的？（　　）

   A. TensorFlow　　B. PyTorch　　C. Caffe　　D. MXNet

4) 以下哪个算法不属于深度学习？（　　）

   A. 卷积神经网络　　B. 循环神经网络　　C. 决策树　　D. 深度信念网络

5) 以下哪个深度学习框架是由百度公司开发的？（　　）

   A. PaddlePaddle　　B. Caffe　　C. MXNet　　D. Chainer

6) 深度学习可以应用于以下哪些领域？（　　）

   A. 医学诊断　　B. 自动驾驶　　C. 金融分析　　D. 所有选项

7）以下哪个是深度学习中的一种优化算法？（　　）

A. 随机梯度下降（SGD）　　　　　　B. 梯度提升决策树（GBDT）

C. 最小二乘法　　　　　　　　　　　D. k 均值聚类

2. 判断题

1）深度学习模型越大，其性能越好。（　　）

2）深度学习技术可以完全替代传统机器学习算法。（　　）

3）深度学习不需要大量的标注数据就能训练出高性能模型。（　　）

4）深度学习在处理小规模数据集时通常表现不佳。（　　）

3. 简答题和分析题

1）请简述人工智能、机器学习、神经网络和深度学习之间的关系。

2）根据人工智能的发展历程，讨论计算驱动、知识驱动和数据驱动在人工智能发展中的作用和影响。

3）深度学习作为机器学习的一个重要分支，它在哪些方面优于传统机器学习方法？

4）大数据在深度学习中的应用有何重要性？请从数据驱动的角度谈谈大数据对深度学习发展的促进作用。

5）AlphaGo 在围棋领域的成就对人工智能领域有哪些深远的影响？这些影响是如何体现的？

6）结合当前国内外深度学习框架的发展现状，探讨如何提升我国自主深度学习框架的国际竞争力及其在未来技术革新中的角色定位。

部分习题
参考答案

第2章　深度学习基础理论及实践

　　数学理论为神经网络和深度学习的发展提供了坚实的支撑。从单层感知机的初步探索到全连接神经网络的复杂设计，每一步的进展都离不开数学理论的完善。激活函数的应用，使得网络能够有效捕捉数据中的非线性特征，充分体现了数学在神经网络领域的深刻影响。损失函数的构造，是对优化问题的一种数学表达，它如同指南针一般，引领网络在参数的广阔空间中寻找最优路径。误差反向传播算法的创新应用，将微积分中的链式法则转化为参数优化的工具，极大地提高了计算的效率。

　　与此同时，计算能力的显著提升为深度学习的快速进步注入了强大动力。随着硬件技术的持续发展，特别是GPU等并行计算设备的普及，深度学习模型能够更加从容地处理更加复杂的网络结构以及海量的数据集。计算图的引入，不仅简化了算法的实施步骤，还显著提高了计算的速度，为深度学习在图像识别、语音处理、自然语言理解等多个领域的广泛应用开启了新的篇章。

2.1　神经网络简介

2.1.1　神经网络基本概念

　　人工神经网络（Artificial Neural Network，ANN），简称为神经网络（NN），亦称为连接模型（Connection Model），是一种模仿生物神经网络行为的信息处理技术。这种网络通过构建复杂的系统架构，并通过调节其内部众多节点间的连接关系来执行信息处理任务。简而言之，神经网络是一个由众多自适应的简单单元组成的庞大并行互联系统，其设计初衷是模拟生物神经系统对现实世界物体的交互与响应方式。在这个架构中，神经网络的基本构件——人工神经元，在结构和功能上都与生物神经元有着显著的相似性。

2.1.2　单层感知机

　　图2-1所示为是生物神经元与人工神经元基本结构的对比图，其中人工神经元的设计灵感来源于生物神经元的结构和功能特点，旨在模仿其信号传递的过程。生物神经元与人工神经元在结构功能上的对应关系见表2-1。

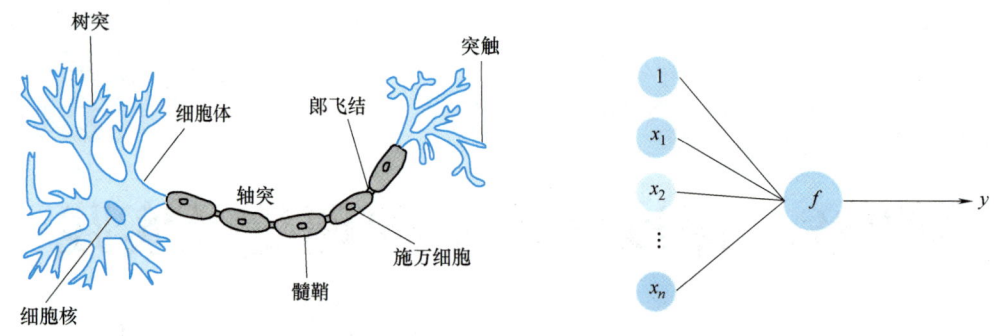

a) 生物神经元结构　　　　　　　　　　b) 人工神经元结构

图 2-1　生物神经元与人工神经元基本结构

表 2-1　生物神经元与人工神经元结构功能对应关系

生物神经元	人工神经元	作用
树突	输入层	接收输入信号（数据）
细胞体	加权和	加工处理信号（数据）
轴突	激活函数	控制输出
突触	输出层	输出结果

由单个人工神经元构成的简单网络被称为单层感知机（Single Layer Perceptron，又称为单层感知器）。单层感知机是神经网络结构中最基础的形式，它仅包含输入层和输出层，两者之间是直接相连的。图 2-2a 所示的是单层感知机的结构图，其中，x_i 代表输入层，它可以是图像等特征信息，也可以是来自其他神经元的信号；w_i 表示网络中各个连接的权重，b 代表偏置项。每个输入参数 x_i 与其对应的权重 w_i 相乘，然后将这些乘积累加，并加上偏置 b，最后通过激活函数 f 的处理，得到输出 y。b 可以看成一个输入为 1，权重为 w_0 的输入，表达成图 2-2b 所示的结构。在单层感知机中，输入层的作用类似于生物神经元的树突，负责接收信号；加权和的计算过程则相当于生物神经元的细胞体对信号的加工和处理；激活函数则模拟了生物神经元轴突控制信号输出的功能；而输出层则对应于生物神经元的突触，负责将处理结果输出。

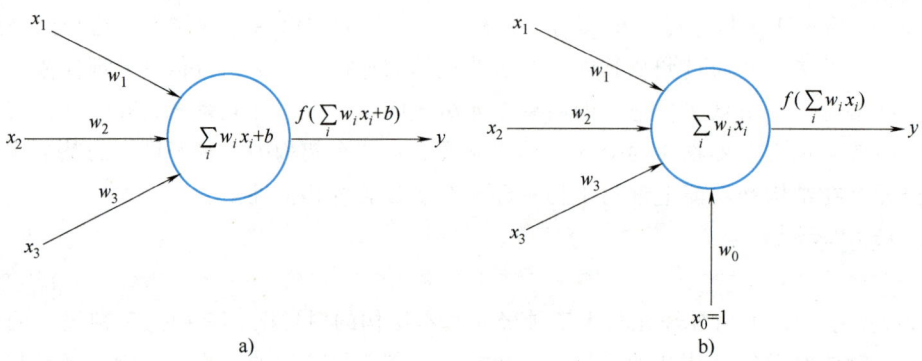

a)　　　　　　　　　　　　　　b)

图 2-2　单层感知机

单层感知机的计算公式为

$$y = f\left(\sum_i w_i x_i\right) \tag{2-1}$$

单层感知机的训练过程实质上是对权重和偏置的学习过程。针对训练数据集(x_i, y_i)，假设单层感知机的输出为$\hat{y}_i$，那么在学习过程中，权重参数的调整可以表示为

$$w_i = w_i + \Delta w_i \tag{2-2}$$

$$\Delta w_i = \eta(y_i - \hat{y}_i) x_i \tag{2-3}$$

式中，η为学习率，取值范围为（0,1）。

实例2.1给出了利用单层感知机解决一个简单的分类问题：假设平面坐标系上有4个点，标签为1的两个点（5,4）和（4,5），标签为-1的两个点（1,2）和（3,2），构建一个单层感知机将这4个数据分为两类，代码如下。

读者可以打开链接 https：//aistudio.baidu.com/project/edit/9410664 运行项目，并可扫描二维码观看讲解视频。

讲解视频

```
#实例 2.1    np perceptron.py 单层感知机
import numpy as np
import matplotlib.pyplot as plt
#输入数据
X = np.array([[1,5,4],
              [1,4,5],
              [1,1,2],
              [1,3,2]])
#标签
Y = np.array([[1],
              [1],
              [-1],
              [-1]])
#np.random.random([m,n]):生成 m 行 n 列 0~1 之间的浮点数
#权值初始化,3 行 1 列(对应输出数量),取值范围为-1 到 1
W = (np.random.random([3,1])-0.5)*2
print(W)
#学习率设置
lr = 0.11
#神经网络输出
out = 0
#定义更新权值函数
def update():
    global X,Y,W,lr
    Y_P = np.sign(np.dot(X,W)) # 预测值,shape:(3,1)
    #4 个值的误差累加,再求平均,先求 X 矩阵的转置(.T),再求与 Y-Y_P 的点积
    W_C = lr*(X.T.dot(Y-Y_P))/int(X.shape[0])
    W = W + W_C
for i in range(100):
    update()#更新权值
```

```
        print(W)#打印当前权值
        print(i)#打印迭代次数
        out = np.sign(np.dot(X,W))#计算当前输出,矩阵运算,每次得到4个数据(预测值)
        if(out == Y).all():#如果实际输出等于期望输出,模型收敛,循环结束
            print('Finished')
            print('epoch:',i)
            break
#绘制图形
#正样本
x1 = [5,4]
y1 = [4,5]
#负样本
x2 = [1,3]
y2 = [2,2]
#计算分界线的斜率以及截距
k = -W[1]/W[2]
d = -W[0]/W[2]
print('k=',k)
print('d=',d)
xdata = (-2,6)
plt.figure()
plt.plot(xdata,xdata*k+d,'r')
plt.scatter(x1,y1,c='b')
plt.scatter(x2,y2,c='y')
plt.show()
```

利用上述代码构建的单层感知机对4个点进行分类,分类结果如图2-3所示。

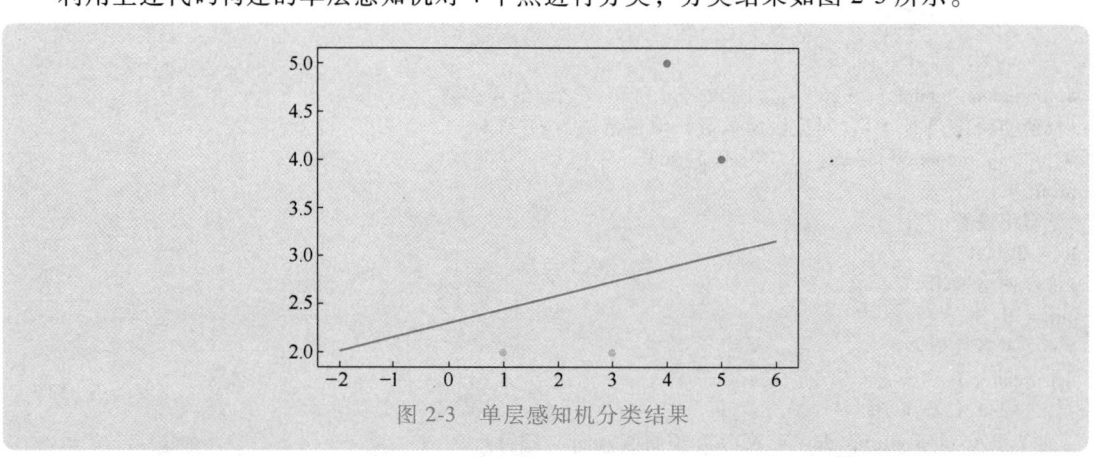

图2-3 单层感知机分类结果

2.1.3 多层感知机

单层感知机只能解决简单的线性分类问题。若将多个单层感知机以垂直堆叠和水平扩展的方式组合,就能构建出更复杂的网络结构——多层感知机(Multilayer Perceptron,MLP),

这种网络本质上属于全连接神经网络。

多层感知机的典型架构包含三个核心部分：
(1) 输入层　作为网络入口，直接接收原始数据（如图像像素值或传感器读数）。
(2) 隐藏层　位于输入层、输出层之间，可包含多层神经元，负责自动提取数据特征。
(3) 输出层　产生最终计算结果（如分类标签或回归值）。

网络中所有相邻层级的神经元均采用全连接方式，即每个上层神经元会与下一层的全部神经元建立连接，如图 2-4 所示。

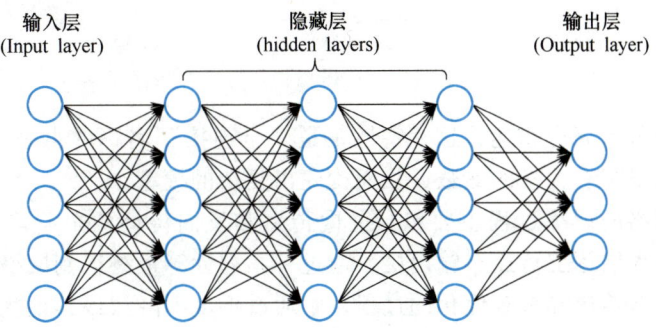

图 2-4　全连接神经网络结构示意图

神经网络的构思初衷是将简单的神经元（函数）相互叠加和组合，以构建出能够执行复杂任务的复杂函数。例如，傅里叶变换和多项式的泰勒级数展开，它们都揭示了复杂函数可以分解为简单基本函数的叠加。这意味着，通过组合简单的函数来构造复杂的函数是有坚实的理论依据的。这一概念在某种程度上类似于人体内的生物神经网络，其中简单的生物神经元通过组合和叠加，实现了复杂的功能。神经元与感知机在本质上是相似的，不同之处在于感知机通常采用阶跃函数作为激活函数；而神经元的激活函数则更倾向于使用 Sigmoid 函数、ReLU 函数等。

2.2　深度学习数学理论

初期，由于计算机算力的限制和数学理论的不足，神经网络的隐藏层数量相对较少，通常只有 3~5 个隐藏层，这类网络被称为浅层神经网络。随着计算机计算能力的增强和数学理论的逐步完善，神经网络的隐藏层数量不断增加，从十几层到上百层不等，如图 2-5 所示，进而演变成了深层神经网络，即所谓的深度学习。深度学习中的"深度"一词蕴含双重意义：一方面指的是网络结构的深度，即层数的多；另一方面则指的是网络能够学习到数据更深层次的特征和本质。

为了构建一个能够解决特定问题的深度学习模型，首先必须选择恰当的神经网络架构，如全连接神经网络或卷积神经网络等。全连接神经网络的结构较为规范化，而卷积神经网络则提供了更为灵活的设计空间。确定了网络类型之后，接下来是选择合适的激活函数，并决定参数优化的学习方法。在本章中，将通过全连接神经网络的设计过程，探讨深度学习的基础理论。至于卷积神经网络的相关知识和应用，将在下一章中进行阐述。

在全连接神经网络中，除了输入层和输出层，每一层的每个节点都与上一层的所有节点

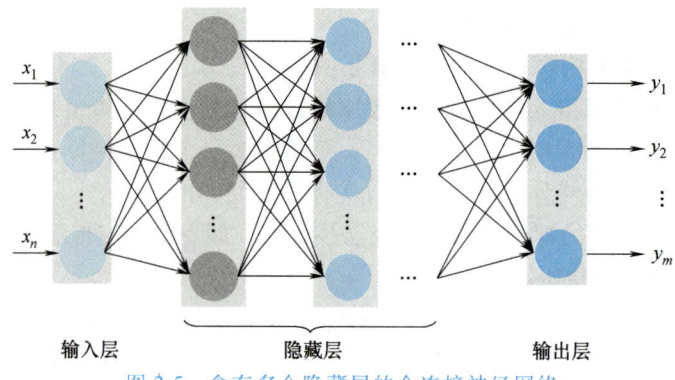

图 2-5 含有多个隐藏层的全连接神经网络

以及下一层的所有节点完全相连,这一特性正是"全连接"名称的由来。在数学模型层面,这种结构意味着网络拥有大量的参数,从而构建出复杂的模型。

全连接神经网络的训练过程主要包括前向传播和反向传播两个阶段。在前向传播过程中,数据信号从输入层逐层传递至输出层,通过一系列计算最终得到网络的输出结果。而反向传播则是一个误差传递和参数优化的过程,它通过梯度下降法或其他优化算法来更新网络参数,旨在减小损失函数的值,从而提高模型的性能。

2.2.1 信号前向传播

在全连接神经网络和卷积神经网络中,信息是单向流动的,从输入层开始,经过隐藏层,最终到达输出层。在这个过程中,网络结构中不存在循环或回路。

图 2-6 所示是一个包含一个输入层、两个隐藏层和一个输出层的简单神经网络的例子,用以说明信号的前向传播过程。假设输入层有两个输入参数,分别为 1 和 -1。每个连接线的计算遵循公式 $wx+b$,即输入参数乘以相应的权重,加上偏置,然后将所有结果相加,最后通过激活函数处理以得到输出。图 2-6 中带箭头线上方标注的是权重值,三角形框内显示的是偏置值,使用的激活函数是 Sigmoid 函数。例如,在第一层神经网络中,第一个神经元的结果是通过将第一个输入参数 1 乘以权重 1,第二个输入 -1 乘以权重 -1,然后将这两个结果相加,并加上偏置 1,得到总和 3。最后,将 3 输入到 Sigmoid 激活函数中,得到最终的输出结果 0.95,计算过程为

$$\text{Sigmoid}[1\times1+(-1)\times(-1)+1]=0.95 \tag{2-4}$$

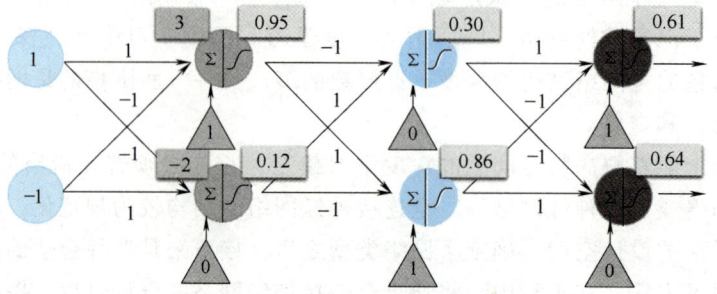

图 2-6 神经网络信号前向传播

其他神经元的计算方法均遵循相同的逻辑。显而易见,全连接神经网络本质上是由多个

单层感知机按照特定规则相互连接而成的复杂结构。整个神经网络可以抽象为一个函数 f，其中网络的输入，即前馈神经网络的输入值 1 和 -1，经过这个函数的运算，得到的结果就是前馈神经网络的输出值 0.61 和 0.64，具体计算过程为

$$f\left(\begin{bmatrix} 1 \\ -1 \end{bmatrix}\right) = \begin{bmatrix} 0.61 \\ 0.64 \end{bmatrix} \tag{2-5}$$

2.2.2 激活函数

在神经网络和深度学习领域，激活函数的应用是至关重要的，因为它使得模型能够处理非线性问题。激活函数的主要作用是为神经元引入非线性映射，将神经元的加权输入进行非线性转换，从而提升网络的表达能力。若网络模型中省略了激活函数，那么每层的节点输入都将是上一层节点输出的线性函数。在这种情况下，无论网络拥有多少层，最终的输出都将只是输入的线性组合，这极大地限制了网络的逼近能力。而引入激活函数后，网络的输出不再仅仅是输入的线性组合，这使得深层神经网络的表达能力显著增强，几乎能够逼近任何函数。

常用的激活函数见表 2-2。

从 Sigmoid 函数和 tanh 函数的图像可以看出，这两个函数具有饱和特性，即在误差的反向传播过程中，当输入值非常大或非常小的时候，它们的导数会趋近于零。这可能导致在传递到下一层时梯度会变得非常小，从而引发梯度消失的问题。ReLU（Rectified Linear Unit）函数是现代神经网络中最常用的激活函数，ReLU 函数在 $x>0$ 时能够保持梯度不变，有效地解决了梯度消失的问题。然而，当 $x<0$ 时，其梯度为 0，这可能导致神经元及其后续神经元的梯度永远为 0，对这些数据不再有响应，相应的参数也永远不会被更新。为此，出现了改进的 Leaky ReLU 和 ELU 激活函数，以解决这一问题。

表 2-2　常用激活函数

函数名称	函数表达式	函数图像
Sigmoid	$\sigma(x) = \dfrac{1}{1+e^{-x}}$	
tanh	$f(x) = \tanh(x)$	

（续）

函数名称	函数表达式	函数图像
ReLU	$f(x)=\max(0,x)$	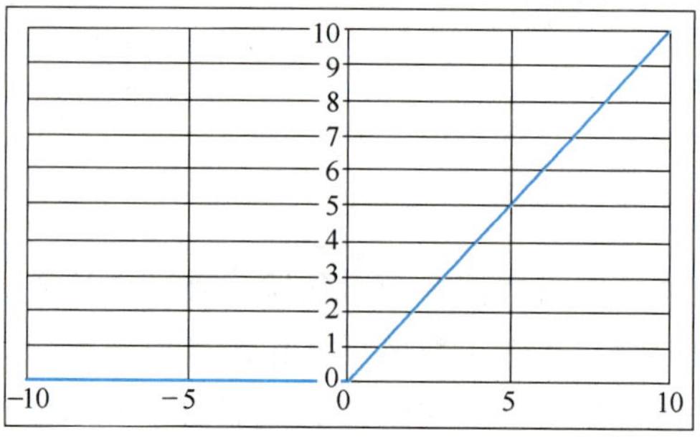
Leaky ReLU	$f(x)=\begin{cases}0.1x, & x<0\\ x, & x\geq 0\end{cases}$	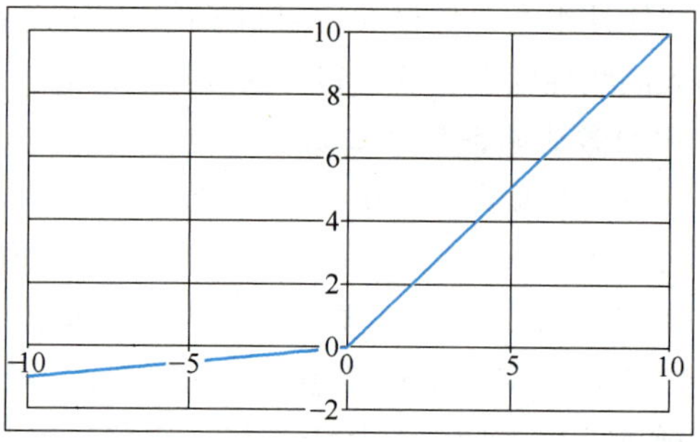
ELU	$f(x)=\begin{cases}\alpha(e^x-1), & x<0\\ x, & x\geq 0\end{cases}$	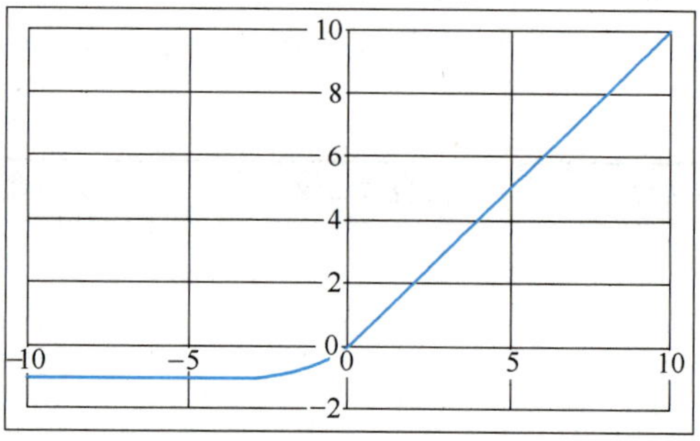
softmax	$\mathrm{softmax}(z_i)=\dfrac{\exp(z_i)}{\sum_j \exp(z_j)}$	

Softmax 函数同样是一种激活函数，其独特之处在于能够将一个实数向量转换为一个概率分布向量，其中每个元素的值都在 0~1 之间，并且所有概率的总和恰好为 1，其计算过程如图 2-7 所示。Softmax 函数通常应用于神经网络的输出层，特别是在处理多分类问题的输出转换时，它能够将上一层输出的原始数据归一化，生成一系列介于 0 和 1 的数值，这些数值代表了一个概率分布，从而可以作为多分类任务中的预测概率。在多分类问题中，softmax 层经常与交叉熵损失函数搭配使用，以优化模型的分类性能。交叉熵损失函数用于量化预测概率分布与真实标签分布之间的差异。当样本真实类别为第 k 类时，交叉熵损失仅计算第 k 类预测概率的对数损失，其他类别的预测值不影响当前样本的损失计算。

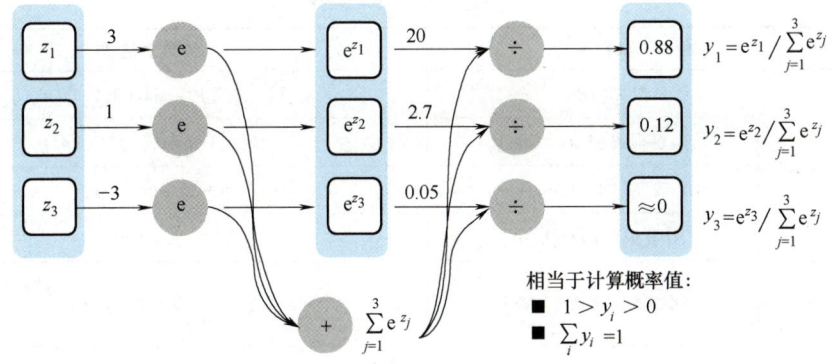

图 2-7　softmax 函数归一化处理

2.2.3　损失函数

损失函数（Loss Function）是衡量模型预测值与真实值差异的函数，在深度学习模型中扮演着不可或缺的角色。其主要功能体现在以下几个方面。

1）**衡量预测准确性**：损失函数主要用于量化模型输出与实际标签之间的偏差。通过最小化损失函数，模型能够持续调整其参数和权重，从而提高对未知样本标签的预测精度。

2）**优化模型参数**：深度学习模型借助梯度下降等优化算法，不断调整模型参数以降低损失函数值，进而提升模型性能，使其预测值更接近真实值。

3）**计算反向传播梯度**：大多数神经网络模型依赖反向传播算法来更新网络参数，而该算法所需的梯度信息正是通过损失函数计算得到的。

4）**模型性能评估**：通过比较模型在训练集、测试集和验证集上的损失函数值，可以衡量模型的准确性、泛化能力等关键性能指标。

损失函数的应用主要集中于模型训练阶段。在每个训练批次中，数据经过模型前向传播得到预测值，随后通过损失函数计算预测值与真实值之间的差异，即损失值。获得损失值后，模型通过反向传播过程更新参数，以减少预测误差，使模型预测值逐渐逼近真实值。根据神经网络模型完成的任务不同，损失函数主要分为两大类。

（1）**基于距离度量的损失函数**　这类函数通过将输入数据映射到基于距离度量的特征空间（如欧氏空间），并将映射后的样本视为特征空间中的点，采用适当的损失函数来衡量真实值与预测值之间的距离，常用于回归分析中，距离越小，表示模型的预测性能越佳。此类损失函数包括均方误差（Mean Square Error，MSE）、L2 损失函数［也称为最小平方误差（Least Square Error，LSE）］、L1 损失函数［也称为最小绝对误差（Least Absolute Error，LAE）］、平滑损失函数、Huber 损失函数等。

（2）**基于概率分布的损失函数**　这类函数将样本间的相似性转化为随机事件的发生概率，即通过比较样本的真实分布与估计分布之间的差异来评估它们的相似度，常用于涉及概率分布或类别概率预测的问题，尤其是在分类问题中。这类损失函数包括 KL 散度（相对熵损失函数）、交叉熵损失函数、softmax 损失函数、Focal 损失函数等。表 2-3 提供了常用损失函数的表达式，其中 $f(X)$ 代表预测值，Y 代表样本标签值，L 代表损失函数值。

表 2-3 常用损失函数

用途	函数名称	函数表达式
分类（Classification）	合页损失（Hinge Loss）	$L(Y,f(X))=\max(0,1-Yf(X))$
	焦点损失（Focal Loss）	$L(p_x)-\alpha(1-p_x)^{\gamma}\log(p_x)$
	KL 散度（KL Divergence）	$L=\sum q_x\log(q_x/p_x)$
	对数损失（Log Loss）	$L=-\sum q_x\log(p_x)$
回归（Regression）	回归均方误差（MSE）	$L=\dfrac{1}{n}\sum_{i=1}^{n}(Y-f(X))^2$
	平均绝对误差（MAE）	$L=\dfrac{1}{n}\sum_{i=1}^{n}|Y-f(X)|$
	霍伯损失（Huber Loss）	$L=\dfrac{1}{n}\sum_{i=1}^{n}\begin{cases}\dfrac{1}{2}(Y-f(X))^2,\ |Y-f(X)|\le\delta\\ \delta|Y-f(X)|-\dfrac{1}{2}\delta^2,\ |Y-f(X)|>\delta\end{cases}$
	对数双曲余弦损失（Log cosh Loss）	$L=\log(Y-f(X))$
	指数损失（Exponential Loss）	$L=\dfrac{1}{n}\sum_{i=1}^{n}e^{-Yf(X)}$
	分位数损失（Quantile Loss）	$L=\gamma\max(0,Y-f(X))+(1-\gamma)\max(0,f(X)-Y)$

表 2-3 中，在焦点函数中，α 为平衡因子（Balancing Factor），用于调整正负样本的权重。p_x 为模型预测样本 x 属于正类的概率，γ 是调节因子，用于控制容易分类样本的损失下降速度。

在 KL 散度中，p_x 为模型的预测分布，q_x 为模型真实分布。

在霍伯损失中，δ 是一个超参数，定义了一个阈值，用于区分样本的预测误差是"小误差"还是"大误差"，它起到了划分损失函数不同计算方式的作用。

在分位数损失中，γ 是一个 0~1 的超参数，用于指定所关注的分位数。例如，当 γ = 0.5 时，对应的是中位数损失；当 γ = 0.2 时，对应的是第 20 百分位数损失。

2.2.4 参数优化方法

深度学习算法的核心在于构建模型，并通过优化算法对损失函数进行训练和调整，以寻找最优的参数组合，从而得到针对当前问题的最佳模型解决方案。以下是一些常见的参数优化方法。

1. 梯度下降法（Gradient Descent）

梯度下降法采用当前位置的负梯度方向作为搜索方向，因为负梯度方向代表了损失函数在当前点下降最快的路径，故该方法也被称为"最速下降法"。标准的梯度下降法，即批量梯度下降法（Batch Gradient Descent），其参数更新公式为

$$\theta=\theta-\alpha\nabla_{\theta}J(\theta) \qquad (2\text{-}6)$$

式中，θ 为需要训练更新的参数；$J(\theta)$ 为代价函数；$\nabla_{\theta}J(\theta)$ 为代价函数的梯度；α 为学习率。

梯度下降法的一大优势在于，当代价函数是凸函数时，它能够确保找到全局最优解；而对于非凸函数，它也能保证收敛到至少一个局部最优解。然而，当接近最优解区域时，梯度下降法的收敛速度会显著减慢，这意味着使用梯度下降法更新参数可能需要大量的迭代次数。另外，标准梯度下降法在每次更新参数之前会计算所有样本的总误差，这种方法在处理大规模数据集时效率较低。为了克服这一局限，提出了随机梯度下降法（Stochastic Gradient Descent，SGD），其更新参数的公式为

$$\theta = \theta - \alpha \nabla_\theta J(\theta; x^i, y^i) \tag{2-7}$$

与标准梯度下降法计算整个数据集的累计误差不同，随机梯度下降法采取的是随机抽取单个样本计算误差，并据此更新权重。这种方法的优势在于其快速的收敛速度。在处理大规模数据集时，随机梯度下降法仅需对少量样本进行操作，便能有效地将参数迭代至最优解附近。

随机梯度下降法旨在最小化每个单独样本的损失函数。虽然每次迭代并不保证损失函数值都朝着全局最优方向下降，但总体趋势仍然是向全局最优解迈进。由于参数更新过程中样本是随机选择的，这增加了跳出较差局部最优解的可能性，有可能收敛至更优的局部最优解，甚至是全局最优解。然而，随机梯度下降法仍难以完全避免陷入局部最优解，且可能受鞍点问题的影响。

为了结合标准梯度下降法和随机梯度下降法的优点，小批量梯度下降法（Mini-Batch Gradient Descent）被提出。小批量梯度下降法每次训练都是从训练集中取一个子集（Mini-Batch）用于梯度计算，基于计算出的梯度进行参数更新，其计算公式为

$$\theta = \theta - \alpha \nabla_\theta J(\theta; x^{i:i+n}, y^{i:i+n}) \tag{2-8}$$

小批量梯度下降法相较于前两种梯度下降策略，展现了更快的收敛速度，并且在收敛过程中表现出更高的稳定性。尽管该方法也存在一些局限性，例如，对学习率的选取较为敏感，且需要恰当的初始化数据和步长设置，但从整体性能来看，小批量梯度下降法优于前两者。因此，在当前的深度学习实践中，当提及梯度下降法时，通常指的是小批量梯度下降法。

2. 动量法（Momentum）

动量法汲取了物理学中动量的思想，模拟了真实世界中物体运动的惯性效应。在参数更新过程中，该方法不仅考虑当前的梯度信息，还部分保留了先前参数更新的历史方向。通过这种方式，当前的批量梯度对最终参数更新的方向进行了细微调整。动量法的参数更新公式为

$$\begin{cases} v_t = \gamma v_{t-1} + \alpha \nabla_\theta J(\theta) \\ \theta = \theta - v_t \end{cases} \tag{2-9}$$

式中，γ 代表动力系数，通常被设定为 0.9，它量化了历史梯度对当前梯度的影响程度。

通过调整 γ 参数，动量法能够比较历史梯度 v_{t-1} 与当前梯度 v_t。如果这两个梯度的方向一致，动量法会增强这一方向的梯度，从而加速参数在该方向上的更新速度；反之，如果方向不一致，动量法则会减弱当前梯度，抑制参数在该方向上的更新速度。

动量法的一个显著优点在于，在梯度下降的初期阶段，它可以利用上一次的参数更新信息。当连续的梯度方向相同时，通过乘以 γ，可以显著加快下降过程。在梯度下降的中后

期，尤其是在局部最优解附近震荡时，γ能够增大参数更新的幅度，有助于参数跳出局部最优解，探索更广阔的解空间。与标准梯度下降法相比，动量法能够在梯度下降的方向上加速参数的更新，从而有效提升收敛速度。

然而，在动量法中，参数的更新过程类似于一个小球沿着斜坡下滚，它可能会无意识地跟随最大的下降梯度，这在某些情况下可能会导致不必要的问题。例如，当小球接近坡底时，如果参数更新过快，它可能会越过最低点，从而"冲出"最优解区域。为了解决这个问题，需要引入一个调节项，使得小球能够对下一个位置的梯度进行初步预测。这正是Nesterov动量优化方法（Nesterov Momentum），其表达式为

$$\begin{cases} v_t = \gamma v_{t-1} + \alpha \nabla_\theta J(\theta - \gamma v_{t-1}) \\ \theta = \theta - v_t \end{cases} \tag{2-10}$$

在动量法中，如果单独考虑 γv_{t-1} 这一项，那么参数 θ 在当前更新后的结果将是 $\theta - \gamma v_{t-1}$。因此，$\theta - \gamma v_{t-1}$ 可以视为下一时刻参数的近似值。通过使用这个近似值来计算梯度，并应用于当前的参数更新，可以有效避免因梯度变化过快而导致的过度调整。此外，由于引入了前瞻性修正项，即使在梯度发生较大跳跃时，也能根据这一前瞻项对当前梯度进行适当的修正，这使得参数更新对梯度变化更加敏感，从而提高了算法的灵活性和效率。

3. 自适应矩估计（Adaptive Moment Estimation，Adam）优化器

Adam优化器是一种先进的梯度下降算法，由Diederik P. Kingma和Jimmy Ba在2014年共同提出。Adam优化器融合了多种技术，包括动量优化、自适应学习率衰减以及对梯度进行归一化处理，其表达式为

$$\begin{cases} m_t = \beta_1 m_{t-1} + (1-\beta_1) g_t \\ v_t = \beta_2 v_{t-1} + (1-\beta_2) g_t^2 \\ \hat{m}_t = \dfrac{m_t}{1-\beta_1^t} \\ \hat{v}_t = \dfrac{v_t}{1-\beta_2^t} \\ \theta_{t+1} = \theta_t - \dfrac{\alpha}{\sqrt{\hat{v}_t} + \varepsilon} \hat{m}_t \end{cases} \tag{2-11}$$

式中，β_1 和 β_2 分别为2个移动平均的衰减率，提出Adam方法的论文中取值为 $\beta_1 = 0.9$，$\beta_2 = 0.999$；α 为步长，提出Adam方法的论文中 $\alpha = 0.001$；θ_t 为需要训练更新的参数；m_t 为对梯度的一阶矩估计，可以看作 $E[g_t]$ 的近似值；v_t 为对梯度的二阶矩估计，可以看作 $E[g_t^2]$ 的近似值；$\hat{m}_t$、$\hat{v}_t$ 分别为对 m_t、v_t 的校正，可以近似看作对期望的无偏估计；ε 是为了维持数据稳定性而添加的常数；g_t 为 t 时的梯度。

不论数据集的稀疏程度如何，Adam优化器均能展现出较为优异的性能，因此，在众多实际应用场景中，Adam优化器得到了广泛的使用。

2.2.5 误差反向传播

在2.1.2节中介绍了单层感知机的参数更新公式，分别为式（2-2）和式（2-3）。在多

层神经网络的结构中，由于每一层的输出成为下一层的输入，计算网络中每一层的损失函数梯度变得极为复杂。为了解决这一难题，McClelland 和 Rumelhart 领导的科研团队提出了一种革命性的算法——误差反向传播（Back Propagation，BP）算法。BP 算法成功解决了多层神经网络的学习问题，极大地推动了神经网络技术的发展。BP 神经网络已成为人工神经网络领域的核心，广泛应用于分类识别、函数逼近、回归分析、数据压缩等多个领域。在实践应用中，大约80%的神经网络模型都采用了 BP 网络或其变体。

误差反向传播算法的参数更新过程如下。

1）将训练数据输入神经网络输入层，数据通过隐藏层处理，最终在输出层产生结果，此过程称为前向传播。

2）由于网络输出与实际结果存在差异，计算输出结果与目标值之间的误差（如交叉熵损失函数或最小二乘法损失值），并将该误差从输出层逆向传播至隐藏层，直至输入层。

3）在误差反向传播过程中，根据计算出的误差调整网络参数（即神经元之间的连接权重和偏置），以减小整体损失函数。

4）重复上述步骤，对数据进行迭代训练，直至达到预设的停止条件。

误差反向传播算法实质上是一种在神经网络训练中用于梯度计算的方法，它能够为网络中的所有模型参数计算损失函数的梯度。这些梯度随后被用于学习算法，如梯度下降法，以更新权重并最小化损失函数。值得注意的是，梯度下降法本身是一种学习算法，而除了梯度下降法，其他学习算法也可与误差反向传播算法结合使用。此外，误差反向传播算法不仅限于多层神经网络，它在原则上能够计算任意函数的导数。

反向传播的过程是将梯度信息逆向传递，这一过程的原理基于链式法则（Chain Rule）。链式法则是微积分中的一个规则，用于求解复合函数的导数。在数学领域，复合函数是由多个简单函数组合而成的，如 $f(g(x))$ 函数，其中 $g(x)$ 和 $f(x)$ 均为函数。链式法则阐明了如何计算这类复合函数的导数，它有助于深入理解函数间的相互关系，从而有效解决复杂问题。

具体来说，链式法则可以表示为：若 $y=f(u)$，$u=g(x)$，则有

$$\frac{dy}{dx}=\frac{dy}{du}\frac{du}{dx} \tag{2-12}$$

式（2-12）揭示了复合函数 $y=f(g(x))$ 的导数计算方法：首先求出 y 对 u 的偏导数，随后求出 u 对 x 的偏导数，并将这两个偏导数相乘，以此得到复合函数的导数。这个过程实质上是对复合函数进行分解，将其转化为两个基本函数导数的乘积。在神经网络领域，每个节点均可视为一个复合函数，其输出值直接依赖于输入值。因此，链式法则成为计算神经网络中各节点梯度的重要规则，它是实现神经网络训练与优化的关键所在。

接下来通过一个简单的全连接神经网络示例来演示误差反向传播算法权重参数更新过程。如图 2-8 所示，该网络的输入层接收两个信号，分别为 i_1 和 i_2。网络包含一个隐藏层，该层包含两个神经元，记为 h_1 和 h_2；此外，输出层同样由两个神经元组成，分别为 o_1 和 o_2。在这个全连接神经网络中，共有 8 条连接线，对应着 8 个权重参数。除此之外，还有隐藏层的偏置参数 b_1 和输出层的偏置参数 b_2。

要求根据给定的输入数据来训练模型，通过更新权重和偏置参数，以使得网络的输出尽可能接近期望输出，采用的激活函数是 Sigmoid 函数。

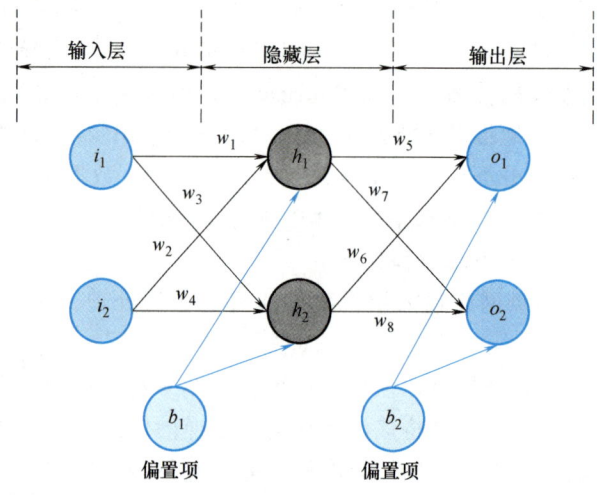

图 2-8 BP 算法实例

本实例中输入信息 $i_1 = 0.02$，$i_2 = 0.7$；输出信息 $o_1 = 0$，$o_2 = 1$。假定初始化权重参数和偏置参数为 $w_1 = 0.1$，$w_2 = 0.2$，$w_3 = 0.3$，$w_4 = 0.4$，$w_5 = 0.2$，$w_6 = 0.3$，$w_7 = 0.1$，$w_8 = 0.2$，$b_1 = 0.3$，$b_2 = 0.2$。信号前向传播和参数更新求解过程如下。

1. Step1：信号前向传播（激活函数为 Sigmoid）

（1）输入层→隐藏层 输入层有两个信息 i_1 和 i_2，传播到隐藏层 h_1 神经元的净活值为 net_{h1}，如式（2-13）所示，通过激活函数激活得到隐藏层 h_1 神经元的激活值 out_{h1}，如式（2-14）所示。用同样的方法可以得到隐藏层 h_2 神经元的激活值 out_{h2} 的值，如式（2-15）所示。

$$\begin{aligned}\text{net}_{h1} &= w_1 i_1 + w_2 i_2 + b_1 \\ &= 0.1 \times 0.02 + 0.2 \times 0.7 + 0.3 \\ &= 0.442\end{aligned} \tag{2-13}$$

$$\text{out}_{h1} = \frac{1}{1+e^{-\text{net}_{h1}}} = \frac{1}{1+e^{-0.442}} = 0.60874 \tag{2-14}$$

$$\text{out}_{h2} = \frac{1}{1+e^{-\text{net}_{h2}}} = \frac{1}{1+e^{-0.586}} = 0.64245 \tag{2-15}$$

（2）隐藏层→输出层 隐藏层两个神经元的输出 out_{h1} 和 out_{h2}，传播到输出层 o_1 神经元的净活值为 net_{o1}，如式（2-16）所示，通过激活函数激活得到输出层 o_1 神经元的激活值 out_{o1}，如式（2-17）所示。同样的方法可以得到输出层 o_2 神经元的输出激活值 out_{o2} 的值，如式（2-18）所示。

$$\begin{aligned}\text{net}_{o1} &= w_5 \text{out}_{h1} + w_6 \text{out}_{h2} + b_2 \\ &= 0.2 \times 0.60874 + 0.3 \times 0.64245 + 0.2 \\ &= 0.51448\end{aligned} \tag{2-16}$$

$$\text{out}_{o1} = \frac{1}{1+e^{-\text{net}_{o1}}} = \frac{1}{1+e^{-0.51448}} = 0.62586 \tag{2-17}$$

$$\text{out}_{o2} = \frac{1}{1+e^{-\text{net}_{o2}}} = \frac{1}{1+e^{-0.389364}} = 0.59613 \qquad (2\text{-}18)$$

经过神经网络第一轮正向传播后，输出值为［0.62586，0.59613］，与实际值［0，1］相差较大。第二步将通过误差反向传播来更新参数。

2. Step2：误差反向传播

（1）计算总误差 采用平方误差作为衡量标准，总误差 E_{total} 为输出层第一个神经元的平方误差 E_{o1} 与第二个神经元的平方误差 E_{o2} 之和。计算 E_{o1}，如式（2-19）所示，计算 E_{o2}，如式（2-20）所示，计算总误差 E_{total}，如式（2-21）所示。

$$E_{o1} = \frac{1}{2}(\text{target}_{o1} - \text{out}_{o1})^2 = \frac{1}{2}(0 - 0.62586)^2 = 0.19585 \qquad (2\text{-}19)$$

$$E_{o2} = \frac{1}{2}(\text{target}_{o2} - \text{out}_{o2})^2 = \frac{1}{2}(1 - 0.59613)^2 = 0.08156 \qquad (2\text{-}20)$$

$$E_{\text{total}} = E_{o1} + E_{o2} = 0.19585 + 0.08156 = 0.27741 \qquad (2\text{-}21)$$

（2）隐藏层→输出层的权值更新 误差 E_{total} 与所有权重参数之间是有函数关系的，以权重参数 w_5 为例，如图 2-9 所示，E_{total} 与 E_{o1} 存在函数关系，E_{o1} 与 out_{o1} 存在函数关系，out_{o1} 与 net_{o1} 存在函数关系，而 net_{o1} 和 w_5 存在函数关系，所以，E_{total} 和 w_5 存在函数关系。通过梯度下降法更新权重参数 w_5，需要求出总误差 E_{total} 对于 w_5 的偏导，E_{total} 对于 w_5 的偏导求解，如式（2-22）所示。

$$\frac{\partial E_{\text{total}}}{\partial w_5} = \frac{\partial E_{\text{total}}}{\partial \text{out}_{o1}} \frac{\partial \text{out}_{o1}}{\partial \text{net}_{o1}} \frac{\partial \text{net}_{o1}}{\partial w_5} \qquad (2\text{-}22)$$

这实际是一个"链式求导"过程，分别求出后面三项，就可以求出 E_{total} 对于 w_5 的偏导。下面分别求解这三项。

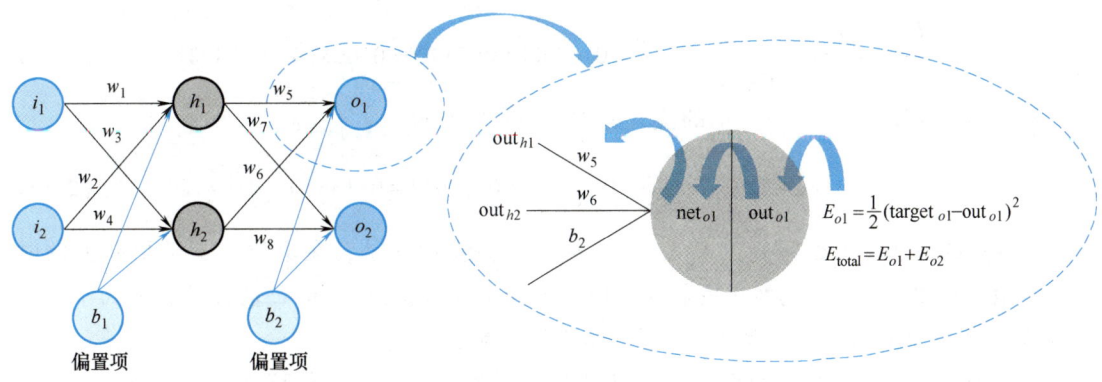

图 2-9 总误差与权重参数 w_5 的关系图

1）计算 $\dfrac{\partial E_{\text{total}}}{\partial \text{out}_{o1}}$：前面已经说明，总误差采用平方误差方法，总误差 E_{total} 为输出层两个神经元的误差之和，如式（2-23）所示。总误差对输出层第一个神经元的输出 out_{o1} 求偏导，如式（2-24）所示。

$$E_{\text{total}} = E_{o1} + E_{o2}$$
$$= \frac{1}{2}(\text{target}_{o1} - \text{out}_{o1})^2 + \frac{1}{2}(\text{target}_{o2} - \text{out}_{o2})^2 \quad (2\text{-}23)$$

$$\frac{\partial E_{\text{total}}}{\partial \text{out}_{o1}} = 2 \times \frac{1}{2}(\text{target}_{o1} - \text{out}_{o1})^{2-1} \times (-1)$$
$$= \text{out}_{o1} - \text{target}_{o1} \quad (2\text{-}24)$$
$$= 0.62586 - 0 = 0.62586$$

2）计算 $\dfrac{\partial \text{out}_{o1}}{\partial \text{net}_{o1}}$：输出层第一个神经元的输出 out_{o1} 与净活值 net_{o1} 是激活函数关系，激活函数采用的 Sigmoid 函数，如式（2-25）所示。out_{o1} 对 net_{o1} 求偏导值，如式（2-26）所示。

$$\text{out}_{o1} = \frac{1}{1 + e^{-\text{net}_{o1}}} \quad (2\text{-}25)$$

$$\frac{\partial \text{out}_{o1}}{\partial \text{net}_{o1}} = \text{out}_{o1}(1 - \text{out}_{o1}) = 0.62586 \times (1 - 0.62586) = 0.23416 \quad (2\text{-}26)$$

3）计算 $\dfrac{\partial \text{net}_{o1}}{\partial w_5}$：输出层第一个神经元的净活值 net_{o1} 与权重参数 w_5 的关系，如式（2-27）所示。求 net_{o1} 对 w_5 的偏导值，如式（2-28）所示。

$$\text{net}_{o1} = w_5 \text{out}_{h1} + w_6 \text{out}_{h2} + b_2 \quad (2\text{-}27)$$

$$\frac{\partial \text{net}_{o1}}{\partial w_5} = \text{out}_{h1} = 0.60874 \quad (2\text{-}28)$$

综合式（2-23）、式（2-24）、式（2-26）、式（2-28），可以求总误差 E_{total} 对 w_5 的偏导，如式（2-29）所示。

$$\frac{\partial E_{\text{total}}}{\partial w_5} = \frac{\partial E_{\text{total}}}{\partial \text{out}_{o1}} \frac{\partial \text{out}_{o1}}{\partial \text{net}_{o1}} \frac{\partial \text{net}_{o1}}{\partial w_5} = 0.62586 \times 0.23416 \times 0.60874 = 0.08921 \quad (2\text{-}29)$$

然后利用梯度下降法更新 w_5 的值，如式（2-30）所示。

$$w_5^+ = w_5 - \eta \frac{\partial E_{\text{total}}}{\partial w_5} = 0.2 - 0.5 \times 0.08921 = 0.15540 \quad (2\text{-}30)$$

用同样的方法，可更新 w_6，w_7，w_8 的值。需要注意的是，在求每个参数更新值的时候，其他参数在这一轮中仍然用更新前的值，比如求 w_6 的更新值时，前面计算公式中如有 w_5 的值，要用原来的值，也就是各权重参数要同步更新。

（3）输入层→隐藏层的权值更新　以权重参数 w_1 为例，采用梯度下降法更新 w_1 的值，需要求出总误差 E_{total} 对于 w_1 的偏导值。如式（2-23）所示，总误差 E_{total} 为 E_{o1} 和 E_{o2} 之和，从前面信号正向传播分析可知，i_1 和 w_1 传播到 h_1，h_1 的输出会分别传播到 o_1 和 o_2，可知 E_{o1} 和 E_{o2} 都是 w_1 的函数。虽然从图 2-10 看上去 w_1 离最后得到的总误差 E_{total} 更远，但 E_{total} 和 w_1 是存在函数关系的，根据链式法则得到 E_{total} 对 w_1 的偏导，如式（2-31）所示。

$$\frac{\partial E_{\text{total}}}{\partial w_1} = \frac{\partial E_{\text{total}}}{\partial \text{out}_{h1}} \frac{\partial \text{out}_{h1}}{\partial \text{net}_{h1}} \frac{\partial \text{net}_{h1}}{\partial w_1} \quad (2\text{-}31)$$

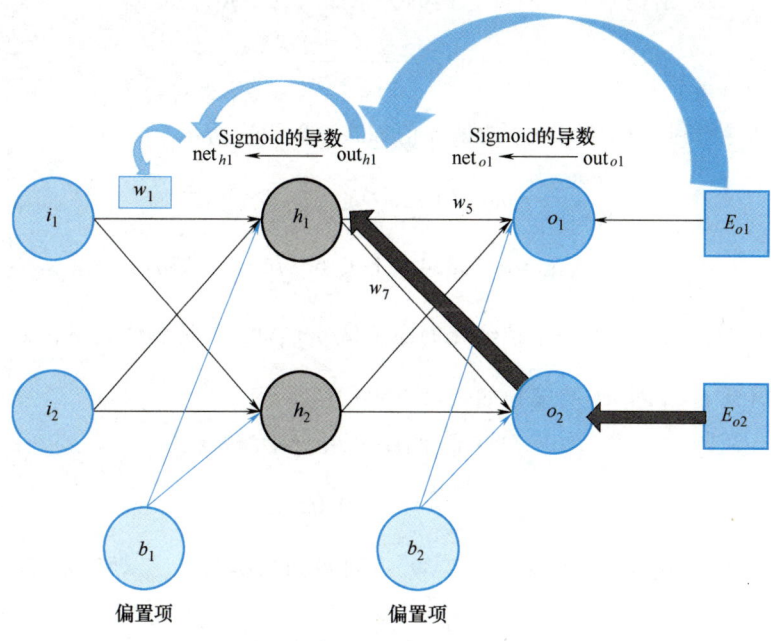

图 2-10 总误差与权重参数 w_1 的关系图

对式（2-31）右边三项分别计算。

1）计算 $\dfrac{\partial E_{\text{total}}}{\partial \text{out}_{h1}}$：总误差 E_{total} 对隐藏层第一个神经元的输出 out_{h1} 的偏导可以写成两项之和，见式（2-32）。同样根据链式法则，E_{o1} 对 out_{h1} 的偏导可以用式（2-33）求解，E_{o2} 对 out_{h1} 的偏导可以用式（2-34）求解。

$$\frac{\partial E_{\text{total}}}{\partial \text{out}_{h1}} = \frac{\partial E_{o1}}{\partial \text{out}_{h1}} + \frac{\partial E_{o2}}{\partial \text{out}_{h1}} \quad (2\text{-}32)$$

$$\frac{\partial E_{o1}}{\partial \text{out}_{h1}} = \frac{\partial E_{o1}}{\partial \text{out}_{o1}} \frac{\partial \text{out}_{o1}}{\partial \text{net}_{o1}} \frac{\partial \text{net}_{o1}}{\partial \text{out}_{h1}} = 0.62586 \times 0.23416 w_5 \quad (2\text{-}33)$$

$$= 0.62586 \times 0.23416 \times 0.2 = 0.02931$$

$$\frac{\partial E_{o2}}{\partial \text{out}_{h1}} = \frac{\partial E_{o2}}{\partial \text{out}_{o2}} \frac{\partial \text{out}_{o2}}{\partial \text{net}_{o2}} \frac{\partial \text{net}_{o2}}{\partial \text{out}_{h1}} = -0.40387 \times 0.24076 w_7 \quad (2\text{-}34)$$

$$= -0.40387 \times 0.24076 \times 0.1 = -0.00972$$

综合式（2-33）和式（2-34），可得到总误差 E_{total} 对 out_{h1} 的偏导，如式（2-35）所示。

$$\frac{\partial E_{\text{total}}}{\partial \text{out}_{h1}} = \frac{\partial E_{o1}}{\partial \text{out}_{h1}} + \frac{\partial E_{o2}}{\partial \text{out}_{h1}} = 0.02931 + (-0.00972) = 0.01959 \quad (2\text{-}35)$$

2）计算 $\dfrac{\partial \text{out}_{h1}}{\partial \text{net}_{h1}}$：隐藏层第一个神经元的输出 out_{h1} 和隐藏层第一个神经元的净活值 net_{h1} 是通过 Sigmoid 函数激活得到的，所以它们的关系如式（2-36）所示。

$$\text{out}_{h1} = \dfrac{1}{1+e^{-\text{net}_{h1}}} \tag{2-36}$$

由此可以推导得到 out_{h1} 对 net_{h1} 的偏导值如式（2-37）所示。

$$\begin{aligned}\dfrac{\partial \text{out}_{h1}}{\partial \text{net}_{h1}} &= \text{out}_{h1}(1-\text{out}_{h1}) \\ &= 0.60874 \times (1-0.60874) = 0.23818\end{aligned} \tag{2-37}$$

3）计算 $\dfrac{\partial \text{net}_{h1}}{\partial w_1}$：隐藏层第一个神经元的净活值 net_{h1} 和 w_1 是线性关系，如式（2-38）所示，可以推导得到 net_{h1} 对 w_1 的偏导如式（2-39）所示。

$$\text{net}_{h1} = w_1 i_1 + w_2 i_2 + b_1 \tag{2-38}$$

$$\dfrac{\partial \text{net}_{h1}}{\partial w_1} = i_1 = 0.02 \tag{2-39}$$

综合式（2-35）、式（2-37）和式（2-39），可得到总误差 E_{total} 对于 w_1 的偏导值，如式（2-40）所示。

$$\begin{aligned}\dfrac{\partial E_{\text{total}}}{\partial w_1} &= \dfrac{\partial E_{\text{total}}}{\partial \text{out}_{h1}} \dfrac{\partial \text{out}_{h1}}{\partial \text{net}_{h1}} \dfrac{\partial \text{net}_{h1}}{\partial w_1} \\ &= 0.01959 \times 0.23818 \times 0.02 \\ &= 0.00009\end{aligned} \tag{2-40}$$

最后，更新 w_1 权值如式（2-41）所示。需要注意的是，更新 w_1 时，其他权重参数都用原来的值，也就是要求各参数都要同步更新。

$$\begin{aligned}w_1^+ &= w_1 - \eta \dfrac{\partial E_{\text{total}}}{\partial w_1} \\ &= 0.1 - 0.5 \times 0.00009 \\ &= 0.099955\end{aligned} \tag{2-41}$$

用同样的方法可更新权重参数和 w_2、w_3、w_4。偏置参数 b_1 和 b_2 也可用同样的方法更新。

3. Step3：迭代计算

第一轮误差反向传播完成后，总误差 E_{total} 由 0.27741 下降至 0.26537。把更新的权值重新计算，迭代 10000 次后，总误差为 0.000063612，输出为 [0.00793003941675692, 0.9919789331998798]（原输入为 [0, 1]）。

2.2.6　计算图

在神经网络参数训练和模型更新过程中，前向传播和反向传播是不可或缺的步骤，这两个过程涉及庞大的计算量，网络越深，计算量越大。若仅依靠公式来阐述，其复杂性非常高。为此，引入了计算图（Computation Graph）的概念。计算图是一种数据结构，专门用于描绘计算过程，它由节点（Node）和边（Edge）组成。节点代表数据，即变量，可以是标量、矢量、张量等；边则代表操作，即函数。计算图中节点之间的排列关系构成了所谓的拓扑结构（Topological Structure）。如图 2-11 所示，可以用计算图来表示函数的计算过程，如 $z=f(x,y)$ 及复合函数 $y=f(g(h(x)))$。

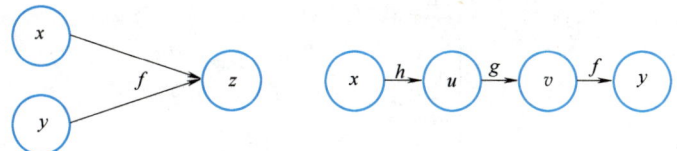

图 2-11 计算图示例

使用计算图进行求导操作也是比较清晰的，可以直观地表示链式法则。对于复合函数求导有两种情况（见图 2-12 和图 2-13），第一种情况是

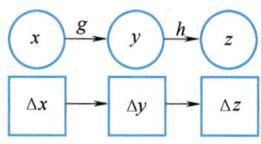

图 2-12 链式求导情况一

$$\begin{cases} z=f(x) \\ y=g(x) \\ z=h(y) \\ \dfrac{\mathrm{d}z}{\mathrm{d}x}=\dfrac{\mathrm{d}z}{\mathrm{d}y}\dfrac{\mathrm{d}y}{\mathrm{d}x} \end{cases} \quad (2\text{-}42)$$

第二种情况是

$$\begin{cases} z=f(w) \\ x=g(w) \\ y=h(w) \\ z=k(x,y) \\ \dfrac{\mathrm{d}z}{\mathrm{d}w}=\dfrac{\mathrm{d}z}{\mathrm{d}x}\dfrac{\mathrm{d}x}{\mathrm{d}w}+\dfrac{\mathrm{d}z}{\mathrm{d}y}\dfrac{\mathrm{d}y}{\mathrm{d}w} \end{cases} \quad (2\text{-}43)$$

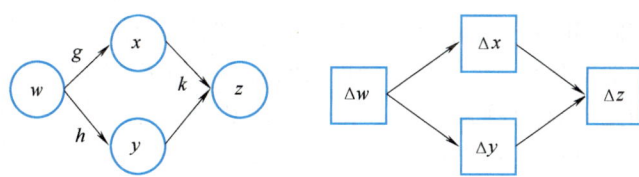

图 2-13 链式求导情况二

常见的函数计算通常是由上述两种方法组合而成的，需要灵活运用链式法则进行求导，以便准确计算梯度。以下示例展示了利用计算图对常见复合函数求导的过程。

$$\begin{cases} e=cd \\ c=a+b \\ d=b+1 \end{cases} \quad (2\text{-}44)$$

式中，$a=1$，$b=2$，简单计算后可知 $c=3$，$d=3$，$e=9$，对式（2-44）所示计算求导可得

$$\begin{cases} \dfrac{\partial c}{\partial a}=1 \\[4pt] \dfrac{\partial c}{\partial b}=1 \\[4pt] \dfrac{\partial d}{\partial b}=1 \\[4pt] \dfrac{\partial e}{\partial c}=d \\[4pt] \dfrac{\partial e}{\partial d}=c \\[4pt] \dfrac{\partial e}{\partial a}=\dfrac{\partial e}{\partial c}\dfrac{\partial c}{\partial a}=3 \\[4pt] \dfrac{\partial e}{\partial b}=\dfrac{\partial e}{\partial c}\dfrac{\partial c}{\partial b}+\dfrac{\partial e}{\partial d}\dfrac{\partial d}{\partial b}=6 \end{cases} \quad (2\text{-}45)$$

利用计算图表示上述计算过程及求导过程，如图 2-14 所示。

综上所述，计算图的主要目的是以图形化的形式直观地表示数学运算过程，它不仅能够清晰地揭示复杂运算的逻辑结构，还能展现数据的流动路径，从而大大简化了深度学习中的反向传播和梯度计算过程。通常，构建计算图的步骤如下。

1）定义输入数据及其初始值。

2）根据既定的运算逻辑，创建相应的节点，并建立节点之间的边连接关系。

3）按照计算顺序，从输入节点至输出节点，完成各节点的数据运算。

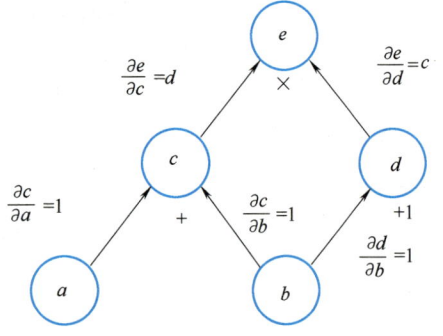

图 2-14　计算图运算示例

4）通过计算图的前向传播（Forward Propagation）来获取输出结果。

5）利用反向传播（Back Propagation）并通过计算图计算梯度，进而进行参数优化。

得益于计算图的易理解性、可视化优势以及便捷的反向传播特性，它在机器学习领域得到了广泛应用，特别是在涉及梯度计算、优化算法和自动求导等关键环节。在 PyTorch、TensorFlow、PaddlePaddle 等主流的深度学习框架中，计算图已成为支持其复杂运算的核心组件和主要方法。

2.3　全连接神经网络实践项目

无论是图像分类、目标检测还是文字识别，尽管任务不同，但是利用深度学习完成这些任务的基本流程都是类似的，可以归纳为如图 2-15 所示的六个步骤。

（1）数据处理

为了高效地处理图像数据并加速分布式训练过程，首先需要封装数据读取和处理的函

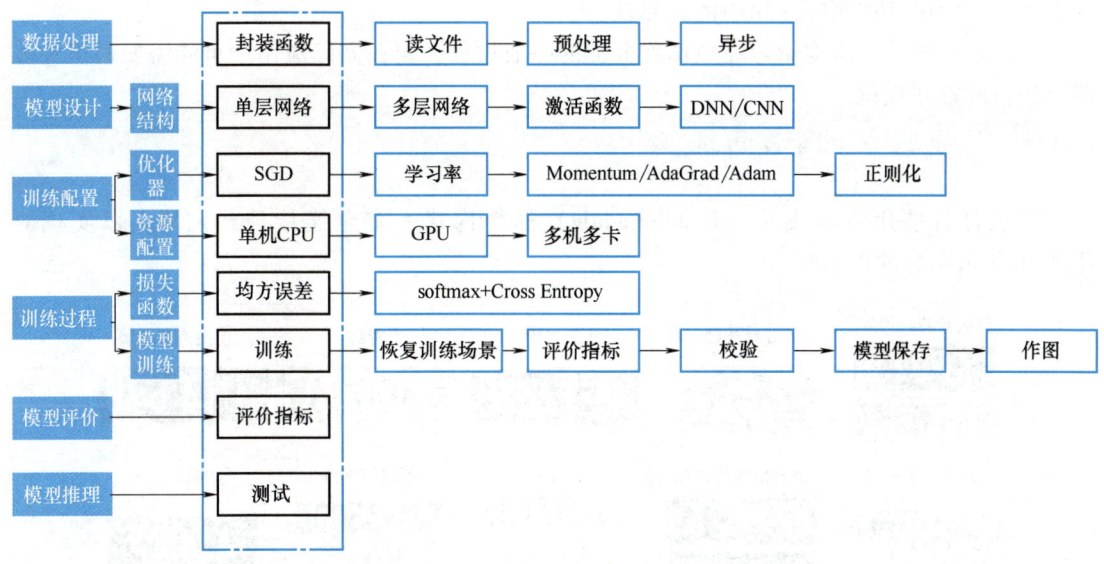

图 2-15 深度学习完成图像分类任务的基本流程

数,这些函数负责读取包含图像数据的文件,并对图像进行预处理操作,如缩放、裁剪和归一化等,以确保模型能够更好地理解和学习。同时,在分布式训练图像分类模型时,异步更新被广泛应用以加速模型的训练过程,但须注意其可能引发的梯度过时问题和收敛不稳定性。

(2)模型设计

主要是选择网络结构,根据问题的复杂性和数据的特性,选择合适的网络结构,如单层网络、多层网络、DNN(深度神经网络)或 CNN(卷积神经网络)等,并选择合适的激活函数(如 ReLU、Sigmoid 等)来引入非线性。

(3)训练配置

主要包括优化器的选择(如 SGD、Momentum、AdaGrad、Adam 等),调整学习率以控制模型学习的速度,并使用正则化技术(如 L1、L2 正则化)来防止模型过拟合,以及根据可用的计算资源(如单机 CPU、GPU 或多机多卡)来配置训练环境。

(4)训练过程

需要选择合适的损失函数(如均方误差、softmax+Cross Entropy 等)来评估模型的预测误差,并设置其他训练参数。使用预处理后的数据和配置好的模型进行训练,通过迭代更新模型参数来最小化损失函数。训练过程中,模型参数会经过多次迭代更新,目标是不断减小损失函数的值。为了深入了解训练进展,一般会记录包括损失值、准确率等在内的多项参数,并将这些数据以图形化的方式呈现出来,以便于后续的分析与调试工作。最终,训练完成的模型保存到磁盘上,为后续进行推理或进一步的训练使用。

(5)模型评价

在训练完成后,使用验证集对模型进行评估,计算评价指标(如准确率、召回率等)来评估模型的性能。

(6)模型推理

使用训练好的模型对新图像进行分类推理,输出分类结果,一般是在测试集上测试模型的性能，以确保其在实际应用中的可靠性。

上述步骤描述了深度学习完成图像分类的一般过程，但在实际应用中可能需要根据具体情况进行调整和优化。

2.3.1 基于 MLP 的车牌识别

本项目将使用百度飞桨（PaddlePaddle）框架构建一个全连接神经网络，以实现对图 2-16 所示车牌的识别。

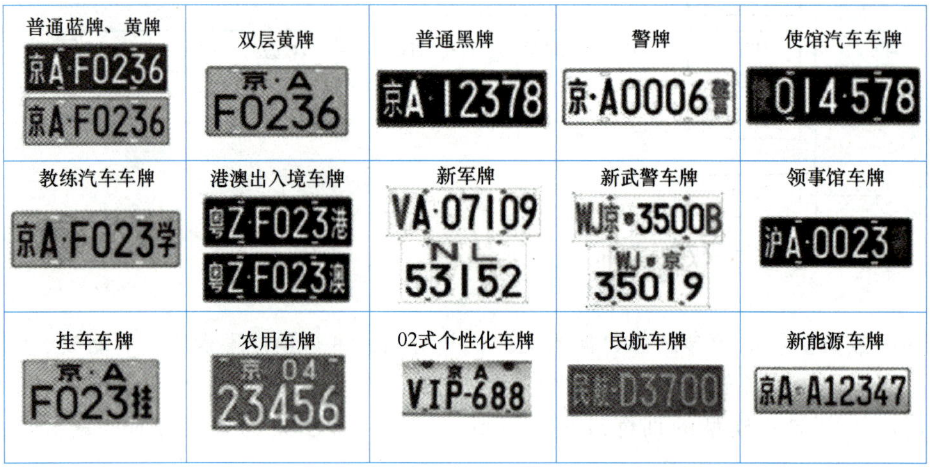

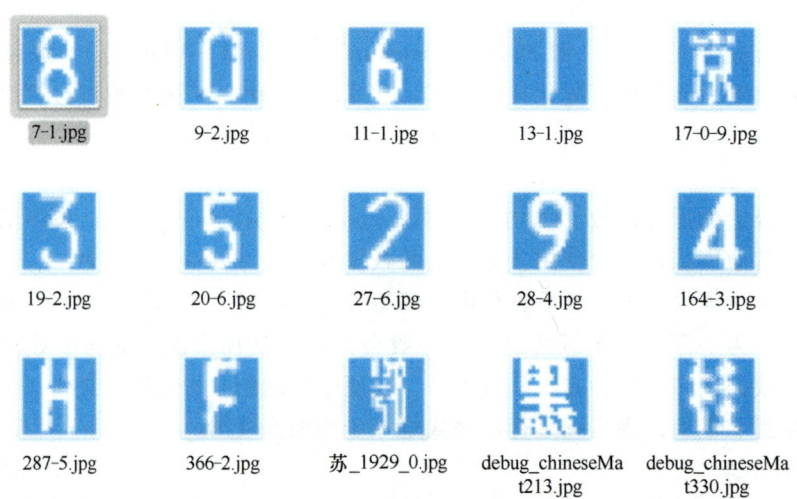

图 2-16 车牌图像示例

数据集文件名为 characterData.zip，其中有 65 个文件夹，65 个文件夹的名称包含 0~9、A~Z，以及各省简称，图片为 1×20×20 的灰度图像，每张图像都是将实际拍摄的车牌进行黑白色转换后裁剪得到的单个字符，如图 2-17 所示。

图 2-17 车牌字符图像

本次实验中，取其中的 10%作为测试集，90%作为训练集。整个项目的实现包含以下六大步骤，由于代码篇幅较长，书中只做简单的步骤介绍。

读者可以打开链接 https：//aistudio.baidu.com/project/edit/8983124 运行项目，并可扫描二维码观看讲解视频。

讲解视频

1. 相关库导入及参数配置

这一部分用于导入后续需要用到的一些第三方库，包括但不限于用于解压缩文件的 zipfile 库、处理数据的 numpy 库、处理图像的 PIL 库、绘制图形的 matplotlib 库以及搭建全连接神经网络模型的 paddlepaddle 库。

另外，还需要定义后续会用到的各种参数，包括但不限于输入图片的尺寸 input_size、图像分类的类别数 class_dim、各种数据集的路径、图像标签字典 label_dict、训练轮数 num_epochs 以及超参数学习率 lr 等。

2. 数据预处理

这一部分主要用于处理模型所用的数据集，利用 random 库的 shuffle 函数将数据打乱，将原始数据集划分为 9∶1 的训练集与验证集，并生成后续网络模型训练能用的数据加载器。

3. 定义模型

本次分类任务使用多层感知器（MLP）。MLP 是深度学习的基础网络，其网络结构包括输入层、隐藏层（可有多层）、输出层，层与层之间全部采用全连接的方式，如图 2-18 所示。

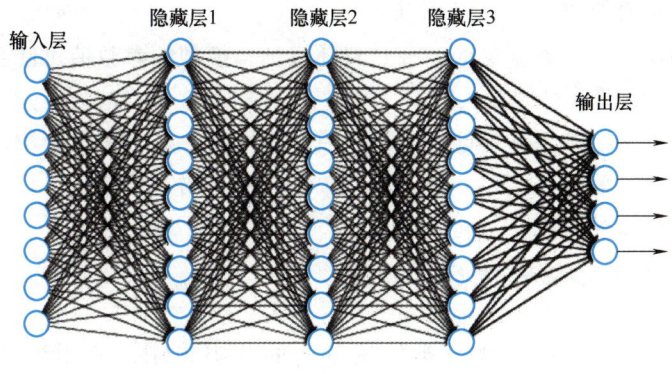

图 2-18　MLP 网络模型示例

4. 训练模型

使用上述建立好的 MLP 模型开始训练，训练采用的损失函数为交叉熵损失函数 paddle.nn.CrossEntropyLoss()，优化器使用 Adam 优化器 paddle.optimizer.Adam()，学习率 lr 定为 0.1，每一轮次训练可以将当前轮次的损失值以及准确率打印显示，模型训练完成后保存模型并绘制出损失值和准确率随训练轮次变化的趋势图，如图 2-19 所示。

5. 模型评估

模型利用训练集数据训练完成后，可以利用与训练集不同的验证集数据对模型在验证集

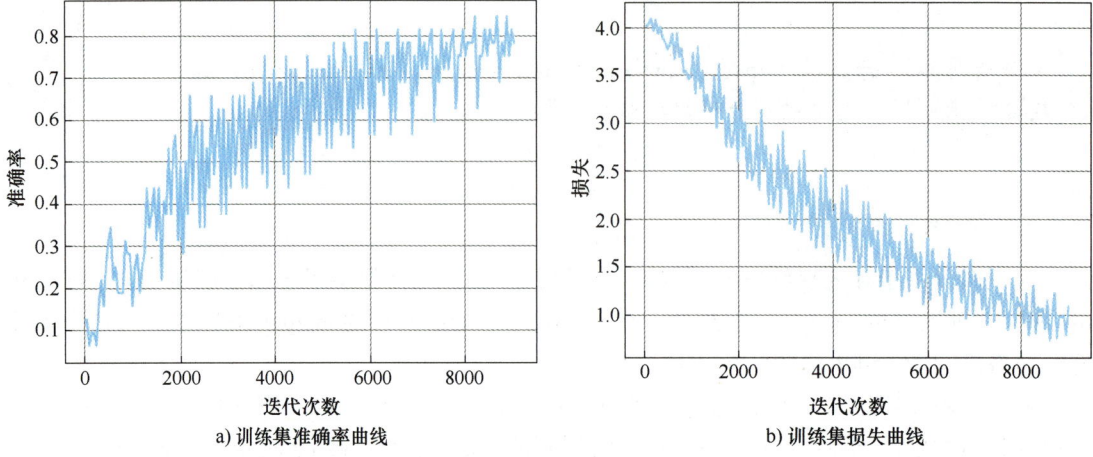

图 2-19　训练集训练损失值及准确率变化趋势图

上分类预测的准确度进行评估。

6. 使用模型进行预测

模型的泛化能力是衡量其性能的关键指标,这通常通过模型在未参与训练的图像数据上的预测准确性来评估。例如,使用所构建的模型对图 2-20 所示的图像进行预测。在本次预测中,结果输出为 3A686EJ,尽管第一个字符的预测存在误差,但其余字符均正确识别,这表明模型仍有改进空间。需要注意

图 2-20　车牌图片预测

的是,由于程序每次运行时数据集的划分具有随机性,模型的参数值可能会有所不同,从而导致预测结果出现波动。

单独一张图片的预测结果并不能全面反映模型的性能。通常会使用测试集进行预测,测试集的样本数量通常与验证集相当。通过测试集上多样本的准确率,可以更准确地评估所构建的深度神经网络模型的效果。

2.3.2　基于 MLP 的机械零件分类识别

本项目基于 MLP 网络,实现三类机械零件的分类识别,所用数据集为 Mechanical-Part.zip,共有 3 类 1008 张图片,每个文件夹内有三个子文件夹,其名称表示图片类别,分别是 HexBolt、HexNut 和 RoundHeadBolt,如图 2-21 所示。

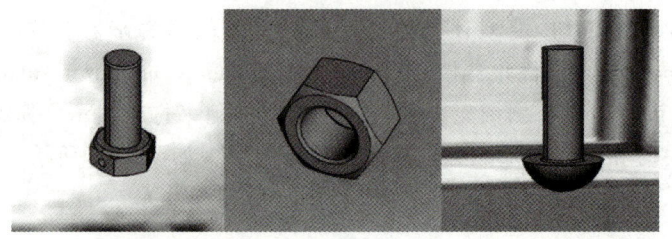

图 2-21　机械零件示例

项目基于 PaddlePaddle 框架完成,可以在百度 AI Studio 在线创建项目运行,也可以在本地计算机运行,需要先安装 PaddlePaddle。本项目流程和具体步骤和上一个项目基本一致,包括相关库导入和参数配置、数据准备、定义模型、训练模型、模型评估、测试模型 6 个步骤。本项目按照 6∶2∶2 的比例划分训练集、验证集和测试集,分别放入 train、valid、test 三个文件夹。图 2-22 所示为训练集结果。

讲解视频

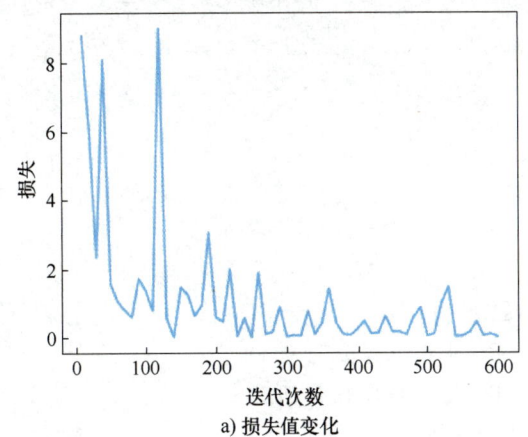

a) 损失值变化

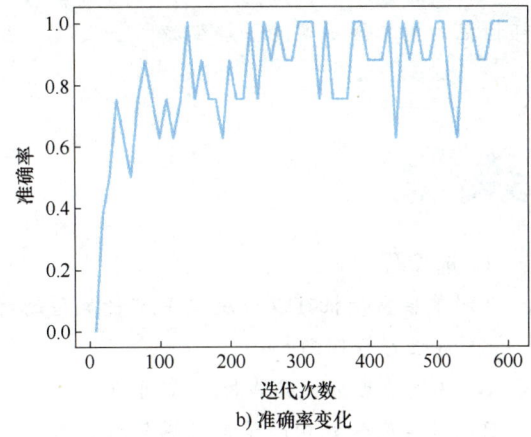

b) 准确率变化

图 2-22　训练集结果

2.3.3　基于 MLP 的自动驾驶数据集分类识别

本项目基于 PaddlePaddle 框架,设计 MLP 模型完成自动驾驶数据集分类。考虑到计算时间和效率,设计的数据集只有 1000 张图片样本,包含矿卡、轿车(含皮卡)和其他共三种类别,标签分别是 Mine_truck、Car 和 Others 三种。

本项目设计的网络模型有一个输入层、两个隐藏层和一个输出层,两个隐藏层的神经元个数为 100,输出层神经元个数为 3,对应三种类型的图片激活函数选择 softmax。

读者可以打开链接 https://aistudio.baidu.com/project/edit/9402007 运行项目,并可扫描二维码观看讲解视频。

讲解视频

2.3.4　基于 MLP 加速生物医学成像中的图像重建

本项目实现基于深度全连接网络的生物医学成像快速图像重建,采用空间频域成像数据集。该项目的背景是,传统空间频域成像可测量生物组织宽场的吸收系数、散射系数,进而获得氧合血红蛋白、脱氧血红蛋白、水、脂质、黑色素等成分的浓度;但高精度测量需要通过迭代解法,将多个漫反射率数据逐像素点映射到吸收、散射系数,耗时长、速度慢,数据处理时长在 10h 以上。通过深度学习方法,可将时间缩短至 0.2s,大幅提高数据处理速度。

本项目所提供的数据由不同空间频率的漫反射率和对应的吸收系数、散射系数组成。其中,吸收系数范围是 $0 \sim 0.4 mm^{-1}$,散射系数范围是 $0.2 \sim 4 mm^{-1}$;漫反射率对应的空间频率

为 $[0, 0.05, 0.1, 0.2, 0.4]$ mm^{-1}。

本项目案例基于 Keras 框架完成，训练集和测试集均为 .mat 格式，训练的全连接神经网络可将漫反射率直接映射到光学吸收和散射系数，相比传统迭代解法速度可提高多个数量级。

由于篇幅所限，读者可以扫描内封上的二维码下载数据集和项目代码，可扫描右侧二维码观看讲解视频。

讲解视频

习题

1. 选择题

1）单层感知机可以解决以下哪种类型的问题？（ ）
  A. 线性可分问题　　　　　　　　B. 非线性可分问题
  C. 既线性可分也非线性可分问题　　D. 无法解决任何问题

2）多层感知机相比于单层感知机，其优势在于什么？（ ）
  A. 可以处理更复杂的线性问题　　B. 可以处理更复杂的非线性问题
  C. 需要更少的训练数据　　　　　D. 训练速度更快

3）信号前向传播的主要目的是什么？（ ）
  A. 更新网络权重　　　　　　　　B. 计算网络输出
  C. 计算损失函数　　　　　　　　D. 实现网络初始化

4）在深度学习中，常用的损失函数不包括以下哪一项？（ ）
  A. 均方误差　　B. 交叉熵　　C. 对数似然　　D. 梯度下降

5）以下哪种参数优化方法不属于基于梯度的优化方法？（ ）
  A. 随机梯度下降　　B. 小批量梯度下降　　C. 牛顿法　　D. 共轭梯度法

6）误差反向传播算法中，梯度下降的方向是由以下哪一项决定的？（ ）
  A. 损失函数　　B. 激活函数　　C. 输入数据　　D. 权重矩阵

2. 判断题

1）神经网络中的隐藏层可以增加网络的表示能力。（ ）
2）激活函数的作用是引入神经网络的非线性表达能力。（ ）
3）损失函数是衡量模型的输入值与输出值之间差异的指标。（ ）
4）在误差反向传播算法中，梯度消失问题通常是由于激活函数的选择不当引起的。（ ）

3. 简答题和分析题

1）请简述神经网络的基本结构和工作原理。
2）请简述损失函数在神经网络训练过程中的作用。
3）请简述激活函数的作用，分析几种常用激活函数的不同。
4）针对实例2.1单层感知机实现分类项目，分别从需要分类的点的数量、种类数等方面扩大样本量,继续使用单层感知机进行分类,对比分类效果,分析单层感知机的局限性。

5)针对2.2.2节中介绍的几种激活函数,推导除softmax()函数之外每种激活函数的导数公式,并绘制出导数公式的图形,尝试用Python写出每种激活函数及其导数的实现程序。

6)针对2.3节中的一个实践项目,比如车牌识别项目,从网络层数、激活函数、损失函数、学习率等方面进行更改对比训练,分析识别效果并找出相对最优的超参数组合。

部分习题
参考答案

第3章　卷积神经网络理论及实践

全连接神经网络以其强大的表示能力，在解决复杂问题方面取得了显著的效果。然而，在处理具有明显空间层次结构的数据，如图像时，全连接神经网络可能并非最高效的选择。由于每个神经元都与前一层的所有神经元相连，导致了庞大的参数数量和计算负担，同时无法直接利用图像的局部特征，这在处理具有局部性和平移不变性的图像数据时显得力不从心。

卷积神经网络（Convolutional Neural Network，CNN）通过卷积操作实现局部感知，参数共享机制和池化降低了模型复杂度，而其空间层次结构使得网络能够从低级到高级逐步提取特征，这些特性使得 CNN 在图像识别等领域表现出色。随着研究的深入，CNN 的结构和算法不断优化，其在处理复杂图像数据方面的能力也在不断提升，为人工智能技术的发展做出了重要贡献。

3.1　卷积神经网络理论基础

3.1.1　卷积神经网络的基本结构与特点

卷积神经网络（CNN）是一种集卷积运算与深度结构于一体的神经网络，它代表了深度学习领域中最核心的算法之一，并广泛应用于计算机视觉和图像处理领域。CNN 凭借其表征学习能力，能够通过层级结构对输入信息进行平移不变性的分类，同时支持监督与非监督学习模式。其隐藏层中的卷积核参数共享和层间连接的稀疏性，使得 CNN 在处理如图像像素点这样的格点化特征时，能够以较低的计算成本进行高效的特征学习和分析。

1. 卷积神经网络基本结构

图 3-1 所示为卷积神经网络基本结构，包括卷积层、池化层、全连接层以及输出层。卷积神经网络作为一种多层神经网络，其特征提取功能主要由卷积层和池化层实现，而整个网络模型则通过参数优化和损失函数最小化进行权重参数的逐层反向调节，经过大量迭代训练以提升模型精度。在网络结构中，底层通常由卷积层和池化层交替组成，而高层则类似于传统多层感知机的隐藏层和全连接层。全连接层接收由卷积层和池化层提取的特征，而网络的最后一层通常是一个分类器或回归器，如逻辑回归、softmax 或支持向量机，用于实现输入

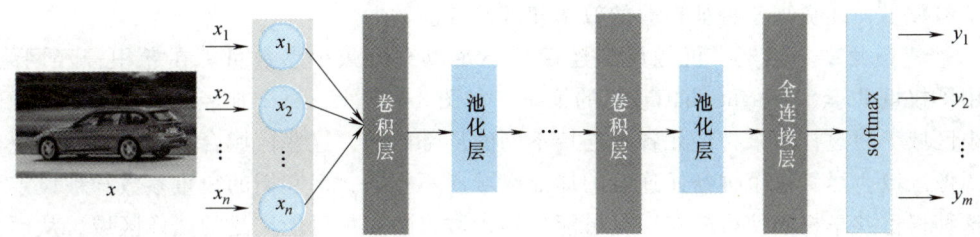

图 3-1 卷积神经网络基本结构

数据的分类或回归任务。

2. 卷积神经网络结构特点

卷积神经网络相较于全连接神经网络的一个优势在于其参数量的显著降低。这一优势主要归功于 CNN 的局部连接、权重共享和下采样三个核心特点。

（1）局部连接 在探讨局部连接时，首先要理解"局部感受野"（Local Receptive Field）的概念，它指的是输出特征图上的每个像素点所对应的输入图像上的区域。在全连接网络中，每个输入图像的像素点都与隐藏层和输出层的每个神经元相连，导致每个神经元的感受野覆盖整个输入图像。然而，卷积神经网络的处理方式则大为不同，其中每个隐藏层的神经元仅与图像的局部区域相连。

如图 3-2 所示，对于一张 640×480 像素的输入图像，全连接神经网络中的特征图像素点感受野将是整个图像的大小，即 640×480，这意味着需要更新的参数数量高达 307200 个。而在采用局部连接的卷积神经网络中，每次连接仅涉及 16×16 像素的小区域，因此所需更新的参数数量大幅减少至 256 个。

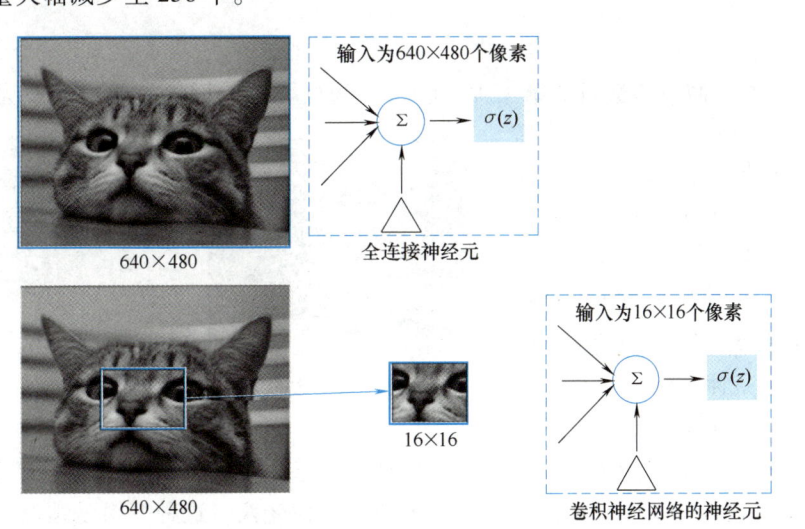

图 3-2 局部连接

卷积神经网络之所以能够采用局部连接的方式进行图像处理，是因为在图像识别任务中，并非需要对整个图像进行全面分析。实际上，图像中的许多区域对于识别任务而言是冗余的或重要性较低。关键的是图像中那些包含显著特征的特殊区域，如图 3-2 中的猫鼻子，这一小块区域就足以识别出图像中是一只猫。通过聚焦于这些关键区域，卷积神经网络不仅减少了参数量,还提高了特征提取的效率和准确性。

（2）权重共享　　当然,仅凭局部连接还不足以充分减少参数量。在卷积神经网络中,还采用了权重共享（Weight Sharing）的策略。如图 3-3 所示,每个神经元仅连接到图像的一个较小区域。通过让多个神经元各自连接不同的局部区域,这些区域合并起来就能够覆盖较大的图像区域。尽管每个神经元连接的局部区域各不相同,但它们的权重参数却被设定为相同。这种权重共享机制使得能够用尽可能少的参数来覆盖尽可能广泛的图像区域,从而大幅提升了网络的参数效率。

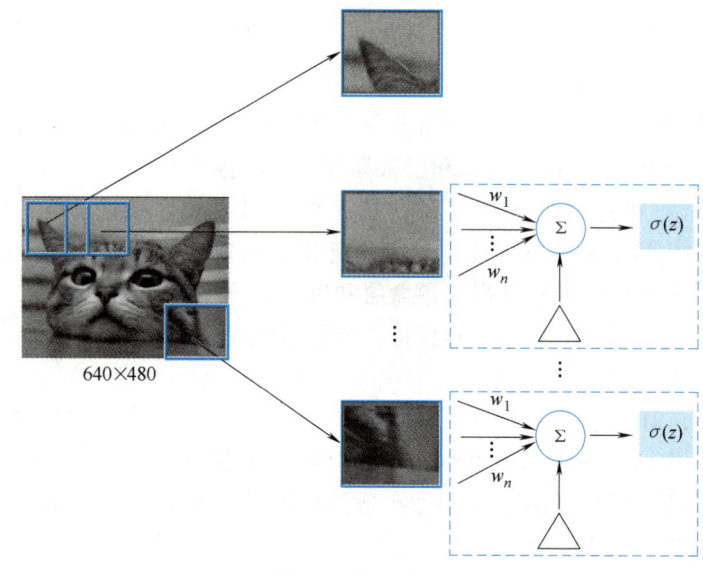

图 3-3　权重共享

（3）下采样　　减少参数量的第三种方法是下采样,可以形象地将之理解为图像的缩小过程,如图 3-4 所示。下采样操作虽然导致图像尺寸减小,但并不会实质性地改变图像中的物体,因此不会影响对图像中物体的识别能力。下采样技术主要有两种实现方式：一种是采用步长大于 1 的池化（Pooling）操作,另一种是使用步长大于 1 的卷积（Convolution）操作。比较

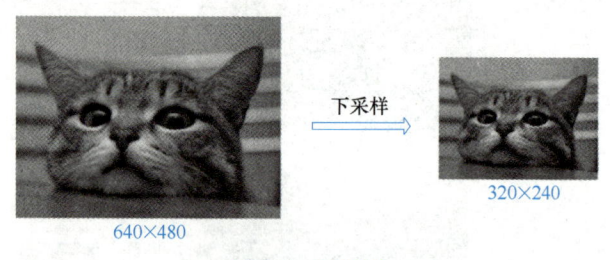

图 3-4　下采样

而言,使用步长为 2 的卷积进行下采样的卷积神经网络,其效果与采用池化进行下采样的网络相差无几。池化操作实际上提供了一种固定的非线性变换,这种变换是预设的、不可学习的,可以被视为一种先验处理。然而,这种非线性变换同样可以通过一定深度的卷积层来实现。

因此,在卷积神经网络规模较小、网络结构较浅的情况下,使用池化进行下采样可能更为有效。相反,当网络结构较为深入时,采用多层卷积层叠加进行下采样能够学习到池化操作所提供的非线性变换,甚至可能在不断训练中学习到更优的非线性特征。因此,在深层网络中,使用多层卷积层替代池化进行下采样可能会获得更好的效果。

3.1.2 卷积层

卷积层无疑是卷积神经网络中最为核心的部分,它也正是"卷积神经网络"这一名称的由来。卷积操作的实质,就是为了实现局部连接和权重共享机制。

1. 一维卷积

如图 3-5 所示,可以通过类比全连接神经网络的结构来深入理解卷积层的运作原理。

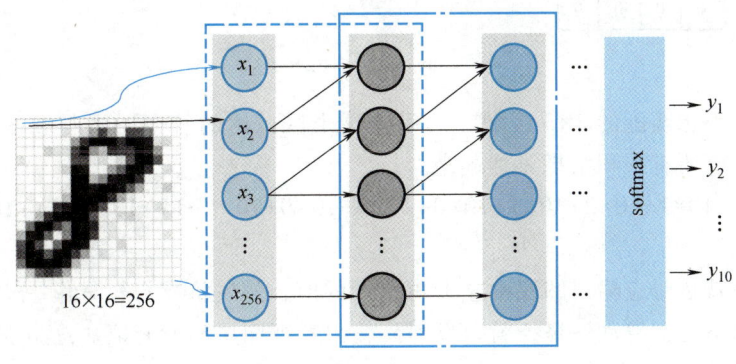

图 3-5 一维卷积示例

考虑一个 16×16 的输入图像,如果采用全连接神经网络进行处理,那么隐藏层中的每个神经元都需要与图像中的每个像素点建立连接,导致每个神经元需要 256 个参数。而在卷积神经网络中,如果使用一个 2×1 大小的卷积核,每个卷积核相当于一个神经元,那么每个神经元只需与两个输入像素相连,这意味着每个神经元仅需更新两个参数,即所谓的局部连接。进一步地,通过采用权重共享的策略,将这一隐藏层中所有神经元的两个权重参数设置为相同,这样整个隐藏层的模型参数就实现了统一,整个层仅需更新两个参数。

在这种结构中,隐藏层的计算可以形象地理解为只有一个神经元在输入图像上从上至下、从左至右滚动,每次移动都与两个输入像素进行连接和计算。如图 3-5 所示,第一层隐藏层的神经元首先与像素 x_1、x_2 进行计算,然后将结果传递到下一层,接着以相同的模型参数与像素 x_2、x_3 进行计算,并将结果再次传递下去,如此循环,直到同一个神经元遍历了整个输入图像。这样的处理方式不仅极大地减少了参数数量,还提高了计算效率。

2. 二维卷积

图 3-5 所示的实际上是一维卷积的一个示例。在图像处理领域,更常见的是使用二维卷积,例如,在图像的平滑、锐化等处理过程中,普遍采用了二维卷积操作。无论是进行一维卷积还是二维卷积,其本质都可以视为卷积核作为一个滑动窗口,在输入图像上从左至右、从上至下移动,以执行卷积运算。

卷积作为一种积分变换方法,源自数学分析领域,而在图像处理中,采用的是卷积的离散形式。在卷积神经网络中,卷积层的实现实际上是基于数学上定义的互相关(Cross-Correlation)运算。图 3-6 所示为二维卷积计算过程的一个示例。

假设输入特征图的大小为 6×6,而卷积核的大小为 3×3。卷积核,也常被称为滤波器,其尺寸由宽度和高度决定,若卷积核的宽度为 w、高度为 h,则将其称为 $w×h$ 卷积。在图 3-6 中展示的卷积核的大小为 3×3。在执行卷积运算时,首先从输入特征图的左上角选取

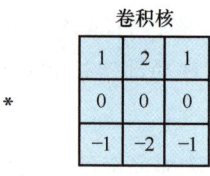
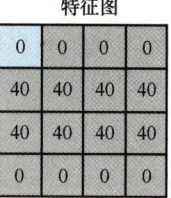

图 3-6　二维卷积示例

一个与卷积核大小相匹配的 3×3 区域，然后将这个区域内的每个元素与卷积核中对应位置的元素相乘，并将所有乘积结果累加起来。

$$\text{output}(0,0) = 10×1+10×2+10×1+10×0+10×0+10×0+10×(-1)+10×(-2)+10×(-1) = 0 \tag{3-1}$$

得到的结果就是对应输出图层中左上角位置的值，然后将卷积核看作一个滑动窗口，从左到右、从上往下每次滑动一格，就可以得到输出特征图层的所有值。这里卷积核的滑动距离取决于卷积步长 stride 的大小。一张 6×6 大小的输入图层经过 3×3 大小的卷积核以 stride = 1、padding = 0 的卷积步长进行卷积计算后得到一张 4×4 大小的特征图层。特征图层参数量变化的计算公式为

$$c = \text{mod}\left(\frac{r-k+2p}{s}\right) + 1 \tag{3-2}$$

式中，c 为输出特征图层大小；r 为输入特征图层大小；k 为卷积核大小；p 为填充大小 padding；s 为卷积步长 stride。

在卷积神经网络的架构设计中，每个卷积层可以配置多个卷积核。每个卷积核通过对输入特征图进行卷积计算，其输出结果可视作对输入图层特定特征的提取。因此，一个卷积层能够同时提取出多个不同的特征图（Feature Map）。

卷积计算，与全连接神经网络中的全连接计算相比，是一种不同的运算方式，但其本质仍与神经网络的架构紧密相连。图 3-7a 所示为卷积计算的过程，图 3-7b 所示为对局部连接与权重共享的直观展示。假设输入特征图的大小为 3×3，其输入信号按照从左至右、从上至下的顺序依次为 1~9，这些信号对应于右侧神经网络中的 9 个输入节点。假设卷积核的大小为 2×2，并包含 4 个权重参数，分别为 w_1、w_2、w_3、w_4，这些权重对应于右侧神经网络中隐藏层的神经元。卷积核首先与输入特征图左上角的 2×2 区域进行卷积计算，即右侧的输入信号 1、2、4、5 与第一个隐藏层神经元的计算过程。随着卷积核在输入特征图上的滚动，左侧的卷积操作对应于右侧神经网络中不同神经元与不同输入信号之间的计算，而隐藏层中的所有神经元共享相同的权重参数。通过这种方式，卷积操作与神经网络中的局部连接和权重共享就对应起来了。

在图 3-7 中，从输入特征图层通过 2×2 卷积核的计算转换到输出特征图，只需学习卷积核中的 4 个参数。相比之下，如果采用全连接神经网络，对于 9 个输入信号和 4 个神经元的情况，则需要更新 36 个参数。显然，卷积操作显著降低了神经网络模型所需学习的参数数量。然而，仅仅减少参数量还未能完全揭示卷积操作的真正优势。

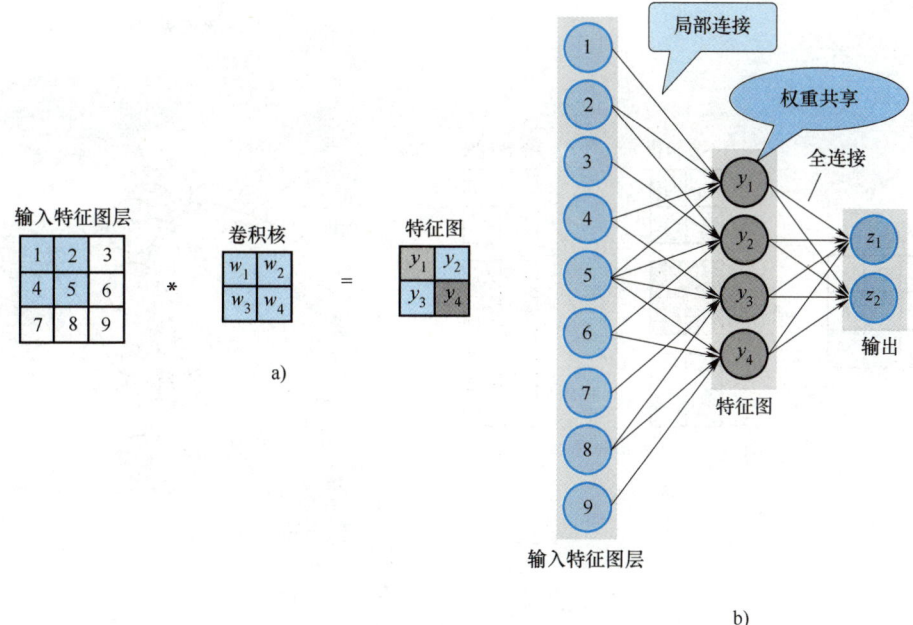

图 3-7 卷积与神经网络结构的对应关系

3. 多核卷积

尽管全连接神经网络的参数量庞大，但参数量的增加也意味着模型复杂度的提升，从而能够模拟更复杂的函数，更接近于真实世界的函数模型。卷积操作虽然大幅减少了参数量，但这也可能导致模型能够模拟的函数空间缩小，可选的与真实函数模型对比的函数数量减少。

从另一个角度来看，一个卷积核实际上仅提取了输入特征图层中的单一特征。然而，一个特征图层显然包含多个特征。因此需要采用多个卷积核进行计算来提取更多的特征，即实施多核卷积。通过这种方式，可以捕获输入数据中的多种特征，从而丰富模型的表达能力。

在实际应用中，在设计多个卷积核的同时对输入特征图层进行卷积运算，可以实现提取多个特征乃至更复杂特征的目的。如图 3-8 所示，针对图中 3×3 的输入特征图层，如果希望提取出其中的 3 个特征，那么卷积层应配置 3 个卷积核。假设这 3 个卷积核的大小均为 2×2，且卷积步长均为 1，那么总共需要学习更新的参数数量为 4（每个卷积核的参数数量）乘以 3（卷积核的数量），即 12 个参数。通过这种方式，可以得到 3 个 4×4 大小的特征图，每个特征图都包含了相应的特征信息。这种方法便是多核卷积的典型应用。

通过卷积层的多核卷积操作，能够获得多个特征图。假设通过图 3-8 中的卷积计算，得到了 3 个 3×3 的特征图，这些特征图可以被视为构成一个具有三个通道的复合特征图，其尺寸为 3×3×3。在这种情况下，如果有 3 个二维卷积核，每个卷积核的大小为 2×2，这 3 个卷积核同样可以组合成一个具有 3 个通道的卷积核，从而形成一个三维的卷积核，即卷积核立方体，其尺寸为 3×2×2。

如图 3-9 所示，每个通道的二维卷积核对应于一个通道的特征图。计算方式与多核卷积相似，首先，每个通道的卷积核分别与其对应的通道特征图进行卷积计算，然后将这些通道

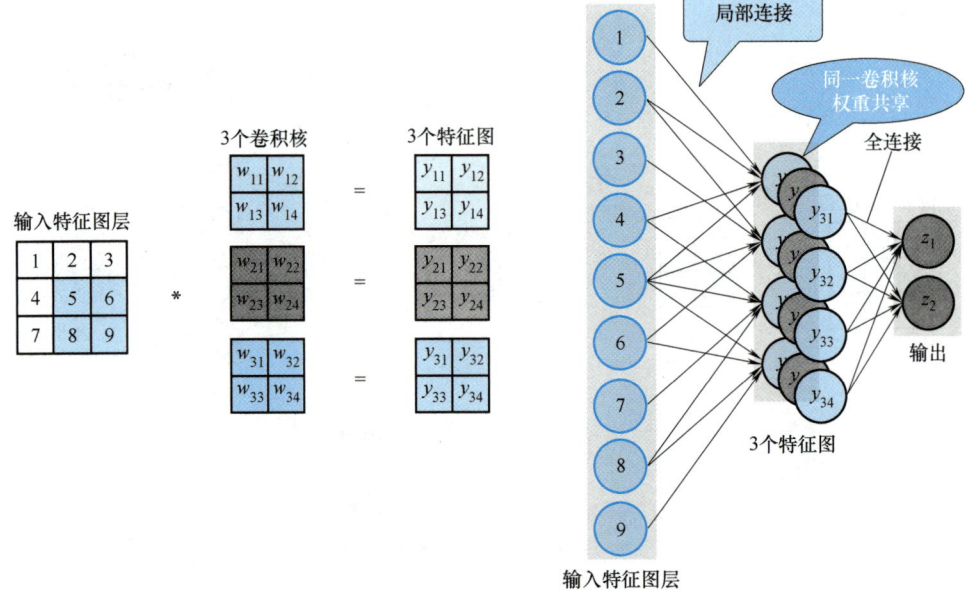

图 3-8 多核卷积

的卷积结果相加,得到最终的输出特征图。式(3-3)给出了输出特征图中 h_1 的计算方法,同样的方法也可以用来计算输出特征图中其他元素的值。

$$h_1 = k_{11}y_{11} + k_{12}y_{12} + k_{13}y_{14} + k_{14}y_{15} + k_{21}y_{21} + k_{22}y_{22} + k_{23}y_{24} + k_{24}y_{25} + k_{31}y_{31} + k_{32}y_{32} + k_{33}y_{34} + k_{34}y_{35}$$

(3-3)

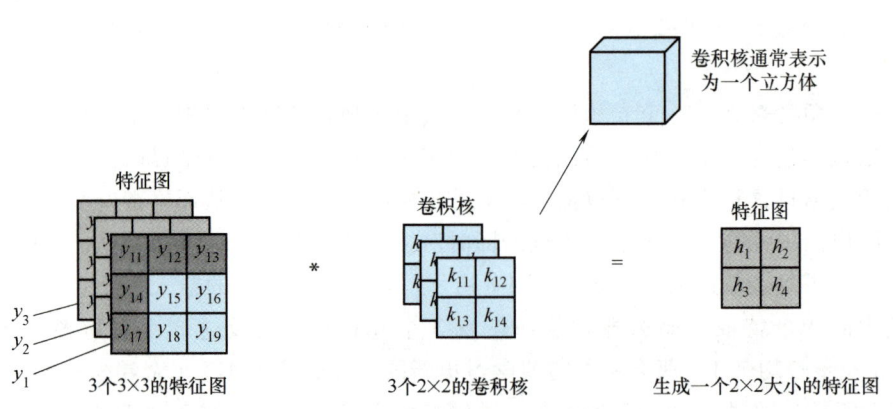

图 3-9 多通道卷积

在实际应用中,输入图像通常是多通道的,如 RGB 三通道或 HSV 通道,这就要求采用多通道卷积来处理;同时,一张图像远不止包含一个特征,往往需要尽可能全面地提取图像中的多种特征,这就需要使用多核卷积。因此,在卷积神经网络的实际应用中,多通道卷积与多核卷积通常是协同工作的,这种组合操作被称作多通道多核卷积,如图 3-10 所示。

3.1.3 池化层

对于一张三通道的图像输入,通过多通道多核卷积的计算,可以得到多个特征图。在实

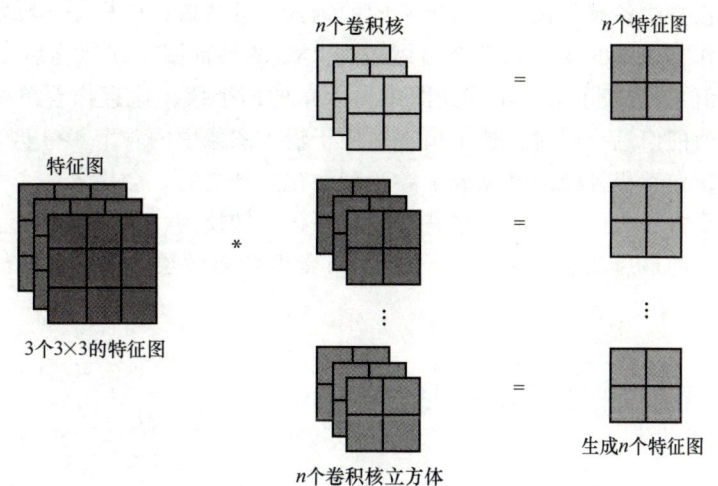

图 3-10 多通道多核卷积

际的网络设计中，卷积核的尺寸通常设定为 3×3 或 5×5。然而，如果按照这种方式连续进行卷积操作，会发现即便经过多层卷积，网络处理的数据范围仍然是有限的。例如，如果对输入图像的初始采样范围是 9×9，那么无论后续进行多少次卷积，处理的数据范围仍然是这个初始区域，能够捕获的特征也仅限于这个范围内的信息。

以图像中车辆的识别为例，如果车辆在图像中占据了较大的空间，但采样区域却相对较小，比如仅覆盖了一个轮胎的部分，那么仅凭这个轮胎的图像信息来识别整个车辆是远远不够的。在这种情况下，就需要扩大网络的感受野，以便能够捕捉到更广泛的图像特征。在卷积神经网络中，通常通过池化（Pooling）操作来增大感受野，从而实现对更大范围图像特征的捕捉。

池化层，亦称为下采样层，其主要目的是压缩数据尺寸，降低数据的维度。在卷积神经网络中，常用的池化方法主要有两种：最大池化（Max Pooling）和平均池化（Average Pooling）。

如图 3-11 所示，经过卷积计算后，得到一张特征图。在这张特征图中，左上角的 2×2 区域内的四个值实际上代表了输入图像中左上角 4×4 区域的信息。每个值对应于输入图像中的一个 3×3 区域，这便是卷积计算后特征图中一个元素的感受野大小。假定针对卷积得到的特征图进行下采样，每次取 2×2 区域进行下采样，如果采用最大池化会保留 2×2 区域 4 个元素的最大值；而如果采用平均池化，则保留这 4 个元素的平均值。最大池化在图像处理中相当于筛选出图像中最显著的特征，而平均池化则类似于对相邻特征之间的差异进行平滑

图 3-11 池化

处理。这两种池化方法各有所长，适用于不同的场景，具体选择应根据实际需求来定。

经过池化操作，原始的4×4特征图被缩减为2×2的特征图。在池化后得到的2×2特征图中，左上角的值40代表了上一步特征图中左上角的四个值，这意味着单个值就能概括原始特征图中四个值的信息。同时，这个值也对应于输入图像中的一个4×4区域。

通常情况下，在卷积神经网络完成了卷积和池化运算之后，会接入一个全连接层。全连接层的主要功能是将卷积层输出的二维特征图扁平化，转换为一个一维向量。这个一维向量随后被输入到网络的最后几层，如softmax或tanh等激活函数层，以产生最终的分类或回归结果。

3.2 典型的卷积神经网络模型

3.2.1 LeNet

LeNet，通常指的就是LeNet-5，由LeCun于1998年提出，是一种专为手写数字图像识别设计的神经网络。它被誉为卷积神经网络领域的奠基之作，后续的许多卷积神经网络结构都是基于LeNet的架构进行改进和演化的。因此，LeCun常被尊称为"卷积神经网络之父"。

图3-12所示为LeNet的网络结构示意图。该网络结构共计8层，包括1个输入层、3个卷积层、2个池化层、1个全连接层以及1个输出层。在图3-12中，卷积层用"C"表示，下采样层（即池化层）用"S"表示，而全连接层则用"F"来表示。

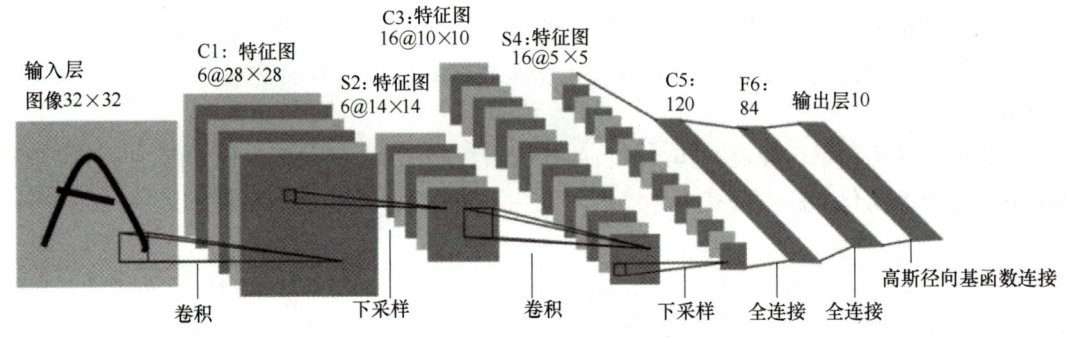

图3-12　LeNet的网络结构

(1) 输入层　在LeNet网络中，输入层接收的图像尺寸为32×32像素。实际上，在LeNet的实际应用中，只有图像中心28×28像素的区域被用于数字识别，图像的周围区域则作为填充存在。此外，该输入图像为单通道的黑白图像。

(2) C1层　C1层是卷积层，由6个卷积核组成，每个卷积核的尺寸为5×5像素，卷积的步长设定为1。经过C1层的卷积运算，输入图像转换成了28×28像素的特征图，共生成6个这样的特征图。因此，C1层中的神经元总数为6×28×28 = 4704个。考虑到每个卷积核的大小为5×5像素，且每个卷积核对应一个偏置项，C1层的总参数数量为6个卷积核的参数（6×25）加上6个偏置项，总计156个参数。

(3) S2层　S2层是一个池化层，也被称为下采样层。该层使用的池化核尺寸为2×2，池化步长为2。经过S2层的下采样操作，生成了6个尺寸为14×14的特征图。通常情况下，池化层不包含可训练的参数。然而，在 LeNet 网络中，采用了平均池化，并且将计算出的平均值乘以一个权重参数，并加上一个偏置参数，作为激活函数的输入。激活函数的输出即为节点的值。由于每个特征图共享相同的权重和偏置参数，因此 S2 池化层总共包含了 6 组参数，每组包含一个权重和一个偏置，共计 12 个参数。

（4）**C3 层** C3 层为卷积层，共有 60 个 5×5 大小的卷积核，输出为 16 个 10×10 的特征图。C3 跟 S2 并不是全连接的，具体连接方式见表 3-1，其中第一行为 C3 层 16 个特征图的编号，第一列是 S2 层 6 个特征图的编号，"X"表示相应层有连接关系，否则就没有连接关系。加上每个特征图的偏置，C3 层共有 60×25+16 = 1516 个参数。

表 3-1 LeNet 的 S2 到 C3 层的连接方式

编号	0	1	2	3	4	5	6	7	8	9	10	11	12	13	14	15
0	X				X	X	X			X	X	X		X	X	X
1	X	X				X	X	X			X	X	X		X	X
2	X	X	X				X	X	X			X		X		X
3		X	X	X			X	X	X	X			X		X	X
4			X	X	X			X	X	X	X		X	X		X
5				X	X	X			X	X	X	X		X	X	X

（5）**S4 层** S4 层是一个池化层，其池化核的大小保持为 2×2，池化步长为 2。经过池化操作后，输出为 16 个 5×5 的特征图。S4 层执行的池化操作与 S2 层相同，因此，该层共包含 16 × 2 = 32 个参数。

（6）**C5 层** C5 层是一个卷积层，其卷积核大小同样为 5×5，但卷积核的数量增加至 120 个，卷积步长为 1，最终输出 120 个 1×1 的特征图。尽管 C5 层在功能上与全连接层相似，其实质仍然是卷积层。本层输出特征图的大小是受限于输入图像的尺寸；如果输入图像尺寸增大，本层的输出特征图大小也会随之变化，这与全连接层是不同的。S4 层与 C5 层之间的所有特征图都是完全连接的，共有 120×16 = 1920 个卷积核，每个卷积核的大小为 5×5。加上 120 个偏置参数，C5 层的总参数数量为 1920×25+120 = 48120 个。

（7）**F6 层** F6 层是一个全连接层，与 C5 层的 120 个输出值进行全连接，输出为 84 个值。

（8）**输出层** 输出层由 10 个神经元组成，这些神经元原本使用欧氏径向基函数（现已替换为 softmax 函数）激活，分别代表数字类别 0～9。每个神经元接收来自 F6 层输出的 84 个值作为输入。整个输出层包含的参数数量为（84+1）×10 = 850 个。

表 3-2 列出了 LeNet 网络中各层的激活值尺寸、神经元数量以及每层的参数数量。观察第二列数据，可以发现，随着网络层数的增加，激活值的尺寸逐渐减小。需要注意的是，如果激活值尺寸的减小速度过快，可能会对神经网络的性能产生不利影响。在卷积层中，参数数量相对较少，而大部分参数集中在全连接层。通常情况下，池化操作不涉及参数，但在 LeNet 网络中，池化层引入了权重和偏置两个参数，以增强网络的表示能力。

3.2.2 AlexNet

AlexNet 是由多伦多大学的 Alex Krizhevsky 等于 2012 年提出的。在 LeNet 的基础上，

AlexNet引入了一系列创新性改进,极大地提升了网络的能力,并赢得了2012年ImageNet大规模视觉识别竞赛的冠军。这一成就不仅将深度学习模型在ImageNet比赛中的准确率提升到了前所未有的水平,也再次点燃了深度学习领域的热潮。

表 3-2 LeNet 的网络总体情况

LeNet-5 网络层	Activation Shape (每层激活值的维度)	Activation Unit Size (每层神经元数量)	Parameters (每层参数数量)
输入层	(32,32,1)	1024	—
C1层	(28,28,6)	4704	(5×5×1+1)×6=156
S2层	(14,14,6)	1176	2×6=12
C3层	(10,10,16)	1600	60×25+16=1516
S4层	(5,5,16)	400	2×16=32
C5层	(120,1)	120	(400+1)×120=48120
F6层	(84,1)	84	(120+1)×84=10164
输出层	(10,1)	10	(84+1)×10=850

AlexNet专为ImageNet图像分类竞赛而设计。ImageNet是由李飞飞团队构建的一个庞大的图像数据库,包含了超过1400万张带有标签的图像。自2010年起,ImageNet每年都会举办一次名为ILSVRC(ImageNet Large Scale Visual Recognition Challenge)的图像分类和物体检测大赛。该竞赛的图像分类部分包含了1000个不同的类别,每个类别都有300~1000张来自不同来源的图像。自竞赛启动以来,ImageNet便成了业界的标准数据集,后续许多优秀的卷积神经网络结构都是在此竞赛中诞生的。与LeNet主要处理的手写数字识别问题相比,ImageNet图像分类的数据量更大,任务难度也显著提高,因此对神经网络性能的要求也更为严苛。

如图3-13所示,AlexNet的网络结构包括5个卷积层、3个全连接层、3个池化层以及2个丢弃层(Dropout Layer)。

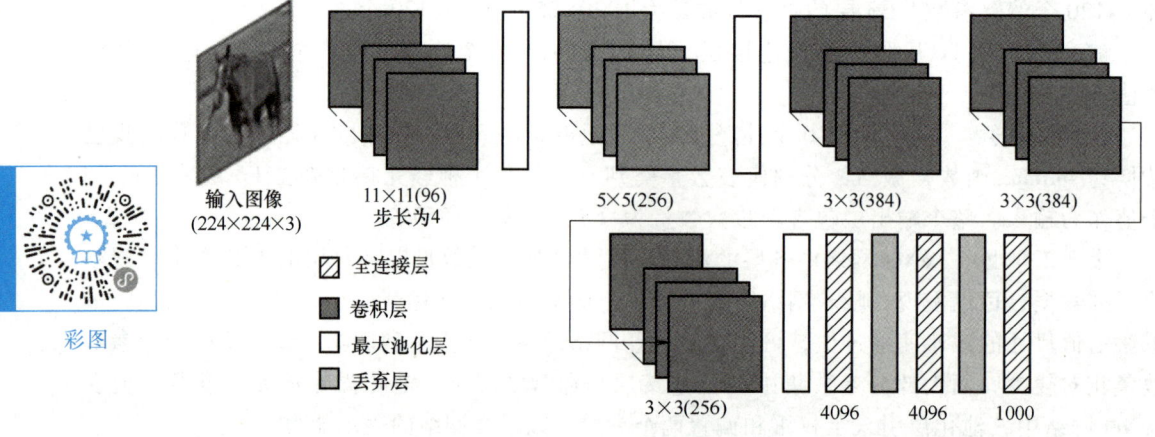

图 3-13 AlexNet 网络结构

与LeNet相比,AlexNet的结构明显变得更复杂,所需的计算参数量也大幅增加,网络总共包含了大约65万个神经元和6000万个参数。

AlexNet 相较于 LeNet，有以下创新点：

1）采用了两种数据增强技术：镜像和随机剪裁，以及调整训练样本 RGB 通道的强度值。这些数据增强手段增加了数据集的多样性，从而提升了网络的泛化能力。

2）激活函数方面，AlexNet 使用了 ReLU 函数。与 Sigmoid 和 tanh 函数相比，ReLU 在梯度下降计算中更为高效，有效避免了梯度饱和问题。此外，ReLU 函数能够使部分神经元的输出为零，这增强了网络的稀疏性，降低了参数间的相关性，并在一定程度上减少了过拟合的风险。

3）引入了局部响应归一化（Local Response Normalization），在局部神经元之间建立竞争机制。这一机制使得响应较大的神经元更加活跃，而响应较小的神经元则受到抑制，从而增强了模型的泛化能力。

4）应用了丢弃法（Dropout）。在每一层中，根据预设的概率随机地将部分神经元的输出置为零，这些神经元因此不参与前向和反向传播。尽管如此，输入层和输出层的神经元数量保持不变。从另一个角度来看，丢弃法通过随机忽略部分神经元，可以视为对不同网络模型的组合，有效地防止了模型的过拟合。

3.2.3 VGGNet

VGGNet 是由 Simonyan 及其团队基于 AlexNet 架构进行改进而提出的，并在 2014 年的 ILSVRC 分类任务比赛中荣获亚军。VGGNet 的设计重点在于深化卷积神经网络的层次结构。尽管 VGGNet 与 AlexNet 在结构上具有相似性，但其显著特点是网络深度的增加以及采用了 3×3 的小尺寸卷积核，使得网络在形式上更为简洁。

研究证实，适当增加卷积神经网络深度可显著提升图像分类精度，但超过临界值后会出现性能退化现象。基于这种深度-精度权衡规律，典型 VGGNet 将主体架构优化为 16~19 个权重层的设计，见表 3-3，在特征抽象能力与计算效率间取得了平衡。

表 3-3 典型 VGGNet 结构

输入	RGB 彩色图片（图片大小 224×224×3）					
网络类型	A	A-LRN	B	C	D	E
权重层数	11 层	11 层	13 层	16 层	16 层	19 层
VGG 块 1	Conv3-64	Conv3-64 LRN	Conv3-64 Conv3-64	Conv3-64 Conv3-64	Conv3-64 Conv3-64	Conv3-64 Conv3-64
	MaxPool（最大池化层）					
VGG 块 2	Conv3-128	Conv3-128	Conv3-128 Conv3-128	Conv3-128 Conv3-128	Conv3-128 Conv3-128	Conv3-128 Conv3-128
	MaxPool（最大池化层）					
VGG 块 3	Conv3-256 Conv3-256	Conv3-256 Conv3-256	Conv3-256 Conv3-256	Conv3-256 Conv3-256 Conv1-256	Conv3-256 Conv3-256 Conv3-256	Conv3-256 Conv3-256 Conv3-256 Conv3-256
	MaxPool（最大池化层）					

(续)

输入	RGB 彩色图片（图片大小 224×224×3）					
VGG 块 4	Conv3-512 Conv3-512	Conv3-512 Conv3-512	Conv3-512 Conv3-512	Conv3-512 Conv3-512 Conv1-512	Conv3-512 Conv3-512 Conv3-512	Conv3-512 Conv3-512 Conv3-512 Conv3-512
	MaxPool（最大池化层）					
VGG 块 5	Conv3-512 Conv3-512	Conv3-512 Conv3-512	Conv3-512 Conv3-512	Conv3-512 Conv3-512 Conv1-512	Conv3-512 Conv3-512 Conv3-512	Conv3-512 Conv3-512 Conv3-512 Conv3-512
	MaxPool（最大池化层）					
全连接层	FC-4096					
	FC-4096					
	FC-4096					
softmax 分类层	softmax（进行概率归一化处理）					

在表 3-3 中，Conv3-n 表示一个卷积层（Convolutional Layer，包含卷积和 ReLU 激活处理），该卷积层使用 n 个 3×3 的滤波器（Filter），每个滤波器生成一个输出通道，例如，Conv3-64 表示使用 64 个 3×3 的滤波器，输出特征图通道数为 64。FC 的全称是"Fully Connected Layer"，即全连接层。VGGNet 的 6 种网络结构图片输入尺寸都是 224×224×3，都是由 5 个 VGG 块加上 3 层全连接层，最后接一个 softmax 分类层，它是一个分类层，用于将全连接层的输出转换为概率分布，从而完成分类任务。

VGGNet 的 6 种网络结构区别在于，每个 VGG 块中的卷积层数量和滤波器数量可能不一样，类型从 A 到 E，网络权重层数由 11 层逐渐增加至 19 层，卷积神经网络权重层包括全连接层和卷积层，池化层一般没有权重参数。在 A-LRN 网络中的 VGG 块 1 中，增加了一个 LRN（Local Response Normalization，局部响应归一化）层，用于对局部神经元的活动创建竞争机制，增强模型的泛化能力。6 种网络结构除了 C 网络结构中有 3 个卷积层用到 1×1 卷积核之外，其他层卷积核大小都是 3×3。

图 3-14 所示为 VGGNet 典型的 D 网络结构，D 网络总共包含 16 个权重层，VGG 块 1 由 2 个 Conv3-64 组成，VGG 块 2 由 2 个 Conv3-128 组成，VGG 块 3 由 3 个 Conv3-256 组成，VGG 块 4 由 3 个 Conv3-512 组成，VGG 块 5 由 3 个 Conv3-512 组成，然后是 2 个包含 4096 个神经元的全连接层，1 个包含 1000 个神经元的全连接层。

VGGNet 的一个显著特点在于其采用小尺寸卷积核。与 AlexNet 中使用的较大卷积核，如 7×7 卷积核相比，VGGNet 偏好使用 3×3 的小卷积核进行卷积运算。同时，通过增加卷积层的层数，VGGNet 确保了网络性能不受影响。采用多个小卷积核的组合可以等效地替代单个大卷积核，例如，3 个 3×3 卷积核的串联可以达到与 1 个 7×7 卷积核相同的感受野。

使用小卷积核带来了多重优势。首先，它可以显著减少模型的参数数量。例如，用 2 个

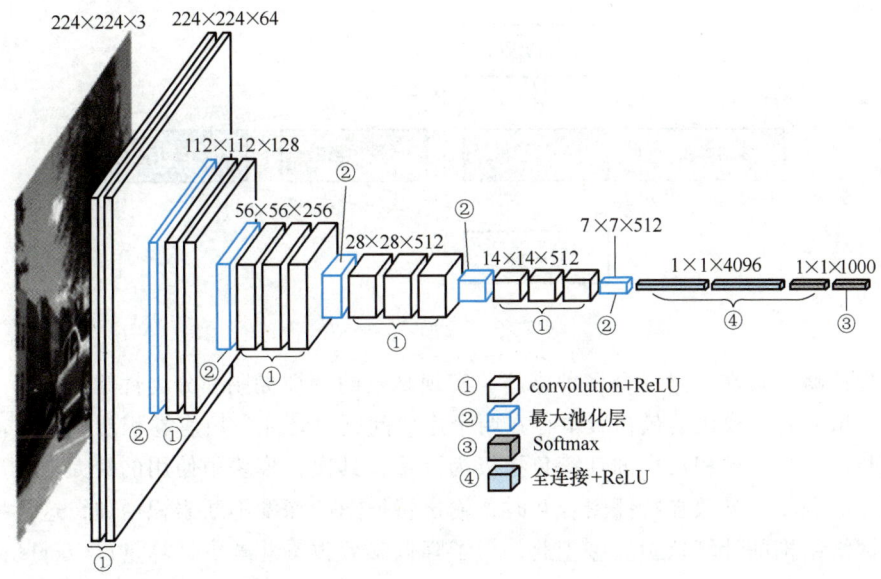

图 3-14 VGGNet 典型的 D 网络结构

3×3 卷积核替代 1 个 5×5 卷积核,5×5 卷积核的参数量为 25,而 2 个 3×3 卷积核的参数量仅为 18,减少了 28%。其次,小卷积核的应用增加了卷积层的数量,每层卷积后都跟随一个非线性激活函数,这增强了网络的非线性能力。此外,1×1 卷积核的使用也在不改变感受野的前提下,进一步提升了模型的非线性。

另外,由于 VGGNet 拥有更多的通道数,每个通道代表一个特征图,因此通道数的增加意味着网络能够捕获更多的图像特征,从而获取更丰富的图像信息。

3.2.4 GoogLeNet

VGGNet 在 2014 年的 ILSVRC 分类竞赛中荣获亚军,而同年夺冠的是 GoogLeNet。GoogLeNet 的参数量仅为 AlexNet 的十二分之一,却在分类精度上远超 AlexNet。在 ILSVRC 的分类任务中,GoogLeNet 通过集成 7 个模型,并对每张图片采用 144 种随机裁剪方法进行处理,实现了比 VGGNet 更高的分类精度,而 7 个模型的总参数量仍然低于 VGGNet。

与 VGGNet 相比,GoogLeNet 的网络结构更为深入。若仅计算带有参数的网络层,GoogLeNet 包含 22 层,若加上池化层,则达到 27 层。GoogLeNet 在网络架构中创新性地引入了 Inception 单元,显著提升了模型的整体性能。尽管 GoogLeNet 的深度达到 22 层,但其参数量却远小于 AlexNet 和 VGGNet,GoogLeNet 的总参数量约为 500 万个,而 VGG16 的参数量约为 1.38 亿个,是 GoogLeNet 的 27 倍多。这一成就归功于 Google 团队提出的 Inception 模块。

Inception 模块的设计理念是将多个卷积和池化操作整合成一个网络模块,在构建神经网络时,以模块为单元进行组装。图 3-15 所示为 Inception 模块的最初版本,其基本结构由四个部分组成:1×1 卷积、3×3 卷积、5×5 卷积以及 3×3 最大池化。这四个部分计算得到的结果被组合起来,形成最终的输出。Inception 模块的核心思想是利用不同尺寸的卷积核来捕捉不同尺度的图像信息,并通过这些信息的融合,以获得更优质的图像特征。这种多路径、多

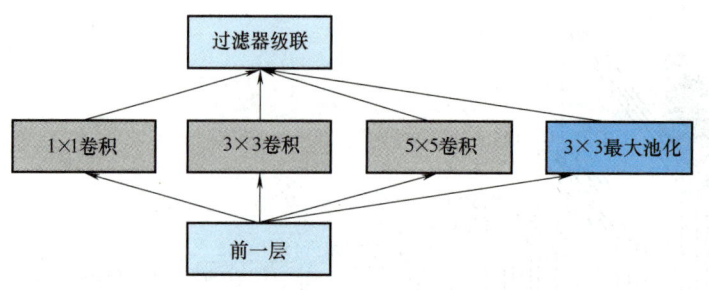

图 3-15　Inception 模块最初版本

尺度的处理策略，旨在通过综合多种措施，实现高效的特征提取和分类性能。

然而，Inception 模块的最初版本存在两个主要问题：首先，所有卷积层直接与前一层的输入数据相连，导致卷积层中的计算负担极为沉重；其次，模块中使用的最大池化层保持了输入特征图的深度，导致在特征图合并时，输出特征图的深度不断累积增加，这无疑加剧了模块后续网络结构的计算负担。鉴于此，为了降低参数数量并减少计算量，Google 团队推出了 Inception V1 模块，其结构如图 3-16 所示。

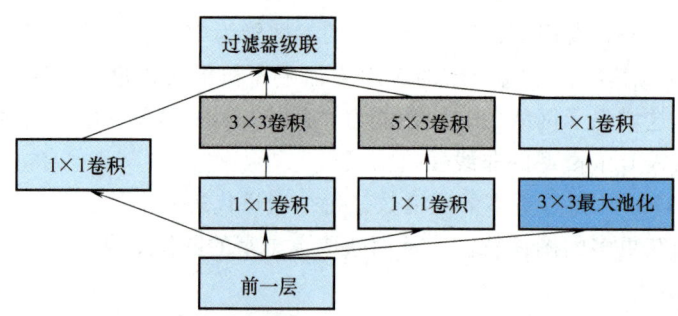

图 3-16　Inception V1 模块结构

相较于 Inception 的最初版本，Inception V1 模块通过四类操作实现多尺度特征提取。引入 1×1 卷积作为瓶颈层，将高维特征（如 256 维）压缩至低维（如 64 维），显著减少后续 3×3/5×5 卷积的计算量；通过 3×3 卷积与 5×5 卷积并行捕捉局部细节与较大范围上下文信息，增强特征多样性；通过 3×3 最大池化在保留边缘信息的同时降低空间分辨率；最终通过特征拼接（Concat）沿通道维度融合多分支输出，形成兼具细粒度纹理与语义信息的复合特征表示。

GoogLeNet 采用 Inception V1 模块作为基础构建单元，如图 3-17 所示。该网络实际包含 22 个带权重层（若计入池化层则达 27 层）。GoogLeNet 采用分阶段模块化设计，通过 5 个特征提取阶段和 3 类功能模块的组合，实现了从底层纹理到高层语义的特征抽象，其核心设计逻辑如下。

1. 输入预处理阶段

Input（输入层）：接收 224×224×3 的 RGB 图像，通过标准化处理（如减去均值）进行预处理。

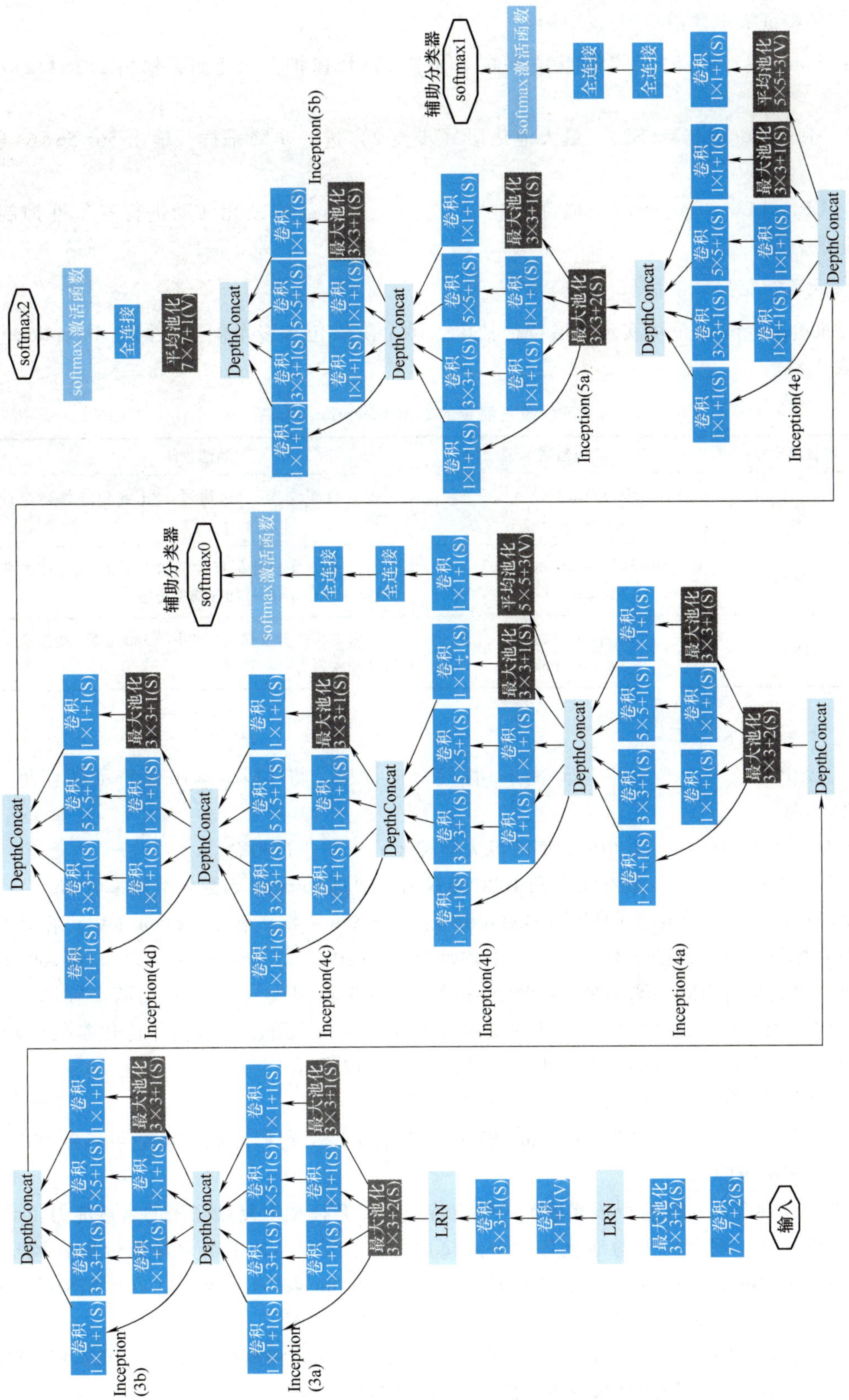

第3章 卷积神经网络理论及实践

图 3-17 GoogLeNet 模型结构

53

2. 初始特征提取阶段（Stage 1-2）

（1）**Conv 7×7/2（S1）** 7×7 大卷积核（步长 2）快速扩大感受野，输出 112×112×64 特征图。

（2）**MaxPool 3×3/2（S2）** 最大池化层（步长 2）进一步降采样，输出 56×56×64 特征图。

（3）**LRN（LocalRespNorm，局部响应归一化）** 对局部神经元活动进行竞争性抑制，增强泛化能力。

3. 多尺度特征提取阶段（Stage 3-5）

通过堆叠 Inception 模块实现分层特征抽象，每个阶段包含多个配置不同的 Inception 模块（见表 3-4）。

表 3-4 不同阶段配置的不同 Inception 模块

阶段	特征图尺寸	模块组成	功能说明
3	56×56	Inception（3a）→Inception（3b）	提取局部纹理特征，通过 1×1 卷积降维减少计算量
4	28×28	Inception（4a）→Inception（4b）→…→Inception（4e）	引入 5×5 卷积捕捉更大范围上下文，通过辅助分类器（Aux Classifier）加强梯度传播
5	14×14	Inception（5a）→Inception（5b）	使用更深的分支结构（如并行 3×3 卷积）增强高层语义抽象能力

4. 分类与正则化阶段

（1）**AvgPool 7×7（全局平均池化）** 替代全连接层，将 14×14×1024 特征图压缩为 1×1×1024 向量。

（2）**Dropout（0.4）** 以 40% 概率随机失活神经元，防止过拟合。

（3）**FC（全连接层）** 最终映射到 1000 类输出，通过 softmax 函数生成概率分布。

为缓解深层网络梯度消失问题，GoogLeNet 在 Inception（4a）和 Inception（4d）模块后引入辅助分类器。每个辅助分类器由全局平均池化（AvgPool）、全连接层（FC）和 softmax 函数构成，独立输出中间预测结果。网络训练时，主分类器损失（Loss3）与两个辅助分类器损失（Loss1/Loss2）按 1∶0.3∶0.3 权重加权求和，通过多阶段监督信号优化参数更新，同时辅助分支在推理阶段可移除以减少计算量，如图 3-17 所示。

总之，GoogLeNet 通过三大策略实现高效特征学习。

1）模块化复用：堆叠 22 层 Inception 模块，但借助 1×1 卷积降维将参数量控制在 700 万（仅为 AlexNet 的 1/12）。

2）多尺度融合：并行卷积核捕捉不同粒度特征，提升模型对复杂场景的表达能力。

3）计算优化：用全局平均池化替代全连接层，结合 Dropout 正则化降低过拟合风险。该设计使 GoogLeNet 以 15 亿次 FLOP 的更低计算成本，在 ImageNet 竞赛中达成 6.67% 的 top-5 错误率，奠定了卷积神经网络向更深、更高效方向演进的基础。

除了 GoogLeNet 中采用的 Inception V1 模块，Google 团队还相继推出了 Inception V2 模块和 Inception V3 模块，它们的结构分别如图 3-18 和图 3-19 所示。

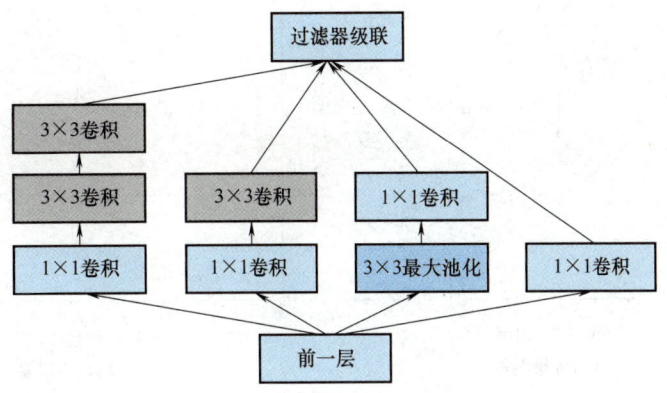

图 3-18　Inception V2 模块结构

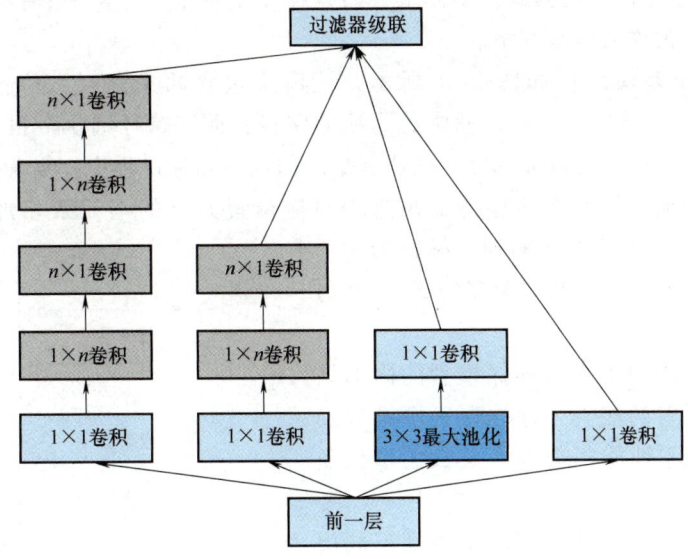

图 3-19　Inception V3 模块结构

3.2.5　ResNet

VGGNet 与 GoogLeNet 均通过加深网络结构，实现了性能的显著提升。然而事实上，简单地增加网络深度，并不一定能获得性能更好的网络模型。原因主要有两方面：首先，网络深度的增加可能会导致梯度消失或梯度爆炸的问题，尽管批量归一化（Batch Normalization）技术能在很大程度上缓解这一现象；其次是退化问题，如图 3-20 所示，当网络深度增加到一定程度后，模型精度会趋于饱和，进一步增加深度反而会导致精度迅速下降，误差增大。这种退化现象不仅出现在测试集上，甚至在训练集上，56 层的网络性能也明显不如 20 层的网络。为解决这一问题，何恺明等人提出了 ResNet 残差网络。

残差网络保留了传统神经网络中的非线性层输出 $F(x)$，同时引入了从输入直接到非线性层输出的短连接，使得整个映射变为

$$H(x) = F(x) + x \tag{3-4}$$

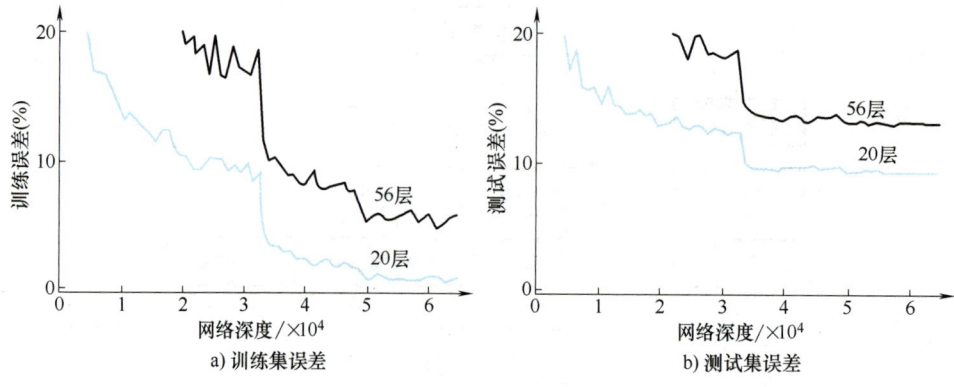

图 3-20　56 层和 20 层网络误差比较

式（3-4）是残差网络的公式。实际上，残差操作是网络构建的一种操作，任何采用此类操作的架构均可被称为残差网络。

一个具体的残差块结构如图 3-21 所示，该模块包含两条路径：$F(x)$ 和 x。其中，$F(x)$ 路径负责拟合残差 $H(x)-x$，通常称为残差路径；而 x 路径则执行恒等映射（Identity Mapping），也被称为捷径（Shortcut）。在特征矩阵的逐层相加过程中，需确保 $F(x)$ 与 x 的形状一致。所谓相加操作，指的是特征矩阵中对应位置元素的逐元素相加（Element-Wise Addition）。从图 3-21 中可以观察到，标记为 ⊕ 的符号代表逐元素相加，因此参与运算的 $F(x)$ 与 x 的尺寸必须保持一致。

残差网络的核心理念在于确保模型的内部结构至少具备恒等映射的能力，这样在逐层堆叠网络时，可以保证网络性能不会因为层数的增加而出现退化现象。

ResNet 通过不断堆叠残差模块来得到不同层数的网络模型。如表 3-5 所示，共提出了 5 种深度的 ResNet 网络结构，网络层数分别是 18、34、50、101 和 152。这些 ResNet 网络都分成 5 个卷积阶段，分别是 Conv1、Conv2_x、Conv3_x、Conv4_x 和 Conv5_x。

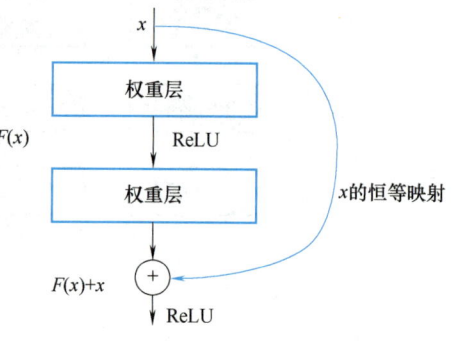

图 3-21　残差块结构

表 3-5　典型的 ResNet 网络结构

阶段	输出尺寸	18 层	34 层	50 层	101 层	152 层
Conv1	112×112	7×7,64,步长为 2				
Conv2_x	56×56	3×3 最大池化,步长为 2				
		$\begin{bmatrix}3\times3,64\\3\times3,64\end{bmatrix}\times2$	$\begin{bmatrix}3\times3,64\\3\times3,64\end{bmatrix}\times3$	$\begin{bmatrix}1\times1,64\\3\times3,64\\1\times1,256\end{bmatrix}\times3$	$\begin{bmatrix}1\times1,64\\3\times3,64\\1\times1,256\end{bmatrix}\times3$	$\begin{bmatrix}1\times1,64\\3\times3,64\\1\times1,256\end{bmatrix}\times3$
Conv3_x	28×28	$\begin{bmatrix}3\times3,128\\3\times3,128\end{bmatrix}\times2$	$\begin{bmatrix}3\times3,128\\3\times3,128\end{bmatrix}\times4$	$\begin{bmatrix}1\times1,128\\3\times3,128\\1\times1,512\end{bmatrix}\times4$	$\begin{bmatrix}1\times1,128\\3\times3,128\\1\times1,512\end{bmatrix}\times4$	$\begin{bmatrix}1\times1,128\\3\times3,128\\1\times1,512\end{bmatrix}\times8$

(续)

阶段	输出尺寸	18 层	34 层	50 层	101 层	152 层
Conv4_x	14×14	$\begin{bmatrix}3\times3,256\\3\times3,256\end{bmatrix}\times2$	$\begin{bmatrix}3\times3,256\\3\times3,256\end{bmatrix}\times6$	$\begin{bmatrix}1\times1,256\\3\times3,256\\1\times1,1024\end{bmatrix}\times6$	$\begin{bmatrix}1\times1,256\\3\times3,256\\1\times1,1024\end{bmatrix}\times23$	$\begin{bmatrix}1\times1,256\\3\times3,256\\1\times1,1024\end{bmatrix}\times36$
Conv5_x	7×7	$\begin{bmatrix}3\times3,512\\3\times3,512\end{bmatrix}\times2$	$\begin{bmatrix}3\times3,512\\3\times3,512\end{bmatrix}\times3$	$\begin{bmatrix}1\times1,512\\3\times3,512\\1\times1,2048\end{bmatrix}\times3$	$\begin{bmatrix}1\times1,512\\3\times3,512\\1\times1,2048\end{bmatrix}\times3$	$\begin{bmatrix}1\times1,512\\3\times3,512\\1\times1,2048\end{bmatrix}\times3$
softmax 分类层	1×1	平均池化,1000-d FC				
FLOPs		1.8×10^9	3.6×10^9	3.8×10^9	7.6×10^9	11.3×10^9

ResNet-101 包含 1 个 7×7 的卷积层（64 通道，步长 2），随后是 4 个卷积阶段，每个阶段包含若干个残差块。每个残差块由 3 个卷积层组成（1×1、3×3、1×1），用于降维、特征提取和升维。ResNet-101 的总权重层数为 101 层，包括 1 个初始卷积层、33 个残差块（每个块 3 个卷积层）和 1 个全连接层。ResNet-50 与 ResNet-101 的主要区别在于 Conv4_x 阶段的残差块数量，ResNet-50 的 Conv4_x 包含 6 个块，而 ResNet-101 的 Conv4_x 包含 23 个块，相差 17 个块，即 51 层。

ResNet 采用了两种不同的残差块结构。一种是图 3-22a 所示的两层结构基础层块（BasicBlock），它被 ResNet-18 和 ResNet-34 所采用。另一种是图 3-22b 所示的三层结构瓶颈层块（Bottleneck）。在 Bottleneck 中，第一层的 1×1 卷积核用于降维，将特征矩阵的维度从 256 降至 64；第三层的 1×1 卷积核则用于升维，将特征矩阵的维度从 64 提升回 256。这种降维操作主要是为了减少参数数量。如果使用 BasicBlock，参数数量为 256×256×3×3×2 = 1179648；而采用 Bottleneck，参数数量为 1×1×256×64+3×3×64×64+1×1×256×64 = 69632。通

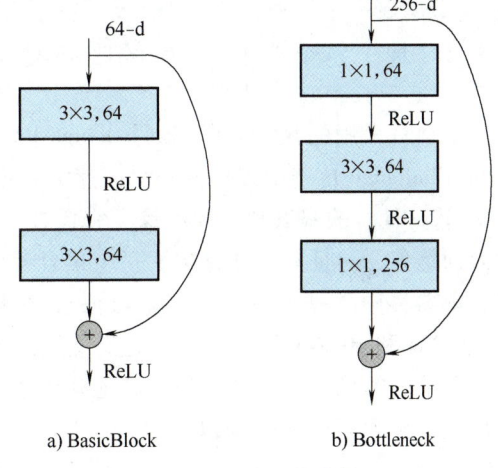

图 3-22 残差块结构

过先降维后升维，确保主分支输出的特征矩阵与捷径分支输出的特征矩阵形状一致，从而可以进行加法操作。ResNet-50、ResNet-101 和 ResNet-152 均采用了 Bottleneck 残差块。

3.3 卷积神经网络实践项目

3.3.1 基于 CNN 的斑马线检测

利用百度飞桨 PaddlePaddle 框架搭建一个卷积神经网络，对包含斑马线的马路和不包含斑马线的马路图像进行分类。数据集中的一张图像样本如图 3-23 所示。

卷积神经网络具体设计流程大致分为数据处理、模型设计、训练配置、训练过程、模型保存这几个步骤，每个步骤中又包含各自模型不同的小细节。

图 3-23　图像样本示例

读者可以打开链接 https：//aistudio.baidu.com/project/edit/8983483 运行项目，并可扫描二维码观看讲解视频。

讲解视频

3.3.2　基于多个典型 CNN 的眼疾数据集分类识别

本项目采用的眼疾数据集 iChallenge-PM 是由百度大脑和中山大学中山眼科中心联合举办的 iChallenge 比赛中提供的一个医疗类数据集。这个数据集专注于病理性近视（Pathologic Myopia，PM）的眼底视网膜图像。它包含了 1200 个受试者的眼底视网膜图片，这些图片被分为训练集、验证集和测试集，每个集合各包含 400 张图片。

本项目中，基于飞桨深度学习框架 PaddlePaddle 分别设计了 LeNet、AlexNet、VGGNet、GoogLeNet 和 ResNet 网络，并将它们应用到眼疾筛查数据集眼疾数据集上。除了 LeNet 不适合大尺寸的图像分类问题之外，其他几个模型在此数据集上的损失函数都能显著下降，在验证集上的预测精度在 90% 以上。

读者可以打开链接 https：//aistudio.baidu.com/projectdetail/4917049 运行项目，并可扫描二维码观看讲解视频。

讲解视频

3.3.3　基于飞桨高层 API 的交通图像分类识别

上面两个项目都是基于飞桨动态图搭建深度学习模型，对学习者的代码能力要求较高。飞桨开发了 Paddle.vision，它是飞桨在视觉领域的高层 API，其中内置了多种经典模型。除了经典的卷积神经网络 LeNet、AlexNet、VGGNet、GoogLeNet、Inception V3、ResNet、DensNet 之外，还包含了轻量级模型 MobileNet V1、MobileNet V2 和 ShuffleNet V2、SqueezeNet 等，这些内置模型为深度学习用户提供了丰富的选择，使他们能够快速构建和初始化网络，以满足不同的应用需求。用户可以根据自己的任务需求和数据特点选择合适的模型，并进行进一步的训练和调优。关于这些模型的调用方法和介绍，可查看飞桨官网有关链接。

本项目基于飞桨高层 API 的 ResNet-50 模型对包含不同车辆的图像进行分类，如图 3-24 所示，其中所用数据集分为 3 类，分别是 1 ="汽车"、2 ="摩托车"、3 ="货车"，所有数据来源于 2005PASCAL 视觉类挑战赛（VOC2005）所使用的数据筛选处理。

读者可以打开链接 https://aistudio.baidu.com/projectdetail/8740855 运行项目，并可扫描二维码观看讲解视频。

讲解视频

图 3-24　车辆图像示例

3.3.4　基于残差网络的自动驾驶数据集分类识别

本项目调用飞桨高层 API 完成，选择 ResNet-50 网络来完成 2.3.3 节 mine_classification.zip 数据集图片分类识别任务。

读者可以打开链接 https://aistudio.baidu.com/project/edit/9402525 运行项目，并可扫描二维码观看讲解视频。

讲解视频

3.3.5　基于残差网络的机械零件分类

本项目也是调用飞桨高层 API 完成，选择 ResNet-50 网络来完成 2.3.2 节 MechanicalPart.zip 数据集三类机械零件的分类识别任务。

读者可以扫描内封上的二维码下载项目代码，并可扫描右侧二维码观看讲解视频。

讲解视频

1. 选择题

1) 以下哪种池化方法可以保留图像中的最大值？（   ）
A. 最大池化   B. 平均池化   C. L2池化   D. 全局池化

2) LeNet是以下哪位科学家提出的卷积神经网络结构？（   ）
A. Yann LeCun   B. Geoffrey Hinton   C. Andrew Ng   D. Yoshua Bengio

3) AlexNet网络中使用了哪种类型的激活函数？（   ）
A. Sigmoid   B. ReLU   C. tanh   D. Leaky ReLU

4) ResNet通过引入哪种结构来解决深层网络训练中的梯度消失问题？（   ）
A. Inception模块   B. 残差块   C. 批量归一化   D. Dropout

5) GoogLeNet中的Inception模块设计是为了什么？（   ）
A. 提高网络的计算效率   B. 增加网络的深度
C. 减少网络的宽度   D. 降低网络的复杂度

6) 关于GoogLeNet中的1×1卷积，以下哪项描述是正确的？（   ）
A. 1×1卷积用于增加特征图的深度
B. 1×1卷积用于减少特征图的尺寸
C. 1×1卷积用于降维，减少参数数量和计算量
D. 1×1卷积主要用于提取局部特征

2. 判断题

1) 在卷积神经网络中，权重共享是指不同卷积层使用相同的权重。（   ）
2) 在卷积神经网络中，权重共享可以减少模型的参数数量。（   ）
3) VGGNet中的卷积层全部使用了3×3的卷积核。（   ）
4) 卷积神经网络层数越深，模型将越复杂，训练集上精度也会越高。（   ）

3. 简答题和分析题

1) 简述卷积操作在卷积神经网络中的作用，并推导5×5卷积核和2个3×3卷积核的感受野变化。

2) 解释池化层在卷积神经网络中的作用，并讨论不同类型的池化操作（如最大池化和平均池化）对网络性能的可能影响。

3) 权重共享在卷积神经网络中是如何实现的，它有什么好处？

4) GoogLeNet中的Inception模块是如何通过1×1卷积来提高计算效率的？请结合Inception模块的结构进行解释。

5) 比较LeNet、AlexNet、VGGNet和ResNet这几种经典的卷积神经网络结构，讨论它们在设计上的主要差异和各自的优缺点。

6) 针对3.4.1节的斑马线检测项目或者3.4.5节的机械零件分类项目，使用不同的卷积神经网络结构（AlexNet、GoogLeNet、ResNet等）搭建网络模型，对比分析不同网络训练效果。

7) 针对2.3.1节的车牌识别项目，设计卷积神经网络进行车牌识别，对比分析DNN和CNN的结果。

部分习题参考答案

第4章　基于CNN的目标检测算法及实践

目标检测不仅能够识别图像中的物体，还能准确给出物体的位置信息，它在自动驾驶、视频监控、人机交互等多个领域扮演着至关重要的角色。随着研究的深入，目标检测算法经历了从传统算法到深度学习算法的演变。从最初的基于滑动窗口的方法，到基于候选区域的方法，再到近年来流行的端到端的一阶段和两阶段检测方法等，目标检测技术不断进步，检测速度和准确性都得到了显著提升。这些进步不仅推动了学术研究的边界，也为各行各业的实际应用提供了强大的技术支持。

4.1 目标检测概述

4.1.1 目标检测的基本介绍

目标检测技术已在多个行业中广泛应用，然而，其在实际应用中仍面临诸多挑战。以自动驾驶系统中的目标检测为例，这些挑战主要体现在以下几个方面。

（1）目标检测依赖于数字图像的质量　这是决定检测准确性的根本因素。在自动驾驶车辆中，图像质量受多种因素影响，包括摄像头硬件的成像性能、光照条件、拍摄角度以及恶劣天气（如雨、雪、雾、霾、扬尘等）对图像的干扰，以及图像中不同目标的大小、密集度、遮挡程度等。

（2）目标检测算法的设计特性直接影响其性能表现　传统的目标检测算法虽然具有较好的可解释性，但适应性和模型简洁性较差。随着样本量的增加，模型复杂度上升，而准确度提升并不显著。相较之下，基于深度学习的目标检测算法虽然需要大量的训练样本和高性能硬件支持，但其方法更为简便，易于调整分类数量，适应性强，并且随着样本量的增加，检测准确度能显著提高。

如图4-1所示为传统目标检测算法与基于深度学习的目标检测算法的特性对比。通过这一对比，可以清晰地看到深度学习在目标检测领域的优势及

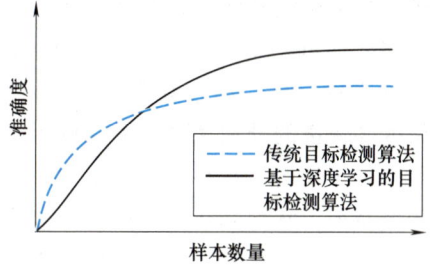

图4-1　传统目标检测算法与基于深度学习的目标检测算法的特性对比

其发展潜力。

4.1.2 目标检测算法的发展

在过去几十年间，学术界见证了目标检测算法的蓬勃发展。这些算法根据特征提取手段的不同，可分为传统目标检测算法和基于深度学习的目标检测算法两大类，每种类型都有其代表性的方法，如图4-2所示。

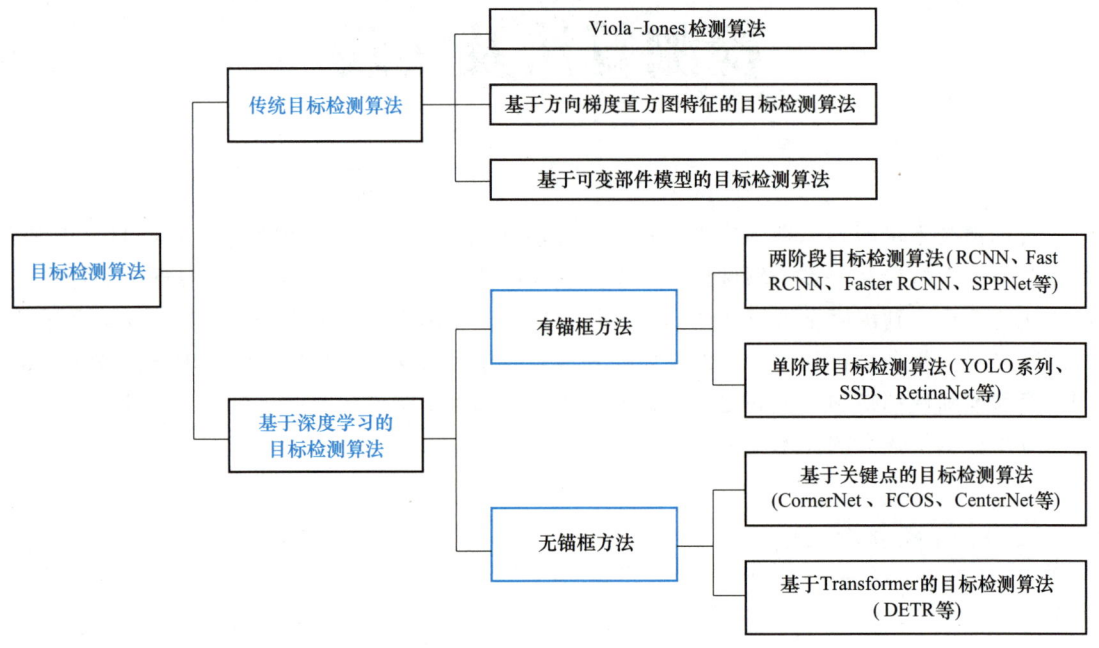

图 4-2　目标检测算法的分类

1. 传统目标检测算法

传统的目标检测算法主要依赖于人工设计的特征来表征和筛选目标。其核心流程大致可分为以下几个步骤：首先，通过滑动窗口技术、边缘检测以及选择性搜索等策略，识别出可能包含目标的候选区域；其次，采用诸如Haar特征、方向梯度直方图（HOG）、尺度不变特征变换（SIFT）等人工设计的特征，对候选区域进行精细的表征和筛选；最后，利用线性分类器、支持向量机（SVM）等分类方法对目标进行精确分类。以下内容将对一些典型的传统目标检测算法进行简要概述。

（1）Viola-Jones 检测算法　Viola-Jones 检测算法，简称 VJ 算法，由 Viola 和 Jones 于 2001 年共同提出，标志着目标检测算法在实际应用领域的一次重大突破。该算法以其高检测精度和快速的处理速度，首次展示了目标检测技术在实时人脸检测中的巨大潜力。该算法的核心在于采用 AdaBoost 算法，通过滑动窗口机制，并利用 Haar 特征作为盒式滤波器来提取图像特征，从而判断窗口内是否包含人脸。为了提高计算效率，算法引入了"积分图像"概念，以加速盒式滤波器的特征计算过程。在检测过程中，算法首先在局部层面上对每个简单分类器进行筛选，以大幅减少候选窗口的数量，随后在全局层面上采用级联结构，构建出最终的强分类器，以实现高效的人脸检测。

(2) 基于方向梯度直方图（HOG）特征的目标检测算法　在 2005 年，Dalal 和 Triggs 首次提出了基于方向梯度直方图（Histogram of Oriented Gradient，HOG）的目标检测算法。该算法可视为对尺度不变特征变换（Scale-Invariant Feature Transform，SIFT）方法的重要发展。HOG 算法通过在密集且等间隔的单元网格上计算 HOG 描述符，并采用局部重叠归一化技术，显著提升了检测精度。此外，该算法具备处理不同尺寸目标的能力，能够在保持检测窗口尺寸不变的前提下，通过在多个尺度上应用 HOG 特征，实现对不同大小目标的检测。这一创新使得 HOG 算法在目标检测领域得到了广泛的应用和认可。

(3) 基于可变形部件模型（DPM）的目标检测算法　2008 年，Felzenszwalb 提出了可变形部件模型（Deformable Part Model，DPM），该算法可视作对基于 HOG 特征的目标检测算法的进一步扩展和深化。DPM 算法的核心思想在于"分而治之"，即将复杂的目标对象视为由多个不同类型的子部件组合而成。DPM 在 VOC 2007、VOC 2008 以及 VOC 2009 年的目标检测挑战赛中取得了显著的成功，并且其众多创新性思想至今仍被现代目标检测算法所继承和发扬，如"混合模型"的概念、"困难负样本挖掘"技术以及"边界框回归"方法等。这些思想对目标检测领域的发展产生了深远的影响。

2. 基于深度学习的目标检测算法

基于深度学习的目标检测算法，通过在大规模数据样本上训练深度神经网络，自动学习目标特征并构建模型，最终利用该模型进行结果输出。在 2018 年之前，深度学习驱动的目标检测算法主要分为两大类：两阶段目标检测算法和单阶段目标检测算法。然而，2018 年 CornerNet 算法的提出，为深度学习在目标检测领域开辟了新的路径，即无锚框（Anchor Free）目标检测算法。从严格意义上讲，无锚框算法归属于单阶段目标检测算法的范畴。得益于其极少的超参数和高度简洁的处理流程，无锚框算法领域的研究成果层出不穷。因此，本书将其作为独立类别进行探讨。

(1) 两阶段目标检测算法　2014 年，Girshick 开创性地提出了利用卷积神经网络特征的区域（Regions with Convolutional Neural Network Features，RCNN）算法，该算法标志着深度学习技术在目标检测领域的突破性应用。RCNN 构建了两阶段目标检测算法的基本框架，包括"候选框提取"与"分类识别"两个核心步骤。在 VOC 2007 竞赛中，RCNN 的检测精度显著超越了传统目标检测算法，然而其运算速度相对缓慢。鉴于此，Girshick 及其团队在 2015 年相继推出了更高效的 Fast RCNN 和 Faster RCNN 算法。同年，受到 RCNN 的启发，何凯明提出了空间金字塔池化网络（Spatial Pyramid Pooling Network，SPPNet）以提升效率。2017 年，Lin 等研究者在 Fast RCNN 的基础上进一步发展出了特征金字塔网络（Feature Pyramid Network，FPN），为目标检测领域带来了新的创新。

(2) 单阶段目标检测算法　在 2015 年，Joseph 等研究人员推出了 YOLO（You Only Look Once）算法，标志着对单阶段目标检测算法研究的正式开启。与传统的两阶段目标检测算法相比，单阶段目标检测算法将"候选框生成"和"分类与识别"步骤融合至单一神经网络中，实现了端到端的处理，从而显著提升了运行速度。尽管 YOLOv1 在速度上优于两阶段算法，但其检测精度相对较低。为克服这一局限，相继出现了如 SSD（Single Shot MultiBox Detector，单次多边框检测器，由 Liu 等人在 2015 年提出）和 RetinaNet（由 Lin 等人在 2017 年提出）等改进型算法。与此同时，YOLO 系列也在持续进化，截至 2025 年，

YOLO 家族已发展至 YOLOv11 版本。

（3）无锚框（Anchor Free）目标检测算法　在基于锚框（Anchor）策略的目标检测算法中，不同场景下的锚框和超参数（如不同的尺度、长宽比等）差异显著；随着训练数据集规模的扩大，锚框和超参数的数量也随之增加，这对检测精度产生了显著影响。鉴于此，流程更为简洁、超参数更少的无锚框目标检测算法应运而生。

CornerNet 算法由 Law 等人在 2018 年提出，作为首个无锚框目标检测算法，其创新之处在于将目标检测问题转化为对目标框角点的检测问题，通过角点分组来形成目标框，从而规避了锚框设计的复杂性。FCOS 算法由 Tian 等人在 2019 年提出，其核心思想是对图像中的每个点到目标框四边的距离进行回归分析。同年，Zhao 等人提出的 CenterNet 算法则是基于中心点回归目标框的高度和宽度。这两种基于中心点的无锚框算法均省略了 CornerNet 中的角点分组步骤，并采用了"一对一"的正负样本策略，显著提升了运行效率。

DETR（Detection Transformer）方法是由 Facebook 于 2020 年提出的一种无锚框目标检测算法，也是首个基于 Transformer 的端到端目标检测模型。DETR 将目标检测视为一种集合预测问题，并利用 Transformer 来直接预测目标框的集合及其对应类别。得益于 Transformer 模型在当下的研究热度，DETR 优化和改进算法不断涌现，已成为目标检测领域的一个新兴研究热点。

4.1.3　数据格式与评估指标

1. 数据格式

在模型训练过程中，通常需要依赖于标注工具生成的数据集或公开可用的数据集。然而，数据集的格式繁多，且目标检测任务对数据集的要求相较于其他任务更为复杂。为了确保数据集能在不同模型间具有良好的兼容性，采用标准化的数据格式成了一种必要措施。

在目标检测领域，目前主流的数据格式主要有两种：PASCAL VOC 格式和 COCO 格式。PASCAL VOC 格式的数据集源自同名竞赛，该格式定义了数据的存放目录结构，每个图片对应一个 XML 文件，用于存储图片的标注信息。而 COCO 格式是由微软构建的一种大型目标检测基准数据集，其与 VOC 数据集的主要区别在于，整个训练集的标注信息被集中存放在一个 JSON 文件中。

除了这两种格式之外，还存在多种其他类型的数据集格式，用户亦可根据具体需求进行自定义。数据集格式本身并无绝对的优劣之分，但在使用不同模型进行训练时，可能会体现出不同的数据加载效率和训练精度。随着硬件处理能力和效率的提升，数据集格式带来的效率差异已不再如以往那般显著。当前，数据集格式的选择主要基于模型训练的精度、易用性、可移植性等因素。

2. 评估指标

对于目标检测算法的评估，可以从两个主要维度进行考量：一是模型的复杂度，二是模型的性能表现。模型的复杂度反映了算法在部署时所需的存储空间、计算资源以及运行时间；而模型的性能则体现了算法预测结果与实际标注之间的接近程度。

在目标检测任务中，FLOPS（浮点运算次数）是一个用于衡量算法大致计算资源需求的直观指标，而 FPS（每秒帧数）则用于描述模型在执行过程中的处理速度。值得注意的是，

FLOPS主要与模型结构相关,而FPS则受硬件设备、运行环境、编译器优化、编程语言等多种因素影响。因此,在报告FPS指标时,应详细说明处理器型号、处理器频率、内存容量、操作系统、软件版本、编程语言等运行条件。

对于目标检测算法性能的评估,同样需要从两个角度进行:一是检测模型输出目标位置的准确性,二是输出目标类别的准确性。

目标检测通常采用矩形框来标识目标位置,因此,位置准确性的评估可以通过比较模型预测的矩形框与实际目标的矩形框来实现。具体的量化指标包括:中心点距离、交并比(IoU)、对角线距离等。中心点距离衡量的是预测框中心与实际框中心之间的距离,距离越小,表明预测位置越接近真实位置。交并比(IoU)则表示预测框与真实框之间的重叠程度,该值越高,表明位置预测的准确性越佳。对角线距离是指从一个形状的边缘到另一个形状的边缘最近点的平均距离,该值越小,表明两个形状的相似度越高。

评估目标检测的准确性的常用指标有:准确率(Accuracy)、精确率(Precision)、召回率(Recall)、P-R曲线、平均正确率(Average Precision,AP)、均值平均精度(mean Average Precision,mAP)等。假设测试数据中包含N_P个正样本和N_N个负样本,此时目标检测的结果可以分为四类:①正样本识别为正样本(True Positive,TP);②负样本识别为正样本(False Positive,FP);③负样本识别为负样本(True Negative,TN);④正样本识别为负样本(False Negative,FN)。用N_{TP}、N_{FP}、N_{TN}、N_{FN}分别表示TP、FP、TN、FN的数量。

(1) 准确率 准确率定义为预测正确的样本数量与样本总数的比值,如式(4-1)所示。准确率可以评估总体的准确程度,但片面追求准确率并不合适。当样本种类分布不均匀时,该指标不足以说明模型的好坏。例如,当正样本占据99%、负样本占据1%时,将所有样本都预测为正,便可以有0.99的准确率。此时得到的准确率虽然很高,但对负样本并没有参考价值。

$$准确率 = \frac{N_{TP} + N_{TN}}{N_{TP} + N_{FP} + N_{TN} + N_{FN}} \tag{4-1}$$

(2) 精确率 精确率也叫查准率,定义为正确预测的正样本数与全部预测为正的样本数量的比值,如式(4-2)所示。精确率仅针对预测结果,其表示在预测为正样本的结果中,有多少把握可以预测正确。

$$P = \frac{N_{TP}}{N_{TP} + N_{FP}} \tag{4-2}$$

(3) 召回率 召回率也叫查全率、命中率,定义为测试集中的正样本数量被正确预测为正样本的比例,如式(4-3)所示。召回率越高,表示正样本被检测出来的概率越高。精确率和召回率在计算时分子相同、分母不同。前者为预测结果为正的样本数量,后者为测试样本中的正样本数。

$$R = \frac{N_{TP}}{N_{TP} + N_{FN}} \tag{4-3}$$

(4) P-R曲线 为了综合评估模型的好坏,可以使用P-R曲线。其定义为,记录同一模型在不同参数下的精确率和召回率,并以召回率为横坐标、精确率为纵坐标,绘制出来的曲线即为 P-R 曲线,如图 4-3 所示。P-R 曲线反映了分类器对于正样本识别准确程度和正样本覆盖能力的权衡。一个较好的分类器应该能够保证,随着召回率的提高,精确率始终处在较高水平,如图 4-3 中的曲线 A。

使用 P-R 曲线对模型进行评估的缺点是,在大多数情况下,调整参数并不能使精确率和召回率双高,且 P-R 曲线容易受到正负样本分布的影响。通过对 P-R 曲线的分析可以知道,测试集中正负样本比例不变的情况下,想要较高的精确率就必然会牺牲一些召回率,反之亦然。一个较好的目标检测模型应该随着召回率的提高,精确率始终保持一个较高的水平。

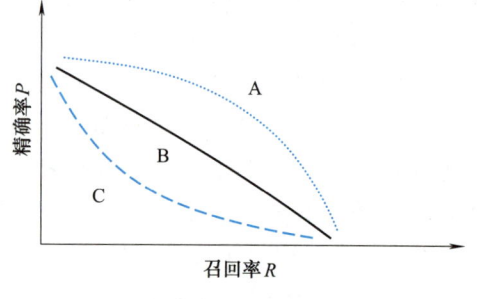

图 4-3 P-R 曲线

(5)**平均正确率** 数字比曲线图更能体现一个模型的好坏,因此定义平均正确率 AP 为 P-R 曲线下与横轴围成的面积。通常 AP 越高,分类器的性能越好。

(6)**均值平均精度** 由于 AP 只针对单一种类的目标检测,对于多分类的目标检测问题,定义均值平均精度 mAP。mAP 是对每一类别结果 AP 值的平均数,反映了多分类目标检测模型的整体性能。通常 mAP 越高,多分类器的性能越好。

4.2 两阶段目标检测算法

两阶段目标检测算法,主要分为候选区域生成、分类回归两步。其首先在图像中生成若干候选区域(可能包含待检测物体的预选框),然后使用卷积神经网络提取候选区域内的特征进行分类,并修正检测框的位置。本节将从 RCNN 开始,阐述两阶段目标检测算法的基本框架和原理,分析两阶段目标检测算法的优缺点,然后介绍几种优化和改进的方法。

4.2.1 RCNN

RCNN 算法标志着深度学习算法在目标检测领域的首次应用,其创新性地构建了两阶段的目标检测流程,为后续众多目标检测算法的发展奠定了框架基础。RCNN 的核心思路包括四个步骤:候选区域选择、特征提取、类别分类以及目标定位。该算法的整体结构如图 4-4 所示。

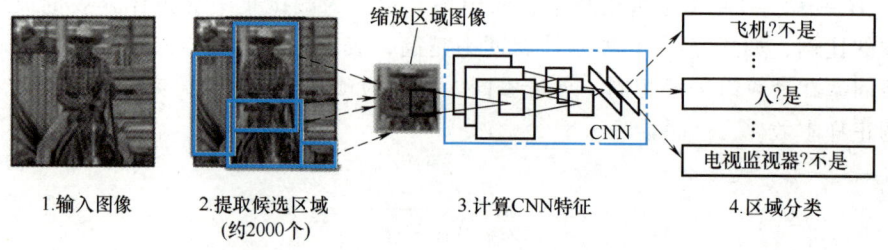

图 4-4 RCNN 算法的整体结构

1. 候选区域选择

RCNN 算法核心之一是采用选择性搜索算法（Selective Search）来获取候选框。选择性搜索算法是一种基于图论的图像分割技术，旨在识别可能的感兴趣区域（Region of Interest, ROI）。这种方法不同于滑动窗口或规则块，它通过合并相似的区域来生成候选框，从而减少冗余并提高效率。

在处理候选框时，RCNN 面临的一个挑战是不同候选框的尺寸和长宽比各异，而卷积神经网络（CNN）要求输入图像具有固定的尺寸。因此，RCNN 采用了两种缩放方式来解决这个问题。第一种是各向同性缩放，它统一缩放图像以适应网络的要求。第二种是各向异性缩放，这种方法首先裁剪图像，然后用裁剪区域内的像素平均值颜色填充多余的像素，以达到所需的尺寸。这种处理确保了在缩放过程中保留图像的重要特征，同时也减少了计算量。

在 RCNN 以及其他深度学习目标检测算法中，都使用了 IoU 来评价目标框的定位精度，IoU 是一种用于评估两个边界框重叠程度的指标，其本质是用来描述两个候选框的重合程度，其值介于 0 和 1 之间。如图 4-5 所示，矩形框 A 与矩形框 B 的 IoU 计算为式（4-4）。IoU 越大，说明 A 框与 B 框越接近。如果 A 框代表预测框，B 框代表真实框，IoU 越大，表示预测框和真实框越接近。

$$\text{IoU} = \frac{A \cap B}{A \cup B} \tag{4-4}$$

在 RCNN 算法的训练集中，通常每张图片只标注一个或几个真实框（Ground Truth Box），这些真实框对应于图片中的目标物体，RCNN 的目标是识别并定位图像中的这些目标物体。而通过选择性搜索算法得到的 2000 个候选框与真实框难于完全一致。因此，需要使用 IoU 对这些候选框进行分类。如果候选框与标注框之间的 IoU 大于某个阈值（通常是 0.5），则将该候选框标注为正样本；否则就标注为负样本。如此做法可以获得大量的训练数据，尽量避免后续 CNN 训练过程中出现过拟合。通过这种方式，RCNN 算法能够更好地学习图像特征，从而提高目标检测的准确性。

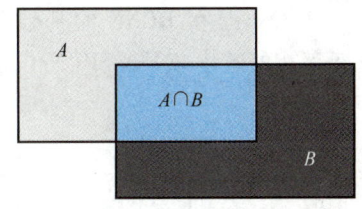

图 4-5　计算 IoU

2. 特征提取

在 RCNN 算法中，AlexNet 网络被选作特征提取的核心架构（去除了最后一个全连接层），并利用在 ImageNet 数据集上预训练的模型权重。经过尺寸调整至统一尺度后，各候选框图像被输入至该网络中进行特征提取。由此，每个候选框图像均输出一个维度为 4096 的特征向量，从而形成了 2000 个候选框对应的 2000×4096 维特征向量矩阵。

3. 类别分类

RCNN 算法针对每个类别，利用上述特征向量训练一个支持向量机（SVM）分类器。在 SVM 的训练过程中，采用 0.3 作为 IoU 阈值来区分正负样本。如果对应的目标有 21 个类别，通过将 2000×4096 维的特征向量矩阵与 4096×21 维的 SVM 权值矩阵相乘，可以计算出每个候选框属于 21 个类别中每一类的概率分布。

在目标检测过程中，针对同一目标可能会产生多个候选框，此时需采用非极大值抑制（Non-Maximum Suppression，NMS）技术来剔除冗余的候选框。NMS 的处理流程如下：首先，根据 SVM 分类器输出的分类概率对所有的候选框进行得分排序,并选取得分最高的候选框;其次,遍历剩余的候选框,移除与已选最高得分候选框的 IoU 超过预设阈值的候选框;最后,从筛选后的候选框中再次选出得分最高的框,并重复以上步骤,直至所有保留的候选框被选出。

4. 目标定位

经过 SVM 分类与 NMS 处理后,虽然获得了检测对象的类别概率,但候选框尚未精确对应目标。因此,还需进行边框回归以获取精确的检测框。边框用四维向量 (x, y, w, h) 表示,分别代表边框中心点的横、纵坐标以及边框的宽度和高度。边框回归通过最小二乘法构建损失函数,其输入为候选框内的特征。在训练过程中,需不断调整输入的候选框,使其更贴近真实框的位置,从而得到最终的检测框。

然而,RCNN 存在以下局限性:首先,每个候选框都需要经过 CNN 的特征提取,导致计算量和存储需求极大;其次,选择性搜索提取的候选框质量欠佳,导致 CNN 网络训练中涉及大量重复计算;最后,特征提取、分类和定位作为独立模块分别训练,缺乏系统性优化,导致训练过程耗时较长。

4.2.2 SPPNet 和 Fast RCNN

1. SPPNet

SPPNet 是在 RCNN 的基础上提出的一种改进算法,其结构如图 4-6 所示。针对 RCNN 框架存在的效率瓶颈,SPPNet 重点解决了两个核心问题。

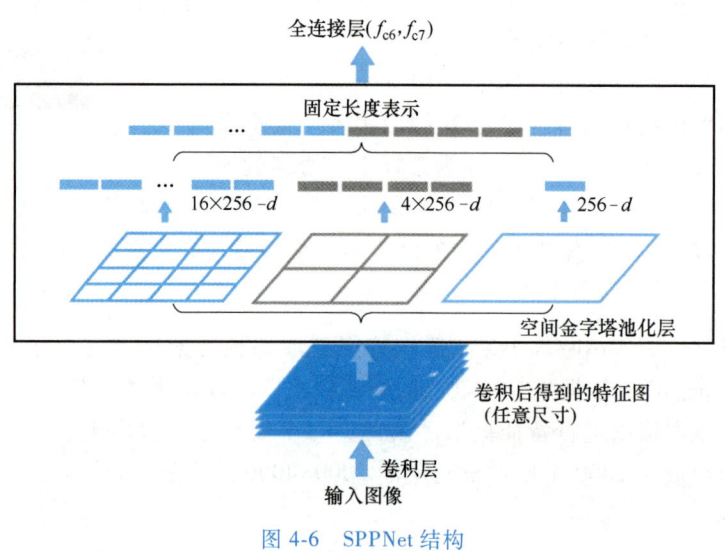

图 4-6　SPPNet 结构
d—特征图的通道数

首先,RCNN 需对每个候选区域独立进行全图尺度特征提取,导致大量冗余计算。SPPNet 通过引入空间金字塔池化层,实现了对整张图像仅需一次 CNN 特征提取,即可生成任意尺寸候选区域的特征表示,显著降低了计算复杂度。

其次,传统候选区域缩放操作会破坏物体的几何结构信息,且数据增强策略受限于计算成本难以有效实施。SPPNet通过多尺度的空间金字塔池化层（SPP层），在单次全图特征提取后，利用多尺度网格划分（如4×4、2×2、1×1层级）对任意尺寸候选区域进行动态池化，既避免了传统方法因独立处理每个候选框导致的重复计算，又通过保留空间结构信息解决了图像缩放引发的几何失真问题，同时多层级特征编码增强了模型对局部细节与全局上下文的感知能力，其设计思想直接启发了后续Fast RCNN的RoI池化及特征金字塔网络（FPN）等架构的发展。

2. Fast RCNN

Fast RCNN的整体结构如图4-7所示。相较于RCNN，Fast RCNN的改进主要体现在以下三个方面：①不再对每个候选框单独进行CNN特征提取，而是对整幅图像进行一次性特征提取；②摒弃了SVM分类器，转而使用softmax层进行类别分类；③将目标分类与边界框回归合并为一个统一的网络结构。

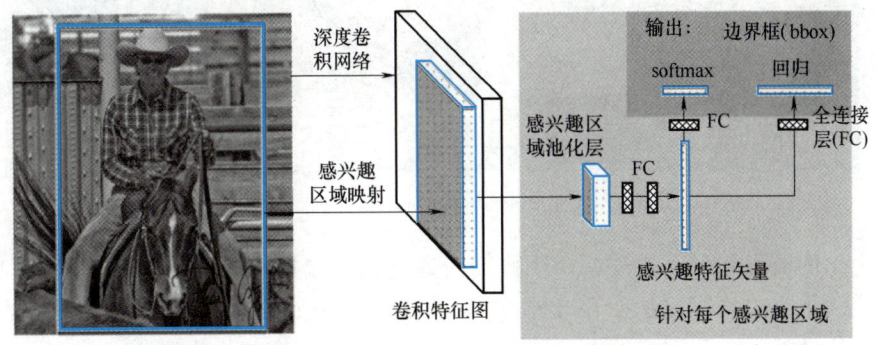

图4-7 Fast RCNN的整体结构

Fast RCNN与RCNN一样，采用选择性搜索（SS）算法生成多个候选框并划分正负样本。然而，Fast RCNN在特征提取方面采用了VGG16网络，它将整幅图像作为输入，并在网络的第5个池化层输出特征图。随后，将这些候选框映射到该特征图上，从而仅通过一次前向传播即可提取所有候选框的特征，显著提升了特征提取的效率。

尽管如此，多个候选框的尺寸仍然参差不齐。与RCNN中采用的缩放方法不同，Fast RCNN引入了ROI池化层，以处理不同尺寸的候选区域，从而生成统一维度的特征向量，供后续的全连接层使用。

ROI池化层接收两个输入：一是VGGNet输出的固定大小的特征图；二是表示感兴趣区域列表的$N×5$矩阵，其中N代表ROI的数量，矩阵的第一列指示图像索引，其余四列定义了ROI的左上角和右下角坐标。

ROI池化的过程实质上是对每个输入列表中的感兴趣区域进行操作，它截取对应特征图的部分区域并将其缩放到预定义的大小。这一过程包括以下步骤：①将候选区域划分为若干不等大小的子区域；②在每个子区域中找出最大值；③将这些最大值汇集起来形成固定大小的输出。如图4-8所示，针对其中四个黑线框起来的子区域，分别进行最大池化，得到ROI最大池化后的结果，如图4-9所示。

ROI池化为候选框生成了统一尺寸的特征向量，这些特征向量随后被输入到神经网络中进行分类。与RCNN将分类和边框回归作为两个独立过程不同，Fast RCNN创新性地将这两个任务整合到同一个网络中，从而简化了模型结构并缩短了训练时间。

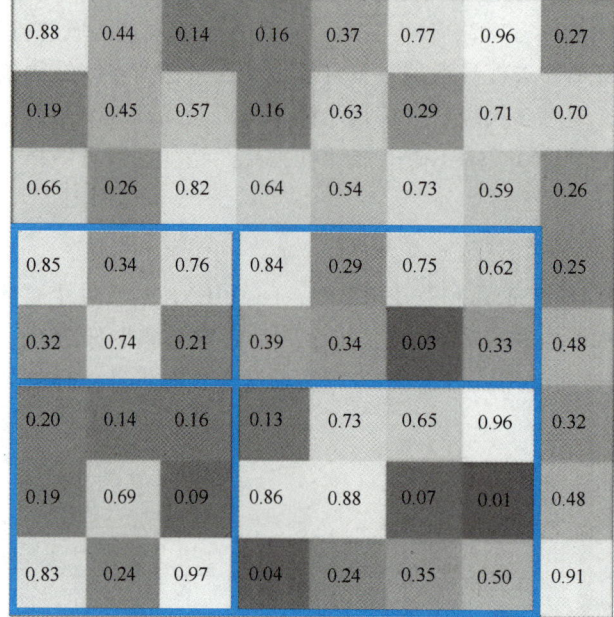

图 4-8 输入特征图的 ROI 区域划分

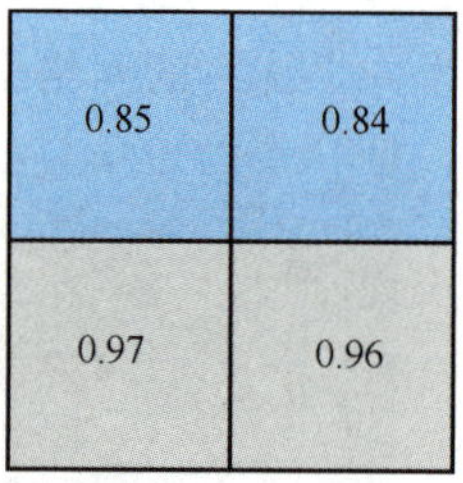

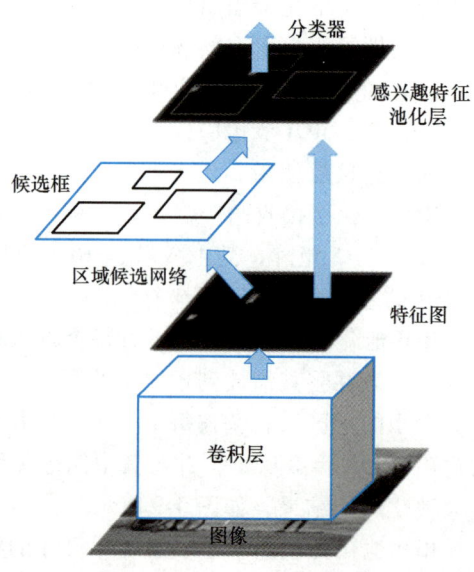

图 4-9 ROI 池化后的输出

整合优化的流程如下：首先，ROI 特征图通过全连接层转化为 4096 维的特征向量，接着并行连接两个全连接层，一个用于通过 softmax 进行类别预测，另一个则用于边框回归。在损失函数的设计上，分类损失由 loss_cls 表示，而检测框定位损失则由 loss_bbox 表示。

4.2.3 Faster RCNN

Fast RCNN 在优化效果上表现卓越，但初始阶段仍沿用了 RCNN 的方法来生成候选框，即通过选择性搜索算法实现。该算法无法利用 GPU 进行加速，从而拖慢了整体的运行速度。在 Fast RCNN 的测试过程中，尽管整体耗时仅为 2.32s，但选择性搜索就占据了 2s。为解决这一问题，Faster RCNN 引入了区域候选网络（Region Proposal Network，RPN），极大地提升了搜索速度，从而消除了测试时间中的这一瓶颈。

1. Faster RCNN 的整体结构

Faster RCNN 的整体结构如图 4-10 所示。

2. Faster RCNN 的网络结构

与 Fast RCNN 同样，Faster RCNN 也采用了 VGG16 网络进行特征提取，但它们的区别在于，Faster RCNN 中的特征图并非用于映射候选框，而是直接输入到区域候选网络（RPN）。RPN 利用锚框（Anchor）机制来替代选择性搜索，以选

图 4-10 Faster RCNN 整体结构

取候选区域并生成候选框。最终，那些包含物体的锚框被选中，并进入 ROI 池化层以提取特征。

锚框是目标检测中基于特征图像素点生成的预定义边界框，通过组合多种尺度和长宽比覆盖潜在目标位置，Faster RCNN 中的 3 种尺度×3 种比例，共 9 个锚框，如图 4-11 所示。对于 $P×Q$ 像素的图像，理论上会生成 $P×Q×9$ 个锚框，用于后续的目标分类与位置回归。

在 RPN 训练中，锚框通过与真实框的 IoU 值被标记为正样本（IoU>0.7 或与某真实框 IoU 最大）或负样本（IoU<0.3）。为优化训练效率，采用固定采样策略：随机选取最多 128 个正样本，并补足负样本至总数 256 个，从而平衡样本分布并加速模型收敛。

图 4-12 所示为基于 VGG16 的 Faster RCNN 网络结构。对于任意尺寸的 $P×Q$ 图像，首先将其缩放至 $M×N$ 大小，随后输入到一个由 13 个卷积层、13 个 ReLU 层和 5 个池化层组成的卷积神经网络中，以生成特征图（Feature Map）。该特征图进而被送入区域候选网络，利用锚框作为初步的检测框，进而计算出候选区域（Proposal）。在网络的最后阶段，

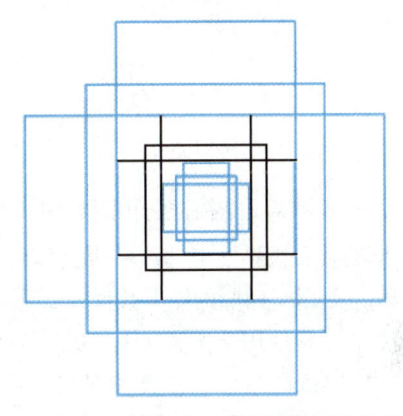

图 4-11　不同尺寸、比例的锚框示意图

ROI 池化层利用这些计算出的候选区域，在特征图中提取出对应的候选区域特征，这些特征随后被传递到后续的全连接层，以执行边框回归和 softmax 分类任务。

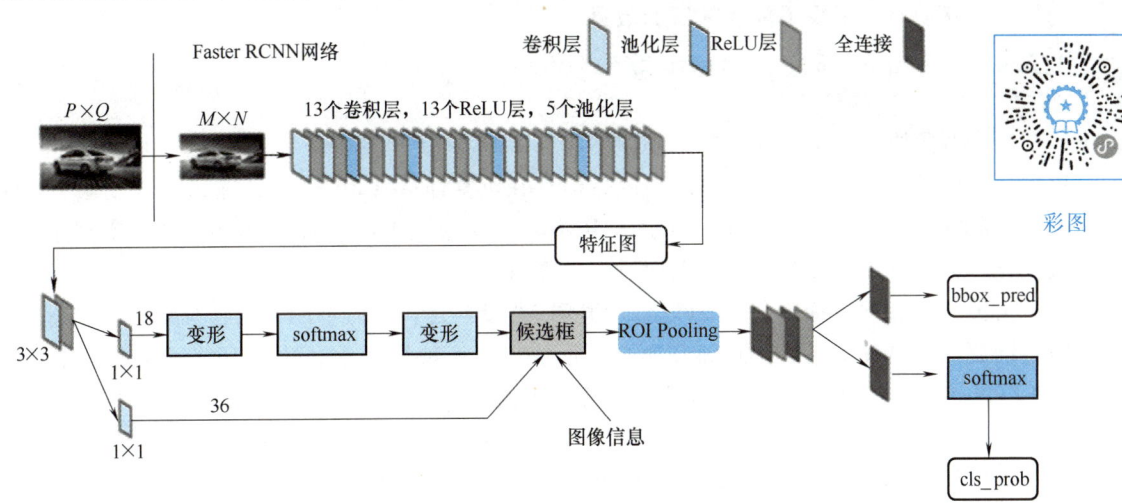

图 4-12　基于 VGG16 的 Faster RCNN 网络结构

RPN 的整体结构如图 4-13 所示。RPN 包含两条并行路径：一条通过 softmax 分类器对锚框进行正负样本的分类；另一条路径则负责计算锚框的边框回归偏移量，以生成更精确的候选区域。候选区域层将这两条路径的输出综合起来，生成最终的候选区域，并将其输入至 ROI 池化层。因此，RPN 的损失函数由两个部分组成，一部分是分类分支的损失，另一部分是边框回归分支的损失，具体如式（4-5）所示。

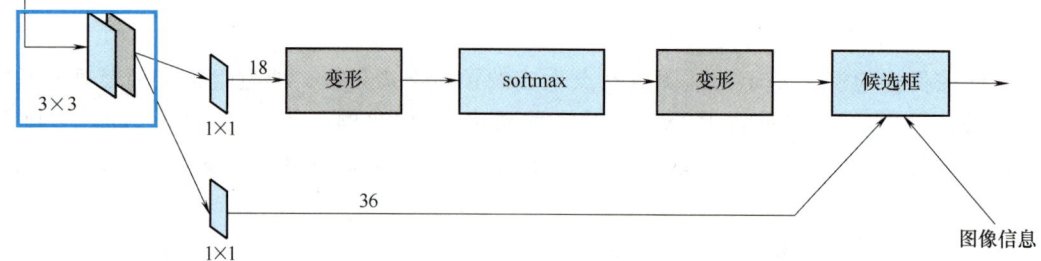

图 4-13　RPN 整体结构

$$L(p_i, t_i) = \frac{1}{N_{cls}} \sum_i L_{cls}(p_i, p_i^*) + \lambda \frac{1}{N_{reg}} \sum_i p_i^* L_{reg}(t_i, t_i^*) \tag{4-5}$$

式中，p_i 表示第 i 个锚框的预测类别概率；p_i^* 表示第 i 个锚框的真实类别（0 或 1）；t_i 表示第 i 个锚框的真实边界框坐标；t_i^* 表示第 i 个锚框的边界框坐标预测值；N_{cls} 是用于分类的样本数量；N_{reg} 是用于回归的样本数量；λ 是一个平衡分类损失和回归损失的权重系数；L_{cls} 是分类损失函数，通常使用交叉熵损失；L_{reg} 是回归损失函数，通常使用均方误差（MSE）损失。

式（4-5）综合了分类和回归两个任务的损失，使得 RPN 网络不仅能够判断候选框是否包含目标，还能调整候选框的位置，以接近目标的实际位置。

在 RPN 中采用不同尺寸和比例的锚框的目的在于，它预先为 CNN 划定了一系列区域。在这些不同大小和比例的锚框内，网络将判断是否存在感兴趣的对象，并据此确定该锚框是否为正样本。锚框机制替代了选择性搜索，从直观上来看，它为候选区域的选择提供了明确的规则，从而有效减少了候选区域的数量。

4.2.4　进阶的两阶段目标检测算法

早期两阶段目标检测算法（如 RCNN、Fast RCNN、SPPNet）通过候选区域生成与特征提取分离的设计，显著提升了检测精度，但存在重复计算（RCNN）或输入尺寸受限（SPPNet）等缺陷。Faster RCNN 进一步引入 RPN，将候选框生成整合至网络内部，实现了端到端优化，但其单层特征提取仍难以应对多尺度目标挑战。

为突破此瓶颈，特征金字塔网络（FPN）通过构建自上而下的分层特征结构，将骨干网络不同层次的语义信息与空间细节融合，形成多尺度特征表示。基于 FPN 的两阶段检测器（如 FPN+Faster RCNN）在多层级特征图上并行生成候选框与预测结果，使模型同时具备小目标精确定位（依赖浅层高分辨率特征）与大目标精准分类（依赖深层语义特征）的能力。这一进阶架构在保持端到端训练效率的同时，显著提升了多尺度目标的检测性能，成为后续目标检测领域的核心范式之一。

如图 4-14 所示，通过四种结构对比，阐述了 FPN 的设计原理与优势：FPN 通过自底向上的骨干网络特征提取、自顶向下的上采样及横向连接，将深层语义信息与浅层空间细节融合，形成多层级特征金字塔（图 4-14d），使每层特征图均具备多尺度表征能力，从而在单一网络中高效兼顾大、小目标的检测需求，显著优于传统图像金字塔（图 4-14a）的冗余计算、单层特征图（图 4-14b）的尺度局限及无融合的特征层级（图 4-14c），成为现代目标检测框架（如 Faster RCNN）的核心组件。

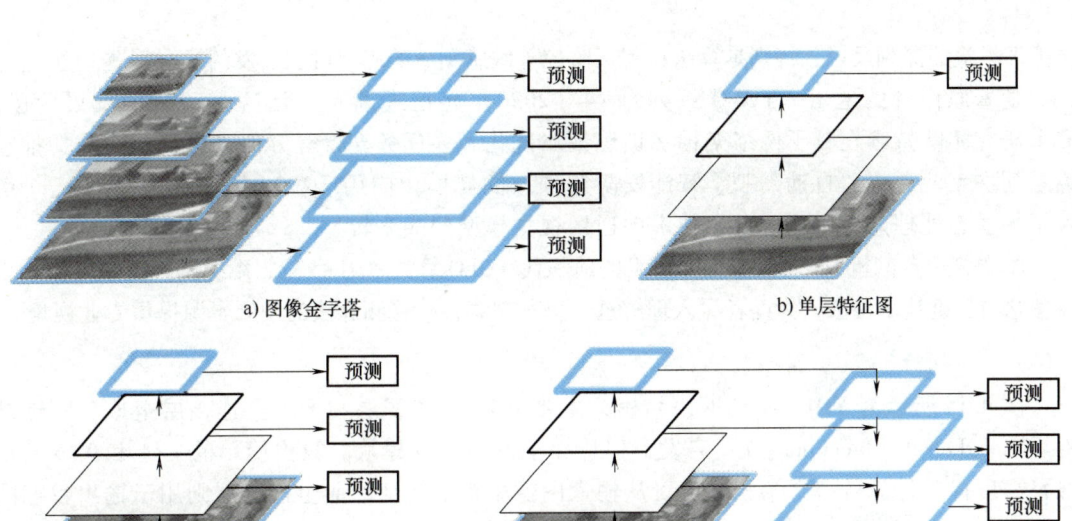

图 4-14　FPN 与典型多尺度目标检测结构对比

除了 FPN 之外，还有一些其他典型的先进两阶段目标检测算法，如 Cascade RCNN 和 Libra RCNN 等。迄今为止，对两阶段目标检测算法的改进和优化仍在持续进行中。作为最早将深度学习技术引入目标检测领域的框架，两阶段目标检测算法在精度上优于后续将要探讨的单阶段目标检测算法和 Anchor-Free 算法；然而，其网络结构较为复杂，预测速度相对较慢，超参数数量较多，可扩展性一般。尽管如此，其开创性的思路和方法为后续各类目标检测算法的发展提供了重要的启示和基础。

4.3　单阶段目标检测算法

单阶段目标检测算法采用端到端架构，通过单次前向传播即可同时预测目标的类别和位置信息，省去了两阶段目标检测算法中独立的候选区域生成步骤，在算法效率和计算速度方面具有显著优势。然而，由于缺少两阶段目标检测算法中候选区域的筛选机制，单阶段目标检测算法在处理小目标检测和密集目标场景时，其检测精度往往存在一定局限。尽管如此，凭借其出色的计算效率和较低的资源消耗，这类算法在移动端部署和实时视频分析等计算资源受限的场景中仍展现出独特的应用价值。目前最具代表性的单阶段目标检测算法主要包括 YOLO（You Only Look Once）系列、SSD（Single Shot MultiBox Detector）和 RetinaNet。

4.3.1　YOLO 系列

YOLO 开创性地将检测任务视为一个回归问题，将目标定位和目标分类两个子任务融合为一个统一的流程。YOLO 系列作为单阶段目标检测算法的代表，其发展历程展现了速度与精度不断平衡优化的技术演进。YOLOv1 算法由 Joseph Redmon 等人在 2015 年提出并完成初步研发，成果论文"You Only Look Once: Unified, Real-Time Object Detection"发表于 CVPR 2016 会议。

基于对技术伦理的审慎考量与个人学术价值观的坚持，YOLO 算法创始人 Joseph Redmon 在完成 YOLOv3（2018 年）后主动终止了该系列的研究工作。这一决定源于其对计算机视觉技术潜在伦理风险的深刻反思，特别是算法在军事监控等敏感领域的应用可能引发的社会问题。

随着原作者的退出，YOLO 系列自 v4（2020）起正式进入"社区驱动"的发展阶段。多个研究团队持续在骨干网络架构、训练策略优化和多任务支持等方面进行创新突破，推动该系列在工业质检、自动驾驶、智能安防等领域的规模化应用。2025 年发布的 YOLOv11 引入了多模态处理能力，标志着该技术向通用视觉模型的战略转型。

本书将重点剖析 Joseph Redmon 研发的前三代 YOLO 算法（v1~v3），系统阐述其核心架构设计理念与关键技术突破，为读者深入理解这一里程碑式目标检测算法的发展本源提供专业视角。

1. YOLOv1

图 4-15 所示为 YOLOv1 的网络结构，主要由 24 个卷积层和 2 个全连接层组成，整体结构受 GoogLeNet（Inception-v1）启发，但移除了 Inception 模块，只由简单的 1×1 和 3×3 卷积堆叠，以提升计算效率。卷积层负责从输入图像中提取特征，而全连接层则用于输出目标的位置信息和类别概率。

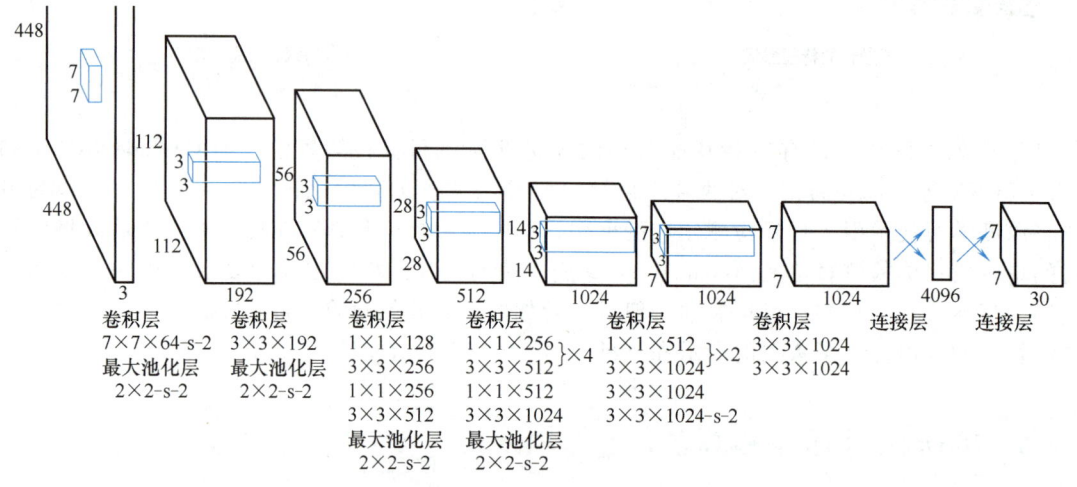

图 4-15　YOLOv1 网络结构

注：图中 s 代表步幅。

YOLOv1 网络接受 448×448 像素的图像作为输入，该图像被划分为 $S \times S = 7 \times 7$ 的网格，如图 4-16 所示。YOLOv1 模型假定每个网格中只存在一个目标，若某个目标的中心

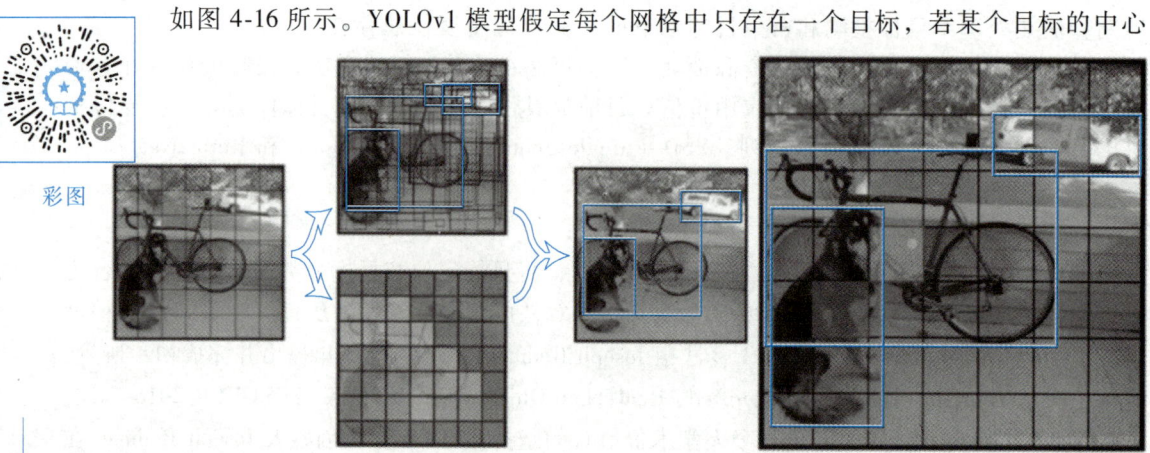

图 4-16　7×7 网格区域划分

点位于某一网格内,则该网格承担起预测该目标的任务。模型中每个网格只预测两个边框($B=2$),每个边框包含坐标(x,y,w,h)和置信度(Confidence)5个参数需要预测,另外,每个网格还预测一组类别概率(共C类,如 Pascal VOC 数据集为 20 类),所以网络最终输出的张量为 $S×S×(B×5+C)=7×7×30$。

在构建 YOLO 的损失函数时,采用了加权平方误差的方式来计算损失,总损失函数是多个组成部分损失的总和。式(4-6)所示为总损失函数的定义,包含以下五部分。

1)边框中心点的横、纵坐标损失。
2)边框的长度和宽度损失。
3)包含目标的网格中边框的置信度损失。
4)不包含目标的网格中边框的置信度损失。
5)边框分类类别的损失。

这五部分损失通过设定相应的权重值来调整它们在总损失中的比重,有

$$\begin{aligned}L_{\text{total}} = &\lambda_{\text{coord}}\sum_{i=0}^{S^2}\sum_{j=0}^{B}\mathbf{1}_{ij}^{\text{obj}}[(x_i-\hat{x}_i)^2+(y_i-\hat{y}_i)^2]+\\&\lambda_{\text{coord}}\sum_{i=0}^{S^2}\sum_{j=0}^{B}\mathbf{1}_{ij}^{\text{obj}}[(\sqrt{w_i}-\sqrt{\hat{w}_i})^2+(\sqrt{h_i}-\sqrt{\hat{h}_i})^2]+\\&\sum_{i=0}^{S^2}\sum_{j=0}^{B}\mathbf{1}_{ij}^{\text{obj}}(C_i-\hat{C}_i)^2+\\&\lambda_{\text{noobj}}\sum_{i=0}^{S^2}\sum_{j=0}^{B}\mathbf{1}_{ij}^{\text{noobj}}(C_i-\hat{C}_i)^2+\\&\sum_{i=0}^{S^2}\mathbf{1}_i^{\text{obj}}\sum_{c\in\text{classes}}(p_i(c)-\hat{p}_i(c))^2\end{aligned} \quad (4\text{-}6)$$

式中,S^2 表示 $7×7=49$ 网格数量;$B=2$ 为每个网络预测的边框数量;λ_{coord} 是位置权重,将其设置为 5,以增强坐标回归的重要性,体现定位误差比分类误差更关键;将 λ_{noobj} 设置为 0.5,目的是考虑到大部分网格不包含物体,降低负样本的权重以防止模型过度偏向"背景类";x_i,y_i,w_i,h_i 分别表示方框中心的横坐标、纵坐标以及方框的宽度和高度;$\hat{x}_i,\hat{y}_i,\hat{w}_i,\hat{h}_i$ 分别表示方框中心真实的横坐标、纵坐标以及真实方框的宽度和高度;$\mathbf{1}_{ij}^{\text{obj}}$ 是一个指示函数,如果第 i 个网格中的第 j 个方框负责预测一个对象,则为 1,否则为 0;$\mathbf{1}_i^{\text{obj}}$ 表示第 i 个网格中出现的目标是元素为 1 的矩阵;$\mathbf{1}_{ij}^{\text{noobj}}$ 表示第 i 个网格中的第 j 个方框不是目标时元素为 1 的矩阵;$\hat{C}_i$ 表示真实置信度(即网格中是否存在目标,值为 1 或 0);C_i 表示模型对第 i 个网格(或锚框)中是否存在目标的预测置信度(值范围通常为 [0,1]);$\hat{p}_i(c)$ 表示第 i 个网格中真实类别 c 的概率;$p_i(c)$ 为模型对第 i 个网格中类别 c 的预测概率。

YOLOv1 框架虽已被后续版本超越,但其"将检测视为回归问题"的核心思想仍深刻影响着现代目标检测算法的发展。

2. YOLOv2

(1)主干网络 YOLOv2(也称为 YOLO9000)在 YOLOv1 的基础上进行了多项关键改进,显著提升了检测精度、召回率和训练稳定性。

YOLOv2 采用 DarkNet-19 作为主干网络，其网络结构如图 4-17 所示，由 19 个卷积层（含 5 个残差块）和 5 个最大池化层组成，通过减少全连接层并大量使用 1×1 卷积进行通道压缩，在保持特征表达能力的同时显著降低计算量。

YOLOv2 在每一个卷积层之后都嵌入了一个批量归一化（Batch Normalization，BN）层，并移除了 Dropout 层（丢弃层）。引入 BN 层的目的是改善数据分布，调整其方差和均值，使其更贴近真实数据分布，从而有效防止过拟合现象，并增强了模型的非线性表达能力。

（2）锚框机制 YOLOv2 将输入图像（默认 416×416）划分为 13×13 个网格，每个网格负责预测中心落在该网格内的目标。借鉴 Faster RCNN 思想，YOLOv2 引入锚框机制，每个网格预定义 5 种经 k-means 聚类优化的锚框尺寸。通过 k-means 聚类算法，以 IoU 为距离指标，对训练集边界框的尺寸

层类型	通道数	卷积核大小/步长	输出特征图
卷积层	32	3×3	224×224
最大池化层		2×2/2	112×112
卷积层	64	3×3	112×112
最大池化层		2×2/2	56×56
卷积层	128	3×3	56×56
卷积层	64	1×1	56×56
卷积层	128	3×3	56×56
最大池化层		2×2/2	28×28
卷积层	256	3×3	28×28
卷积层	128	1×1	28×28
卷积层	256	3×3	28×28
最大池化层		2×2/2	14×14
卷积层	512	3×3	14×14
卷积层	256	1×1	14×14
卷积层	512	3×3	14×14
卷积层	256	1×1	14×14
卷积层	512	3×3	14×14
最大池化层		2×2/2	7×7
卷积层	1024	3×3	7×7
卷积层	512	1×1	7×7
卷积层	1024	3×3	7×7
卷积层	512	1×1	7×7
卷积层	1024	3×3	7×7
卷积层	1000	1×1	7×7
平均池化层 softmax		全局平均池化	1000

图 4-17 DarkNet-19 网络结构

进行聚类分析，最终筛选出 5 个最具代表性的聚类中心作为锚框尺寸。如图 4-18 所示，在 VOC 2007 和 COCO 数据集上，聚类生成的锚框尺寸均呈现高效分布，表明其具有良好的泛化性。实验表明，相比手动设计锚框尺寸，该设计通过匹配数据驱动的特征模式，使锚框数量与模型复杂度达成平衡，在保持高召回率的同时显著提升检测精度。

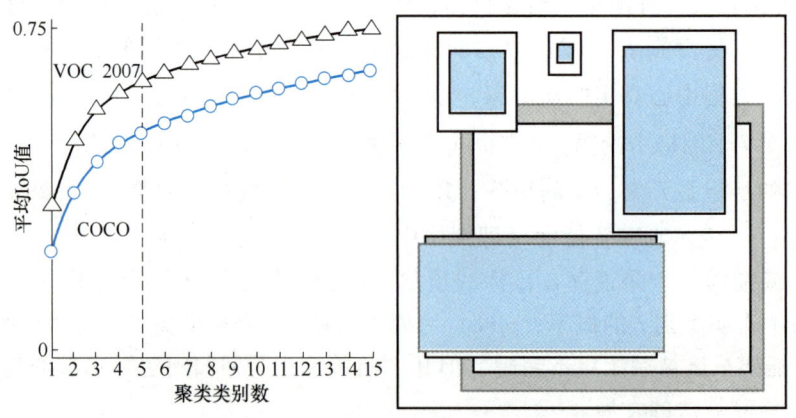

图 4-18 数据集 VOC 和 COCO 上的边界框聚类分析结果

相较于 YOLOv1 的 98 个边界框（7×7×2），YOLOv2 将边界框数量扩充至 845 个（13×13×5）。在预测机制上，YOLOv2 也进行了改进，模型不再直接预测边界框的绝对坐标，而

是预测边界框相对于预设锚框的偏移量 (b_x, b_y, b_w, b_h)。如图 4-19 所示，假设网格单元的中心点相对于图像左上角的偏移量为 (C_x, C_y)，预设锚框的宽高为 (p_w, p_h)，则最终预测的边界框参数 (b_x, b_y, b_w, b_h) 可通过图中右侧公式计算得出。其中，中心点偏移量 (b_x, b_y) 通过 Sigmoid 函数进行非线性变换，将其约束在 [0, 1] 范围内，从而有效解决了训练过程中的不稳定性问题。这种基于偏移量的预测方式不仅提高了模型的收敛速度，还增强了检测框的定位精度。

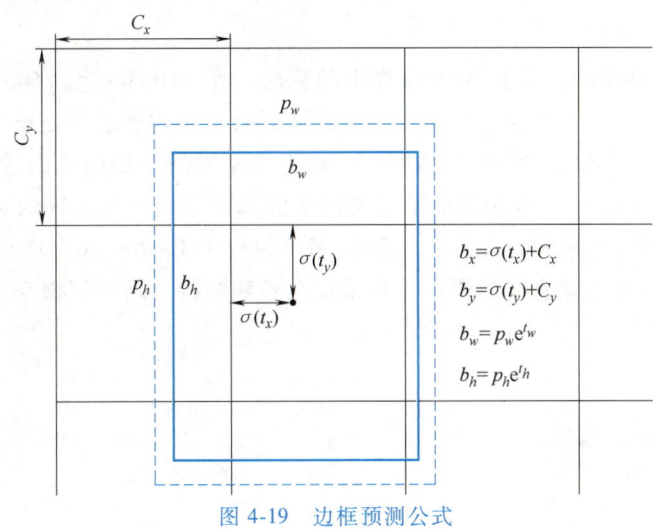

图 4-19　边框预测公式

注：t_w 和 t_h 是预测的边界框宽度和高度的缩放因子，通过指数函数 e^{t_w} 和 e^{t_h} 将 t_w 和 t_h 转换为正数。

（3）小目标检测改进　由于 YOLOv2 的主干网络（DarkNet-19）最终输出的特征图分辨率较低（13×13），在检测小目标时容易丢失细粒度的空间信息，导致小目标检测性能不佳。为了缓解这一问题，YOLOv2 引入了 Passthrough 层（直通层），其结构如图 4-20 所示，通过提取浅层网络中的高分辨率特征图（26×26），并将其与深层网络的语义丰富但分辨率较低的特征图（13×13）进行特征融合，从而在保留高层语义信息的同时增强对小目标的细粒度感知能力。实验表明，这种多尺度特征融合策略显著提升了模型对小目标的检测敏感性。

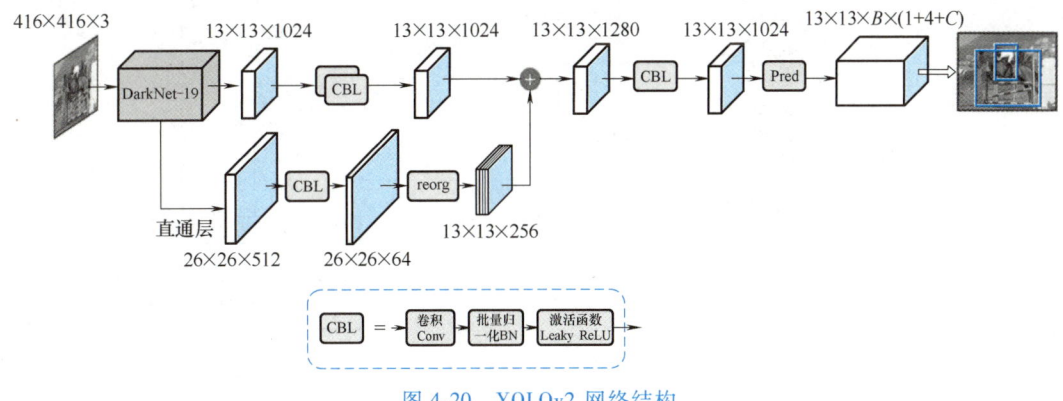

图 4-20　YOLOv2 网络结构

（4）输出张量维度　YOLOv2 模型最后的输出张量维度为 $S×S×B×(1+4+C)$，其中 $S×S$ 为网格数量（图 4-20 中显示为 13×13），B 为每个网格预测的边界框数量（通常为 5），1 表示目标置信度，4 为边界框的 4 个坐标信息（中心点横、纵坐标及宽和高），C 为类别数，如 VOC 数据集中的类别数 $C=20$。

YOLOv2 通过引入锚框机制、维度聚类优化和多尺度训练策略，显著提升了目标检测精度与鲁棒性，在保持实时性能（40-50 FPS）的同时达到 VOC 2007 数据集 78.6% 的 mAP，成为高效平衡速度与精度的检测框架。然而，其小目标检测能力受限于网格划分粒度，复杂场景下的误检率仍较高，且对密集目标的处理能力存在不足。

3. YOLOv3

YOLOv3 是 Joseph Redmon 于 2018 年提出的算法，在 YOLOv1 和 YOLOv2 的基础上进行了多项改进，显著提升了检测速度和精度，成为实时目标检测领域的重要里程碑。

（1）主干网络　YOLOv3 采用 DarkNet-53 作为主干网络，如图 4-21 所示，该结构引入残差连接（Residual Block），有效缓解了深层网络的梯度消失问题，同时去除了池化层，改用步长为 2 的卷积进行下采样，提升了计算效率。相较于 ResNet-101/152，DarkNet-53 在保持相近分类精度的同时计算速度更快，并且采用全卷积结构，增强了模型的灵活性，使其更适合目标检测任务。

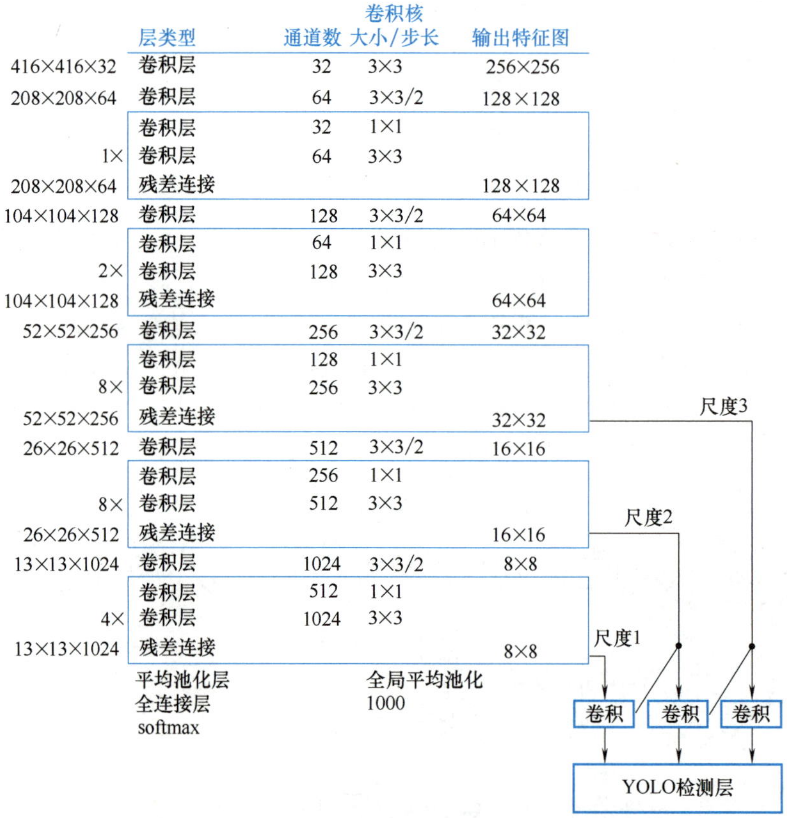

图 4-21　DarkNet-53 网络结构及多层级特征融合检测

（2）多尺度特征金字塔检测　YOLOv3 通过多尺度特征金字塔（FPN）在三个不同分辨率（13×13、26×26、52×52）的特征图上进行检测，分别对应大、中、小目标的识别，其融合了 FPN 的详细结构，如图 4-22 所示。通过上采样（Upsampling）和特征拼接融合（Concat），

YOLOv3 结合了深层的高层语义信息和浅层的细粒度特征，显著提升了小目标的检测能力。

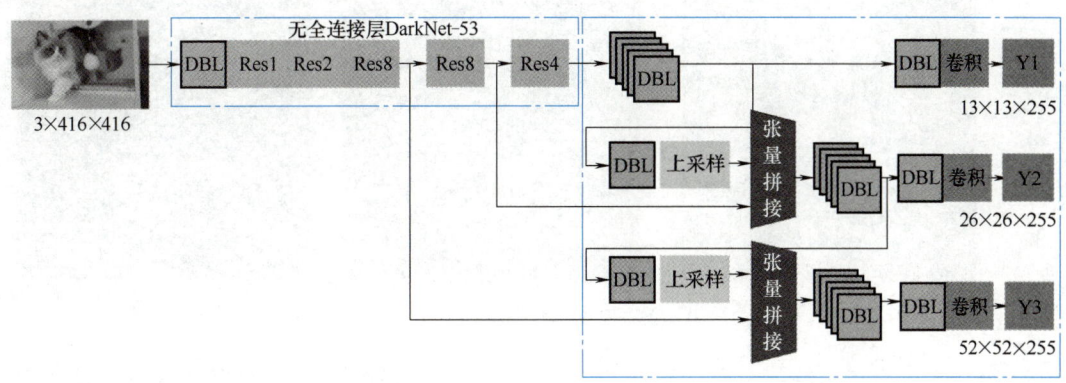

图 4-22　YOLOv3 网络结构

图 4-22 中的 DBL 是 YOLOv3 的基本组件，包含"卷积+批量归一化（BN）+激活函数（Leaky ReLU）"，如图 4-23 所示。

图 4-22 中的 ResX 代表残差块，其中 X 代表数字，有 Res1，Res2，…，Res8 等，表示这个残差块含有多少个残差单元，如图 4-24a 所示。

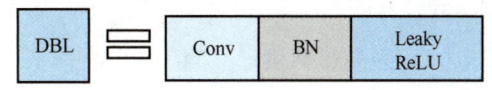

图 4-23　DBL 组件

残差单元包含两个连续的 DBL 模块，然后加上一个跳跃连接，如图 4-24b 所示，主要作用就是通过残差连接使得网络更容易训练，解决深层网络中的梯度消失和梯度爆炸问题；其次便是保持输入和输出特征一致，增强了特征信息的传递能力。ResX 是对残差网络的进一步应用，通过堆积多个残差单元，从而构造深度卷积特征提取器，形成了深度特征提取部分。

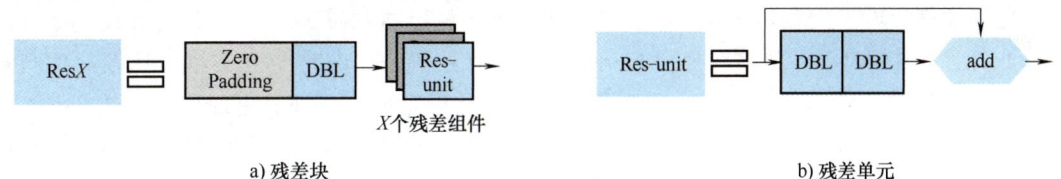

a) 残差块　　　　　　　　　　　　　　　　b) 残差单元

图 4-24　残差块和残差单元

图 4-22 中的"张量拼接"将 DarkNet 中间层上采样后和后面的一层进行拼接，拼接的操作与图 4-24b 中残差层的 add 操作是不一样的，拼接会扩充张量的维度，而 add 是元素直接相加，不会导致张量维度的改变。

YOLOv3 中的 FPN 融合了三个不同尺度的特征图，分别对应于原图的 1/8、1/16 和 1/32 分辨率，这种多尺度设计有助于检测不同大小的目标。通过上采样和特征拼接操作，将高层特征与低层特征融合，增强对小目标的检测能力。

YOLOv3 通过 k-means 聚类算法生成 9 个锚框尺寸，并将这些尺寸分配到三个不同尺度的特征图上（每个特征图分配 3 个尺寸）。如图 4-25 所示，大感受野特征图（13×13）分配三个大目标锚框尺寸，中等感受野特征图（26×26）分配三个中等目标锚框尺寸，小感受野特征图（52×52）分配三个小目标锚框尺寸。在预测阶段，每个网格基于对应特征图的 3 个锚框尺寸生成锚框，总计生成（13×13+26×26+52×52）×3 = 10647 个锚框。模型通过预测这些锚框与目标边界框的偏移量、置信度和类别概率，大幅提高了检测的覆盖率和定位精度。

彩图

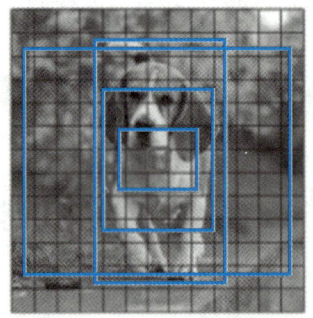 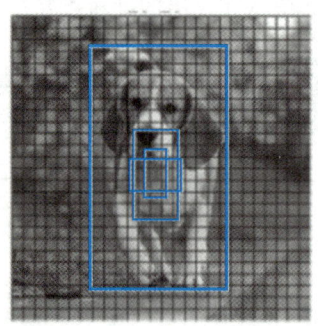 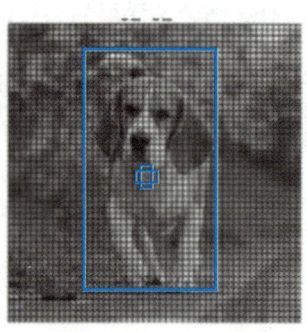

图 4-25　9 个锚框尺寸映射到原图的示意

YOLOv3 最后三个特征图通道数都为 255，这是因为每个特征图在每个网格上使用了 3 个锚框进行预测，每个锚框需要 4 个边界框偏移量、1 个置信度和 80 个类别概率（COCO 数据集），共 85 个通道，因此 3 个锚框对应 3×85=255 个通道，这种设计实现了多尺度目标检测的高效预测。

（3）**损失函数设计**　YOLOv3 改进了损失函数，其损失函数由以下三部分组成。

1）边界框坐标损失（Location Loss）：使用平滑 L2 损失计算预测边界框与真实边界框之间的位置误差。

2）目标置信度损失（Objectness Loss）：使用二元交叉熵损失计算预测的目标置信度与真实标签之间的误差。

3）类别损失（Class Loss）：使用二元交叉熵损失计算预测类别与真实类别之间的误差，用逻辑回归替代 softmax 作为分类器（softmax 预测时类别间会相互抑制，而逻辑回归预测是相互独立的），实现了物体的多标签分类（如一个物体可同时属于"人"和"女性"）。

此外，YOLOv3 引入忽略阈值（Ignore Threshold）机制，忽略与真实框 IoU 较高的负样本，用于优化训练样本选择，减少噪声干扰，提升检测精度，使训练更加稳定高效。

YOLOv3 通过 DarkNet-53 主干网络、多尺度检测、改进的锚框机制和损失函数，在速度和精度之间取得了良好平衡，成为目标检测领域的经典算法，为后续 YOLO 系列发展奠定了良好基础。

4.3.2　SSD

单点多框检测器（Single Shot MultiBox Detector，SSD）是 Wei Liu 等人于 2016 年提出的单阶段目标检测算法，其核心创新在于通过单次前向传播即可完成检测，无须候选区域（Region Proposal）生成步骤，显著提升了检测速度。该算法基于改进的 VGG16 主干网络，将最后的两个全连接层替换为卷积层，以保留空间信息并增强高层语义特征提取能力，同时额外添加了两个卷积层，生成从 38×38 到 1×1 的不同分辨率特征图，构建多尺度检测体系。SSD 融合了 Faster RCNN 的锚框思想，但将其扩展至多层级特征图，如图 4-26 所示，实现了对不同尺度目标的高效检测，在速度与精度之间实现了平衡。

SSD 的核心创新在于多尺度特征图联合检测与预设默认框（Default Boxes，作用相当于锚框）的设计。算法在 6 个不同分辨率的特征图（如 38×38 分辨率层至 1×1 分辨率层）上进行预测，浅层高分辨率特征图捕捉小目标细节，深层低分辨率特征图检测大目标并富含语

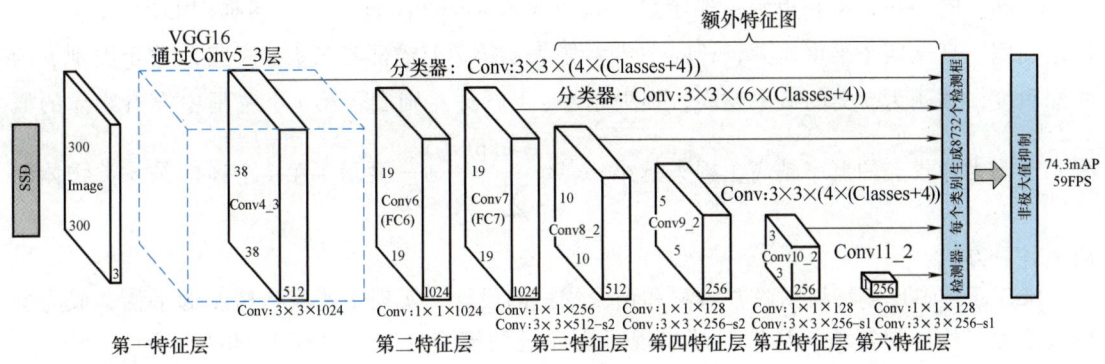

图 4-26　SSD 网络结构

义信息。每个特征图单元格预设不同尺度和长宽比（如 1∶1、2∶1 等）的默认框，如图 4-27 所示，通过密集采样覆盖各类目标形状。

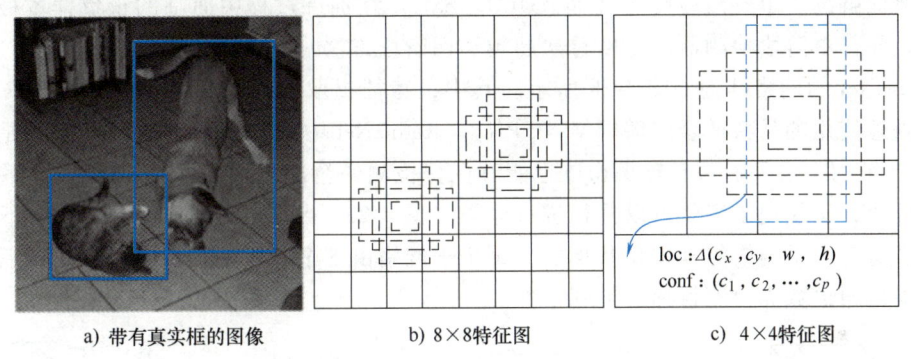

a) 带有真实框的图像　　b) 8×8特征图　　c) 4×4特征图

图 4-27　SSD 在不同尺度特征图上的默认框

SSD 网络的损失函数由两部分组成：类别预测损失和位置预测损失，见式（4-7）~式（4-10）。

$$L(x,c,l,g)=\frac{1}{N}[L_{\text{conf}}(x,c)+\alpha L_{\text{loc}}(x,l,g)] \tag{4-7}$$

$$L_{\text{loc}}(x,l,g)=\sum_{i\in\text{Pos}}^{N}\sum_{m\in\{c_x,c_y,w,h\}}x_{ij}^{k}\text{smooth}_{\text{L1}}(l_i^m-\hat{g}_j^m) \tag{4-8}$$

$$L_{\text{conf}}(x,c)=-\sum_{i\in\text{Pos}}^{N}x_{ij}^{p}\log(\hat{c}_i^p)-\sum_{i\in\text{Neg}}\log(\hat{c}_i^0) \tag{4-9}$$

$$\hat{c}_i^p=\frac{\exp(c_i^p)}{\sum_p\exp(c_i^p)} \tag{4-10}$$

式中，$L(x,c,l,g)$ 是总损失函数；$L_{\text{conf}}(x,c)$ 是类别损失函数；$L_{\text{loc}}(x,l,g)$ 是位置损失函数；α 是一个超参数，用于平衡类别预测损失 $L_{\text{conf}}(x,c)$ 和位置预测损失 $L_{\text{loc}}(x,l,g)$ 之间的权重；c 是锚框的分类置信度；l 是预测框的坐标；g 是坐标的真实值；N 是匹配的默认框数量；x_{ij}^k 是第 i 个锚框与第 j 个真实框关于真实类别 k 是否匹配（匹配为 1，否则为 0），其

与 smooth_{L1} 的乘积，求和得到损失函数，其中代入 smooth_{L1} 计算的是锚框中心的 x、y 方向补偿、宽、高这四个维度之一；$x_{ij}^p \log(\hat{c}_i^p)$ 则表示第 i 个锚框与第 j 个真实框关于类别 p 的匹配程度，预测为 p 类的概率越高，损失越小；$\log(\hat{c}_i^0)$ 则表示第 i 个锚框中没有物体的概率，预测为背景类的概率越高，损失越小；$\hat{c}_i^p = \dfrac{\exp(c_i^p)}{\sum_p \exp(c_i^p)}$ 显示了第 i 个锚框是 p 类物体的概率计算方式。

SSD 通过多尺度特征图联合检测和预设锚框的设计，实现了速度与精度的平衡，成为单阶段检测器的经典算法。尽管后续出现了更先进的模型（如 YOLOv3、RetinaNet），SSD 仍因其简洁高效的特点，在轻量级应用中广泛使用。

4.3.3 RetinaNet

RetinaNet 是由 Facebook AI Research（FAIR）团队于 2017 年提出的单阶段目标检测算法，其有效解决了单阶段检测器（如 YOLO、SSD）在训练过程中面临的正负样本极端不平衡问题，使得单阶段检测器的精度首次超越了两阶段方法（如 Faster RCNN）。

RetinaNet 的网络结构如图 4-28 所示。其中，特征提取网络是残差神经网络 ResNet，特征融合处理使用的是特征金字塔网络（FPN）。RetinaNet 中的特征金字塔网络用的是自顶向下的 FPN 结构，使其能够对较小物体也能够保持检测的精度。对于 FPN 网络输出的三个尺寸的特征图，又使用了三个可以并行进行分类（图 4-28c 上层）和回归（图 4-28c 下层）的子网络。这三个子网络的权重是共享的，每个子网络由 5 个卷积层构成，其中的最后一个卷积层的输出通道数为检测目标的类别个数。

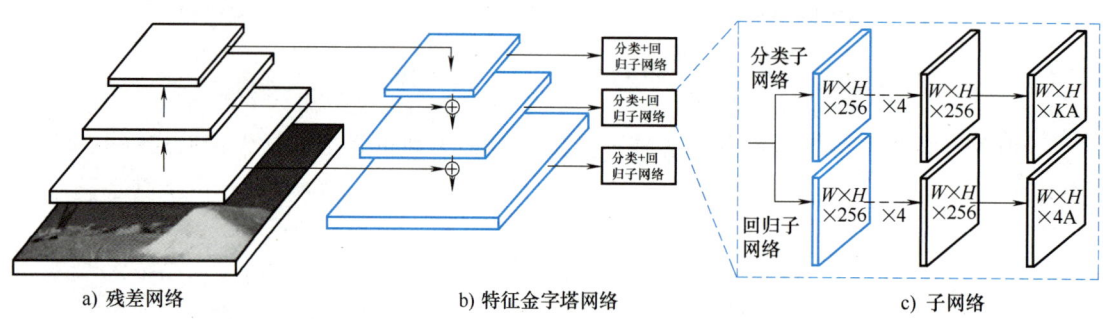

图 4-28　RetinaNet 的网络结构

在单阶段目标检测算法中，背景样本（负样本）数量远多于前景样本（正样本）（比例可达 1∶1000），导致模型训练时被大量简单负样本主导，难以学习困难样本的特征，这是导致单阶段目标检测算法精度不及两阶段检测算法的主要原因。

RetinaNet 的核心创新之处在于其提出的 Focal Loss（Focal 损失函数），Focal Loss 通过动态调整样本权重，降低易分类样本的损失贡献，聚焦于困难样本，其公式为

$$\text{FL}(p_t) = -\alpha_t (1-p_t)^{\gamma} \log(p_t) \tag{4-11}$$

式中，α_t 为平衡正负样本的权重参数，通常设为 0.25，可以抑制正负样本的数量失衡；γ 为聚焦参数，控制难易样本的权重（通常设为 2），可以控制简单和困难样本的数量失衡；p_t 为模型预测的类别概率。

RetinaNet 通过 Focal Loss 和 FPN 多尺度融合，解决了单阶段目标检测算法的瓶颈问题，成为目标检测领域的里程碑工作。其设计思想（如动态损失调整、特征金字塔）仍深刻影响后续算法（如 YOLO 后续系列、DETR 等）。

4.4 Anchor Free 目标检测算法

在 4.2 节和 4.3 节介绍了 Anchor-based（有锚框）方法。这种方法具备显著优势：它能够在单个像素点上生成多种尺寸和比例的锚框，进而对这些锚框进行筛选、分类和位置调整。这种策略在一定程度上缓解了目标尺度多样性和目标遮挡的问题，从而提升了检测的精度。例如，当两个物体紧密相邻时，它们的中心点在特征图上可能会映射到同一位置。如果不考虑多个锚框的存在，就很容易忽略掉其中一个物体的信息。

然而，使用锚框的算法也存在一些不足。首先，这种算法过于依赖手工设计，涉及大量超参数（如锚框的数量、尺寸、宽高比等），导致调参过程复杂且困难。在实际应用中，这些参数通常需要根据具体的数据集特性来调整。例如，车牌检测和人脸检测所需的锚框宽高比显然不同。这类超参数的设定往往依赖于经验，而且在一个检测任务中有效的参数在另一个任务中可能并不适用。其次，基于锚框的算法在训练和预测过程中极为耗时且效率低下。为了提高模型的召回率，需要密集地设置更多的锚框，这不仅增加了训练和预测的时间，而且实际上对训练真正起到作用的正样本锚框数量可能并不多，这进一步加剧了基于锚框算法的低效性。

鉴于此，目标检测领域出现了一种新型的算法：无锚框（Anchor Free）目标检测算法。

4.4.1 CornerNet

CornerNet 是一种基于角点的无锚框目标检测算法。CornerNet 的提出者认为，目标检测里面的目标框，实际上只要检测目标框左上角点和右下角点，再组合起来，便锁定了这个目标框的位置。之所以选择角点而不是中心点，是因为角点更有利于训练，即左上角点只与左边框和上边框有关，右下角点只与右边框和下边框有关。

CornerNet 的网络结构如图 4-29 所示。首先，输入的图像通过卷积神经网络 Hourglass-104

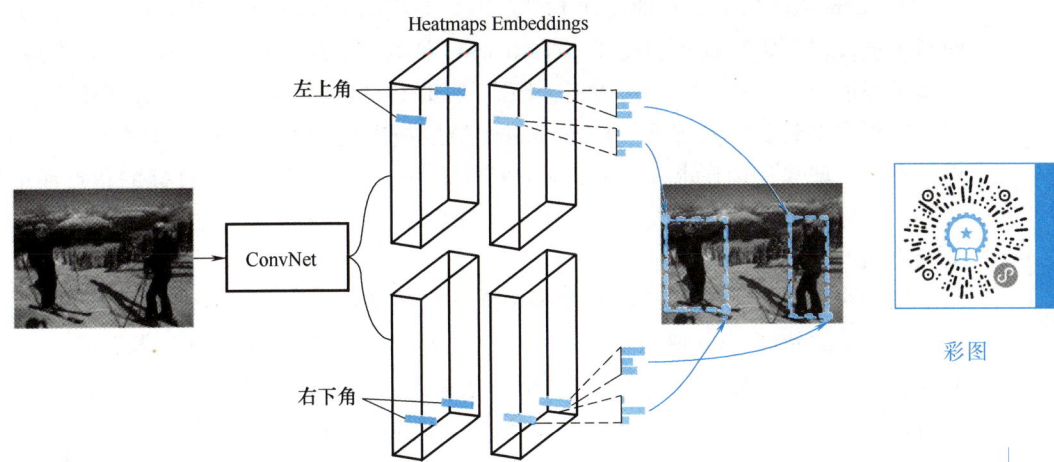

图 4-29　CornerNet 网络结构

进行特征提取。所提取的特征随后被送入两个专门的检测器，分别负责检测图像中的左上角点和右下角点。每个检测器进一步细分为 Heatmaps 和 Embeddings 两个层级。Heatmaps 层负责定位角点的位置并进行分类，而 Embeddings 分支则负责将两个检测器中 Heatmaps 层的输出角点进行匹配。一旦匹配成功，这些角点便会被组合起来，形成一个目标检测框。

Heatmaps 层的设计主要基于两个规则。

第一，对于角点位置的预测，采用了一种基于高斯分布的方法，即通过一个以角点为中心的圆圈来回归真实框的角点。在这个圆圈内，越靠近中心的位置，其目标值越接近于 1，而越靠近边缘的区域，目标值则逐渐降低至 0。

第二，为了在训练过程中为角点赋予更多的信息，Heatmaps 层采用角点池化（Corner Pooling）技术。

以左上角点的特征提取为例，其计算过程分为两个阶段：首先，从右至左逐行扫描，保留每一行中的最大像素值；接着，从下至上逐列扫描，保留每一列中的最大像素值。如图 4-30 所示，角点池化的有效应用显著增强了模型对角点特征的捕捉能力。

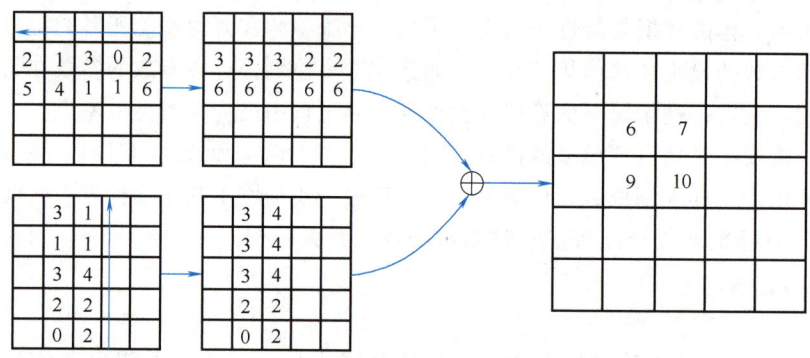

图 4-30　Corner Pooling 的过程

在 Embeddings 层，首先对输入特征图上的每个点执行卷积操作以进行编码，由此生成的编码向量被称为 Embeddings，包含该点的位置信息。随后，通过计算左上角点和右下角点的 Embeddings 之间的距离来确定两个点的相似度，并据此进行角点的匹配。

在 CornerNet 损失函数的设计上，总损失是由 Heatmaps 层、Embeddings 层以及 Offset 层的损失值按照一定权重相加而成。Heatmaps 层的损失类似于 Focal Loss，其难易样本的划分依据是当前点与真实点之间的距离；距离较远的点被视为困难样本，赋予更高的权重，以在训练过程中得到更多的关注。Embeddings 层的损失则由同一目标角点的匹配损失和不同目标角点的匹配损失加权求和而成，在训练过程中，一般期望同一目标的角点匹配损失较小，而不同目标的角点匹配损失较大。Offset 层的损失旨在减少角点在降采样过程中坐标与原始坐标之间的误差。

通过对比实验，CornerNet 在检测精度上已与 RetinaNet、Cascade RCNN 等基于锚框的方法不相上下。然而，CornerNet 也存在一些局限性。例如，对于同一类别的不同目标，CornerNet 容易将其误判为一个目标，从而形成错误的检测框。此外，由于采用了 Hourglass-104 网络，其检测速度仍有提升空间。为此，原作者后续推出了改进版 CornerNet-Lite，该版本减少了每个像素点的处理量，并在速度和精度上均进行了优化，其对比实验效果已优于 YOLOv3。

4.4.2 FCOS 和 CenterNet

除了基于边角点的无锚框目标检测算法之外，还存在另一类基于中心点的无锚框目标检测算法，如 FCOS 和 CenterNet 等。

1. FCOS

FCOS 算法的核心在于，它利用全卷积网络（FCN）直接对特征图上的每个位置到目标框四边的距离进行回归，使得每个像素点都成为训练样本。FCOS 的网络结构如图 4-31 所示。该网络首先采用特征金字塔网络（FPN）结构，能够在不同的层级上预测不同尺度的目标，有效地对图像中尺寸不同但位置重叠的物体进行区分。FPN 输出的五个特征图随后被送入五个独立的 Heads 网络，每个 Heads 网络内部包含分类、中心度和回归三个分支，共同完成目标的检测任务。

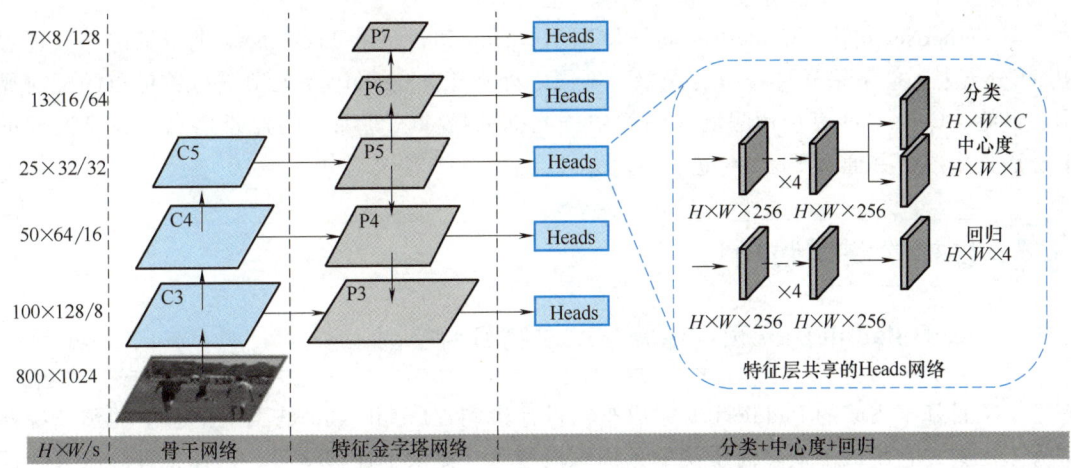

图 4-31　FCOS 网络结构

在 Heads 网络中，分类分支采用了 Focal Loss，以像素点作为训练样本，每个像素根据其所属类别或背景被赋予相应的标签进行训练。回归分支则使用了 IoU Loss，以真实框内每个像素点到真实框四边的距离作为监督信号，进行边框回归的训练。通过设定阈值的方法，将不同尺寸的边框分配给不同层级的 Heads 输出。

FCOS 首次引入了中心度（Center-Ness）的概念，即在一个预测框内，像素点距离目标中心的距离越近，其中心度值越高。利用中心度损失可以有效抑制那些远离目标中心的像素点对训练过程的影响。最终，通过非极大值抑制（NMS）的方法，可以滤除这些远离中心的像素点，从而提高检测的准确性。

2. CenterNet

CenterNet 也是一种无锚框目标检测算法，其核心理念在于检测目标的中心点和物体尺寸（即长度和宽度），如图 4-32 所示。在训练过程中，CenterNet 为每个位置指定仅有一个样本，从而避免了使用非极大值抑制进行筛选的步骤。对于物体尺寸的预测，CenterNet 选择直接预测真实框的尺寸，这种做法提高了算法的灵活性，并且便于将其扩展到其他任务中。

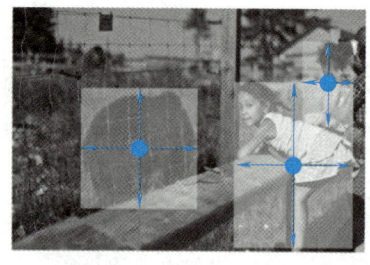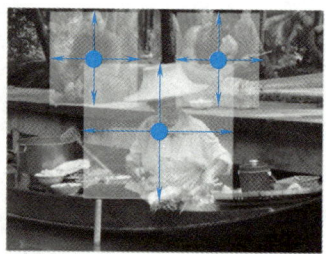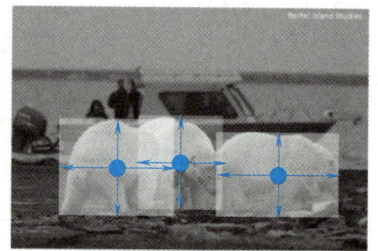

图 4-32　CenterNet 的关键点检测方式

与单阶段的基于锚框方法相比，CenterNet 中的每个中心点都可以被视为一个不包含形状信息的锚点。每个物体仅对应一个正样本点，因此无须 NMS，只需提取 heatmap 上局部最大值的位置即可确定目标。此外，CenterNet 在分配正样本时仅依赖于位置信息，而不依赖于重叠度，省去了手动区分前景和背景的阈值设置。

与 CornerNet 相比，CenterNet 同样使用 Heatmap 和改进的 Focal Loss 进行训练，并通过 Offset 分支来补偿下采样过程中的误差。不同之处在于，CenterNet 无须进行关键点的配对操作。最终，CenterNet 直接预测输入图像中预测框的尺寸。训练时的监督信息仅在真实框的中心点处生成，并通过 L1 Loss 进行计算。

4.5　目标检测实践项目

4.5.1　基于 PaddleHub 预训练模型的车辆目标检测

本项目基于飞桨的 PaddleHub 完成车辆目标检测，PaddleHub 是飞桨生态下的预训练模型管理工具，它集成了众多高质量的预训练模型，并提供了迁移学习、快速推理和服务化部署等功能，旨在帮助开发者更便捷地利用大规模预训练模型的价值，缩短开发周期，提高开发效率。无论是自然语言处理、计算机视觉还是数据分析与挖掘等领域，PaddleHub 都能提供丰富的预训练模型和易用的 API 接口，满足开发者在不同场景下的需求。

本项目采用 PaddleHub 的预训练模型 YOLOv3_Darknet53_vehicles 而设计，YOLOv3_Darknet53_vehicles 模型是基于 YOLOv3 算法和 DarkNet-53 特征提取网络，针对车辆检测任务进行训练和优化的模型。

读者可以点击链接 https://aistudio.baidu.com/projectdetail/8740683 运行项目，并可以扫描二维码观看讲解视频。

讲解视频

在使用 PaddleHub 的车辆检测预训练模型之前，需要先安装 PaddleHub 和 yolov3_darknet53_vehicles 模型，安装命令如下所示。选择 vehicle.jpeg 为待检测的图片，如图 4-33 所示，图 4-34 所示为车辆目标检测结果。读者也可以选择其他含有车辆的图片测试检测结果。

```
! pip install paddlehub
! hub install yolov3_darknet53_vehicles
```

图 4-33　待检测的图片 vehicle.jpeg

图 4-34　车辆目标检测结果

通过下面代码就可以完成一张图片中的车辆目标检测。

```
#导入库
import cv2
import paddlehub as hub
# 初始化车辆检测模型
vehicles_detector = hub.Module(name = "yolov3_darknet53_vehicles")
# 加载新图片
new_image_path = 'vehicle.jpeg'    # 替换为你的新图片路径
new_image = cv2.imread(new_image_path)
# 进行目标检测,并输出目标检测框信息
result = vehicles_detector.object_detection(images = [new_image])
print(result)
```

4.5.2　基于 YOLOv3 的自动驾驶数据集目标检测

本实践项目基于 PaddlePaddle 框架，使用 YOLOv3 预训练模型网络对矿区自动驾驶数据集（mine_object_detection.zip）进行目标检测，图 4-35～图 4-37 是目标检测结果。

图 4-35　Car 预测结果 1

图 4-36　Car 预测结果 2

图 4-37　Mine_truck 预测结果

读者可打开链接 https://aistudio.baidu.com/project/edit/9402486 运行项目，并可扫描二维码观看讲解视频。

讲解视频

4.5.3　基于 YOLOv5 的机械零件数据集目标检测

本项目所用数据集 MechanicalPart2.zip，共有 3 类 400 张图片，按照 8∶1∶1 的比例划分入 train、valid、test 数据集，数据集包含 images 文件夹和 label 文件夹，分别储存数据集图片与标签。图 4-38 所示为零件图片，图 4-39 所示为目标检测结果。本项目基于 PyTorch 框架完成，使用 YOLOv5 网络对机械零件目标检测数据集进行目标检测。

读者可扫描内封上的二维码下载项目代码，并可扫描右侧二维码观看讲解视频。

讲解视频

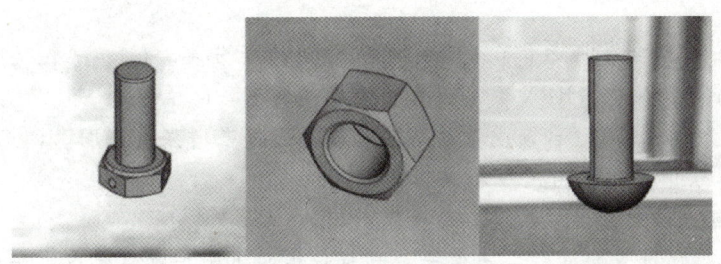

图 4-38　机械零件图像示例

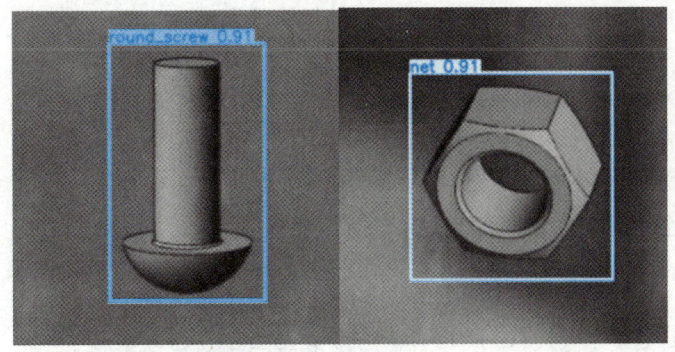

图 4-39　机械零件图像目标检测结果示例

1. 选择题

1）以下哪种方法是最早用于目标检测的传统机器学习方法？（　　）

A. HOG + SVM　　　　B. CNN　　　　C. RCNN　　　　D. YOLO

2）在两阶段目标检测方法中，ROI Pooling 的作用是什么？（　　）

A. 提取特征图　　　　　　　　　　B. 生成候选框

C. 生成统一维度的特征向量　　　　D. 分类和回归

3）以下哪个网络结构首次提出了区域候选网络（RPN）的概念？（　　）

A. RCNN　　　　　　　　　　　　B. Fast RCNN

C. Faster RCNN　　　　　　　　　D. Mask RCNN

4）特征金字塔网络主要用于解决以下哪个问题？（　　）

A. 锚框设计　　　　　　　　　　　B. 多尺度目标检测

C. 候选框生成　　　　　　　　　　D. 损失函数设计

5）YOLO 系列算法的主要优势是什么？（　　）

A. 高精度　　　B. 实时性　　　C. 训练速度快　　　D. 参数少

6）以下哪种方法是一种无锚框目标检测方法？（　　）

A. SSD　　　　B. YOLOv3　　　C. FCOS　　　　D. Faster RCNN

2. 判断题

1）RCNN 在目标检测中使用了滑动窗口和 SVM 进行分类。（   ）

2）在 Faster RCNN 中，RPN 网络仅负责生成候选框。（   ）

3）特征金字塔网络通过自顶向下的路径和横向连接来增强特征图。（   ）

4）YOLO 算法中，锚框的尺寸和比例是固定的。（   ）

5）无锚框目标检测方法不需要预设锚框，因此计算量更小。（   ）

6）FCOS 算法通过直接回归每个像素点到目标框四边的距离来实现目标检测。（   ）

7）CenterNet 算法通过检测目标的中心点来定位目标框。（   ）

8）在目标检测中，非极大值抑制用于去除重叠的检测框。（   ）

9）在目标检测中，锚框的设计对检测性能影响不大。（   ）

3. 简答题和分析题

1）简述 RCNN 目标检测方法的主要步骤。

2）ROI Pooling 在目标检测中的作用是什么？

3）什么是区域候选框网络，它在 Faster RCNN 中起到什么作用？

4）简述特征金字塔网络的主要特点。

5）分析锚框在目标检测算法中的作用，并说明如何选择合适的锚框尺寸和比例。

6）比较两阶段目标检测方法和单阶段目标检测方法的优缺点。

7）解释无锚框目标检测方法相对于基于锚框的方法的优势和挑战。

8）讨论在目标检测任务中，如何通过非极大值抑制提高检测结果的准确性。

部分习题
参考答案

第5章　基于CNN的图像分割算法及实践

图像分割是计算机视觉领域的一项基本任务，与图像分类和目标检测不同，图像分割关注的是对整个图像场景的理解和分析，不仅能够识别图像中出现的物体，还能够区分不同物体之间的边界以及它们在图像中的空间关系，并按照类别的异同，将图像分为多个块，旨在将图像划分为若干具有相似特征的区域，以便于进一步分析和理解图像内容。

图像分割技术如今已在众多领域中展现出其广泛的应用价值，包括在安防领域进行人像分割、在自动驾驶技术中实现车道检测、在医学影像分析中进行病理区域的精确划分，以及在工业领域的质量检测环节等。这些应用不仅体现了图像分割技术的实用性和精确性，也预示着其在未来技术发展中的潜力。

5.1 图像分割概述

5.1.1 图像分割的分类

图像分割根据任务需求和输入数据的特性，可划分为三种主要类型：语义分割、实例分割和全景分割，具体如图5-1所示。语义分割的任务相对直接，它针对图像中每个像素进行类别标注，以确定其所属的对象类别。实例分割则更为复杂，它在目标检测的基础上融入了语义分割的元素，不仅识别出目标的位置，还要在预测的边界框内精细地勾勒出各个独立的"实例"。而全景分割则是一种更为高级的任务，它综合了语义分割和实例分割的特点，不仅要求检测出图像中的所有目标，还需在同类别中区分出不同的实例个体。

当输入数据从静态图像转向动态视频时，图像分割领域衍生出两个新的子任务：视频目标分割和视频实例分割。视频目标分割通常涉及在视频序列的每一帧中针对单个对象进行持续的检测与分割，而视频实例分割则要求在视频的每一帧中对多个对象同时进行检测与分割。

5.1.2 图像分割算法的发展

语义分割作为图像分割领域的基础，实例分割和全景分割在本质上是语义分割与目标检测技术相结合的产物。如同目标检测算法，图像分割算法也分为传统图像分割算法和基于深

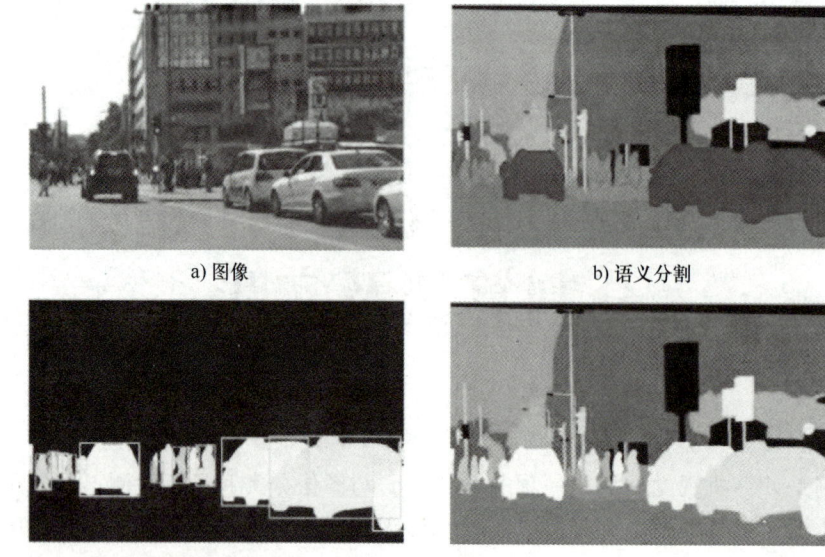

a) 图像　　　　　　　　　　b) 语义分割

c) 实例分割　　　　　　　　d) 全景分割

图 5-1　图像分割分类

度学习的图像分割算法两大类别，如图 5-2 所示。

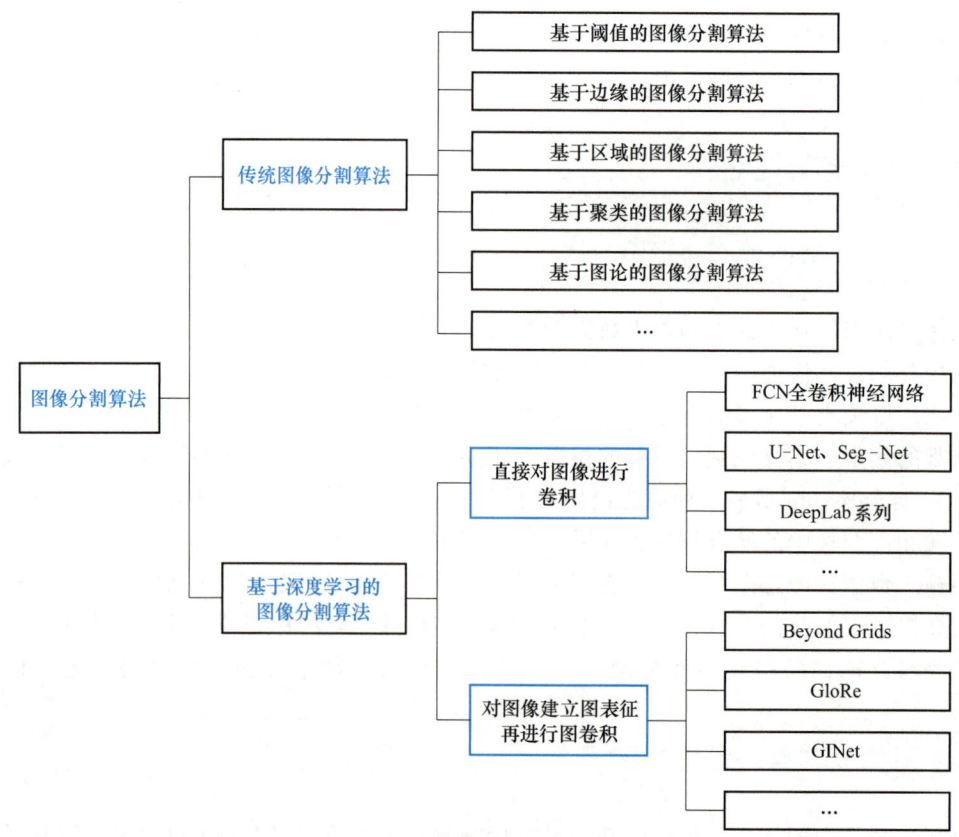

图 5-2　图像分割算法的分类

1. 传统图像分割算法

传统的图像分割算法以其简洁性和有效性而著称,常常作为图像分割流程中的预处理步骤,迅速提取关键图像信息,从而提升整体任务的效率。这些传统的图像分割算法主要包括:基于阈值的图像分割算法、基于边缘的图像分割算法、基于区域的图像分割算法、基于聚类的图像分割算法和基于图论的图像分割算法等。

(1) 基于阈值的图像分割算法 基于阈值的图像分割算法,实质上是一种基于统计原理的技术。它依据图像的灰度统计直方图,将处于同一灰度区间内的像素归类为同一类别。对于彩色图像输入,可以将其转换为灰度图单通道处理,或分别对三个颜色通道应用阈值方法进行统计。这种方法在处理内容单一、灰度分布均匀且对比度较高的图像时效果显著。然而,对于复杂或含噪声的图像,其效果则不尽如人意;同时,阈值的选择对分割结果具有决定性影响,因此对阈值设定的要求也相对较高。

(2) 基于边缘的图像分割算法 基于边缘的图像分割算法专注于识别图像中潜在的目标边界,其筛选依据是像素点与其邻近点之间的像素值差异。边缘检测算法主要分为两类:一类是基于相似性准则的串行边缘检测,另一类是基于微分算子与卷积运算的并行边缘检测。后者因其简便快捷和优良性能而成为最常用的边缘检测技术。常见的边缘检测算子包括 Robert、Sobel 和 Prewitt 等。

(3) 基于区域的图像分割算法 基于区域的图像分割算法利用图像的空间信息和像素的相似性特征来构成区域。常见的区域分割技术包括区域生长法和分裂合并法。区域生长法从一个种子区域开始,根据特定的生长规则(如颜色、纹理等)向邻近的相似特征区域扩展,直至所有区域不再增长。分裂合并法则先将图像划分为若干区域,然后根据相似性准则进行区域的分裂和合并,直至达到最优分割状态。

(4) 基于聚类的图像分割算法 基于聚类的图像分割算法通过将具有相似特征的像素点聚集到同一区域,经过重复的聚类过程,最终将像素点归类到不同的类别中,实现图像的分割。随着图像分割任务的日益复杂,聚类分割技术也在不断进步。例如,Achanta 等人在 2012 年提出的 SLIC 算法,通过考虑像素点的距离和颜色相似度,实现了"超像素"的聚类,进而完成图像分割。该方法不仅适用于图像分割,还广泛应用于位姿估计、目标跟踪与识别等领域,成为图像处理的一种经典技术。

(5) 基于图论的图像分割算法 基于图论的图像分割算法将分割问题转化为图的划分问题,通过优化目标函数来获得最终的分割结果。以 Graph Cut 算法为例,它将图论中的"最小割"问题应用于图像分割,将图像分为前景和背景,并在 S-T 无向图上进行分割操作以最小化目标函数。通过迭代寻找使目标函数最小的分割操作,从而实现图像的有效分割。

除了上述方法,传统图像分割算法还包括许多基于特定理论的技术,如形态学、遗传算法、小波变换和模糊理论等。随着对图像分割任务要求的不断提高,相关方法也在持续创新和发展。

2. 基于深度学习的图像分割算法

基于深度学习的图像分割算法主要分为两大类:一类是直接对图像进行卷积运算的方

法，另一类则是首先对图像建立图表征，然后进行图卷积运算的方法。

在直接对图像进行卷积运算的领域，代表性的算法包括 FCN、U-Net、Seg-Net 以及 DeepLab 系列等。2015 年，Long 等人开创性地将深度学习技术应用于图像分割，推出了 FCN 网络。该网络通过移除深度神经网络（DNN）中的全连接层，并采用上采样操作，成功实现了图像分割。针对医学图像分割的特定需求，Ronneberger 提出了 U-Net 方法，这是首个采用"Encoder-Decoder"架构的图像分割技术。2017 年，Badrinarayanan 等人发布了 Seg-Net，它实际上是 U-Net 的一种改进版本。DeepLab 系列是由谷歌团队提出的一系列语义分割算法。自 2014 年 DeepLab V1 首次亮相并在 PASCAL VOC2012 数据集上取得优异成绩以来，后续的 DeepLab V2、DeepLab V3 以及 DeepLab V3+分别在 2017—2018 年间相继推出。这些算法中采用的空洞卷积（Atrous Convolution）和空洞空间金字塔池化（Atrous Spatial Pyramid Pooling，ASPP）等概念，已成为深度学习领域的基础技术。

5.1.3 数据格式与评估指标

与目标检测任务相似，图像分割任务中主流的数据格式依然是 PASCAL VOC 格式和 COCO 格式。这两种数据格式在图像分类、目标检测以及图像分割等多个领域得到了广泛应用。

在评估图像分割算法的性能时，通常采用两个关键指标：平均交并比（mean Intersection over Union，mIoU）和平均准确率（mean Accuracy，mAcc）。

其中，mIoU 指标衡量的是图像中所有类别的交并比的平均值。这里的 IoU 概念指的是某一类别的预测区域与真实区域交集与并集的比值。图 5-3a 为图像分割的真实标签，图 5-3b 为分割算法输出的预测结果。在图 5-4 中，对每个类别分别计算 IoU，然后计算这些 IoU 的平均值，得到的就是 mIoU。mIoU 值越高，表明每个类别的预测越准确，整体预测的精确度也越高。

彩图

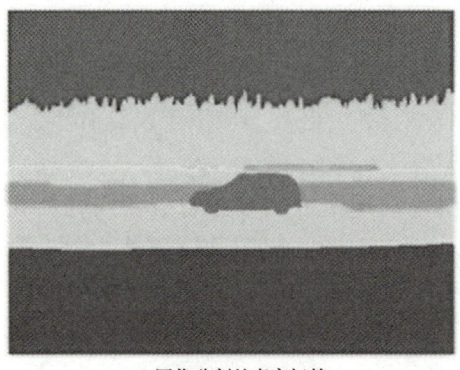

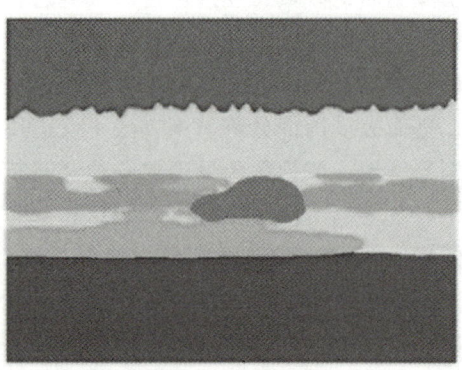

a) 图像分割的真实标签　　　　　　b) 分割算法输出的预测结果

图 5-3　图像分割 mIoU 评价示例

指标 mAcc 是指所有类别的像素分类准确率的平均值。具体来说，对于每个类别，可以计算出它们在分割结果和真实结果中的像素数目，然后计算分类准确的像素数目。最后，将所有类别的像素分类准确率求平均，得到整个图像的平均像素分类准确率。

第 5 章 基于CNN的图像分割算法及实践

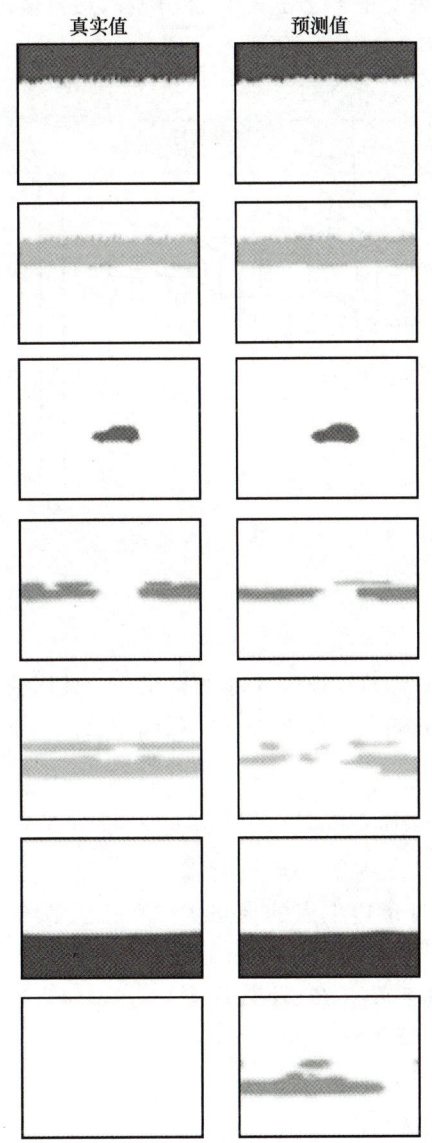

图 5-4 不同类别的真实值与预测值的对比

彩图

5.2 全卷积神经网络

全卷积神经网络（FCN）的结构如图 5-5 所示。与传统的深度卷积神经网络（DCNN）不同，FCN 的结构中不包含全连接层（FC 层）。在卷积神经网络中，通常位于网络末尾的全连接层用于执行分类或回归任务；而 FCN 则通过去除这些全连接层，仅保留卷积层，使得网络输出的是特征图。在 FCN 中，对 FC 层的处理是通过使用 C 个通道的 1×1 卷积核来替代。这种 1×1 卷积核的作用在于，在不改变输入特征图的长度和宽度的前提下，调整输出通道数至 C，这一过程也被称为"降维"或"升维"。随后，通过上采样操作，将这些特征图恢复到与输入图像相同的尺寸，其中每个位置的值代表了对应像素的类别。对这张特征进行可视化处理，得到的结果便是FCN进行图像分割的最终输出。

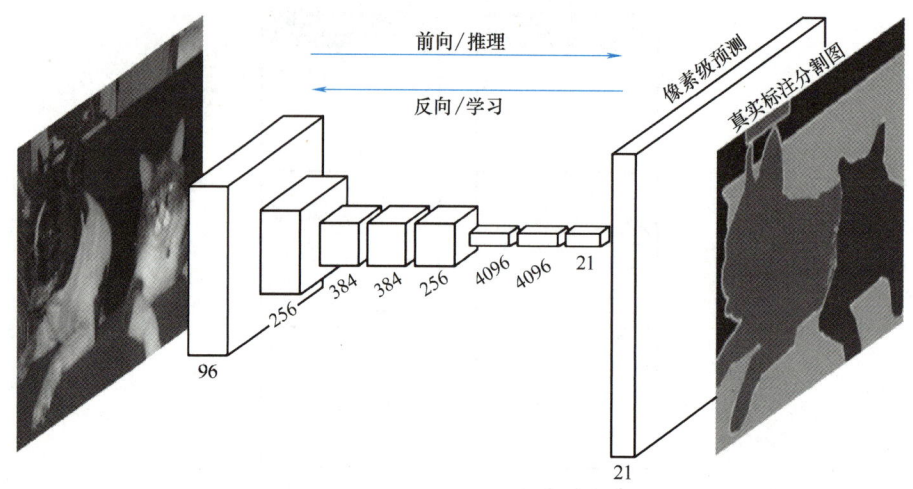

图5-5　FCN结构

5.2.1 上采样方法

经过了一系列的卷积层后，特征图的尺寸变得很小，此时需要进行上采样方法将特征图还原到输入图像的尺寸。常见的上采样方法有：双线性插值、上池化、转置卷积等。

1. 双线性插值

双线性插值（Bilinear Interpolation）的计算过程如图5-6所示，已知Q_{11}、Q_{12}、Q_{21}、Q_{22}四个点的像素值，如果想在内部一点进行双线性插值，首先假定矩形的每条边上点的像素值变化都为线性过渡。将P投影到矩形的上下两条边$Q_{11}Q_{21}$、$Q_{12}Q_{22}$上，得到点R_1、R_2及其像素值；再根据R_1、R_2像素值计算得到P点像素值。计算公式如式（5-1）~式（5-3）所示。

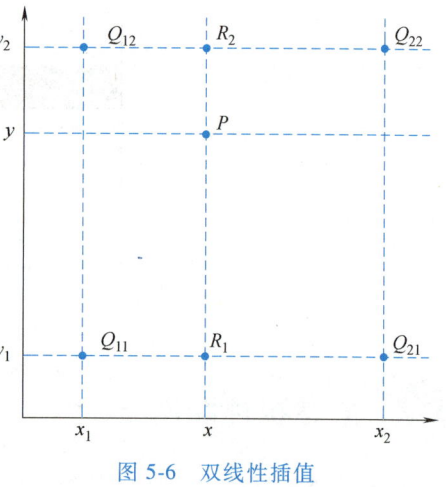

$$v(R_1) = \frac{x_2-x}{x_2-x_1}v(Q_{11}) + \frac{x-x_1}{x_2-x_1}v(Q_{21}) \quad (5-1)$$

$$v(R_2) = \frac{x_2-x}{x_2-x_1}v(Q_{12}) + \frac{x-x_1}{x_2-x_1}v(Q_{22}) \quad (5-2)$$

$$v(P) = \frac{y_2-y}{y_2-y_1}v(R_1) + \frac{y-y_1}{y_2-y_1}v(R_2) \quad (5-3)$$

图5-6　双线性插值

式中，$v(P)$表示P点处的像素值。

2. 上池化

上池化（Un-pooling）为池化的反向操作，其目的是对特征图的尺寸进行放大，例如，从2×2大小扩为4×4大小。上池化常见的操作有近邻复制法、左上角放置法等方式，如图5-7所示。除此之外，常用的还有最大上池化（Max Pooling），它是最大池化的反向操作，如图5-8所示。但需要注意的是，进行最大池化时需要先记住池化后的元素在原图像上的位置。

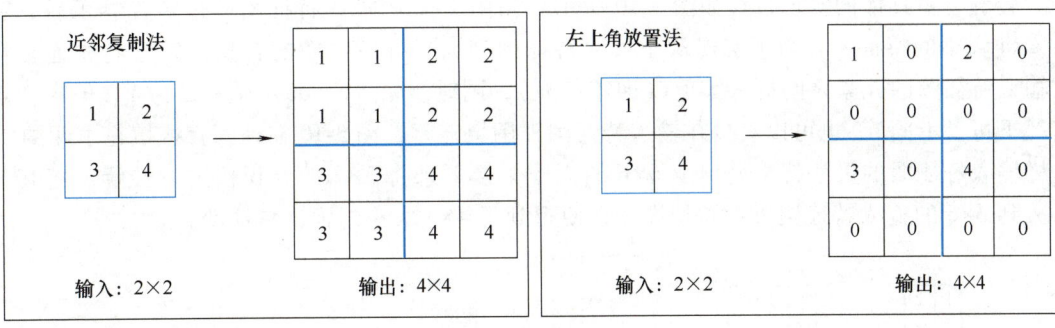

图 5-7　上池化常见操作

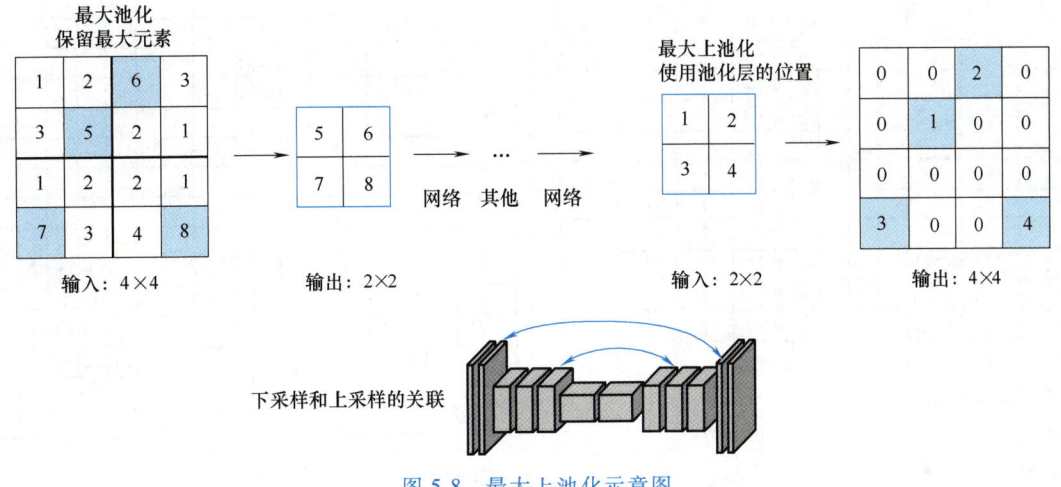

图 5-8　最大上池化示意图

3. 转置卷积

转置卷积（Transpose Convolution），顾名思义，是卷积过程的反向操作，如图 5-9 所示。卷积的过程如图 5-9a 所示，对于一个 6×6 大小的输入，通过一个 3×3 大小的卷积核，在不加填充的情况下可以得到一个 4×4 的特征图。而转置卷积如图 5-9b 所示，以 4×4 大小的特征图为输入，通过一个 3×3 大小的卷积核，得到一个 6×6 大小的特征图。

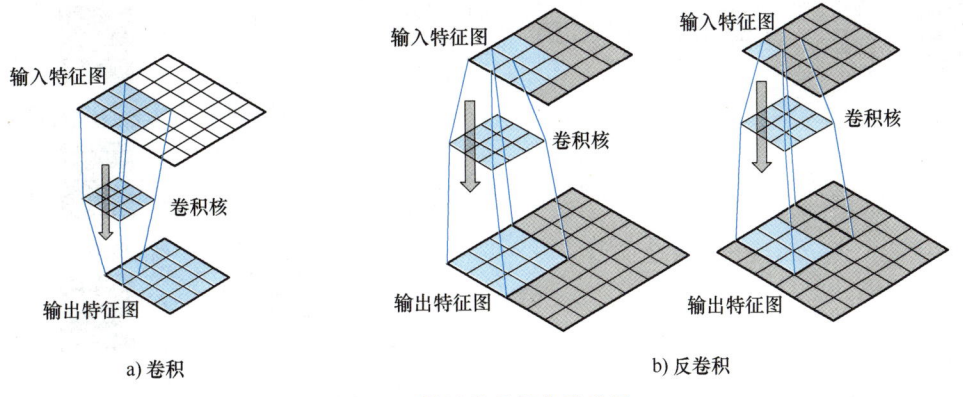

图 5-9　转置卷积操作示意图

转置卷积具体的实现过程如图 5-10 所示。图中 2×2 的输入特征图通过转置卷积后,输出 4×4 大小的特征图。为了实现从小尺寸特征图到大尺寸特征图的转换,转置卷积通常会在输入特征图的元素之间插入零值(即零填充),同时步幅(Stride)通常设为 1(但在特定情况下可以不同)。也可以直接在输入特征图外围填充零,图 5-10 在外围直接填充了两圈 0,这样输入特征图的尺寸就扩大到了 6×6 的大小。接下来将 3×3 的卷积核进行转置,将其与扩大到 6×6 的输入特征图进行卷积操作,便得到了 4×4 大小的输出特征图。

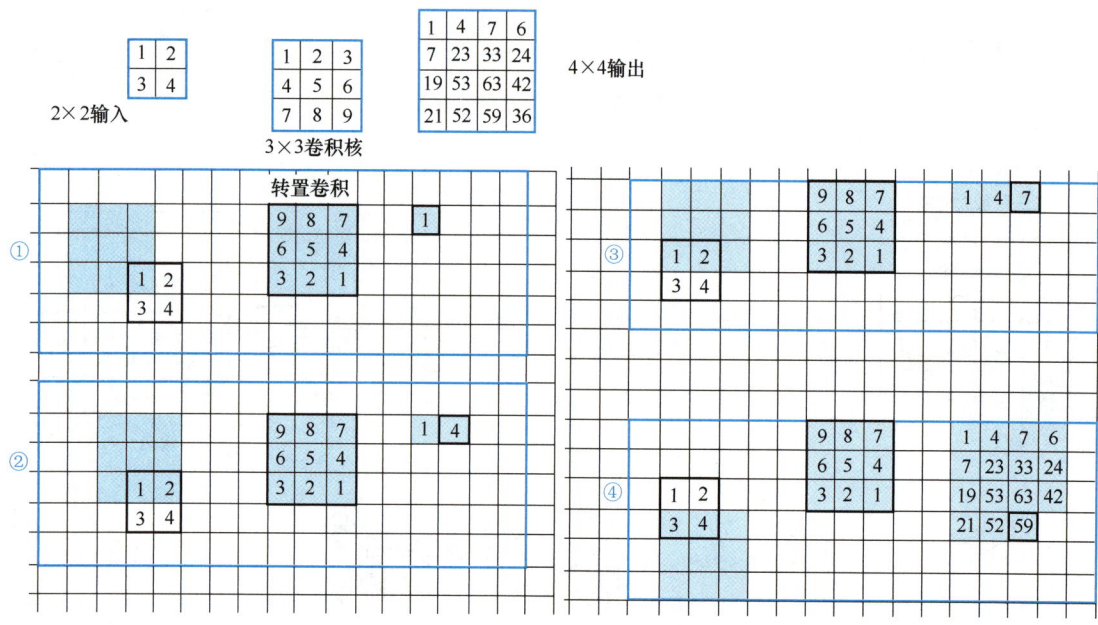

图 5-10 转置卷积实现过程

5.2.2 特征融合

简单地对卷积操作后的特征图进行上采样,往往无法获得理想的图像分割效果。为了改善这一点,FCN 采用了多尺度特征图融合的策略,以丰富最终特征图所包含的信息。如图 5-11 所示,FCN 首先对 Conv7 层的特征图进行一次上采样,并将其与 pool4 层的特征图进行

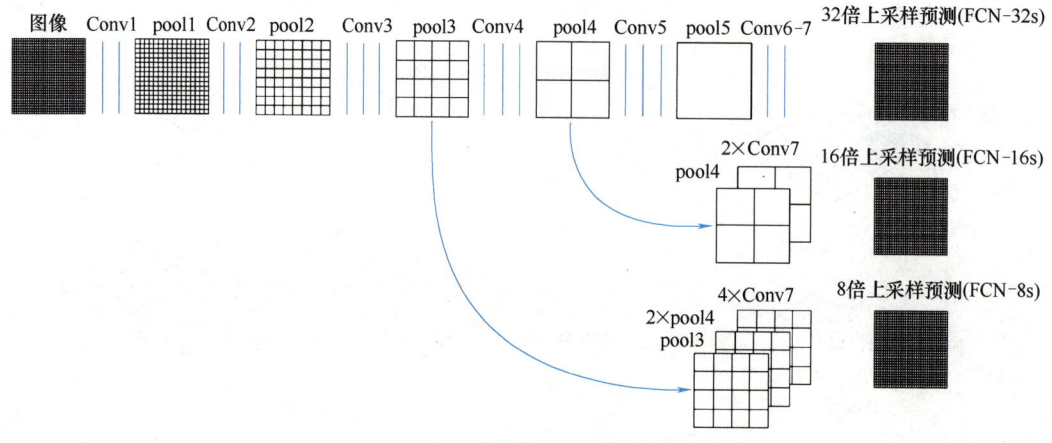

图 5-11 多尺度特征融合

融合；接着，对 Conv7 层的特征图进行两次上采样，使其与 pool3 层的特征图相结合。通过这种多尺度的特征融合，最终的融合特征图在上采样后，生成了网络输出的分割结果，从而提高了图像分割的精度和细节表现。

5.2.3 FCN 总结

FCN 在图像分割领域具有显著的优势，它通过端到端的训练模式，使得网络能够直接从原始图像中学习到丰富的特征信息，并输出像素级的分类结果。这种网络结构有效地利用了卷积层中的上下文信息，提高了图像分割的准确性。FCN 还通过多尺度特征融合的策略，改善了分割结果的细节，尤其是在处理不同尺度的目标时，能够更好地保留图像的结构信息。

尽管 FCN 在图像分割方面取得了显著成就，但它也存在一些局限性。首先，由于在网络中使用了池化层，这虽然有助于提取抽象特征，但也导致了空间分辨率的损失，使得分割结果在边界定位上不够精确。其次，FCN 的计算成本较高，尤其是在处理高分辨率图像时，需要大量的计算资源，这限制了其在资源受限环境下的应用。此外，FCN 对图像噪声和纹理的敏感性较高，容易导致误分类，影响分割质量。在处理复杂场景时，FCN 可能无法充分理解长距离的上下文关系，这会导致分割结果中出现上下文错误。最后，FCN 在训练过程中需要大量的标注数据，而这些数据的获取通常既费时又费力，增加了实际应用的难度。

5.3 U-Net/Seg-Net

5.3.1 U-Net

U-Net 架构基于编码器-解码器（Encoder-Decoder）设计，形成了一种独特的 U 形结构，如图 5-12 所示。最初，U-Net 的设计旨在解决生物医学图像分割的挑战。在 U-Net 中，编码器负责提取图像特征，而解码器则致力于将特征恢复到原始图像的分辨率。

针对一幅 572×572 像素的输入图像，编码器部分通过五轮"3×3 卷积+ReLU 激活、3×3 卷积+ReLU 激活、2×2 最大池化"的处理流程，逐步提炼出一幅 28×28 像素、含有 1024 个通道的特征图。在解码器部分，通过四轮"上采样、特征融合、3×3 卷积+ReLU 激活、3×3 卷积+ReLU 激活"的操作，逐步重建出一幅 338×338 像素、64 通道的特征图。最终，通过一个 1×1 卷积层将通道数调整至类别数，得到用于分割的最终特征图。该特征图随后通过 softmax 和 Argmax 操作，输出图像分割结果。

在特征融合的过程中，采用了一种"拼接"策略，即从编码器中不同尺度的卷积层输出中复制并裁剪（Copy and Crop）出与解码器中上采样结果尺寸相匹配的部分，然后进行直接拼接。这种融合方式有效地结合了不同尺度的特征，显著减少了在图像分割过程中细节信息的丢失。

U-Net 的损失函数使用的是关于类别的交叉熵，如式（5-4）所示。对于像素 x，$p_l(x)$ 表示像素是"细胞"的概率，$w(x)$ 是权重变量，满足式（5-5）。U-Net 最初提出是用于医学细胞检测，不同细胞之间的交界比较明显，某一像素点距离细胞边界第一近和第二近的距

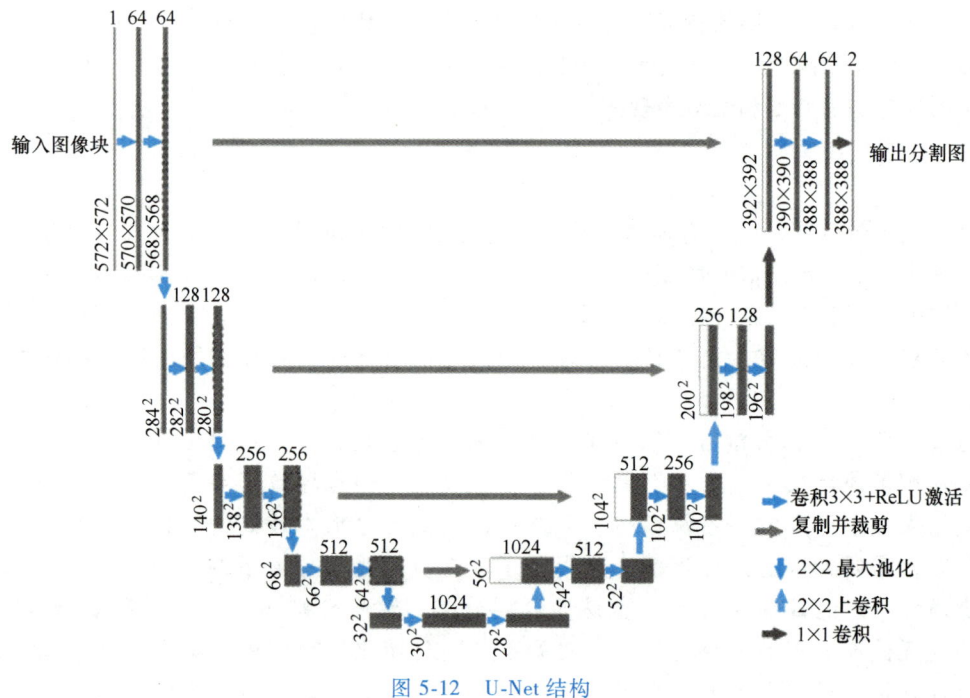

图 5-12　U-Net 结构

离为 d_1、d_2。σ 表示两个细胞之间像素距离的经验值，U-Net 原始模型将此值设置为 5。$w(x)$ 的设置可以使距离边界越近的像素惩罚越大、越远的像素惩罚越小。

$$E = \sum_{x \in \Omega} w(x) \log(p_l(x)) \tag{5-4}$$

$$w(x) = w_c(x) + w_0 \exp\left(-\frac{(d_1(x) + d_2(x))^2}{2\sigma^2}\right) \tag{5-5}$$

式中，$w_c(x)$ 为类别平衡权重，对于数量较少的类别，$w_c(x)$ 的值会相对较大，使得模型在训练时更加关注这些少数类别的像素，从而提高对这些类别的分割程度；w_0 是一个超参数，用于控制距离相关权重项的影响程度。

5.3.2　Seg-Net

Seg-Net 是一种用于语义分割的深度卷积神经网络，由 Badrinarayanan、Kendall 等人在 2015 年提出。Seg-Net 的设计目标是实现高效且精确的像素级图像分割，尤其是在自动驾驶车辆和机器人导航等场景中的应用。

1. Seg-Net 的结构

Seg-Net 的结构如图 5-13 所示，采用了典型的编码器（Encoder）和解码器（Decoder）结构，这种结构在许多图像分割网络中都很常见。

（1）Seg-Net 编码器　Seg-Net 编码器借鉴了 VGG16 网络模型的架构，由一系列卷积层和最大池化层组成。每个卷积层后面通常跟着一个批量归一化（Batch Normalization，BN）层和一个 ReLU 激活函数。卷积层专注于提取图像的区域特征，池化层则负责对特征图进行下采样，在最大池化过程中，网络保存了每个最大值的位置索引；BN 层则通过对特征图数值的分布归一化，加速了整个训练过程。

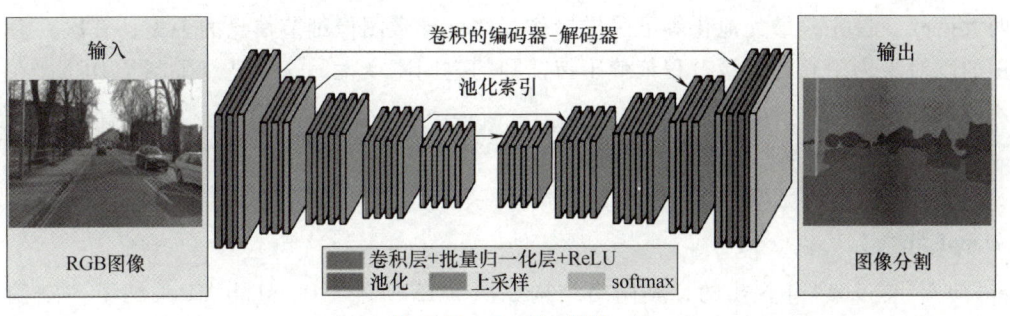

彩图

图 5-13 Seg-Net 结构

（2）Seg-Net 解码器 Seg-Net 解码器主要由上采样层（Upsampling）和卷积层（Conv）构成，与编码器相对应，它使用之前保存的索引来执行非线性的上采样操作。上采样后，通过卷积层来生成特征图。这些卷积层后面同样跟着批量归一化层和 ReLU 激活函数。与传统的网络不同，Seg-Net 的上采样层采用"池化索引"技术，如图 5-14 所示。所谓池化索引，是指在编码器部分的最大池化过程中，创建一个矩阵来记录最大值的位置信息；在解码器的上采样过程中，依据这个池化索引矩阵来恢复原始位置上的特征值，未记录的位置则以 0 填充，从而形成一个稀疏的特征图。随后，通过后续的卷积层操作，将稀疏特征图转换为稠密特征图，并继续上采样，如此循环，直至特征图恢复到与输入图像相同的尺寸。

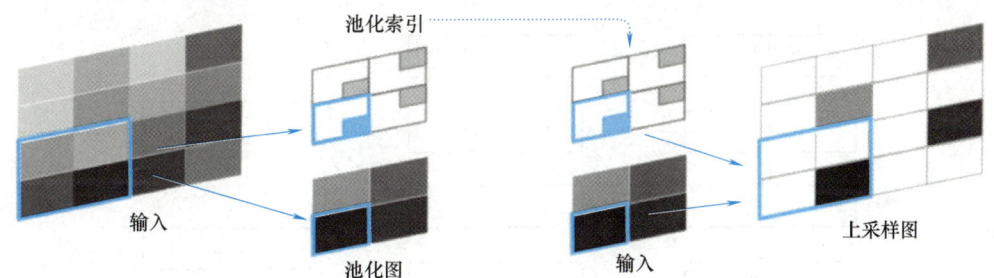

图 5-14 池化索引

Seg-Net 解码器的最后一层是一个分类层，它通常是一个 1×1 的卷积层，用于将特征图转换为类别图，这个类别图的通道数等于要分割的类别数。

2. Seg-Net 的特点

Seg-Net 的优势在于其较高的内存效率，这是由于在解码器阶段，网络仅需存储最大池化的索引而非完整的特征图。这一特性使得 Seg-Net 在资源受限的环境，如移动设备中，显得尤为实用。尽管 Seg-Net 在上采样过程中可能会遗失部分细节信息，从而可能影响分割的精确度，与 U-Net 相比，其在分割精度上并未显著提升。然而，Seg-Net 所采用的池化索引技术显著降低了内存消耗、时间成本和计算量，使其在资源效率方面展现出明显的优势。

5.4　DeepLab 系列

DeepLab 系列是由谷歌大脑（Google Brain）团队提出的一系列用于图像语义分割的深度学习模型。在 DeepLab 系列出现之前，基于深度卷积神经网络（DCNN）的图像分割领域面临着两大挑战。首先，最大池化等下采样操作往往会导致图像细节信息的丢失；其次，分类器采用的以对象为中心的决策过程依赖于特征图的空间不变性，这一亮点限制了DCNN在空间分辨率上的精度。

5.4.1 DeepLab V1/V2

1. DeepLab V1

DeepLab V1 是 2014 年提出的，其网络结构如图 5-15 所示，DeepLab V1 采纳了"空洞卷积"（Atrous Convolution）和"条件随机场"（Conditional Random Field，CRF）两种技术手段，有效解决了分辨率降低的问题，并显著提升了模型对细节信息的捕获能力。

VGG 块 5 的卷积层采用了空洞卷积，全连接层 6 通过 3×3 的卷积实现，也采用了空洞卷积，全连接层 7 采用了 1×1 的标准卷积。6 个分类器中各包含了 3 个卷积层，它们的作用是通过不同步长的卷积来统一特征图的尺寸，并通过卷积操作确保输出特征图的通道数与类别数相匹配。最终，通过逐像素叠加和按照原始图像尺寸的差值缩放，得到分割结果的最终输出。

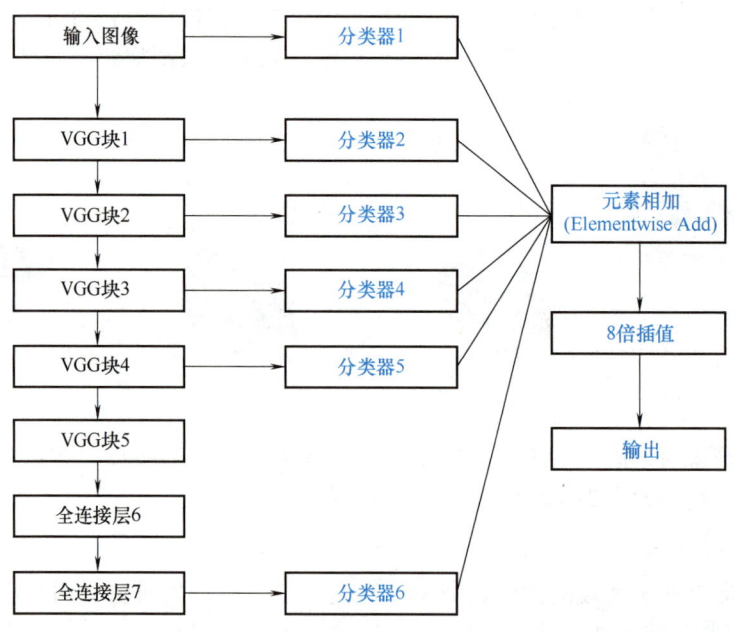

图 5-15 DeepLab V1 的网络结构

（1）**空洞卷积** 空洞卷积是一种有效增大卷积核感受野的卷积技术。如图 5-16 所示，用 3×3 卷积核，输出特征图的每个像素点都有一个 3×3 的感受野范围。而空洞卷积的特点在于，在不增加计算量的前提下（仍为 9 个像素值），对特征图进行卷积操作时，并非逐像素计算，而是以一定的步长间隔进行。如图 5-17 所示，通过空洞卷积，输出特征图的每个像素点可以获得一个 5×5 的感受野范围。

（2）**条件随机场** 条件随机场（Conditional Random Field，CRF）是一种基于无向图的概率图模型，图的顶点对应随机变量，顶点间的连线则表示这些变量之间的相互作用关系。这种结构特性，使得 CRF 在建模复杂数据关系时具备优势。从功能角度看，CRF 本质上是

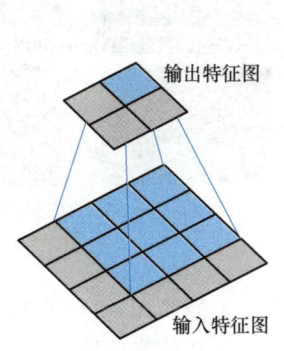

图 5-16 感受野示意图

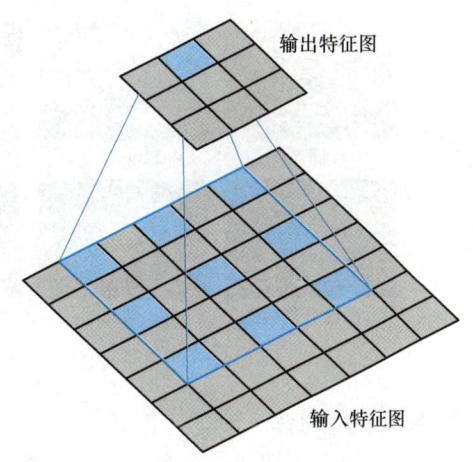

图 5-17 空洞卷积示意图

一种用于建模序列数据的强大工具，它表示在给定一组输入随机变量 X 的条件下，另一组输出随机变量 Y 的条件概率分布模型。

在实际应用中，CRF 广泛应用于自然语言处理（NLP）和计算机视觉（CV）等多个领域。以计算机视觉中的图像分割任务为例，在 DeepLab V1 模型中，采用了全连接 CRF。由于 CRF 计算开销较大，不适合在训练阶段使用，因此它主要被应用于推理阶段，用于进一步优化分割结果，提升边界精度和细节表现。图 5-18 所示为全连接 CRF 用在经过 VGG 网络分类，并通过双线性插值后热力图上的效果。经过全连接 CRF 处理后，图像分割效果得到了明显改善。

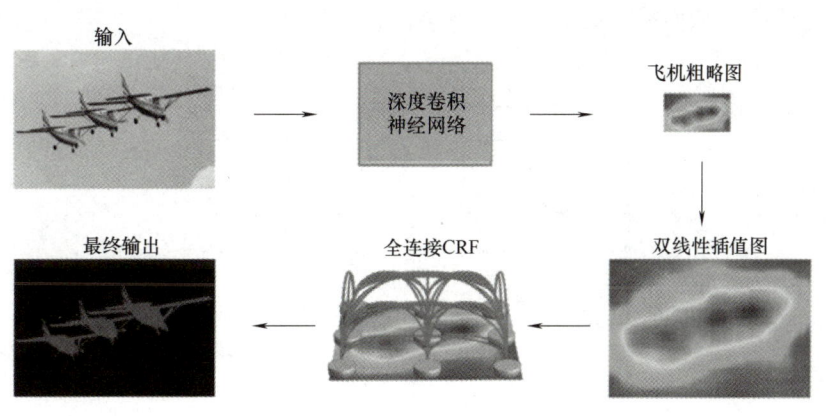

图 5-18 全连接 CRF 的应用

图 5-19a 是飞机图像原图，图 5-19b 是真实的图像分割标注。图 5-19c 是采用深度卷积神经网络得到的得分图（Score Map），得分图是 softmax 之前的结果，即网络输出的原始得分或未归一化的概率，它们表示了每个像素属于各个类别的得分。图 5-19d 是置信度图（Belief Map），即 softmax 之后的概率图，表示每个像素属于各个类别的置信度。图 5-19e～图 5-19j 分别是全连接 CRF 迭代 1、2、10 次的得分图和置信度图的效果，随着迭代次数的增加，分割效果的准确度越来越好。

DeepLab V1 的全连接 CRF 定义能量函数来衡量分类结果的准确性，如式（5-6）所示，

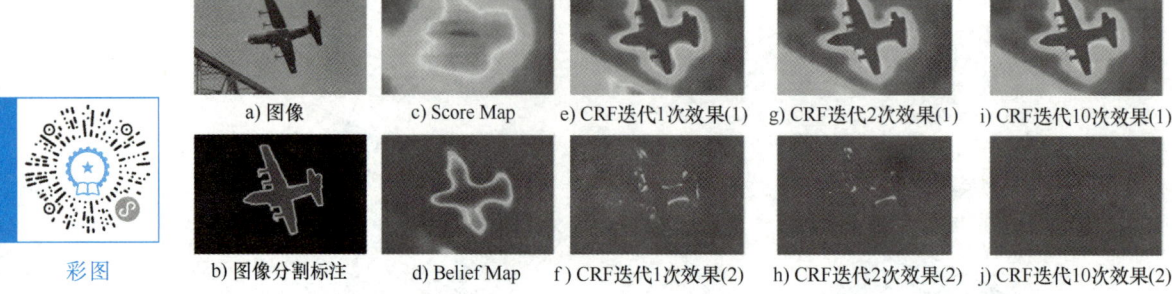

图 5-19 DCNN 和全连接 CRF 的效果对比

$E(x)$ 表示二维图像 x 的"总能量",主要由两部分组成:一元势能函数 $\theta_i(x_i)$,由单个像素 x_i 决定,包含了图像的形状、纹理、颜色和位置,反映了该像素被正确分类的概率;二元势能函数 $\theta_{ij}(x_i, x_j)$ 由像素 x_i 与像素 x_j 共同决定,基于图像的特征(如颜色、位置等)描述像素点与像素点之间的关系,计算相邻像素之间的关联权重,鼓励具有相似特征的像素被分配到相同的标签。

$$E(x) = \sum_i \theta_i(x_i) + \sum_{ij} \theta_{ij}(x_i, x_j) \tag{5-6}$$

2. DeepLab V2

DeepLab V2 是 DeepLab V1 的改进版,其网络结构如图 5-20 所示。在 DeepLab V2 中,首先,ResNet 替代了 V1 版本中的 VGGNet,以提升特征提取的能力。其次,DeepLab V2 引入了空洞空间金字塔池化(Atrous Spatial Pyramid Pooling,ASPP),使得不同尺度的特征图能够扩展其感受野,从而捕获更丰富的上下文信息。

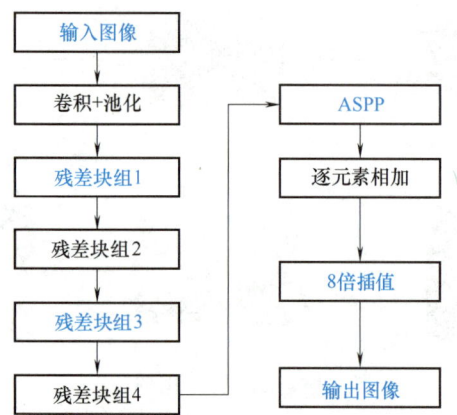

图 5-20 DeepLab V2 的网络结构

如图 5-21 所示,ASPP 层通过应用具有不同扩张率(Dilation Rate)的 3×3 卷积核来进行空洞卷积,具体来说,输入特征图会经历四个不同扩张率的卷积处理,从而实现了对多尺度及不同感受野上下文信息的整合。与普通卷积相比,空洞卷积的卷积核在采样时会跳过一些像素。扩张率是空洞卷积中的一个关键参数,用于控制卷积核中采样点之间的间隔。扩张率的主要作用是扩大感受野,同时保持特征图的分辨率。

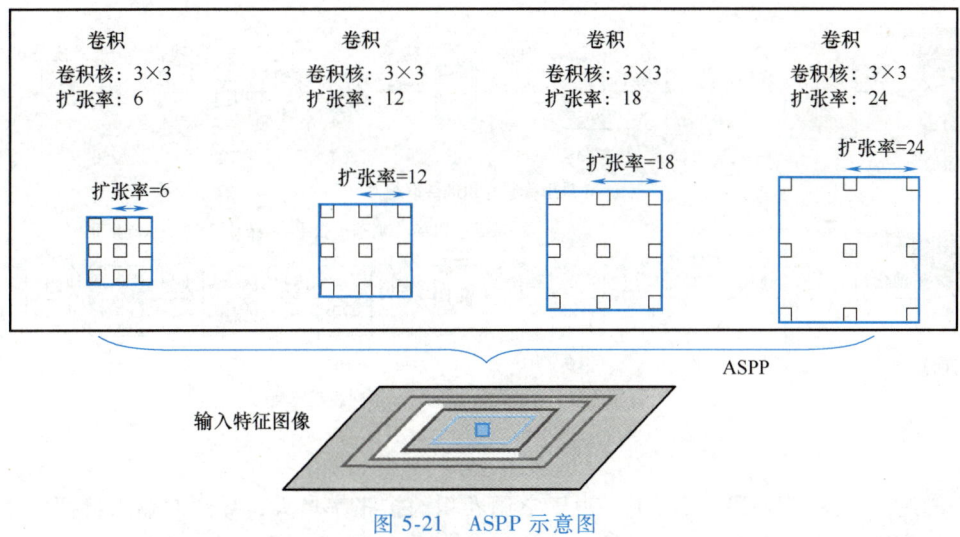

图 5-21 ASPP 示意图

另外，DeepLab V2 采用了 Poly 的学习率调整策略，如式（5-7）所示。相比于传统的固定步长方式，该方式能使模型更快收敛，效果更好。其中，lr_{iter} 表示第 iter 次迭代的学习率，其由学习率初始值 lr_0 与衰减倍数 $\left(1-\dfrac{iter}{max\_iter}\right)^{power}$ 的乘积决定。衰减速度与最大迭代次数 max_iter、幂次 power 有关。

$$lr_{iter} = lr_0 \times \left(1-\dfrac{iter}{max\_iter}\right)^{power} \tag{5-7}$$

5.4.2 DeepLab V3/V3+

DeepLab V1 与 DeepLab V2 的成功，证明了上下文信息在图像分割任务中的重要性，因此才有了后续的 DeepLab V3 和 DeepLab V3+。在 V1 和 V2 的版本中，条件随机场的引入旨在细化图像分类结果的边缘，但 CRF 的计算开销大且不可微分，不适合现代深度学习模型的训练流程，端到端学习的趋势使得模型更倾向于直接生成高质量的分割结果，而不是依赖额外的后处理步骤。因此，DeepLab V3 通过自身强大的网络结构和多尺度特征提取能力，减少了对 CRF 的依赖。

1. DeepLab V3

DeepLab V3 开发者提出了两种模型，一种是级联模型（Cascade Model），另一种是 ASPP 模型。两种模型中都引入了多级网格化（Multi-Grid）策略，采用的主干网络都是 ResNet-101，在 ASPP 模型中，还对 ASPP 结构进行了优化。

（1）级联模型 图 5-22a 所示是采用普通卷积的级联模型，其中残差块组 1~残差块组 4 是 ResNet 网络中的层结构，残差块组 5~残差块组 7 是残差块组 4 的复制，在经过 7 个残差块组之后，模型输出特征图的大小比原图像缩小了 256 倍。图 5-22b 所示为采用空洞卷积的 DeepLab V3 系列级联模型，在残差块组 4 中，将里面 3×3 的普通卷积层都换成了空洞卷积层，卷积核基础扩张率为 2。后面的残差块组 5~残差块组 7 与残差块组 4 结构相同，但其中卷积核基础扩张率依次为 4、8、16，这样保证了后面几个残差块组后的输出步幅都是 16。

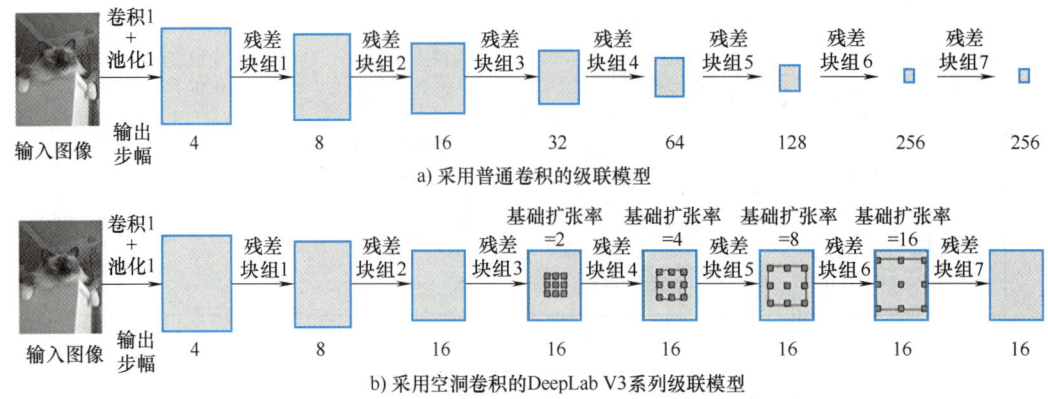

图 5-22 级联模型

一般地,在网络的更高层次中,由于空洞卷积的扩张率增大,导致对输入特征的采样变得更加稀疏,从而可能丢失局部信息,并使得输出特征图出现所谓的网格化(Gridding)问题。如图 5-23 所示,上面一行所示为真实值,而下面一行所示为受到 Gridding 影响的特征图。这种现象的发生是因为空洞卷积采用了固定间隔的扩张率,导致对某一像素周围固定位置的其他像素进行重复采样,从而引起过拟合和失真。

彩图

图 5-23 真实值与 Gridding 现象

为了克服空洞卷积带来的网格效应(Gridding)问题,DeepLab V3 采用了多网格(Multi-Grid)策略。Multi-Grid 通过在残差块中引入多级扩张率,增强了网络的多尺度特征提取能力,有效缓解了空洞卷积的网格效应问题。

一个残差块通常包含多个卷积层(如 3 个卷积层),每个卷积层都可以使用空洞卷积来调整感受野。DeepLab V3 为残差块组定义了一组 Multi-Grid 参数,它是一个有序列的数集(也称为元组),如图 5-24 所示,Multi-Grid 参数为(1,2,4)。这意味着,当残差块的基础扩张率为 r 时,其三个卷积层的扩张率分别为 $r×1$、$r×2$、$r×4$。例如,图 5-24 左边第一列残差块组 4 的基础扩张率 $r_4=2$,所以其三个卷积层的扩张率分别为 2、4、8。

在 DeepLab V3 模型中,残差块组的基础扩张率并非固定间隔增加(如 2,4,6,8),而是非等间隔增加(如 2,4,8,16)。对于残差块组 5,其三个卷积层的扩张率为基础扩张率 4 乘以（1，2，4），即（4，8，16）。同理，可以求出残差块组 6 和残差块组 7 各个卷积层的扩张率。通过采用 Multi-Grid 策略，DeepLab V3 有效缓解了 Gridding 问题，提高了特征图的精确度和质量。

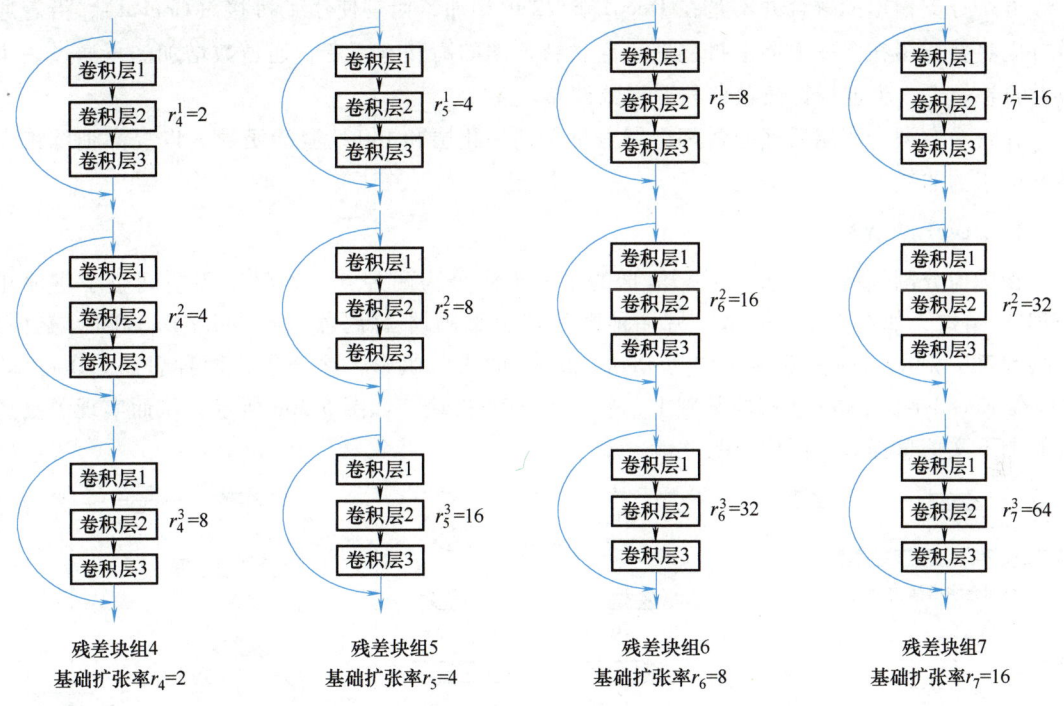

图 5-24 Multi-Grid 策略

在网络的每个卷积层后面，会进行批量归一化处理，BN 层能够平衡特征图上像素值的分布，从而减轻计算负担，并显著减少训练与预测的总时间。

（2）ASPP 模型　　DeepLab V3 的 ASPP 模型结构如图 5-25 所示，前端的残差块组基本与 ResNet-101 相同，在 ASPP 模块中与 DeepLab V2 的模块略有不同。ASPP 模块改进为五个并行的分支。

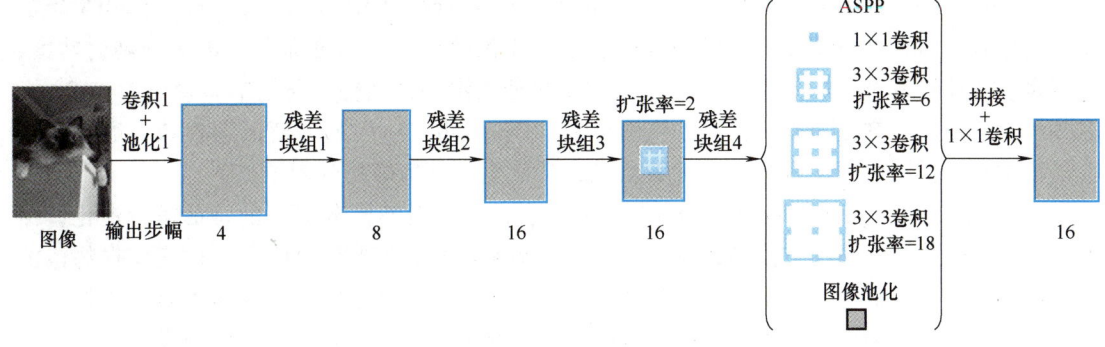

图 5-25 DeepLab V3 的 ASPP 模型结构

1）第一个分支为 1×1 的普通卷积层，用于捕捉原始分辨率的局部特征。
2）第二~第四个分支为 3×3 的空洞卷积层，扩张率对应（6，12，18），用于捕捉中等和全局尺度的上下文信息。

3）最后一个分支为全局池化层，将整个输入特征图压缩成一个单一的像素，用于捕捉图像的全局上下文信息。

五个分支输出的融合并不是在 DeepLab V2 中相加，而是使用了拼接（Concat），沿着通道方向将特征图在深度方向上拼接在一起，特征图的高和宽不变，通道数增加。再通过一个 1×1 的卷积进一步进行特征融合和通道数调整。

在每个空洞卷积层后面通常都会跟着批量归一化层和 ReLU 激活函数，以提高训练稳定性和网络的非线性。

2. DeepLab V3+

在图像分割领域，提取上下文信息的主要方法分为两种：一种是采用空间金字塔池化（SPP）结构，如图 5-26a 所示；另一种则是基于编码器-解码器（Encoder-Decoder）架构，如图 5-26b 所示。DeepLab V3+作为 DeepLab V3 的进阶版本，融合了这两种思路。DeepLab V3+在 Encoder-Decoder 结构的基础上，整合了 SPP 模块，如图 5-26c 所示，从而实现了更高效的上下文信息提取和图像分割性能。

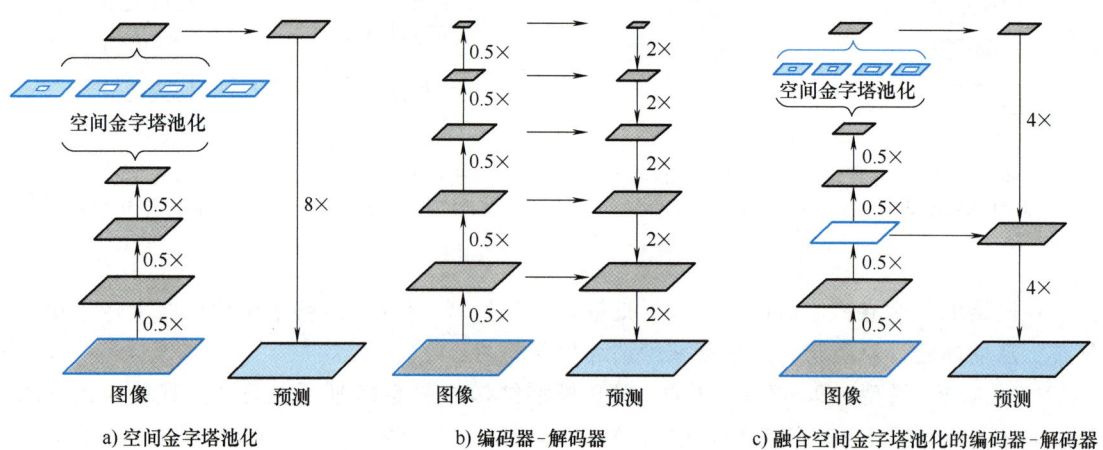

图 5-26　上下文信息提取的三种方式

DeepLab V3+是 Google 在 DeepLab V3 基础上进一步改进的语义分割模型，于 2018 年提出。它结合了编码器-解码器结构、ASPP 和空洞卷积的优点，显著提升了语义分割的精度，尤其是在物体边界细节的处理上。DeepLab V3 仅使用编码器结构，通过空洞卷积和 ASPP 提取多尺度特征，但缺乏对细节信息的恢复能力。DeepLab V3+引入了解码器模块，通过逐步上采样和融合低层特征，恢复空间细节信息，从而生成更精确的分割结果。

DeepLab V3+一方面利用 SPP 模块，通过多种感受野对不同分辨率的特征进行池化，深入挖掘上下文信息；另一方面借助编码器-解码器结构逐步重建空间信息，精确捕捉物体的边缘细节。引入空洞卷积技术后，虽然编码器-解码器模型的运行时间得到了有效缩短，但精度略有牺牲；这表明 DeepLab V3+的运行效率和分割精度可以通过调整空洞卷积的扩张率等参数来进行平衡。此外，DeepLab V3+采用经过改良的 Xception 网络和深度可分离卷积（Depthwise Separable Convolution）技术，显著减少计算量并保持模型性能。DeepLab V3+的网络结构如图 5-27 所示。

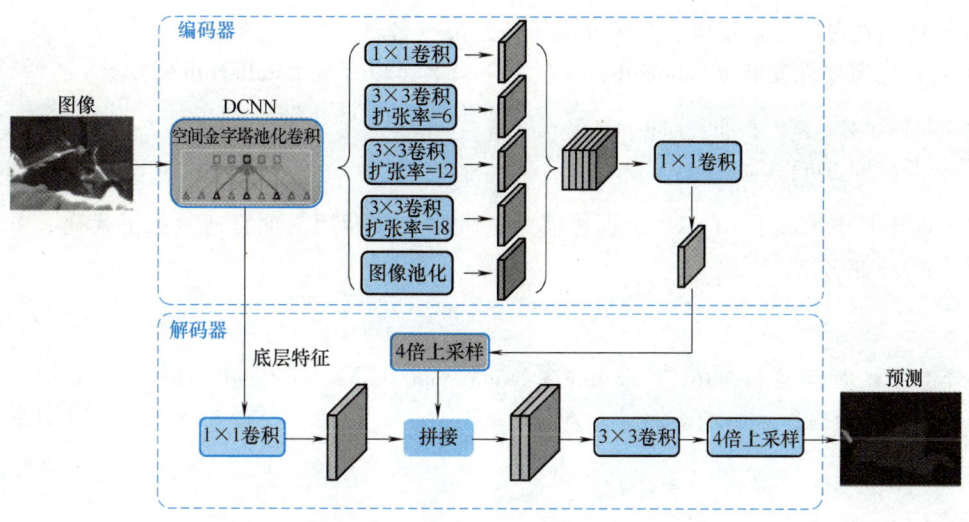

图 5-27　DeepLab V3+的网络结构

5.5　图像分割实践项目

5.5.1　基于 PaddleHub 预训练模型的人像分割

本项目的任务是完成人体图像分割，选用 ACE2P 来完成任务。ACE2P 模型是一种深度学习模型，专用于人体解析，采用多任务级联网络结构和概率图引导的后处理技术，通过融合多尺度特征、全局上下文信息和边缘细节，端到端地优化人体部位分割任务。该模型针对分割交并比（IoU）指标进行了专项优化，显著提升了分割精度。ACE2P 的精细化边缘预测能力能够有效改善目标与背景的分离效果，从而提升整体分割质量。

如图 5-28 所示，ACE2P 以其单人解析网络为基础的解决方案，在 CVPR 2019 第三届

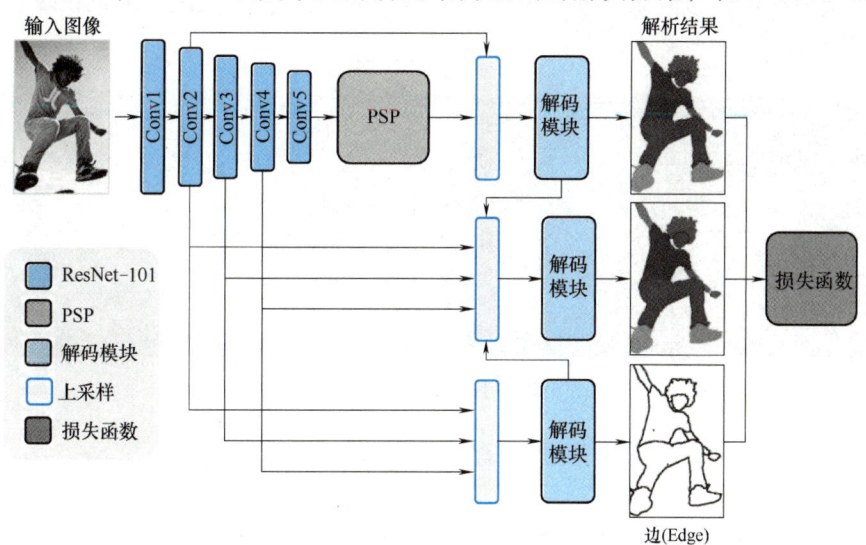

图 5-28　ACE2P 单人解析网络方案

LIP 挑战赛中表现出色，赢得了图像分割任务的第一名。

项目首先需要先安装 PaddleHub，通过以下命名可以完成 PaddleHub 的安装。

```
#安装 paddlehub 库，原始 PaddlePaddle 的版本为 2.2.2
! pip install paddlehub = = 2.2
```

PaddleHub 中集成了 ACE2P 预训练模型，可以直接调用。项目通过如下代码，就可以完成人像的图像分割。

读者可以打开链接 https：//aistudio.baidu.com/project/edit/9400040 运行项目，并可扫描二维码观看讲解视频。

讲解视频

5.5.2　基于 DeepLab V3+的自动驾驶数据集图像分割

本实践项目基于 PaddlePaddle 框架，使用 DeepLab V3+网络对矿区数据集（mine_segmentation.zip）进行图像分割，为了有效缩短训练时间并提升图像分割效果，采用 DeepLab V3+预训练模型。

读者可打开链接 https：//aistudio.baidu.com/projectdetail/9408263 运行项目，并可扫描二维码观看讲解视频。

讲解视频

项目首先对数据进行遍历生成包含图像数据集路径的标签文件，为接下来的训练做准备；之后安装 PaddleSeg 包，并完成环境设置，然后调用预训练模型开始训练；最后采用最后得到的模型进行评估和推理，图 5-29 所示为小轿车图像分割结果，图 5-30 所示为矿卡车图像分割结果。

图 5-29　小轿车图像分割结果

5.5.3　基于 PaddleX 的医学影像视盘分割

视盘（Optic Disc）是视网膜图像中的关键解剖结构，位于视神经进入眼球的区域，是青光眼、糖尿病视网膜病变等多种眼部疾病的诊断依据之一。精确地分割视盘区域有助于医

图 5-30 矿卡车图像分割结果

生分析眼底图像,评估视盘的大小、形状及其他异常特征。传统的视盘分割方法通常依赖于手工标注和简单的图像处理技术,但这些方法耗时费力且难以处理复杂情况。基于深度学习的语义分割方法可以在自动化程度和分割精度上显著提升,帮助医生高效诊断和治疗。

本项目基于 PaddleX 框架对视网膜图像中的视盘区域进行图像分割,PaddleX 是百度飞桨(PaddlePaddle)生态系统中的一款功能全面的计算机视觉开发工具,专为图像处理任务设计,涵盖了从数据准备、模型训练、评估到部署的全流程。它支持图像分类、目标检测、语义分割和实例分割等常见任务,内置多种经典深度学习模型(如 ResNet、YOLO、U-Net 等),并且提供了丰富的预训练模型,用户可以直接加载并微调,无须从头开始训练。该项目所用显卡为 4090,CUDA 版本为 12.2。

读者可扫描内封上的二维码下载本项目的数据集和项目代码,可扫描右侧二维码观看讲解视频。

讲解视频

针对图 5-31a 所示图片进行图像分割,先用预训练模型"PP-LiteSeg-T 模型"做推理,结果如图 5-31b 所示,分割效果很差;在预训练权重基础上做微调后的模型进行图像分割后的效果如图 5-31c 所示,效果得到了显著提升。

彩图

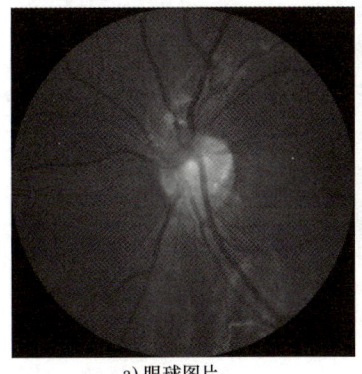
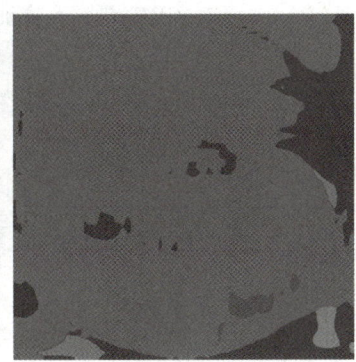

a) 眼球图片　　　　　　b) 预训练模型推理效果　　　　　　c) 微调后训练效果

图 5-31 眼球图片及分割效果

5.5.4 基于 DeepLab V3+的机械零件数据集图像分割

本项目基于 DeepLab V3+实现机械零件的图像分割,所用数据集 MechanicalPart3.zip 共有 3 类 100 张图片,按照 6∶2∶2 的比例划分入 train、valid、test 数据集,数据集包含 images 文件夹和 mark 文件夹,分别储存数据集图片与语义分割标签。使用 PyTorch 框架实现。需要安装 PyTorch、TorchVision 和 OpenCV 等库。

读者可扫描内封上的二维码下载项目代码,并可扫描右侧二维码观看讲解视频。

讲解视频

 习题

1. 选择题

1) 以下哪个不是图像分割的评估指标?(   )
A. IoU(交并比)   B. F1 分数   C. PSNR(峰值信噪比)   D. 准确率

2) FCN(全卷积网络)相比于传统的 CNN,主要改进是什么?(   )
A. 引入了更多的卷积层   B. 去掉了全连接层
C. 增加了更多的池化层   D. 使用了更深的网络结构

3) U-Net 的主要特点是什么?(   )
A. 使用了大量的卷积层   B. 编码器和解码器采用完全相同结构
C. 只使用了卷积层,没有池化层   D. 使用了跳跃连接来融合特征

4) Seg-Net 区别于 U-Net 的主要特点是什么?(   )
A. 使用了更深的网络结构   B. 上采样最大池化索引
C. 引入了新的激活函数   D. 使用了更多的卷积核

5) DeepLab 系列算法中,为了改善分割边缘,可能会与什么技术结合使用?(   )
A. 转置卷积   B. CRF(条件随机场)
C. 池化层   D. 批量归一化

6) 在 DeepLab V3 的 Multi-Grid 技术中,如何通过调整空洞卷积的扩张率(Dilation Rate)来增强多尺度特征提取?(   )
A. 层次化扩张率递增   B. 循环扩张率模式
C. 随机扩张率采样   D. 自适应扩张率调整

2. 判断题

1) 图像分割的目的是将图像划分为若干个区域,每个区域具有相似的特征。(   )
2) FCN 可以接受任意尺寸的输入图像。(   )
3) U-Net 在医学图像分割中不如 FCN 表现好。(   )
4) U-Net 通过跳跃连接增加解码器各层通道数,使得模型的参数量增加。(   )

5）DeepLab 系列算法中，空洞卷积可以有效地增加感受野。（　　）

6）DeepLab V3+通过结合空间金字塔池化（ASPP）和编码器-解码器结构，有效提高了语义分割的精度和效率。（　　）

7）FCN 全卷积部分可以直接输出与输入图像相同尺寸的分割图。（　　）

8）U-Net 的上采样部分不需要与下采样部分有直接的连接。（　　）

9）Seg-Net 在解码器部分通过最大池化索引实现上采样，从而减少参数量并保持特征图的稀疏性。（　　）

10）DeepLab 系列算法中，空洞卷积可以有效地减少参数数量。（　　）

3. 简答题和分析题

1）请简单分析语义分割、实例分割和全景分割的不同。

2）FCN 的主要贡献是什么？

3）请分析 U-Net 的设计特点及其在医学图像分割中的应用优势。

4）Seg-Net 与 FCN 在结构上有什么不同？这种差异对分割结果有何影响？

5）DeepLab 系列算法中，空洞卷积的作用是什么？

6）请阐述 DeepLab 系列算法中，条件随机场是如何改善分割边缘的。

7）ASPP 的作用是什么？改进后的 ASPP′与 ASPP 的区别是什么？其解决了什么问题？

部分习题
参考答案

第6章　循环神经网络理论及实践

前馈神经网络（如多层感知机和卷积神经网络）难以直接处理具有时序依赖或序列结构的数据，而循环神经网络（RNN，Recurrent Neural Network）通过引入"循环"的概念，使网络能够保留并利用先前的输入信息，从而对序列中的长短期依赖关系进行有效建模。这一特性使得 RNN 在自然语言处理、语音识别、时间序列预测、生物信息学等众多领域展现出卓越的性能与广泛的应用前景。

从简单的字符级语言模型到复杂的跨模态序列生成任务，循环神经网络不仅为解决序列数据中的复杂模式识别问题提供了强大的工具，更推动了人工智能向更加智能化、自适应化的方向迈进。

6.1　自然语言处理及其相关技术

循环神经网络在自然语言处理（Natural Language Processing，NLP）领域展现出独特的优势。自然语言处理作为人工智能的重要分支，致力于使计算机具备理解和生成人类自然语言的能力，以实现高效的人机交互。它架起了语言学与计算机科学之间的桥梁，并在机器翻译、文本分类、情感分析、智能问答、语音识别等多个领域得到广泛应用，极大地改变了信息获取和人机协作的方式。

6.1.1　自然语言处理的发展历程

自然语言处理（NLP）的演进是计算机科学与语言学交叉融合的缩影，其发展可分为四个阶段。

（1）**20 世纪 50—80 年代**　这一阶段 NLP 以规则驱动为核心，研究者通过手工编写语法规则和词典解析语言。例如，早期的机器翻译系统（如乔治城-IBM 实验）依赖俄英词汇对照和简单句法模板，虽能处理基础句子，但泛化能力极差。20 世纪 70 年代，MIT 开发的 SHRDLU 系统在受限的"积木世界"中实现自然语言指令理解，揭示了规则系统在复杂语义和上下文推理中的局限性。

（2）**20 世纪 90 年代—2010 年**　这一阶段统计学习方法成为主流。IBM 提出基于概率的统计机器翻译模型，利用双语语料库的词对齐概率提升翻译质量。与此同时，词频-逆文档频率算法（TF-IDF）在信息检索中广泛应用，通过词频统计优化搜索引擎结果排序。隐马尔可夫模型（HMM）和条件随机场（CRF）推动了词性标注、命名实体识别等任务的进步。然而，统计方法依赖人工设计特征（如词性、句法结构），难以建模长距离语义依赖。

（3）2010 年—2017 年　深度学习与循环神经网络（RNN）的引入，彻底改变了 NLP 的技术范式。RNN 通过隐藏状态传递时序信息，解决了传统方法对上下文建模的不足。LSTM（长短期记忆网络）和 GRU（门控循环单元）进一步引入门控机制，缓解梯度消失问题，使机器翻译、文本生成等任务实现端到端训练。例如，2014 年，Google 的 Seq2Seq 模型基于 LSTM，首次实现无须人工设计对齐规则即可完成多语言翻译。这一阶段，词向量技术（如 Word2Vec）将词汇映射为低维稠密向量，为 RNN 提供了高效的输入表示，奠定了深度学习在 NLP 中的核心地位。

（4）2017 年至今　Transformer 架构与预训练模型引领 NLP 进入通用智能时代。Google 的 Transformer 模型通过自注意力机制并行处理全局上下文，训练效率提升百倍。2018 年，BERT 利用掩码语言建模从海量文本中学习双向语义表示，在 11 项 NLP 任务中刷新纪录。此后，GPT-3 凭借 1750 亿参数实现零样本学习，生成新闻、代码甚至诗歌。当前，NLP 技术已渗透至智能客服、法律文书分析、教育测评等领域，并与视觉、语音结合催生多模态助手（如 ChatGPT），推动人机交互迈向自然对话的新高度。

6.1.2　词向量技术

自然语言处理的挑战在于跨越人类语言的离散符号体系与机器连续性理解之间的认知鸿沟。传统独热编码（One-Hot Encoding）虽完成词汇的符号化映射，却深陷"维度灾难"——若词汇表规模达十万量级，每个词被编码为十万维稀疏向量，其中仅单一维度取值为 1，其余全为零。这种表示不仅因维度爆炸导致存储与计算效率骤降，更使得语义关联性缺失，例如，"医生"与"护士"的向量点积恒为零，与二者现实语义的高度相关性形成强烈对立。

词向量技术的重大突破，在于成功构建起一个低维且稠密的向量空间，在该空间内，语义关系能够借助几何距离实现量化，常见的度量方式有余弦相似度、欧氏距离等。这种分布式语义表征（Distributed Semantic Representation）模式，引领 NLP 领域从依赖规则的符号推演阶段，迈向数据驱动的语义建模新纪元。以 Word2Vec、GloVe 和 FastText 为代表的经典词向量生成方法，凭借无监督学习技术，从海量的语料数据中自动挖掘词汇之间的语义关联及语法规律。

1. Word2Vec

Word2Vec 于 2013 年由 Google 团队提出，它通过浅层神经网络学习词向量，包含连续词袋模型（Continuous Bag of Words，CBOW）和跳字模型（Skip-Gram）两种训练范式，如图 6-1 所示。Word2Vec 生成的向量可支持"语义加减"（如"国王-男+女 ≈ 王后"），显著提升了机器翻译、文本分类等任务的性能。

CBOW 的核心思想是通过上下文词汇预测中心词，其网络结构包含输入层、隐藏层和输出层。输入层接收上下文词汇的 One-Hot 编码，隐藏层通过共享嵌入矩阵将其转换为词向量并聚合为单一向量，输出层通过 softmax 预测中心词的概率分布。例如，在句子"The monkey

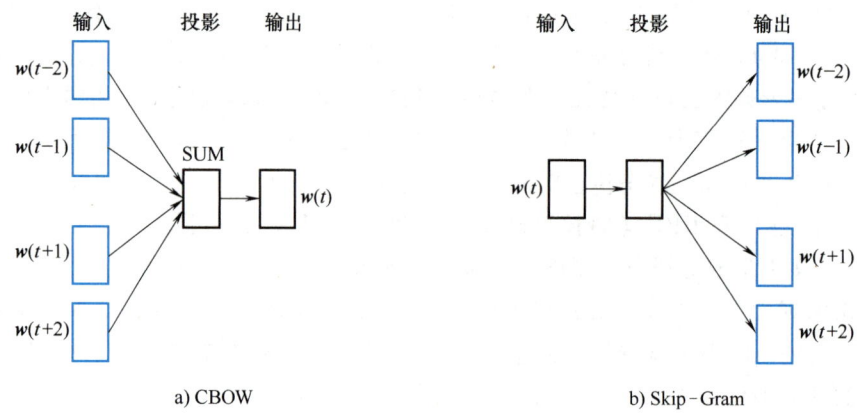

图 6-1　CBOW 模型与 Skip-Gram 模型

climbed up a tree"中，若以"climbed"为中心词，窗口大小为 2，则上下文词汇为"The""monkey""up"和"a"。CBOW 通过聚合这些词的向量，学习预测中心词"climbed"的分布。

Skip-Gram 与 CBOW 相反，其目标是通过中心词预测上下文词汇。输入层仅接收中心词向量，输出层为窗口内每个上下文位置独立计算概率。例如，在句子"the man loves his dog"中，若以"loves"为中心词且窗口大小为 2，模型需预测其前后各两个词（"the""man""his""dog"）的概率分布。

CBOW 与 Skip-Gram 各有所长，CBOW 训练高效且适合大规模语料，但对低频词和词序敏感度较弱；Skip-Gram 擅长捕捉低频词和复杂语义，但计算成本更高；两者分别适用于高频语料快速处理与细粒度语义建模场景。

2. GloVe

GloVe（Global Vectors for Word Representation）模型由斯坦福大学的研究团队于 2014 年提出，旨在弥补 Word2Vec 仅依赖局部上下文窗口的不足，融合全局词共现统计（如词频矩阵）与局部上下文预测的优势。其通过优化目标函数，直接建模词语共现概率的比值（例如"冰"与"水"的高共现概率显著区别于"冰"与"蒸汽"的共现概率），使词向量显式编码语义关联的强度与方向。基于大规模语料（如维基百科）训练的 GloVe 向量，在捕捉词汇间全局关系（如"国家-首都""动词-名词搭配"）上表现优异，成为 2010 年代中后期 NLP 任务的主流词向量生成方法，并为后续动态词向量（如 ELMo）与预训练模型（如 BERT）提供了重要的语义建模基础。

3. FastText

FastText 由 Facebook AI Research（FAIR）团队于 2016 年提出，它针对形态丰富的语言（如中文、德语）提出了子词嵌入（Subword Embedding）方法，该方法将单词拆解为字符级 n-gram（如"学习"拆分为"学""习""学习"等子单元），通过子词向量求和生成完整词向量，不仅解决了未登录词（如"量子涨落"）和形态复杂语言（如中文复合词"中华人民共和国"）的表示难题，还对拼写错误（如"happpy"→"happy"）表现出强鲁棒性。相较于 Word2Vec 和 GloVe，FastText 在词形丰富的语言中性能显著提升，例如，中文中的"学习"与"学生"通过共享子词"学"实现语义关联，而"房子"与"房间"因共用

"房"这一子词在向量空间中距离相近。

FastText 作为 Facebook 开源的多语言工具库，支持 157 种语言的高效训练，凭借其对形态复杂语言和未登录词的处理优势，曾是工业界多语言任务的标配方案。但随着深度语义理解（如多义词消歧）和高精度跨语言需求的增长，其静态词向量模式逐渐被 Transformer 预训练模型取代。目前，FastText 在资源敏感场景（如边缘计算）中仍具价值，常用于前端预处理（如拼写纠错）或低资源环境的基线模型。

6.2 循环神经网络

前馈神经网络基于样本独立性假设，即假设输入样本之间相互独立。这一假设在处理具有时序或逻辑关联的数据时存在明显局限，因为这类数据中的元素通常存在前后依赖关系，而前馈神经网络无法直接建模这种依赖。

循环神经网络（RNN）是一类专为处理序列数据设计的神经网络模型。其核心机制在于通过隐藏状态的递归更新，捕捉输入序列中元素之间的时序依赖关系。具体而言，当前时刻的隐藏状态不仅依赖于当前输入，还融合了前一时刻的隐藏状态信息，从而实现了对历史信息的动态保留。这一特性使得 RNN 在自然语言处理、语音识别、时间序列预测等领域得到广泛应用。

RNN 的核心思想最早可追溯至 Hopfield 和 Elman 等人的研究。尽管 Hopfield（1982 年）提出了递归神经网络的基础理论，但通常认为 Elman 在 1990 年发表的论文"Finding Structure in Time"中，对现代 RNN 的结构进行了系统性阐述。该论文明确了 RNN 在序列建模中的关键作用，并奠定了后续变体模型（如 LSTM 和 GRU）的发展基础。

RNN 的核心是循环单元，它接收当前时刻的输入和上一时刻的隐藏状态作为输入，并输出当前时刻的隐藏状态，如图 6-2 所示。这种结构使得 RNN 能够保留历史信息，从而捕捉序列中的时序依赖。为了更直观地理解 RNN 的工作原理，可以将其展开为一系列时间步，如图 6-3 所示。在每个时间步，RNN 接收一个输入向量，并更新其隐藏状态，图 6-3 中显示的输出为每个时间步基于隐藏状态的预测结果 y_t，实际上，最终的输出也可能是最后一个时间步的隐藏状态，具体取决于任务设计。

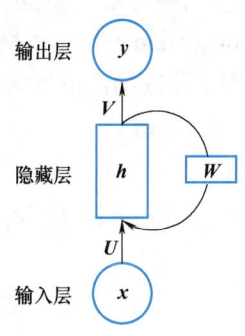

图 6-2　RNN 结构示意图

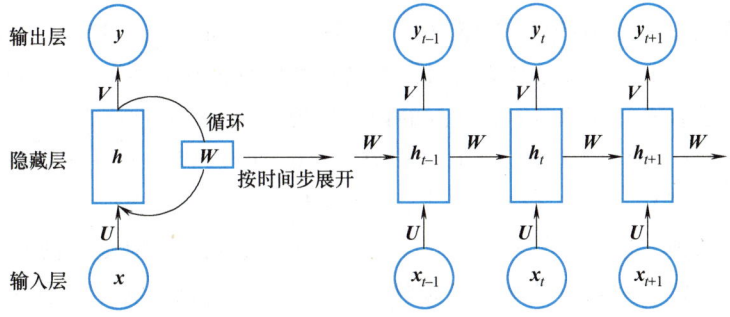

图 6-3　RNN 沿时间步展开结构示意图

对于单个时间步，RNN 的输入包含当前时间步的输入数据 x_t 和前一时间步的隐藏状态 h_{t-1}。其核心计算是更新当前隐藏状态 h_t，并基于 h_t 生成当前时间步的预测输出 y_t，同时 h_t 传递到下一个时间步。计算公式为

$$h_t = f_h(Ux_t + Wh_{t-1} + b_h) \tag{6-1}$$

$$y_t = f_o(Vh_t + b_y) \tag{6-2}$$

式中，U 和 W 为输入权重矩阵和循环权重矩阵；b_h 为隐藏层偏置；V 是输出权重矩阵；b_y 为输出层偏置；f_h 和 f_o 为激活函数，通常 f_h 采用 tanh( ) 函数，f_o 采用 softmax( ) 函数。

把多个时序数据串联起来，RNN 的计算可以进一步拓展为

$$\begin{cases} h_{t-1} = f_h(Ux_{t-1} + Wh_{t-2} + b_h), & y_{t-1} = f_o(Vh_{t-1} + b_y) \\ h_t = f_h(Ux_t + Wh_{t-1} + b_h), & y_t = f_o(Vh_t + b_y) \\ h_{t+1} = f_h(Ux_{t+1} + Wh_t + b_h), & y_{t+1} = f_o(Vh_{t+1} + b_y) \end{cases} \tag{6-3}$$

由式（6-3）可知，针对同一个训练批次数据，RNN 所有时间步的权重矩阵是共享的，这大大减少了参数量，这些参数通过所有时间步的数据共同训练，使得隐藏状态 h_t 能够递归地融合序列起点到当前时刻的历史信息。

在 RNN 训练时，参数更新采用随时间反向传播算法（Backpropagation Through Time，BPTT），该算法通过将误差从序列末尾反向传播至初始时间步，利用链式法则沿时间步逐层计算梯度，最终通过梯度连乘和累加更新参数。然而，由于梯度在反向传播过程中需经历多个时间步的连续乘法，这一机制易导致两种极端情况。其一为梯度消失（Vanishing Gradient），当序列长度较大时，梯度在连续乘法中逐渐趋近于零（尤其当激活函数如 tanh 的导数小于 1 时），致使靠近序列末尾的误差信号难以有效传递至早期时间步，进而阻碍 RNN 学习长距离依赖关系（如自然语言处理中无法捕捉句子首尾的语义关联）；其二为梯度爆炸（Exploding Gradient），若梯度在连续乘法中过大（如权重初始化不当或输入序列数值范围较大），则会导致梯度值迅速增长并引发数值不稳定，此时参数更新可能过于剧烈，甚至导致梯度溢出（NaN）。

6.3 长短期记忆网络和门控循环单元

6.3.1 长短期记忆网络

传统循环神经网络（RNN）在处理长序列时存在梯度消失（爆炸）问题，导致其难以捕捉长期依赖关系。长短期记忆网络（Long Short-Term Memory，LSTM）由 Hochreiter 和 Schmidhuber 于 1997 年提出，通过引入门控机制和细胞状态动态控制信息流动，有效缓解了梯度消失问题，显著提升了模型对长序列的记忆能力。

LSTM 单元包含三个门控（输入门、遗忘门、输出门）和一个细胞状态，结构如图 6-4 所示。图中 f_t 表示遗忘门，i_t 表示输入门，o_t 表示输出门，c_{t-1} 表示上一时刻的细胞状态，c_t 表示当前时刻的细胞状态，$\tilde{c}_t$ 表示新的候选信息，x_t 表示当前时刻的输入，h_{t-1} 表示上一时刻的隐藏状态，h_t 表示当前时刻的隐藏状态。图 6-4 中每条线都承载着一个完整的向量，实现从一个节点的输出到其他节点的输入，圆圈代表逐元素操作（如向量加法或乘法），方

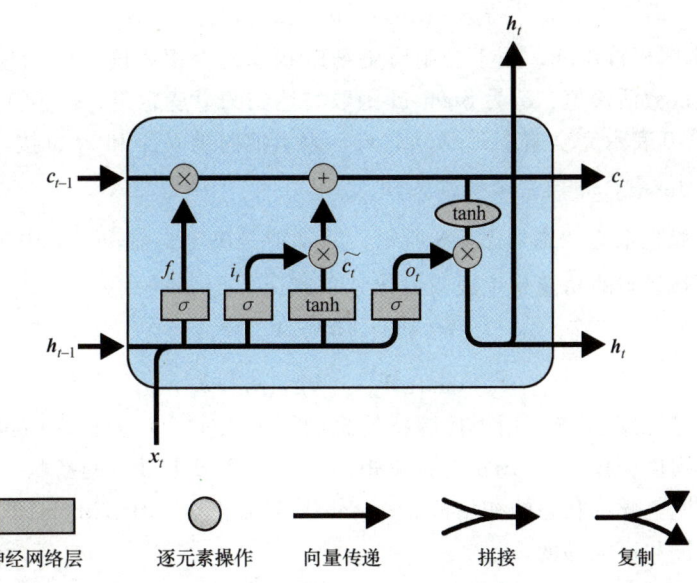

图 6-4　LSTM 单元结构示意图

框是神经网络层，合并的线表示拼接，分叉的线表示其内容被复制到不同的位置。

LSTM 的关键在于细胞状态（Cell State），如图 6-5 中贯穿顶部的水平线所示。细胞状态类似于传送带，贯穿整个链状结构，长期信息沿其流动。在此过程中，通过遗忘门、输入门和输出门的交互操作，模型动态调控信息的保留、更新与输出，从而解决长期依赖问题。

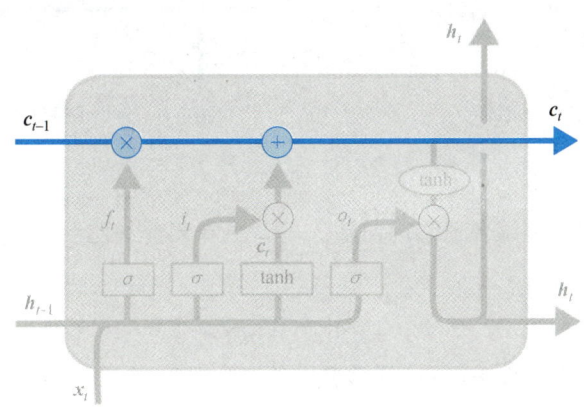

图 6-5　细胞状态示意图

门（Gate）是一种用于选择性传递信息的方式。如图 6-6 所示，它由一个 Sigmoid 神经网络层和一个逐点（元素级）乘法运算组成。Sigmoid 层的输出是 0~1 的数值，用以描述每个分量应被允许通过的程度。数值为 0 表示"完全不通过"，而数值为 1 表示"完全通过"。

1. 遗忘门（Forget Gate）

遗忘门 f_t 如图 6-7 所示，其功能是决定上一时刻细胞状态 c_{t-1} 中哪些信息需要保留或遗忘，计算公式为

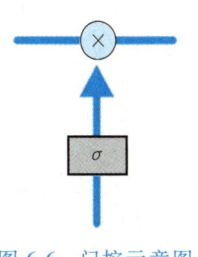

图 6-6　门控示意图

$$f_t = \sigma(W_f \cdot [h_{t-1}, x_t] + b_f) \tag{6-4}$$

式中,W_f 为遗忘门权重矩阵,用于控制历史细胞状态的保留程度;b_f 为遗忘门偏置,用于调节遗忘门的默认激活阈值;σ 为 Sigmoid 函数,达到约束遗忘门 $f_t \in [0,1]$ 的目的,其中,1 表示完全保留,0 表示完全遗忘;$[h_{t-1}, x_t]$ 表示把向量 h_{t-1} 和 x_t 拼接。

2. 输入门(Input Gate)与候选细胞状态

输入门 i_t 和候选细胞状态如图 6-8 所示,其功能是决定当前输入 x_t 中哪些信息需存入细胞状态,候选细胞状态的功能是生成新的候选信息 $\tilde{c}_t$。计算公式为

$$i_t = \sigma(W_i \cdot [h_{t-1}, x_t] + b_i)$$
$$\tilde{c}_t = \tanh(W_c \cdot [h_{t-1}, x_t] + b_c) \tag{6-5}$$

式中,W_i 为输入门权重矩阵,用于控制新信息的写入权重;b_i 为输入门偏置,用于调节遗忘门的默认激活阈值;W_c 为候选状态权重矩阵,用于生成未过滤的新状态信息;b_c 为候选状态偏置,用于调整候选状态的初始分布;tanh 是双曲正切(Hyperbolic Tangent)函数,其作用是标准化特征和稳定梯度。

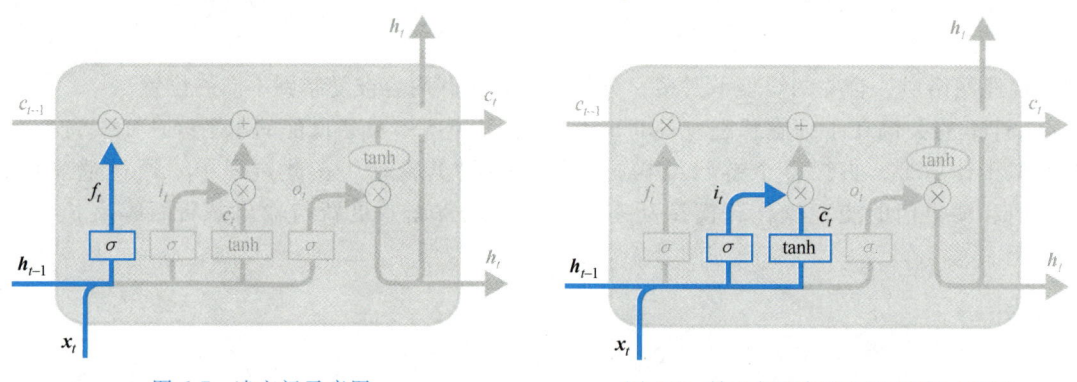

图 6-7 遗忘门示意图　　　　　图 6-8 输入门和候选细胞状态示意图

3. 细胞状态更新

细胞状态更新的功能是结合遗忘门与输入门,更新当前细胞状态 c_t,如图 6-9 所示,计算公式为

$$c_t = f_t \odot c_{t-1} + i_t \odot \tilde{c}_t \tag{6-6}$$

式中,$\odot$ 表示逐元素相乘,即 Hadamard 乘积。

4. 输出门(Output Gate)

输出门的功能是决定细胞状态 c_t 中哪些信息输出到隐藏状态 h_t,如图 6-10 所示,计算公式为

$$o_t = \sigma(W_o \cdot [h_{t-1}, x_t] + b_o)$$
$$h_t = o_t \odot \tanh(c_t) \tag{6-7}$$

式中,W_o 为输出门权重矩阵,用于控制细胞状态的输出强度;b_o 为输出门偏置,用于调节输出门的默认开放程度;隐藏状态 h_t 作为当前时刻的输出,并传递至下一时间步。

通过输出门,LSTM 对细胞状态 c_t 进行筛选,首先用 tanh 函数压缩 c_t 到 $[-1,1]$ 范

围，再与输出门的 Sigmoid 系数逐元素相乘，从而动态提取有效信息。这种选择性输出机制增强了模型对关键特征的表达能力。

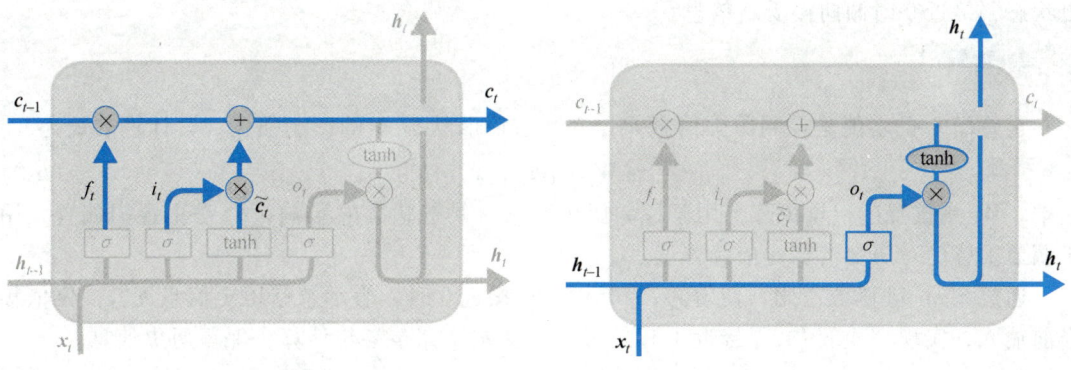

图 6-9　细胞状态更新示意图　　　　图 6-10　输出门示意图

综上所述，LSTM 通过三阶段门控机制实现序列建模，其中遗忘门筛选历史细胞状态信息，输入门融合当前输入生成新记忆，输出门调控当前状态的对外输出。这种机制使细胞状态能够线性传递长期记忆，同时隐藏状态动态反映短期模式，形成"记忆-更新-输出"的闭环控制。LSTM 通过细胞状态的线性传播路径（由遗忘门和输入门调控的加法操作），有效缓解了 RNN 的梯度消失问题。其三重门控结构动态平衡了长期记忆与短期更新，使模型兼具长期依赖建模能力和短期动态响应特性。在 Transformer 出现之前，LSTM 凭借其对复杂序列的灵活建模能力，成为时序预测、自然语言处理等任务的主流架构。

6.3.2　门控循环单元

门控循环单元（Gated Recurrent Unit，GRU）由 Cho 等人于 2014 年提出，是对 LSTM 的简化改进版本。GRU 通过减少门控数量（从 LSTM 的 3 个门变为 2 个门），在保持长期依赖建模能力的同时，降低了模型复杂度和计算开销。其核心思想是通过更精简的门控机制，实现信息的选择性更新与传递。

GRU 包含两个门控单元：更新门（Update Gate）和重置门（Reset Gate），结构如图 6-11 所示。图 6-11 中 z_t 表示更新门，r_t 表示重置门，h_{t-1} 表示上一时刻的隐藏状态，x_t 表示当前时刻的输入，h_t 表示当前时刻的隐藏状态，$\tilde{h}_t$ 表示候选隐藏状态，是一个中间状态，表示当前时刻的潜在新状态。

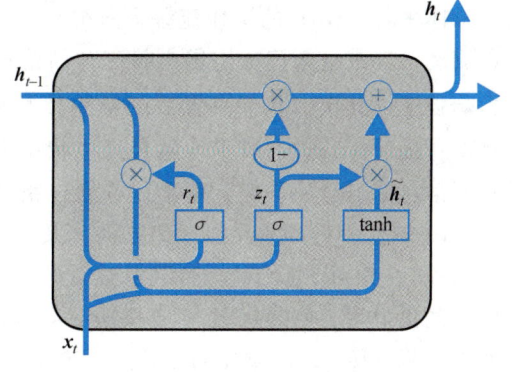

图 6-11　GRU 单元结构示意图

1. 更新门

更新门 z_t 的功能是平衡历史信息 h_{t-1} 和候选隐藏状态 $\tilde{h}_t$ 的权重，决定隐藏状态的更新程度，其计算公式为

$$z_t = \sigma(W_z \cdot [h_{t-1}, x_t] + b_z) \tag{6-8}$$

式中，W_z 是更新门权重矩阵，用于控制新旧信息的融合比例；b_z 是更新门偏置，用于调节更新门的默认激活倾向；σ 是 Sigmoid 函数，其作用使得 $z_t \in [0,1]$，z_t 接近 1 时倾向保留历史状态，接近 0 时倾向接受新信息。

2. 重置门

重置门 r_t 的功能是控制历史信息 h_{t-1} 对候选隐藏状态 $\tilde{h}_t$ 的影响强度，其计算公式为

$$r_t = \sigma(W_r \cdot [h_{t-1}, x_t] + b_r) \tag{6-9}$$

式中，W_r 是重置权重矩阵，用于控制历史信息对候选状态的影响；b_r 是重置门偏置，用于调节重置门对历史信息的依赖程度。

通过 Sigmoid 函数作用，使得 $r_t \in [0,1]$，r_t 接近 0 时，表示忽略历史信息 h_{t-1}，仅依赖当前输入，实现"重置"；r_t 接近 1 时，历史信息 h_{t-1} 完整参与计算，保留历史信息。

3. 候选隐藏状态

候选隐藏状态 $\tilde{h}_t$ 的功能是生成当前时刻的临时状态，融合当前输入和部分历史信息，其计算公式为

$$\tilde{h}_t = \tanh(W_h \cdot [r_t \odot h_{t-1}, x_t] + b_h) \tag{6-10}$$

式中，W_h 是候选状态权重矩阵，用于生成融合新旧信息的临时状态；b_h 是候选状态偏置，用于调节调整候选状态的初始分布；通过重置门 r_t 对 h_{t-1} 逐元素相乘，实现选择性遗忘；tanh 函数将输出压缩到 $(-1,1)$，达到标准化特征范围作用；"$\odot$"表示逐元素相乘。

4. 隐藏状态更新

隐藏状态更新通过更新门 z_t 加权融合历史状态和候选隐藏状态，计算公式为

$$h_t = (1-z_t) \odot h_{t-1} + z_t \odot \tilde{h}_t \tag{6-11}$$

若 $z_t \approx 0$，则 $h_t \approx h_{t-1}$ 表示保留历史；若 $z_t \approx 1$，则 $h_t \approx \tilde{h}_t$ 表示接受新信息。

总体来看，GRU 的工作流程大致分为三步。首先，通过更新门 z_t 和重置门 r_t 动态调节信息流动，其中更新门决定历史状态与新信息的融合比例，重置门控制历史信息对候选状态的影响强度；其次，基于重置后的历史信息和当前输入 x_t，生成候选状态 $\tilde{h}_t$，表示潜在的新状态；最后，通过加权平均融合历史状态 h_{t-1} 与候选状态 $\tilde{h}_t$，输出最终隐藏状态 h_t，实现新旧信息的自适应平衡。整个过程通过精简门控机制，实现记忆与遗忘的动态控制。

GRU 的优势具体体现在三个方面。其一，参数效率高，仅需更新门和重置门（LSTM 需三个门控），相对于 LSTM，参数量减少约 1/3，显著提升训练速度并降低内存开销；其二，梯度传播更稳定，隐藏状态 h_t 直接跨时间步传递，类似 LSTM 的细胞状态机制，有效缓解梯度消失问题；其三，轻量化与通用性并存，在机器翻译、语音识别等任务中性能媲美 LSTM，但因结构精简，计算成本更低，尤其适合实时应用和资源受限场景（如移动端部署）。

6.4 深度循环神经网络

前面几节介绍的 RNN、LSTM 和 GRU 都仅有一个单向的隐藏层，而在深度学习应用中，通常会涉及含有多个隐藏层的循环神经网络，称作深度循环神经网络（Deep Recurrent Neural Network,DRNN),DRNN 通过堆叠多个循环层或结合其他模块来增强模型的时序建模能力。典型的 DRNN 有堆叠循环神经网络(Stacked RNN)和深度双向循环神经网络(Bidirectional Deep RNN)等。

6.4.1 堆叠循环神经网络

堆叠循环神经网络通过垂直堆叠多个循环层(如 LSTM、GRU),实现时序特征的层次化提取,图 6-12 所示为含有三个隐藏层的 Stacked RNN。底层网络直接处理原始输入序列,捕获低阶时序模式(如局部依赖关系),高层网络则基于前一层输出进一步整合信息,提取高阶语义特征(如全局上下文或抽象概念)。

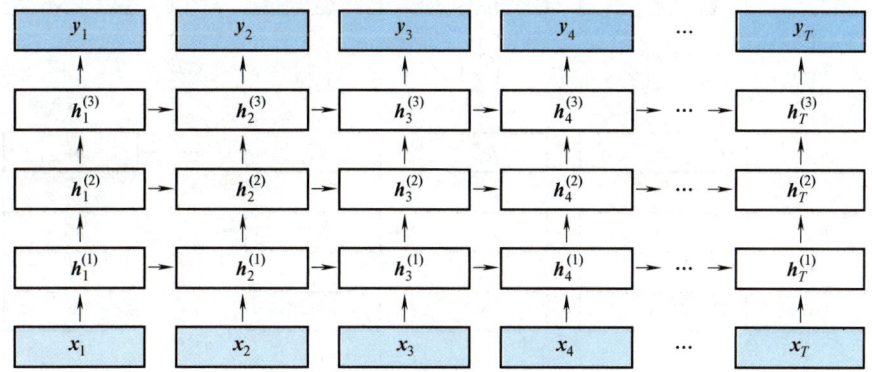

图 6-12 堆叠循环神经网络结构

对于每个时间步 t,第一个隐藏状态 $h_t^{(1)}$ 计算公式为

$$h_t^{(1)} = f(Wx_t + Uh_{t-1}^{(1)} + b) \tag{6-12}$$

式中,W 是输入 x_t 的权重矩阵;U 是前一个时间步隐藏状态 $h_{t-1}^{(1)}$ 的权重矩阵;b 是偏置项;f 是激活函数。

对于每个时间步 t,第 l($l>2$)个隐藏状态的计算公式为

$$h_t^{(l)} = f(W^{(l)} h_t^{(l-1)} + U^{(l)} h_{t-1}^{(l)} + b^{(l)}) \tag{6-13}$$

式中,$W^{(l)}$ 和 $U^{(l)}$ 是第 l 个隐藏层的权重矩阵;$b^{(l)}$ 是第 l 层的偏置;f 是激活函数。

输出层的计算方式与传统神经网络相同,即将最后一个隐藏层的输出 $h_t^{(L)}$ 通过一个全连接层进行线性变换,并经过一个激活函数 g(如 softmax)处理,得

$$y_t = g(Vh_t^{(L)} + b_c) \tag{6-14}$$

式中,V 是输出层的权重矩阵;L 为隐藏层个数;b_c 是输出层的偏置。

堆叠循环神经网络也可以使用 LSTM 或 GRU 作为基础单元。堆叠循环神经网络通过分层结构显著增强了模型对复杂时序任务(如文本生成、语音合成)的表达能力,但多层堆叠可能加剧梯度消失(爆炸)问题,需依赖门控机制(如 LSTM 的遗忘门)或归一化技术(如层归一化)优化训练稳定性。

6.4.2 深度双向循环神经网络

深度双向循环神经网络(Deep Bidirectional Recurrent Neural Network,DBiRNN)通过堆叠多个双向循环层增强时序建模能力,每个循环层内部同时运行正向(按时间顺序处理历

史信息）和反向（逆序建模未来上下文）两个方向的循环单元，并在层内将双向的隐藏状态通过拼接或门控机制融合为统一表示，后续层以前一层的融合输出为输入，逐层抽象出层次化的时序特征，从而有效捕捉数据中的长程依赖和复杂双向关联。

图 6-13 所示为单层双向循环神经网络（BiRNN）结构，其由两个并行单向 RNN 构成。正向 RNN 按时间顺序（从 $t=1$ 到 $t=T$）处理输入序列，生成正向隐藏状态序列 $\vec{h_t}$；反向 RNN 则逆序（从 $t=T$ 到 $t=1$）解析输入，生成反向隐藏状态序列 $\overleftarrow{h_t}$。对于每个时间步 t，网络通过拼接或加权融合双向隐藏状态，形成综合隐藏状态 h_t，实现同时编码序列的历史与未来上下文信息，显著提升对复杂时序依赖的建模能力。

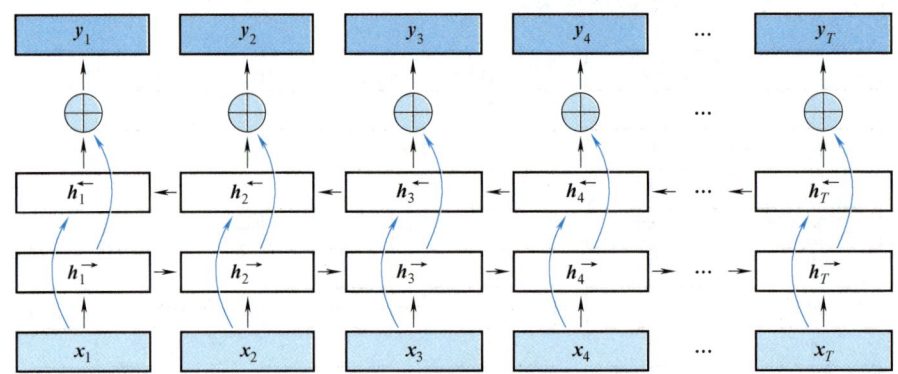

图 6-13　单层双向循环神经网络结构示意图

正向 RNN 中，当前时间步 t 的隐藏状态计算公式为

$$\vec{h_t} = f(\vec{W}\vec{h_{t-1}} + \vec{U}x_t + \vec{b}) \tag{6-15}$$

反向 RNN 中，当前时间步 t 的隐藏状态计算公式为

$$\overleftarrow{h_t} = f(\overleftarrow{W}\overleftarrow{h_{t+1}} + \overleftarrow{U}x_t + \overleftarrow{b}) \tag{6-16}$$

式（6-15）和式（6-16）中，$\vec{h_t}$ 和 $\overleftarrow{h_t}$ 分别表示当前时间步正向和反向的隐藏状态；$\vec{W}$、$\vec{U}$、$\vec{b}$ 是正向 RNN 的参数；$\overleftarrow{W}$、$\overleftarrow{U}$、$\overleftarrow{b}$ 是反向 RNN 的参数；x_t 是输入序列在时刻 t 的向量；f 是非线性激活函数。

然后，正向和反向的隐藏状态在每个时间步被拼接起来，形成一个综合的隐藏状态表示，为

$$h_t = [\vec{h_t}, \overleftarrow{h_t}] \tag{6-17}$$

综合隐藏状态 h_t 被用于生成最终的输出。对于图 6-13 所示的序列到序列任务，通常通过全连接层将每个 h_t 映射为该时间步的输出，形式为

$$y_t = g(Vh_t + b_c) \tag{6-18}$$

式中，V 是输出层的权重矩阵；b_c 是输出层的偏置；g 是输出激活函数。

而对于序列分类任务，则可能仅利用最终时间步的 h_T 生成全局输出。因此，是否每个 h_t 均产生输出需根据具体任务需求确定。

深度双向循环神经网络通过堆叠多个双向 RNN 层，进一步增强模型的表达能力。假设网络有 L 层，每一层的输出作为下一层的输入。

深度双向循环神经网络通过堆叠多个双向 RNN 层构成。对于第 l 层的正向和反向 RNN 隐藏状态计算公式分别为

$$h_t^{(l),\rightarrow} = f(W^{(l),\rightarrow} h_{t-1}^{(l),\rightarrow} + U^{(l),\rightarrow} h_t^{(l-1),\rightarrow} + b^{(l),\rightarrow}) \quad (6\text{-}19)$$

$$h_t^{(l),\leftarrow} = f(W^{(l),\leftarrow} h_{t+1}^{(l),\leftarrow} + U^{(l),\leftarrow} h_t^{(l-1),\leftarrow} + b^{(l),\leftarrow}) \quad (6\text{-}20)$$

式中，$W^{(l),\rightarrow}$、$U^{(l),\rightarrow}$、$b^{(l),\rightarrow}$ 是第 l 层正向 RNN 的参数；$W^{(l),\leftarrow}$、$U^{(l),\leftarrow}$、$b^{(l),\leftarrow}$ 是第 l 层反向 RNN 的参数。对于 $l=1$，$h_t^{(l-1),\rightarrow}$ 和 $h_t^{(l-1),\leftarrow}$ 取值为原始输入 x_t。

然后，在每一层中，正向和反向的隐藏状态被拼接，形成该层的综合隐藏状态，为

$$h_t^{(l)} = [h_t^{(l),\rightarrow}, h_t^{(l),\leftarrow}] \quad (6\text{-}21)$$

最后一层的综合隐藏状态被用于生成最终的输出。对于序列到序列任务，通常通过全连接层将最后一层 $h_t^{(L)}$ 映射为该时间步的输出，形式为

$$y_t = g(Vh_t^{(L)} + b_c) \quad (6\text{-}22)$$

式中，V 是输出层的权重矩阵；$h_t^{(L)}$ 是第 L 层（即最后一层）双向 RNN 在时间步 t 的综合隐藏状态向量；b_c 是输出层的偏置；g 是输出激活函数。

深度双向循环神经网络通过堆叠多层双向 RNN，显著提升了模型捕捉复杂时序依赖的能力。和堆叠循环神经网络一样，深度双向循环神经网络也可以使用 LSTM 或 GRU 作为基础单元。

上面介绍的堆叠循环神经网络和深度双向循环神经网络通过堆叠多层循环神经网络，显著增强了模型对长距离依赖关系的建模能力和表达能力。在此基础上，研究者进一步结合其他技术，如卷积网络、残差网络和注意力机制，以扩展循环神经网络的应用场景和性能。例如，卷积循环神经网络能够有效提取空间特征，提升在图像序列或视频数据中的表现；残差循环神经网络则通过引入残差连接缓解深层网络中的梯度消失问题，增强训练稳定性；而结合注意力机制的循环神经网络则进一步提升了模型对长序列中的关键信息的捕捉能力。这些结合不仅丰富了循环神经网络的多样性，也为解决更复杂的序列建模问题提供了更多可能性。

6.5 序列到序列模型

序列到序列（Seq2Seq）模型是一种基于循环神经网络的架构，由 Google Brain 团队的 Sutskever 等人和 Yoshua Bengio 团队的 Cho 等人于 2014 年提出，其核心思想是通过编码器（Encoder）将输入序列压缩为上下文向量，再通过解码器（Decoder）生成目标序列，解决了传统神经网络处理变长序列的难题。

1. Seq2Seq 模型组成

Seq2Seq 模型通常由编码器和解码器两部分组成，如图 6-14 所示。

（1）编码器　编码器负责读取输入序列（如一个句子），并将其编码为一个固定长度的上下文向量（通常由最终隐藏状态构成）。编码器通常采用循环神经网络或其变体（如 LSTM、GRU），能够处理变长序列数据并捕获序列中的长距离依赖关系。在编码过程中，输入序列逐个时间步传递给编码器，每个时间步的输入元素通过 RNN 处理并更新隐藏状态，最终在序列结束时将整个序列的信息浓缩为上下文向量 c，如图 6-15 所示。这一向量表征了输入序列的完整语义信息，其生成过程通过隐藏状态的持续迭代更新实现，最终隐藏状态整合了所有时间步的上下文特征，为下游任务提供全局编码表示。

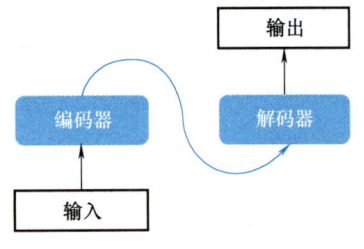

图 6-14　Seq2Seq 模型结构组成

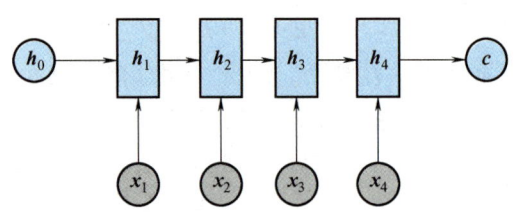

图 6-15　编码器生成上下文向量

（2）解码器　解码器基于编码器生成的上下文向量 c 生成目标序列，其核心结构通常也为一个循环神经网络（如 RNN、LSTM 或 GRU）。在解码过程中，每个时间步输出一个序列元素，并通过前一时间步的输出和隐藏状态预测后续元素。初始阶段，解码器的隐藏状态继承自编码器的最终隐藏状态，并以特殊起始符号作为首个输入；随后逐步生成序列，直至输出终止符号或达到预设的最大序列长度。具体实现时，上下文向量 c 作为解码器的初始状态参与运算，每一步中解码器结合当前隐藏状态生成输出元素，并将该输出作为下一步的输入（即自回归生成机制），循环迭代直至满足终止条件，如图 6-16 所示。这一机制通过循环依赖和上下文信息的传递，实现了从固定长度向量到可变长度序列的映射。

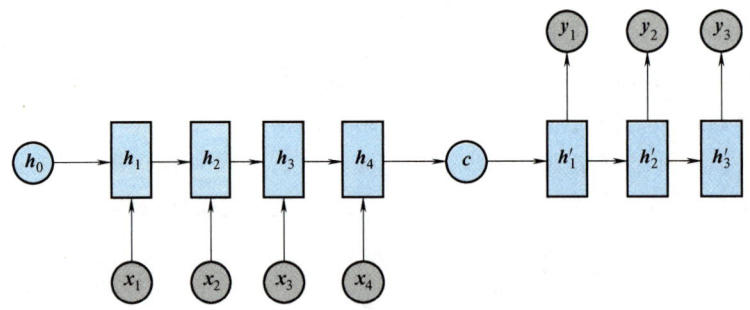

图 6-16　解码器生成输出序列

解码器处理方式还有另外一种，就是语义向量 c 参与序列所有时刻的运算，如图 6-17 所示，上一时刻的隐藏状态仍然作为当前时刻的输入，但语义向量 c 会参与所有时刻的运算。

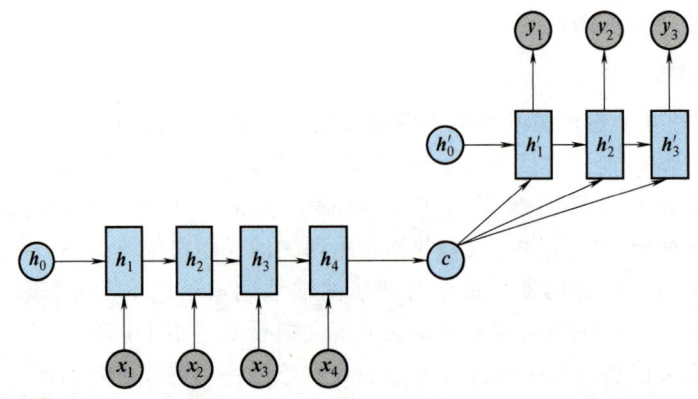

图 6-17　语义向量参与序列所有时刻的解码器

2. Seq2Seq 变体

在传统的 Seq2Seq 模型中,编码器将整个输入序列压缩为一个固定长度的向量,解码器再根据这个向量生成输出。然而,当输入序列较长时,固定长度的向量难以准确表示所有信息,且长序列的信息压缩到单个向量中容易导致信息丢失,从而影响模型性能。为了解决这些问题,研究者提出了多种改进方法和变体,主要包括引入注意力机制、采用双向编码器和基于 Transformer 的 Seq2Seq 模型。

(1) 引入注意力机制的 Seq2Seq 模型

引入注意力机制的 Seq2Seq 模型通过让解码器在生成每一部分输出时,能够动态地关注输入序列的不同部分,显著提升了模型的性能。具体来说,在解码过程中,模型会计算输入序列中每个位置与当前解码状态的相关性,生成一个注意力权重分布。这种权重分布反映了当前解码状态对输入序列中各个位置的关注程度。通过这种方式,解码器能够更灵活地利用输入序列中的信息,从而提高输出的准确性。例如,在机器翻译任务中,加入注意力机制的模型可以在生成目标语言句子的每个词时,动态地关注源语言句子中相关的位置,从而生成更准确的翻译结果。这种改进不仅提升了模型的性能,还使得模型在处理长序列时更加有效。

(2) 采用双向编码器的 Seq2Seq 模型

传统的编码器通常只处理输入序列的正向信息,可能无法充分捕捉上下文的全部信息。而双向编码器则通过同时处理正向和反向信息,能够更全面地捕捉上下文信息,生成更准确的上下文表示。具体来说,双向编码器可以由两个独立的编码器组成,一个处理输入序列的正向信息,另一个处理输入序列的反向信息。在编码过程中,正向编码器从左到右处理输入序列,而反向编码器则从右到左处理输入序列。然后,将两个编码器的输出进行结合,生成一个更全面的上下文向量。例如,在文本摘要任务中,双向编码器可以更全面地捕捉输入文本中各部分的信息,生成更准确的摘要结果。这种改进不仅提升了模型的性能,还使得模型在处理复杂文本时更加有效。

(3) 基于 Transformer 的 Seq2Seq 模型

基于 Transformer 的 Seq2Seq 模型通过引入自注意力机制和位置编码,能够更高效地捕捉全局依赖关系,显著提升了模型的性能。与传统的注意力机制不同,自注意力机制可以同时关注输入序列中所有位置的信息,从而更全面地建模序列内部的依赖关系。此外,Transformer 架构通过并行计算的方式,大幅提升了模型的训练和推理效率。基于 Transformer 的 Seq2Seq 模型在机器翻译、对话生成、文本摘要等任务中表现出色,成为当前序列建模任务中的主流模型。

关于注意力机制和 Transformer 的更多细节内容,将在第 7 章展开详细介绍。

6.6 循环神经网络实践项目

6.6.1 使用 Gensim 库进行词向量生成

本实践项目旨在掌握使用 Gensim 库进行词向量生成方法。词向量作为自然语言处理

（NLP）任务中的基础表示，对于提高后续任务的性能具有重要意义。通过本项目，掌握 Word2Vec 和 FastText 两种主流词嵌入算法的应用，使用 Gensim 库中的相关类进行模型训练，通过设置模型参数，如词向量维度、窗口大小、最小词频等，以优化词向量的生成效果。

读者可以打开链接 https：//aistudio.baidu.com/project/edit/8994421 运行项目，并可扫描二维码观看讲解视频。

讲解视频

6.6.2 基于 LSTM 的文本情感分析

本项目构建一个 LSTM 网络，使用 IMDB 公开数据集来进行文本情感分析。IMDB 是一个二分类文本数据集，其训练集和测试集各有 25000 个样本。在训练集和测试集中，正/负类（即积极/消极）样本个数均相同，为 12500 个。每个数据都分别由若干小文件组成，每个小文件内部都是一段用户关于某个电影的真实评价，以及观众对这个电影的情感倾向（是正向还是负向）。

读者可以打开链接 https：//aistudio.baidu.com/project/edit/8983615 运行项目，并可扫描二维码观看讲解视频。

讲解视频

6.6.3 基于循环神经网络（GRU/LSTM）的车辆轨迹预测

本项目实现基于循环神经网络的车辆轨迹预测，采用 NGSIM 数据集，该数据集由美国联邦公路局于 2010 年发布，采集自美国加利福尼亚州洛杉矶的 US101 和 Lankershim Boulevard 公路、Emeryville 的 I-80 公路以及佐治亚州亚特兰大的 Peachtree 街道。数据由高空中多个同步数字视频相机组成的网络采集，数据刷新频率为 0.1s。本项目中，选取 US101 路段及 I-80 路段的车辆轨迹数据作为研究对象进行特征提取与模型验证。通过建立基于 GRU 的神经网络模型、基于 LSTM 的神经网络模型，分别实现智能驾驶轨迹预测。本项目案例基于 PyTorch 框架完成，首先采用 MATLAB 对 NGSIM 数据集预处理，处理后的数据在 PyTorch 中构建为可用于训练的数据集，并完成 GRU 及 LSTM 网络模型构建及模型训练验证。

读者可扫描内封上的二维码下载本项目数据集和项目代码，可扫描右侧二维码观看讲解视频。

讲解视频

1. 选择题

1) CBOW 模型的主要特点是什么？（　　）

A. 通过中心词预测上下文　　B. 通过上下文预测中心词

C. 无须训练即可使用　　　　D. 适用于小规模语料库

2) Skip-Gram 模型的主要特点是什么？（　　）

A. 通过上下文预测中心词　　B. 通过中心词预测上下文

C. 适用于小规模语料库　　　D. 无须训练即可使用

3) 以下关于 LSTM 的描述中，哪一项是正确的？（　　）

A. LSTM 通过引入遗忘门、输入门和输出门，解决了传统 RNN 的梯度消失问题，但不能处理长期依赖

B. LSTM 单元中的细胞状态（Cell State）在每个时间步都会被完全重置，以确保信息不累积

C. LSTM 的遗忘门通过 Sigmoid 激活输出一个 0 到 1 之间的值，该值与上一时间步的细胞状态逐元素相乘，决定历史信息的保留比例（1=完全保留，0=完全丢弃）

D. LSTM 的输出门直接控制当前时间步的输入信息是否进入细胞状态

4) 双向循环神经网络的特点是什么？（　　）

A. 只考虑前向信息　　　　　B. 只考虑后向信息

C. 同时考虑前向和后向信息　D. 与词向量无关

5) 在 Seq2Seq 模型中，以下关于解码器的描述哪项是正确的？（　　）

A. 解码器的输入仅包含编码器生成的固定长度的上下文向量，不依赖之前生成的输出词

B. 解码器必须使用与编码器相同的神经网络结构（如编码器用 LSTM，解码器也必须用 LSTM）

C. 解码器在生成目标序列时，每一步的预测会依赖前一步的输出（自回归生成），并可通过注意力机制动态关注编码器的不同部分

D. 解码器的训练和推理过程完全一致，均使用真实标签（Ground Truth）作为输入，无须特殊处理

6) 在 Seq2Seq 模型中，以下关于编码器的描述哪项是正确的？（　　）

A. 编码器的任务是生成目标语言序列的每个单词

B. 编码器必须使用双向 RNN 结构，不能使用单向 RNN 或 Transformer

C. 编码器在处理输入序列时，其隐藏状态在序列的每个时间步都会更新

D. 编码器只能使用简单的 RNN 单元，不能使用 LSTM 或 GRU 单元

2. 判断题

1) 在同一训练批次，RNN 在每个时间步共享相同的权重参数，这使得模型能够处理可变长度的序列数据。（　　）

2) RNN 的隐藏状态仅依赖于当前时间步的输入，与之前的隐藏状态无关。（　　）

3）堆栈 RNN 是将多个 RNN 层堆叠在一起，以提高模型的表达能力。（   ）

4）Seq2Seq 模型中的编码器和解码器可以是不同类型的神经网络。（   ）

5）循环神经网络只能处理序列输入，无法生成序列输出。（   ）

6）LSTM 和 GRU 在结构上完全相同。（   ）

7）深层循环神经网络在理论上可以处理任意长度的序列。（   ）

3. 简答题和分析题

1）简述 Skip-Gram 模型和 CBOW 模型的工作原理，比较它们的优缺点。

2）简述 LSTM 相比于传统 RNN 的优势。

3）解释 GRU 是如何简化 LSTM 结构的，并讨论这种简化的可能影响。

4）简述双向循环神经网络（BiRNN）的主要特点。

5）相对于浅层 RNN，深层 RNN 有哪些优势和应用场景？

部分习题
参考答案

第7章 注意力机制与Transformer

传统序列建模方法（RNN/LSTM）受限于长距离依赖建模能力不足、计算效率低下等问题，难以满足日益复杂的序列任务需求。注意力机制通过动态权重分配和全局交互能力，为解决这些问题提供了新思路，催生了 Transformer 这一革命性架构。

Transformer 通过摒弃循环结构、采用注意力机制，解决了传统序列模型的根本性缺陷，并以其通用性、可扩展性和并行效率，成为深度学习领域的"元架构"。它不仅重塑了自然语言处理的技术版图，更通过跨模态扩展推动了人工智能向通用智能（AGI）的演进。本章将深入解析 Transformer 的核心组件（如自注意力、位置编码）及其在大模型中的关键作用，揭示这一架构持续引领技术革命的底层逻辑。

7.1 从 RNN 到 Transformer 的演进

7.1.1 循环架构的链式衰减问题

循环神经网络（RNN）通过隐状态的时序传递建模序列数据，理论上具备捕捉任意长度上下文的能力。然而，在实际训练中，随着序列长度增加，反向传播的梯度会出现指数级衰减或爆炸问题（即梯度消失（爆炸）问题），导致长距离依赖难以有效学习。这种缺陷源于 RNN 的链式梯度计算机制，当时间步跨度较大时，梯度信号逐渐弱化或失控，使模型难以关联远距离的上下文信息。

长短期记忆网络（LSTM）通过门控机制（输入门、遗忘门、输出门）缓解了梯度消失问题，但其隐状态需同时承担"记忆存储"和"特征编码"双重功能。这种设计导致当序列过长时（如数百个时间步），关键信息仍可能被后续输入覆盖或稀释。实验表明，LSTM 的注意力偏向局部上下文，对全局依赖的建模能力有限。例如，在机器翻译中，跨句子的代词指代关系（如跨段落的主语一致性）常因长程信息丢失而产生误译。

语言建模任务的实验数据揭示了显著对比，随着输入序列长度的增加，RNN/LSTM 的困惑度急剧上升，而基于自注意力机制的 Transformer 模型性能保持稳定。这一结果不仅印证了传统循环架构在长距离依赖建模上的不足，更凸显了其隐状态传递机制的本质局限——信息逐层衰减的特性难以支撑对全局上下文的连贯理解。

7.1.2 时序依赖与并行计算的博弈

RNN 的时序依赖特性要求每一步计算均基于前序隐状态，迫使模型严格按时间步顺序处理序列。这种强串行化机制与 GPU 等硬件的大规模并行计算架构存在根本性冲突，导致训练和推理效率显著受限。即便通过批处理技术部分缓解，其底层串行逻辑仍无法充分利用现代硬件的并行加速潜力。

从时间复杂度角度分析，当序列长度为 T 时，RNN 的理论计算复杂度为 $O(T)$，但由于其时间步的严格串行依赖，实际计算耗时与 T 呈线性正比。相比之下，Transformer 的自注意力机制通过矩阵运算一次性建模全序列交互，虽理论复杂度为 $O(T^2)$，却可通过并行计算将实际耗时压缩至近似 $O(1)$ 级别（受硬件算力约束）。这种特性使 Transformer 在长序列场景下的计算效率呈数量级优势。

在实时性要求高的任务（如在线翻译、语音识别）中，RNN 的串行瓶颈会直接转化为端到端延迟的线性增长。而 Transformer 的并行化设计不仅支持大规模分布式训练，更能实现毫秒级响应，满足工业级高并发需求。例如，同等硬件条件下，Transformer 的推理吞吐量可达 RNN 架构的 10 倍以上，同时保持更稳定的服务质量。

7.1.3 编码器-解码器架构的演进

编码器-解码器架构是一种经典的序列到序列（Seq2Seq）模型。在传统的编码器-解码器架构中，编码器负责将输入序列编码为一个固定长度的向量，该向量携带着输入序列的语义信息。随后，解码器利用这个向量来逐步构建输出序列。编码器-解码器的结构如图 7-1 所示。

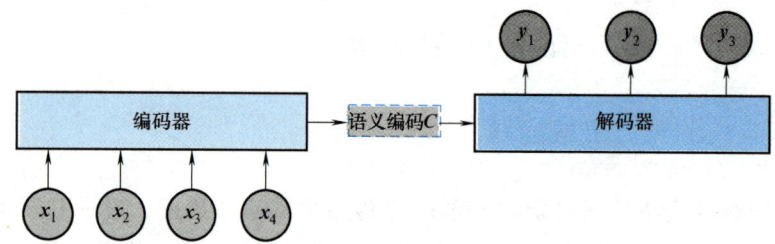

图 7-1 编码器-解码器结构

在自然语言处理领域，编码器-解码器框架的经典应用场景是机器翻译，其核心目标是将源语言句子（或经处理的篇章片段）映射为目标语言的语义等效表达。编码器通过对输入序列的上下文编码，生成蕴含整体语义的隐状态表示。传统模型（如 Seq2Seq）将其压缩为固定长度的上下文向量 C，为

$$C = F(x_1, x_2, \cdots, x_m) \tag{7-1}$$

式中，x_1，x_2，$\cdots$，x_m 代表输入单词的词向量；F 是映射函数。

对于解码器，其任务是根据中间语义 C 和当前已经生成的历史信息来生成下一时刻要生成的单词，为

$$y_i = G(C, y_1, y_2, \cdots, y_{i-1}) \tag{7-2}$$

式中，y_1，y_2，$\cdots$，y_{i-1} 是解码器在之前时刻生成的输出；C 代表当前时刻的语义向量；G 代表输出函数。

传统编码器-解码器架构在处理长序列数据时面临显著挑战。其核心瓶颈在于编码阶段，编码器需将任意长度的输入序列压缩为固定维度向量，导致长文本场景下关键信息丢失与语义表征同质化。从解码过程看，目标序列中每个单词的生成均依赖同一静态语义编码，迫使输入序列的所有单词对输出产生等权重影响（即缺乏位置敏感性和语义聚焦能力）。例如，在翻译长句时，句首与句尾的词汇对当前生成词的贡献被强制等同，造成主语混淆、指代歧义等问题。此设计缺陷直接导致长序列任务的性能衰减，如早期机器翻译模型（如 RNN-based、Seq2Seq）在超过 30 词输入时翻译质量急剧下降。

为突破传统架构瓶颈，注意力机制被引入传统的编码器-解码器中。注意力机制通过动态语义对齐重构了编解码交互范式，解码器在生成每个目标词时，可自主分配差异化权重至输入序列的不同位置，从而聚焦与当前生成步骤最相关的源语言信息。注意力机制是一种灵活的策略，能够适配多种神经网络结构。例如，注意力机制可以用在卷积神经网络中用于突出输入图像的关键区域，也可用在循环神经网络中用于强调输入序列的重要片段。在 Transformer 中，自注意力与交叉注意力结合实现跨语言的全局交互建模。

以机器翻译任务为例，考察输入序列"I love Beijing"到目标序列"我喜欢北京"的转换过程。在传统编码器-解码器框架下，生成目标词"北京"时，模型强制赋予源语言各单词（"I""love""Beijing"）等同的语义贡献权重，这与人类译者的认知逻辑明显相悖，显然，"Beijing"作为专有名词应对目标词"北京"的生成起主导作用。

引入注意力机制后，模型通过动态权重分配重构了语义关联逻辑。具体而言，在生成目标词"北京"时，模型能够体现出不同英文单词对当前中文单词翻译的影响程度。例如，给予如下所示的注意力分布概率：

$$(I, 0.1) \ (love, 0.2) \ (Beijing, 0.7)$$

通过细粒度语义对齐能力，注意力机制使模型突破了传统架构的静态压缩瓶颈，实现了翻译过程中关键信息的精准捕获。其核心在于解码器的中间语义表示不再依赖固定编码，而是通过动态权重分配随生成步骤自适应调整，生成每个目标词时，模型依据当前解码状态与输入序列的关联性，重构差异化的上下文语义向量 C_i。融入了注意力机制的编码器-解码器结构如图 7-2 所示，注意力模块将源语言隐状态与目标位置信息动态融合，形成一种上下文感知的翻译策略。这种设计不仅解决了传统模型对长序列关键信息覆盖不足的问题，更通过局部聚焦与全局协调的平衡，显著提升了翻译的语义保真度与生成灵活性。

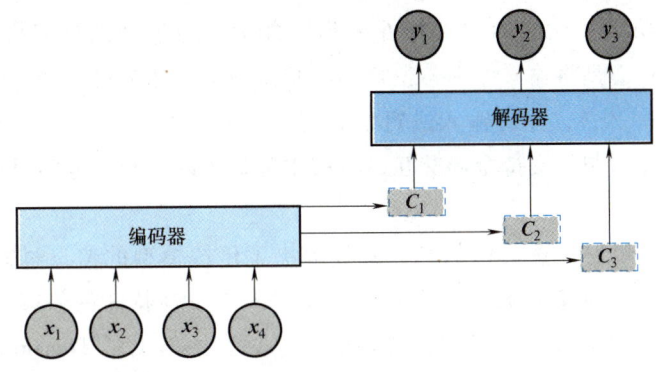

图 7-2　融入注意力机制的编码器-解码器结构

根据图 7-2，解码器输出的过程就变成了下面形式，为

$$y_1 = F(C_1) \tag{7-3}$$

$$y_n = F(C_n, y_1, y_2, \cdots, y_{n-1}) \tag{7-4}$$

式中，C_1，C_2，$\cdots$，C_n 代表每个输出对应的语义向量；y_1，y_2，$\cdots$，y_n 代表解码器在每个时刻的输出；F 为输出函数。

7.1.4　Transformer 的里程碑意义

Transformer 的提出彻底颠覆了传统序列建模的范式，成为深度学习发展史上的革命性突破。其摒弃了 RNN/LSTM 的串行结构，通过自注意力机制与并行化设计，解决了长距离依赖建模与计算效率低下的核心难题。自注意力机制允许模型直接捕捉序列中任意位置间的全局关联，而多层堆叠架构结合残差连接，实现了高效的特征抽象与梯度传播。这一设计不仅使 Transformer 在机器翻译等任务中的性能显著超越传统模型，更以矩阵运算的完全并行性，大幅提升了训练速度，为处理超长序列和大规模数据奠定了基础。

作为"元架构"，Transformer 推动了人工智能技术的范式革新。在自然语言处理领域，它催生了 BERT、GPT 等预训练模型，引领了"预训练+微调"的技术浪潮，并逐步渗透至计算机视觉（如 Vision Transformer）、语音识别、多模态融合（如 CLIP）等领域，实现了跨模态任务的统一建模。同时，Transformer 的解码器架构成为生成式 AI 的核心引擎，支撑了 GPT 系列大模型的文本生成、DALL·E 的图像创作等突破性应用，推动人工智能向通用化、创造性方向演进。

Transformer 的影响更延伸至技术生态层面，其设计思想促进了 GPU/TPU 硬件的优化、开源社区（如 Hugging Face）的繁荣，以及研究范式向模型规模化的转型。它不仅是算法创新的里程碑，更标志着深度学习从"任务专用"迈向"通用智能"的关键转折，为后续大模型时代的爆发提供了核心架构支撑。

7.2　注意力机制基础

7.2.1　注意力机制的核心思想

注意力机制模仿人类认知的"选择性聚焦"能力，通过动态分配权重实现信息筛选，聚焦关键信息。其核心是将输入序列各位置的隐状态与当前任务目标计算相关性，生成权重分布（如 softmax 归一化），并对输入进行加权融合。这种机制突破了传统模型（如 RNN/CNN）的局部或时序限制，支持全局交互，且权重随输入内容和任务实时调整，具备高度灵活性和可解释性。

注意力机制通过动态筛选关键信息，有效解决了传统模型的信息过载与长距离依赖难题。其赋予模型"自适应特征聚焦"能力，减少对人工设计特征的依赖，并推动神经网络从"静态编码"向"动态交互"范式演进。这一思想直接催生了 Transformer 架构，成为预训练大模型、多模态融合等技术的基石，重塑了现代深度学习的算法设计逻辑。

7.2.2 传统注意力机制

传统注意力机制通过动态权重分配实现输入序列的上下文感知建模，有效缓解了传统循环架构（如 RNN、LSTM）在长序列任务中因梯度消失导致的长距离依赖建模失效问题。本节介绍两类早期代表性方法——加性注意力（Additive Attention）与点积注意力（Dot-Product Attention）。前者通过全连接层与非线性激活函数（如 tanh）构建复杂特征交互，擅长捕捉非线性语义关联；后者基于向量点积的线性计算实现高效相关性度量，显著降低运算复杂度。二者从不同路径验证了注意力机制在序列建模中的通用性，不仅推动其在机器翻译、图像描述生成等跨模态任务中成为核心组件，更为后续自注意力（Self-Attention）和多头注意力（Multi-Head Attention）等革新性架构提供了理论基石与设计范式。

1. 加性注意力

加性注意力由 Bahdanau 等人在 2015 年提出，是首个应用于神经机器翻译（NMT）的注意力机制。其核心是通过学习一个前馈神经网络，计算解码器隐藏状态与编码器隐藏状态之间的匹配得分，该得分反映了在生成输出序列过程中，输入序列中对应位置信息的重要程度关联，后续会依据此得分计算注意力权重，最终生成加权上下文向量。

加性注意力计算时，首先使用前馈神经网络计算解码器隐藏状态 h_t 与编码器隐藏状态 h_s 的匹配得分，即

$$e_{ts} = v^{\mathrm{T}} \tanh(W_1 h_t + W_2 h_s) \tag{7-5}$$

式中，W_1 和 W_2 为可学习权重矩阵；v 为参数向量。

然后通过 softmax 函数将得分转换为概率分布，即

$$\alpha_{ts} = \frac{\exp(e_{ts})}{\sum_{S'} \exp(e_{ts'})} \tag{7-6}$$

式中，S' 表示输入序列的所有位置集合；$\sum_{S'} \exp(e_{ts'})$ 表示对输入序列 S' 中所有位置 s' 对应的 $e_{ts'}$ 进行指数运算后再求和。

最后根据权重对编码器隐藏状态加权求和生成上下文向量，即

$$C_t = \sum_S \alpha_{ts} h_s \tag{7-7}$$

2. 点积注意力

点积注意力最初由 Luong 等人在 2015 年提出，其核心是通过解码器隐藏状态 h_t 与编码器隐藏状态 h_s 的点积计算相似性，进而得到匹配得分 e_{ts}。相较于加性注意力，该机制省去了拼接和非线性变换步骤，显著提升了计算效率与并行化能力。

首先，直接利用解码器当前隐状态 h_t 与编码器隐状态 h_s 的点积计算得到

$$e_{ts} = h_t^{\mathrm{T}} \cdot h_s \tag{7-8}$$

或者引入可学习权重 W_α，为

$$e_{ts} = h_t^{\mathrm{T}} W_\alpha h_s \tag{7-9}$$

权重归一化与上下文向量步骤和加性注意力相同,通过 softmax 生成概率分布 α_{ts},并加权求和得到 C_t。

7.2.3 自注意力机制

自注意力机制(Self-Attention)是 Transformer 架构的核心组件,由 Vaswani 等人在 2017 年提出的"Attention is All You Need"中首次系统性阐述。与传统的注意力机制不同,自注意力无须外部上下文,而是直接对输入序列内部元素进行交互建模,捕捉长距离依赖关系,显著提升了模型在序列任务中的性能。

自注意力机制通过查询(Query)、键(Key)、值(Value)矩阵的交互建模,实现了序列内部元素的全局依赖捕捉,结合多头注意力进一步提升了表达能力。其不仅是 Transformer 的核心组件,更成为现代大模型(如 BERT、GPT)和多模态架构的通用基础。

1. 查询、键、值矩阵

假设输入序列为 $X \in \mathbf{R}^{n \times d}$,其中 n 为序列长度,d 为特征维度。基于三个可学习参数矩阵

$$W^Q \in \mathbf{R}^{d \times d_k}(d_k \text{ 表示键维度})$$

$$W^K \in \mathbf{R}^{d \times d_k}$$

$$W^V \in \mathbf{R}^{d \times d_v}(d_v \text{ 表示值维度})$$

通过线性变换将输入映射为查询、键、值三组矩阵,有

$$Q = XW^Q \tag{7-10}$$

$$K = XW^K \tag{7-11}$$

$$V = XW^V \tag{7-12}$$

Q 矩阵(查询矩阵)用于询问序列中其他元素的相关性,K 矩阵(键矩阵)用于匹配查询的相似性,V 矩阵(值矩阵)用于根据注意力权重生成最终输出。

2. 注意力权重的计算与归一化

通过点积操作计算查询与键的相似性得分,为

$$e_{ij} = \frac{Q_i \cdot K_j^{\mathrm{T}}}{\sqrt{d_k}} \tag{7-13}$$

式中,除以 $\sqrt{d_k}$ 实现缩放点积,缓解高维空间中点积值过大的问题,提升训练稳定性。

然后通过 softmax 函数将得分转换为概率分布,为

$$\alpha_{ij} = \frac{\exp(e_{ij})}{\sum_{k=1}^{n} \exp(e_{ik})} \tag{7-14}$$

式中,α_{ij} 表示第 i 个位置对第 j 个位置的注意力权重。

最后,根据注意力权重对值矩阵进行加权求和,得到自注意力输出,为

$$\text{Attention}(Q, K, V) = \text{softmax}\left(\frac{Q_i \cdot K^{\mathrm{T}}}{\sqrt{d_k}}\right) V \tag{7-15}$$

式 (7-15) 给出了自注意力机制的完整计算过程。其中，$Q_i \cdot K^T$ 通过点积操作计算查询与键的相似性得分，为了缓解高维空间中点积值过大的问题，除以 $\sqrt{d_k}$ 进行缩放点积。Softmax 函数则对这些相似性得分进行归一化处理，将得分转换为概率分布形式，使得所有位置的得分之和为 1。归一化后的结果作为注意力权重，与值矩阵 V 相乘，得到最终的注意力输出。这种归一化操作有助于提升模型的训练稳定性和泛化能力，使得注意力权重能够更合理地表示每个位置在整体中的重要程度占比。

3. 多头注意力

单头自注意力仅能捕捉单一视角的依赖关系，而多头注意力通过并行计算多个自注意力头，扩展模型对不同子空间的表达能力。

首先将输入 X 投影到 H 个不同的子空间，每个头使用独立的 W 矩阵、K 矩阵和 V 矩阵，计算公式为

$$Q_h = XW_h^Q \tag{7-16}$$

$$K_h = XW_h^K \tag{7-17}$$

$$V_h = XW_h^V \tag{7-18}$$

式中，$h = 1, 2, \cdots, H$。

然后，每个头独立计算自注意力输出，为

$$\text{head}_h = \text{Attention}(Q_h, K_h, V_h) \tag{7-19}$$

最后，将所有头的输出拼接后，通过线性层投影回原始维度，为

$$\text{Multihead}(Q, K, V) = \text{Concat}(\text{head}_1, \cdots, \text{head}_H) W^O \tag{7-20}$$

式中，$W^O \in \mathbf{R}^{Hd_v \times d}$ 为输出投影矩阵。

多头注意力机制通过并行拆分与特征融合，实现了高效且多样化的语义建模。它通过将输入拆分为多个子空间（头），每个头可独立学习不同语义关系（如语法结构、指代关联或情感倾向），实现多样化特征提取，从而综合捕捉复杂上下文信息。尽管拆分后单头的计算量降低，但总复杂度仍与单头注意力相当，既提升并行性，又避免计算资源浪费，优化了计算效率。

多头机制类似集成学习，通过多组注意力模式的联合决策，降低对单一模式的依赖，减少因局部误判导致的整体偏差，增强了模型鲁棒性。例如，在句子"He opened the can with a knife"中，不同注意力头分工协作，一个头聚焦"can"与"knife"的工具关系（"用刀开罐"），另一个头强化"opened"与"can"的动宾搭配（"打开罐子"），多头联合消解了"can"作为"垃圾桶"的歧义。这种协同机制使模型能够全面理解语义，显著提升语言建模的准确性与泛化能力。

7.3 Transformer 模型架构

7.3.1 Transformer 整体架构概述

Transformer 模型采用编码器-解码器堆叠架构，如图 7-3 所示，通过层次化特征抽象与跨模态交互实现全局上下文感知。编码器部分由多个相同层堆叠，每层以前一层的输出作为输

入，通过多头自注意力机制与前馈神经网络逐步提取多粒度语义特征，最终形成包含全局依赖关系的隐状态表示。解码器部分同样采用多层堆叠结构，但其输入包含如下双重信息流。

（1）自回归生成信号 来自前一解码器层的输出，负责捕捉目标序列的局部依赖。

（2）编码器全局上下文 通过交叉注意力机制（Cross-Attention）动态融合编码器堆叠的最终隐状态，确保源语言信息的高效整合。

所有编码器和解码器层均遵循残差连接与层归一化的标准化设计，有效缓解梯度消失并加速模型收敛。该架构通过解耦序列顺序依赖，实现了完全并行化训练，同时保持了对长程语义关联的建模能力。

7.3.2 编码器

编码器负责将输入序列转换为一组高维度的表示，这些表示旨在捕捉输入序列的特征和语义信息。每个编码器包含多头自注意力和前馈神经网络两个主要子层，其结构如图 7-4 所示。

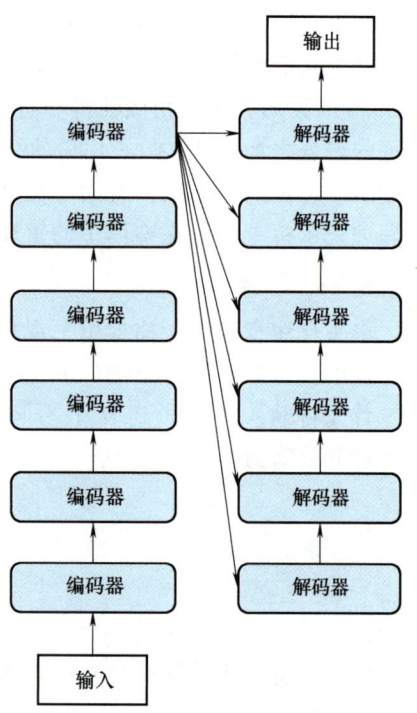

图 7-3 Transformer 架构

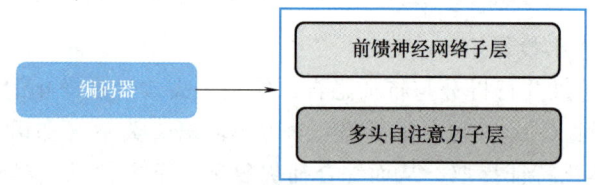

图 7-4 编码器主要子层结构

1. 多头自注意力子层

多头自注意力子层对输入序列中的每个位置进行加权组合，以提取全局的上下文信息，图 7-5 所示为自注意力机制的一种常见结构。在计算过程中，涉及查询矩阵 Q、键矩阵 K 和值矩阵 V。实际上，自注意力机制的输入是单词的向量表示矩阵 X，或者前一个编码器的输出。

如式（7-16）~式（7-18）所示，Q、K、V 矩阵是通过对自注意力机制输入的线性变换得到的。Q、K、V 矩阵计算也可用图 7-6 表示，输入矩阵用 X（假定包含 4 个单词，词向量维度为 5）表示，权重矩阵 W^Q、W^K 和 W^V 刚开始是随机初始化的，它们的值将在训练过程中通过学习得到优化。X、Q、K、V 矩阵的每一行代表一个单词的输入向量、查询向量、键向量和值向量，Q、K、V 矩阵使得每一个单词和句子中的其他单词产生了关联。

得到 Q、K、V 矩阵后，按照式（7-15）可计算自注意力机制的输出。先执行 Q 与 K 转置的矩阵相乘，如图 7-7 所示，得到原始注意力分数矩阵，该 $n×n$ 矩阵（n 为序列长度）中的每个元素表征单词间的原始关联强度，矩阵行列索引 1~4 对应句子中的四个单词。

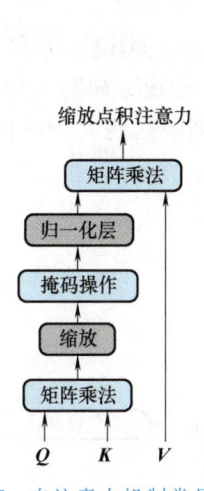

图 7-5　自注意力机制常见结构

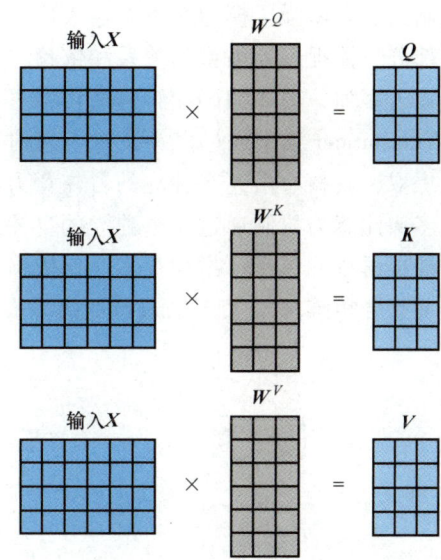

图 7-6　Q、K、V 的矩阵计算

为了抑制点积值过大导致的梯度不稳定现象,将原始注意力分数矩阵除以 $\sqrt{d_k}$(d_k 为键向量维度),得到缩放后的注意力分数矩阵,如图 7-8 所示。接着,对缩放后的注意力分数矩阵逐行应用 softmax 函数,生成注意力权重矩阵,经此处理后,每行元素之和严格等于 1,形成概率分布,第 i 行表示目标单词 i 对所有上下文词元的注意力分配权重(即注意力系数)。

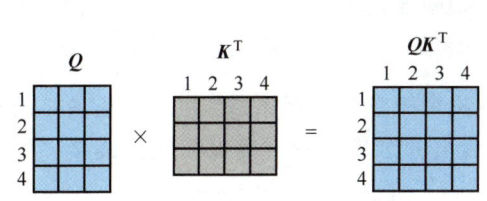

图 7-7　原始注意力分数矩阵计算

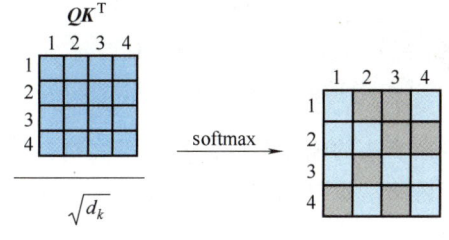

图 7-8　归一化处理得到注意力权重矩阵

将归一化后的注意力权重矩阵与值矩阵 V 相乘,生成上下文感知的注意力输出矩阵 Z,如图 7-9 所示。此步骤的数学本质与物理意义为:

1)加权求和逻辑:矩阵相乘等价于对每个目标词元(行),按注意力权重对其所有上下文词元的值向量(V 的对应行)进行加权求和。

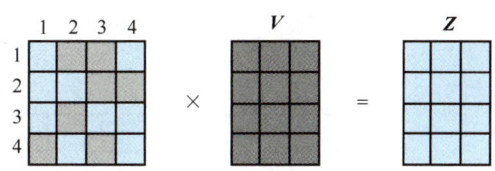

图 7-9　注意力输出矩阵 Z 的计算

2)维度守恒性:输出矩阵 Z 的维度与值向量维度一致,确保自注意力机制可嵌入标准前馈网络。

3)语义融合表征:Z 的每一行(即每个词元的输出向量)编码了该词元与序列全局的语义关联模式,实现了上下文信息的动态聚合。

Transformer 模型主要采用多头注意力机制,它由多个自注意力机制组合而成。多头注意力机制的引入增强了模型对不同输入位置的建模能力。每个注意力头可以聚焦于输入序列的不同部分，捕捉不同类型的关系和依赖。通过并行学习多个注意力权重，模型能够更全面地理解输入序列，并在编码和解码过程中更有效地利用全局上下文信息。

Transformer 模型通过多头注意力架构（Multi-Head Attention，MHA）实现异构特征的并行化提取，其核心由 h 个独立的自注意力子模块（即"头"）组成，如图 7-10 所示。

多头注意力机制通过 h 个独立的自注意力头，将输入序列映射到 h 个异构表示子空间，分别捕捉语法、语义、指代等多样化依赖模式。如图 7-11 所示（$h=8$），每个头生成独特的上下文聚合矩阵 Z_i，实现输入特征的多视角解耦与并行化学习。

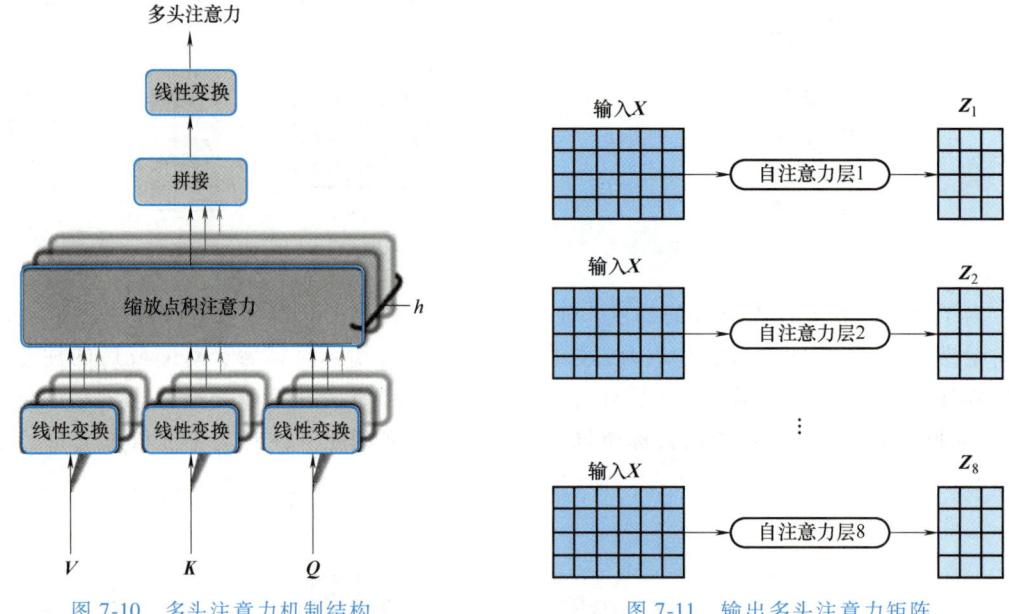

图 7-10　多头注意力机制结构　　　　图 7-11　输出多头注意力矩阵

所有头的输出矩阵沿特征维度拼接后，经线性投影矩阵压缩至原始维度，生成最终的输出矩阵 Z，如图 7-12 所示。此设计强制保持输入输出的维度一致，确保与残差连接、层标

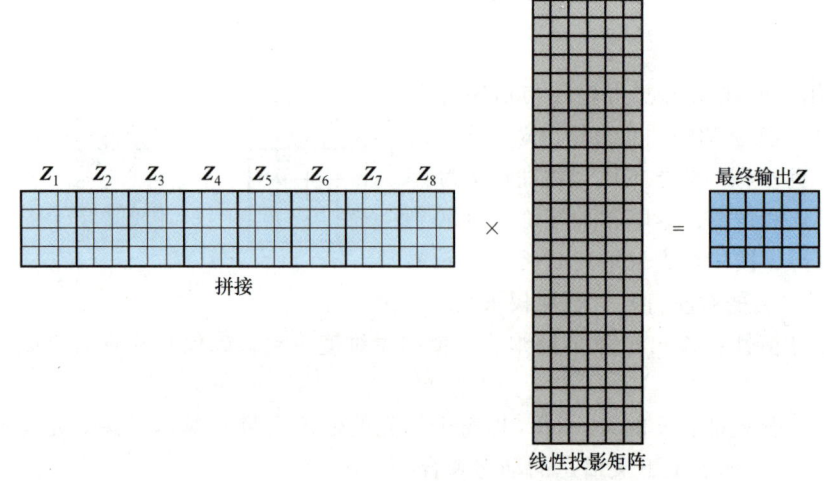

图 7-12　多头注意力机制的输出

准化等组件的兼容性。

2. 前馈神经网络子层

前馈神经网络子层对多头自注意力子层的输出进行非线性变换和映射，由两个全连接层组成，第一层的激活函数为 ReLU，第二层不使用激活函数，对应的公式为

$$\text{FFN}(x) = \text{ReLU}(xW_1 + b_1)W_2 + b_2 \tag{7-21}$$

式中，W 和 b 分别表示两个全连接层的参数矩阵或向量。

另外，在多头注意力机制的输出与前馈神经网络层的输入 X 之间，还有残差连接（Residual Connection）和层归一化（Layer Normalization）的处理。Transformer 模型在每个子层的输入与输出之间引入残差连接，防止在模型训练过程中出现梯度消失或梯度爆炸的问题。层归一化用于对每个子层的输出进行标准化，以提升模型的训练效率和泛化能力。

7.3.3 解码器

解码器负责基于编码器的输出以及先前已生成的部分目标序列来生成最终的目标序列。解码器由多个相同的层次堆叠而成，每个层次均包含三个子层次，如图 7-13 所示。

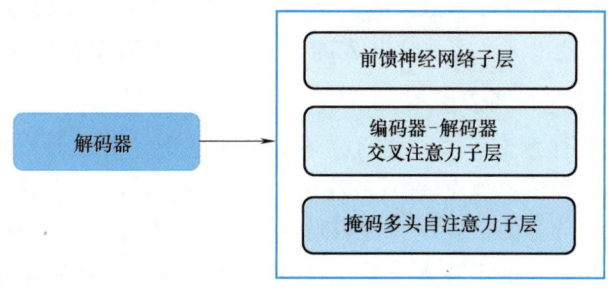

图 7-13　解码器主要子层结构

1. 掩码多头自注意力子层

掩码多头自注意力子层与编码器中的自注意力子层相似，同样用于捕捉序列内部的依赖关系，但解码器在此基础上引入了掩码（Masked）操作，防止解码器在训练时"偷看"未来信息（保证自回归性）。

以翻译为例，翻译过程是按顺序进行的，即只有在翻译完第 i 个单词后，才能开始翻译第 $i+1$ 个单词。掩码操作确保了在翻译第 i 个单词时，不会泄露第 $i+1$ 个单词之后的信息。下面以将"我爱北京"翻译成"I love Beijing"为例，说明掩码操作的具体过程。

第一步：解码器的输入包括输入矩阵和 Mask 矩阵，如图 7-14 所示。输入矩阵由"<Begin> I love <Beijing>"（对应索引 0，1，2，3）这四个单词的表示向量组成，而 Mask 矩阵

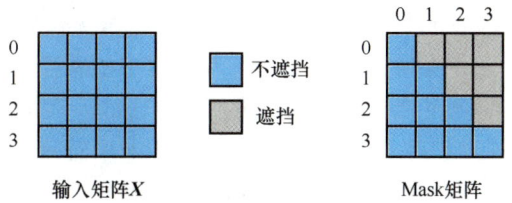

图 7-14　Mask 矩阵

是一个 4×4 的矩阵。在 Mask 矩阵中，可以看到，索引为 0 的单词只能使用自身的信息，而索引为 1 的单词可以使用索引 0 和 1 的信息，即在每个单词的翻译过程中，只能依赖于该单词及其之前的位置信息。

第二步：与标准的自注意力机制相同，通过输入矩阵 X 计算得到查询矩阵 Q、键矩阵 K 和值矩阵 V，进而计算出注意力强度矩阵。

第三步：在得到注意力强度矩阵之后，进行归一化操作以计算注意力分数矩阵。在归一化之前，需要利用 Mask 矩阵来遮蔽每个单词之后的信息，遮挡操作如图 7-15 所示。

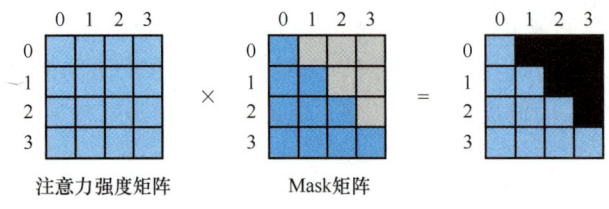

图 7-15　遮挡操作

第四步：将经过 Mask 矩阵遮蔽的注意力强度矩阵与值矩阵 V 相乘，得到输出矩阵 Z。

第五步：与编码器中的处理类似，通过多头注意力机制将多个输出 Z_i 拼接起来，形成多头注意力机制的最终输出 Z。这个输出 Z 的维度与输入矩阵 X 保持一致。

2. 编码器-解码器交叉注意力子层

编码器-解码器交叉注意力子层与之前描述的自注意力子层相似，主要差异在于，其自注意力机制的键矩阵 K 和值矩阵 V 并不是基于上一个解码器的输出计算的，而是基于编码器的编码信息矩阵 C 来计算的，以达到将编码器输出的全局信息注入解码过程。具体来说，根据编码器的输出 C 来计算键矩阵 K 和值矩阵 V，而查询矩阵 Q 则是根据上一个解码器的输出矩阵 Z 来计算的（如果是第一个解码器层，则使用输入矩阵 X 进行计算）。接下来的计算步骤与之前描述的自注意力机制相同。这种设计的好处在于，在解码器的处理过程中，每个位置的单词都能够充分利用编码器提供的整个输入序列的信息（这些信息不受掩码操作的限制），从而增强了翻译的准确性和上下文的连贯性。

3. 前馈神经网络子层

与编码器中的前馈神经网络子层结构和功能相似，数据在经过这一层后，将被传递至 softmax 层。解码器的最终部分利用 softmax 函数来预测序列中的每一个单词。这一层对数据进行非线性变换，为模型提供了额外的学习能力，以确保输出的准确性和多样性。

此外，和编码器结构一样，解码器中也有残差连接和层归一化的处理。

7.3.4　位置编码

由于自注意力机制的排列不变性，Transformer 模型本身无法感知输入序列中各元素的顺序。为了解决这一问题，位置编码被引入，用于为序列中的每一个位置赋予唯一的位置信息，从而使模型能够理解序列的顺序结构。位置向量用 PE 表示，其维度与单词的语义向量保持一致。位置向量 PE 可以通过训练过程学习得到，或者采用特定的计算公式来确定。Transformer 模型中采用了后者，正弦余弦函数编码（Sinusoidal Positional Encoding）是 Transformer 原始论文中采用的位置编码方法。其核心思想是通过正弦和余弦函数的周期性特性，将位置

信息编码为向量，并与输入嵌入向量相加，其计算公式为

$$PE_{(pos,2i)} = \sin(pos/10000^{2i/d}) \quad (7\text{-}22)$$

$$PE_{(pos,2i+1)} = \cos(pos/10000^{2i/d}) \quad (7\text{-}23)$$

式中，pos 表示单词在句子中的位置；d 表示 PE 的维度；$2i$ 表示偶数的维度；$2i+1$ 表示奇数的维度。使用这种公式计算 PE 有以下好处。

1）PE 能够适应比训练集里面所有句子更长的句子，假设训练集里面最长的句子有 20 个单词，突然来了一个长度为 21 的句子，则使用公式计算方法可以计算出第 21 位的位置向量。

2）可以让模型容易地计算出相对位置，对于固定长度的间距 k，PE(pos+k) 可以用 PE(pos) 计算得到。因为 $\sin(A+B)=\sin(A)\cos(B)+\cos(A)\sin(B)$，$\cos(A+B)=\cos(A)\cos(B)-\sin(A)\sin(B)$。

位置编码的引入使得 Transformer 模型在处理序列数据时能够充分考虑单词的位置信息，进而更有效地捕捉序列中的语义和上下文关系。通过将位置信息与词向量相融合，模型得以区分序列中不同位置的单词，并对长序列中的位置关系进行建模。

值得注意的是，位置编码是静态的，它在模型训练过程中保持不变。这种设计理念源于位置编码的核心作用：为模型提供位置上的区分性信息，而非学习特定位置之间的相关性。位置编码的引入提升了 Transformer 模型处理序列数据的能力，使其在自然语言处理等领域任务中展现出卓越的性能。位置编码作为 Transformer 模型的一个关键组成部分，为模型提供了一种对序列中不同位置进行有效建模的手段。

7.3.5　Transformer 的输入和输出

以机器翻译任务为例，Transformer 模型的输入为句子中每个单词的向量表示的线性组合 X。如图 7-16 所示，这个向量 X 是通过将单词的语义向量与位置向量相加而得到的。单词的语义向量可以通过多种方式获取，例如，可以使用 Word2Vec、Glove 等算法进行预训练，或者直接在 Transformer 模型的训练过程中学习得到。

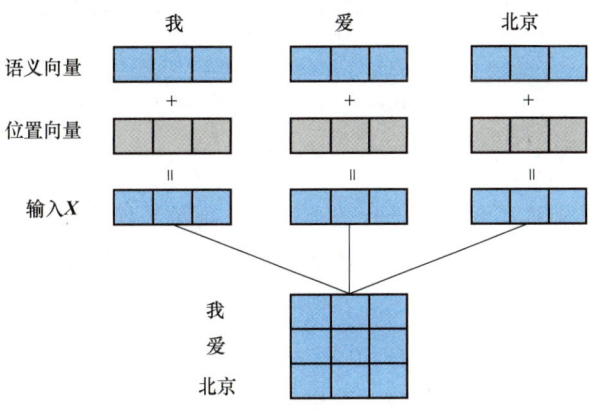

图 7-16　Transformer 输入示例

在 Transformer 的结构设计中，每个编码器的输入和输出保持相同的维度。如图 7-17 所示，单词向量矩阵在经过六个编码器处理后，最终转化为包含整个句子单词编码信息的矩

阵 C。

解码器接收来自编码器的输出，即编码信息矩阵 C，并依据已翻译的单词序列（从第 1 个单词到第 i 个单词）来预测第 $i+1$ 个单词。在翻译过程中，为了确保预测的准确性，当翻译到第 $i+1$ 个单词时，需要通过掩码（Mask）操作来屏蔽第 $i+1$ 个单词之后的所有单词，如图 7-18 所示。这种操作确保了在生成翻译的每一步，解码器都只能访问到当前及之前的翻译结果，从而遵循了序列生成的自回归性质。

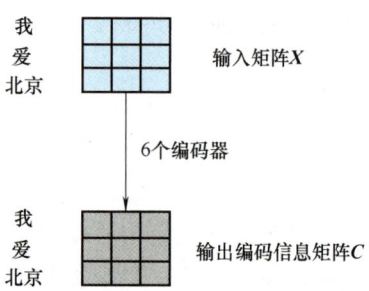

图 7-17　编码器的输入与输出

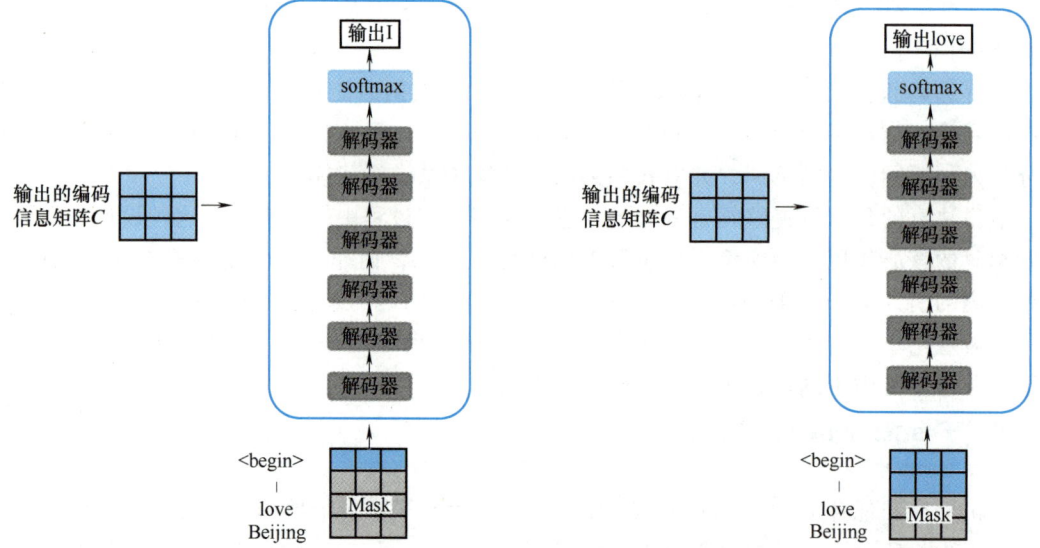

图 7-18　解码器的输入与输出

图 7-18 中的解码器接收了编码器的编码信息矩阵 C，然后输入一个翻译开始符"<Begin>"，预测第一个单词"I"；再输入翻译开始符"<Begin>"和单词"I"，预测单词"love"，以此类推。

7.4　Transformer 模型训练

Transformer 模型的训练过程涉及选择适当的损失函数、优化器以及训练过程的设置，具体过程与前面讲过的 DNN、CNN 和 RNN 基本是一致的。以下简单介绍各步骤内容。

1. 数据准备

在启动 Transformer 模型训练之前，必须先行准备训练数据。针对序列到序列的任务，通常需要准备输入序列与目标序列的成对数据。这些序列需经过适当的预处理和标记化，以便转换成模型能够处理的格式。

2. 损失函数

在训练 Transformer 模型时，常用的损失函数是交叉熵损失（Cross-Entropy Loss）函数。

该函数用于量化模型预测输出与实际标签之间的差异。在序列到序列的任务中，交叉熵损失函数适用于比较解码器的输出序列与目标序列，从而评估模型生成序列的质量。

3. 优化器、学习率调整和训练批量设置

选择合适的优化器以更新模型参数是训练过程中的关键环节。常用的优化器包括随机梯度下降（Stochastic Gradient Descent，SGD）和 Adam 等。Adam 优化器是一种自适应学习率的优化器，以其优异的性能和快速的收敛速度而受到青睐。根据具体情境选择适宜的优化器，并设定相应的超参数。

为了在训练过程中有效控制学习率，可以实施学习率调度策略。这些策略可根据训练进度和性能表现动态调整学习率。常见的学习率调度策略包括学习率衰减和学习率预热等。

为了提升训练效率和稳定性，通常采用批量训练方法。批量训练涉及将训练数据划分为多个小批量，每个小批量包含多个训练样本。在每个批量中，计算损失函数，并通过反向传播来更新模型参数。

4. 正则化和过拟合处理

在模型训练过程中，为了增强泛化能力并防止过拟合，可以采用正则化技术。常用的正则化方法包括 L1 和 L2 正则化、Dropout 等。这些技术有助于控制模型的复杂度，避免其对训练数据过度拟合。

5. 训练迭代与模型评估

Transformer 模型的训练通常需要经历多个训练迭代（Epoch）。每个迭代包含多个批次的训练过程。在每个迭代中，通过前向传播计算损失函数，并通过反向传播更新模型参数。这一过程重复进行，直至满足预定的停止条件或模型收敛。

在训练过程中，需定期对模型性能进行评估。可以使用验证集或测试集来测试模型在未见数据上的表现。常用的评估指标包括准确率、损失值、BLEU 分数等，具体选择应根据任务需求而定。

通过上述步骤，可以开展 Transformer 模型的训练。训练过程中还需进行适当的超参数调整、调试和验证，以确保模型达到良好的性能。同时，还需关注训练时间和资源消耗，确保模型在实际应用中的可行性和效率。

7.5　Vision Transformer 模型

7.5.1　Vision Transformer 简介

Vision Transformer（ViT）是由 Google 团队于 2020 年推出的一项具有里程碑意义的深度学习模型，它成功地将 Transformer 架构引入了计算机视觉领域。最初，Transformer 架构主要应用于自然语言处理（NLP）任务，如机器翻译和文本生成，而 ViT 的问世则将 Transformer 的强大潜力扩展至计算机视觉领域。

传统计算机视觉模型，如卷积神经网络（CNN），在处理视觉任务方面表现卓越，但它们往往依赖于复杂卷积层和池化操作，这在一定程度上限制了它们的扩展性和灵活性。ViT 完全采用 Transformer 架构，摒弃了卷积层，将计算机视觉任务转化为序列建模问题，开启了一种全新的处理方式。

ViT 的核心思想是将输入图像分割成系列小图像块，并将这些图像块重塑为一维向量序列。每个图像块被视作一个"令牌"输入至 Transformer 编码器中，类似于 NLP 中的单词令牌。接着，ViT 利用 Transformer 的自注意力机制对这些图像块进行编码和建模，捕捉图像中全局与局部特征之间的相互作用。这种序列化处理方法使得 ViT 能够应对任意尺寸的输入图像，并且随着模型规模的扩大，其性能亦稳步提升。

ViT 的一大显著优势是在大型预训练任务上的卓越表现。在充足的数据支持下进行预训练，ViT 能够超越传统的 CNN 模型，在众多计算机视觉任务中展现出出色的性能。此外，ViT 在跨视觉任务的迁移学习中也展现了较好的效果，这使其成为一款强大的通用计算机视觉特征提取工具。

尽管 ViT 在计算机视觉领域引发了轰动，并在多项任务中取得了显著成就，但它仍需面对一些挑战，例如，处理大尺寸图像时的计算复杂性和长序列建模的难题。为了克服这些挑战，研究人员正不懈地对 ViT 进行改进和优化。

7.5.2　Vision Transformer 的整体结构

图 7-19 所示为 ViT 的模型架构，该模型由三个主要模块构成，分别是线性投影层（Linear Projection of Flattened）、Transformer 编码器（Transformer Encoder）以及多层感知机头部（MLP Head）。

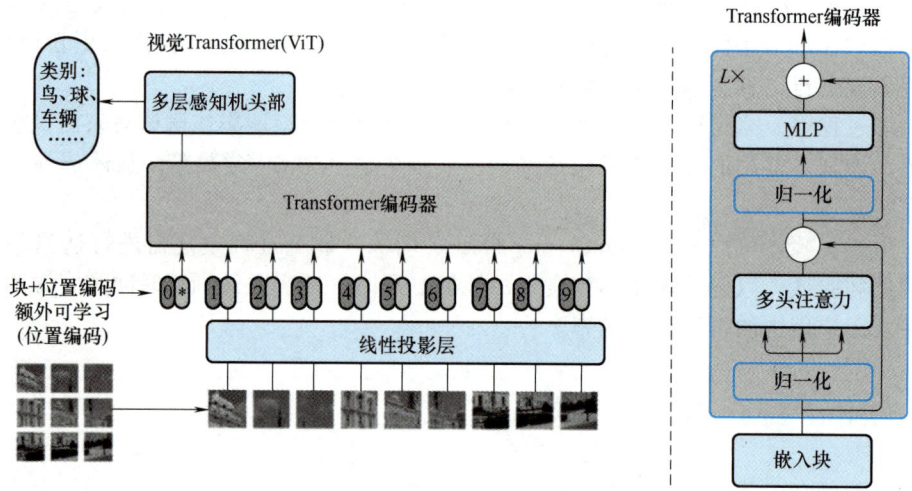

图 7-19　ViT 模型架构

1. 线性投影层

为了与标准的 Transformer 架构兼容，输入数据必须转换成向量序列。对于图像数据，这一转换是通过嵌入层（Embedding Layer）完成的。如图 7-20 所示，输入图像首先被划分为多个固定尺寸的图像块（Patches）。以 ViT-B/16 模型为例，一幅 224×224 像素的图像被切割成 16×16 像素的小块，共产生 196 个图像块。接着，这些图像块通过线性映射被转换成一维向量，每个图像块对应一个长度为 768 的向量。这一过程是通过一个卷积层直接实现的，该卷积层具有 16×16 的卷积核大小、16 的步长，以及 768 个卷积核。卷积操作将图像的维度从 224×224×3 变换为 14×14×768，随后将前两个维度展平，形成 196×768 的向量序列，这恰好符合 Transformer 模型的输入要求。

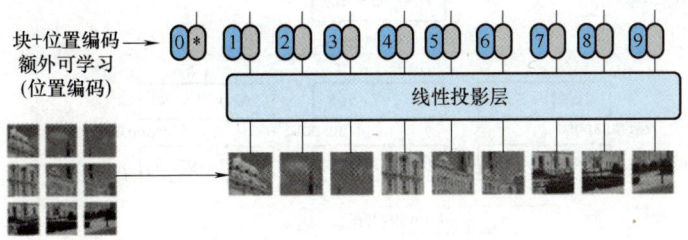

图 7-20　图像数据预处理

在将数据送入 Transformer 编码器之前，还需添加类别编码和位置编码。借鉴 BERT 模型的做法，在得到的向量序列中插入一个用于分类的类别编码。这个类别编码是一个可训练的参数，其数据格式与向量序列中的其他元素保持一致。在 ViT-B/16 中，这个类别编码是一个（1×768）的向量，将其与从图像中提取的向量序列拼接，形成了一个（197×768）的向量序列。

至于位置编码，与传统的 Transformer 模型不同，ViT 并未采用固定的函数来生成位置编码，而是使用了可训练的位置编码。位置编码同样是一个可训练的参数，它直接叠加到向量序列上。在 ViT-B/16 中，由于向量序列的维度是（197×768），因此位置编码的维度也是（197×768），两者通过逐元素相加的方式进行结合。

2. Transformer 编码器

Transformer 编码器本质上是由多个编码器层叠加而成的结构。图 7-21 是 Transformer 编码器的结构图，主要构件及作用如下：

（1）**层归一化**（Layer Norm）　对每个输入进行归一化处理，以稳定训练过程并提高模型性能。

（2）**多头注意力**（Multi-Head Attention）　与 Transformer 模型中的多头注意力机制相同，用于在序列的不同部分之间捕获相互关系。

（3）**Dropout 层**　增强模型的泛化能力，防止过拟合。

（4）**MLP 块**（MLP Block）　由全连接层和激活函数组成。值得注意的是，第一个全连接层会将输入节点的数量扩展为原来的 4 倍，而第二个全连接层则将节点数量还原至原始数量。

3. 多层感知机头部

经过 Transformer 编码器处理后，输出的特征维度与输入保持一致。多层感知机头部（MLP Head）的目标是提取用于分类的信息。因此，仅需关注与类别编码相对应的部分，即从维度为（197×768）的特征矩阵中提取出类别编码所对应的（1×768）维特征。随后，通过多层感知机头部来获得最终的分类结果。多层感知机头部由两个全连接层以及一个激活函数组成。在处理较为简单的分类任务时，通常只需使用一个全连接层即可实现所需的分类功能。

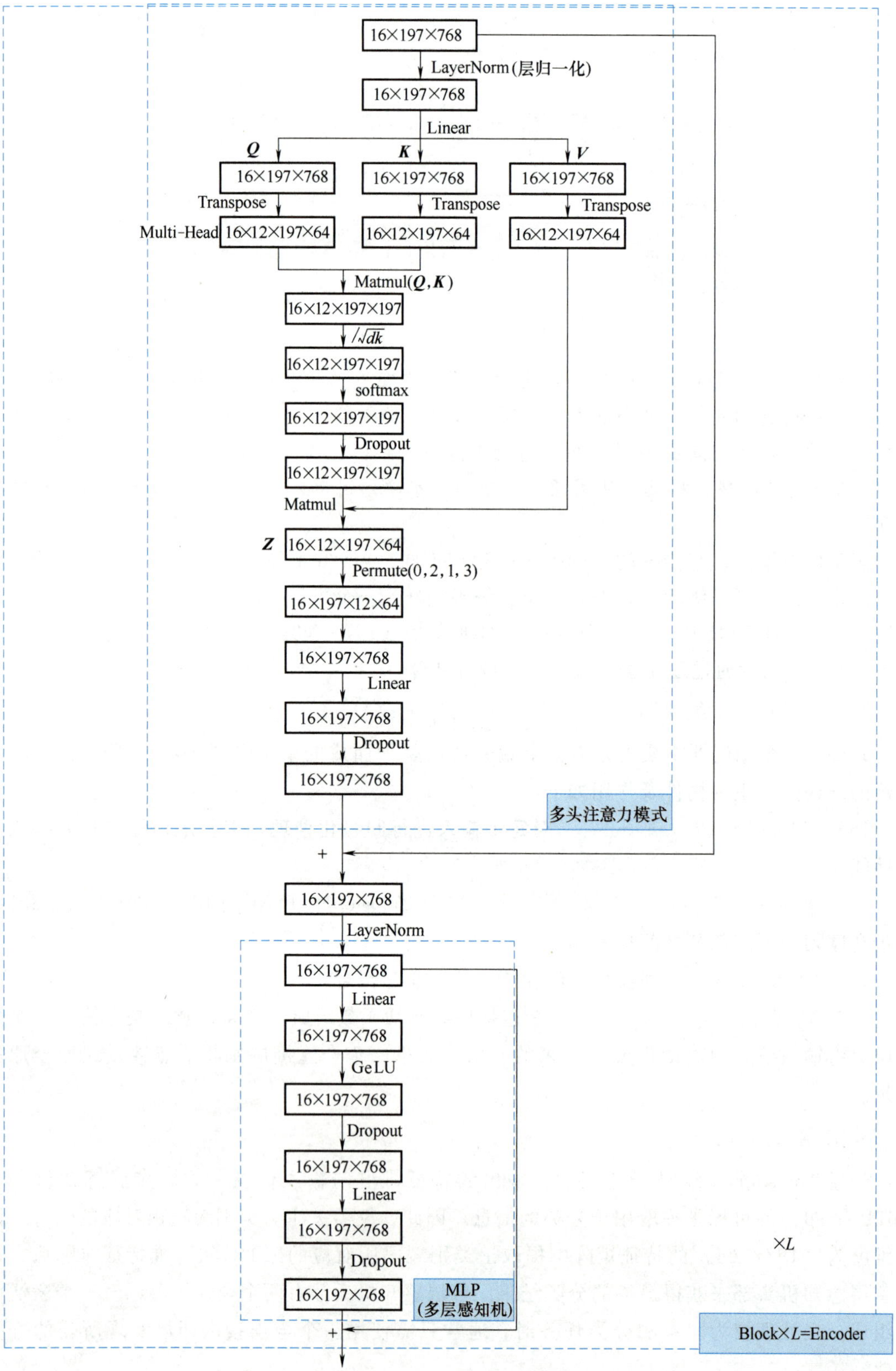

图 7-21 Transformer 编码器结构图

7.6 实践项目

7.6.1 Transformer 注意力机制及其扩展技术实现

Transformer 模型的核心创新在于自注意力机制，它通过动态计算输入序列中各位置之间的相关性，实现了对全局信息的捕捉。本项目基于 PaddlePaddle 框架，完整实现 Transformer 的注意力机制，并扩展其关键技术组件，包括编码器部分的多头注意力、位置编码、残差连接、层归一化和前馈神经网络。

实践分为基础注意力机制验证与多头注意力扩展两个阶段，读者可通过调整超参数（如头数、维度）进一步探索模型性能。

读者可以打开链接 https://aistudio.baidu.com/project/edit/9028857 运行项目，并可扫描二维码观看讲解视频。

讲解视频

7.6.2 基于 Transformer 的文本情感分析

本项目基于 Transformer 架构实现电影评论情感二分类任务，通过注意力机制替代传统 RNN/CNN，模型可并行处理长文本，准确捕捉全局语义依赖，进行文本分类。

项目使用 6.6.2 节同样的 IMDB 公开数据集，IMDB 数据集是一个对电影评论标注为正向评论与负向评论的数据集，共有 25000 条文本数据作为训练集，25000 条文本数据作为测试集数据集。

本项目依赖 PaddlePaddle 深度学习框架与 PaddleNLP 自然语言处理工具库，推荐使用 GPU 环境加速训练。本地运行需预先安装指定版本的库文件以确保兼容性，基础硬件建议 4 核 CPU 与 8GB 内存，若使用 NVIDIA 显卡（如 Tesla T4）可将训练速度提升 5~10 倍。

读者可以打开链接 https://aistudio.baidu.com/projectdetail/8981325 运行项目，并可扫描二维码观看讲解视频。

讲解视频

7.6.3 基于 ViT 的车辆图片分类

本项目展示了如何使用 ViT 进行图像分类任务，通过将图像分割成一系列小块（Patch），并应用自注意力机制来捕捉图像中的长距离依赖关系。以实现对包含不同车辆（如汽车、摩托车、货车）的图像进行分类。项目使用 PaddlePaddle 深度学习框架实现，涵盖了从数据准备到模型训练和评估的完整流程。

该项目通过深入探索计算机视觉与自然语言处理领域的交叉点，展示了 Transformer 模型在图像识别任务中的应用潜力。采用的数据集来源于 PASCAL 视觉类挑战赛（VOC2005）数据，并经筛选处理。数据集分为三类，分别是 1 = "汽车"，2 = "摩托车"，3 = "货车"，图 7-22 所示为车辆数据集的三类图片示例。

图 7-22 车辆数据集三类图片示例

读者可以打开链接 https://aistudio.baidu.com/projectdetail/8982950 运行项目，并可扫描二维码观看讲解视频。

讲解视频

7.6.4 基于 ViT 的医学数字病理图像制片缺陷分类

病理切片制作的质量对医学病理诊断尤为重要。但临床中制片设备和操作的差异致使病理切片中存在多种缺陷，如图 7-23 所示，这对医生诊断以及基于数字切片的深度学习辅助诊断系统的构建造成影响。

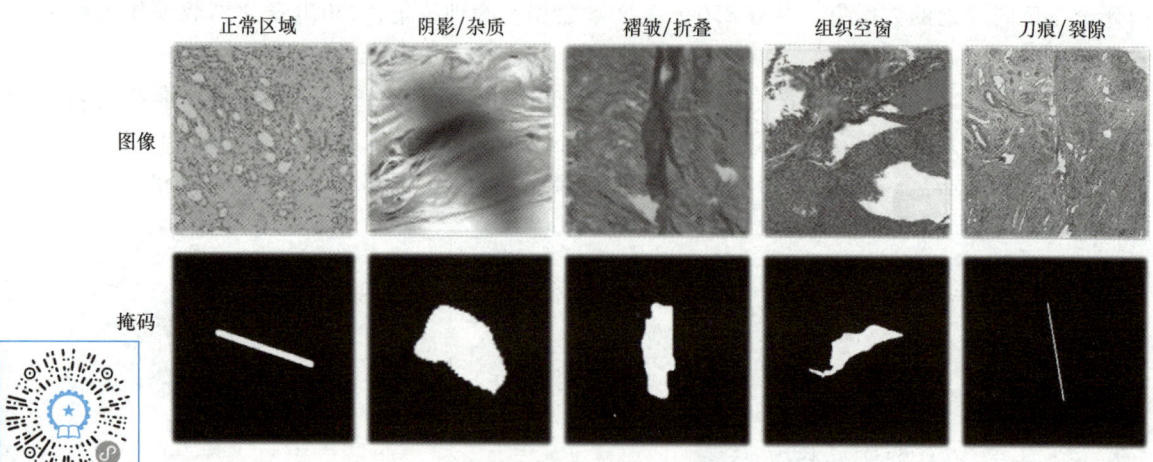

图 7-23 病理切片的各种制作缺陷

彩图

本案例基于 ViT 网络框架完成病理切片中制片缺陷类型的分类，输入为利用图像处理算法在病理全切片图像中初筛的可疑病变区域。每个样本除了图像本身之外，还有一张由图像处理算法分割出的缺陷前景的掩码（Mask），可作为图像分类的提示（Prompt）使用。因此，在 ViT 结构的基础上，本案例增加了一个掩码嵌入编码分支，将 Mask 编码为与 ViT 中图像块特征形状一致的嵌入编码，用于辅助图像的分类，具体计算过程如图 7-24

所示。首先，病理图像通过基础的 ViT 结构进行特征提取；然后，使用全局平均池化的方式得到图像特征；同时，掩码图像经过嵌入编码模块（由三个卷积层组成）转换为与特征维度相同的 Prompt，并与图像特征进行相加融合；最后，通过一个线性层来实现最终的分类。

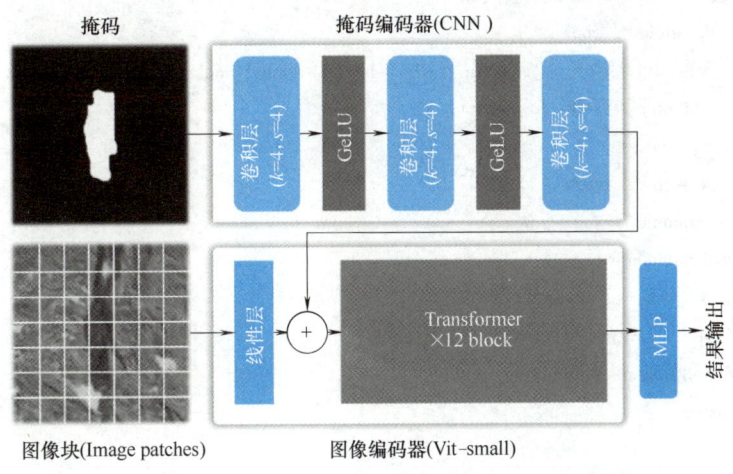

图 7-24　本项目所使用的网络模型结构

基于 PyTorch 编写的模型部分代码如下：

```
# 继承 VisionTransformer，以便直接使用 ViT 的 backbone
    class PromptVisionTransformer（VisionTransformer）：
        def_ init_ （self, * * kwargs）：
            super（PromptVisionTransformer, self）._ init_ （* * kwargs）
            mask_ in_ chans = 16
            embed_ dim = kwargs ['embed_ dim']
            self. mask_ embedding = nn. Sequential （
                nn. Conv2d（1, mask_ in_ chans // 4, kernel_ size = 4, stride = 4），
                LayerNorm2d（mask_ in_ chans // 4），    # 对多少维数的特征做层归一化
                nn. GELU （），
                nn. Conv2d（mask_ in_ chans // 4, mask_ in_ chans, kernel_ size = 4, stride = 4），
LayerNorm2d（mask_ in_ chans），    nn. GELU （），
                nn. Conv2d（mask_ in_ chans, embed_ dim, kernel_ size = 1），
            ）

        def forward_ features（self, x, masks）：
            B = x. shape [0]
            x = self. patch_ embed （x）
            dense_ embeddings = self. mask_ embedding （masks）. flatten （2）. transpose （1, 2）
            x = x + dense_ embeddings #将图像编码与 Mask 编码进行融合
            cls_ tokens = self. cls_ token. expand （B, -1, -1）
            x = torch. cat （（cls_ tokens, x）, dim = 1）
```

```
            x = x + self.pos_embed
                x = self.pos_drop(x)
                for blk in self.blocks: #所继承的VisionTransformer的Transformer模块
                    x = blk(x)
                # 提取cls token输出，用于后续分类
                if self.global_pool:
                    x = x[:, 1:, :].mean(dim=1)    # global pool without cls token
                    outcome = self.fc_norm(x)
                else:
                    x = self.norm(x)
                    outcome = x[:, 0]
                return outcome
            def forward(self, x, masks):
                x = self.forward_features(x, masks)
                x = self.head(x)
                return x
```

读者可以扫描内封上的二维码下载项目代码，并可扫描右侧二维码观看讲解视频。

讲解视频

习题

1. 选择题

1）Transformer模型中，多头注意力机制的主要作用是什么？（　　）

A. 提高模型的表达能力　　　B. 减少模型的参数数量

C. 加速模型的训练过程　　　D. 降低模型的计算复杂度

2）Transformer模型中层归一化的主要功能是下列哪一项？（　　）

A. 对每个时间步的特征向量进行归一化，使隐藏层输出保持稳定分布

B. 对同一批次中所有样本的相同特征进行归一化，加速模型收敛

C. 通过减少模型参数数量来降低计算复杂度

D. 直接优化损失函数以提高模型准确率

3）在Transformer模型中，位置编码的作用是什么？（　　）

A. 对注意力权重进行归一化，防止梯度消失

B. 为输入序列的每个词嵌入添加位置信息，使模型感知词序关系

C. 减少模型参数数量，提高计算效率

D. 直接优化损失函数，提升模型准确率

4）在Seq2Seq模型的解码器部分，以下哪项描述是正确的？（　　）

A. 解码器在生成输出序列时，每个时间步都使用相同的上下文向量

B. 解码器的输入是输入序列的最后一个隐藏状态,而不是上下文向量

C. 解码器在生成输出序列时,可以使用注意力机制来聚焦于输入序列的不同部分

D. 解码器在训练过程中,其所有时间步的输入都是已知的真实目标序列

2. 判断题

1)Transformer 模型中的多头注意力机制可以并行处理不同位置的信息。(　　)

2)Transformer 编码器的每一层都包含一个自注意力层和一个前馈神经网络层。(　　)

3)Transformer 的编码器和解码器结构是完全相同的。(　　)

4)在 Transformer 模型中,位置编码的作用是为输入序列的每个词添加绝对位置信息,从而使模型能够感知词序。(　　)

5)Vision Transformer 可以直接处理非序列化数据,如单个图像。(　　)

3. 简答题和分析题

1)简述注意力机制在 Transformer 模型中的作用。

2)Transformer 模型中的残差连接有什么作用?

3)分析 ViT 如何处理图像数据,并说明其与传统的 CNN 在处理图像时的主要区别。

4)描述 Transformer 模型中的多头注意力机制是如何工作的,并解释为什么它比单头注意力更有效。

5)解释在 Transformer 模型中,位置编码的重要性,并说明它是如何被加入到模型中的。

6)讨论在 Seq2Seq 模型中加入注意力机制的好处。

部分习题参考答案

第8章 生成式网络及实践

生成式网络是深度学习领域的一个重要分支，其通过深度学习数据分布的内在规律，实现了从"记忆"到"创造"的跨越。从变分自编码器到生成对抗网络，再到扩散模型，生成式网络的技术演进持续突破生成样本的质量与多样性边界，而 Transformer 架构凭借其自注意力机制与并行计算能力，进一步推动了生成式 AI 的范式革新。当前，这一领域已渗透至艺术创作、虚拟现实等多元场景，而面向未来，多模态生成与科学发现等前沿方向正释放着巨大的应用潜力。然而，技术进步的同时，生成内容的真实性、版权归属、潜在滥用等伦理与安全问题，需要构建与之匹配的治理框架，以实现技术创新与社会责任的平衡发展。

8.1 生成式网络概述

生成式网络的核心目标是通过学习训练数据的潜在分布，生成与真实数据相似但全新的样本。与判别式网络（如分类器）不同，生成式网络专注于捕获数据的内在结构和模式（如图像纹理、文本语法），并通过显式或隐式建模实现数据的分布学习，最终生成在统计特性上高度逼真的新样本。

生成式网络的发展经历了从早期显式建模到现代隐式建模的演进。早期方法［如受限玻尔兹曼机（Restricted Boltzmann Machine，RBM）、变分自编码器（Variational Autoencoder，VAE）］通过显式定义数据分布实现生成，而现代突破［如生成对抗网络（Generatiue Adversarial Networks，GAN）、扩散模型］则通过采样过程隐式建模数据分布。特别是 GAN 通过判别器与生成器的对抗博弈，显著提升了生成样本的质量，扩散模型则通过逐步去噪实现了高分辨率图像的生成。

生成式网络在图像生成（如高分辨率图像、风格迁移）、文本生成（如新闻标题、对话系统）、语音处理（如语音合成、增强）、数据增强（如医学图像扩充）和跨模态生成（如文本到图像）等领域展现出强大能力。其创造性生成特性不仅推动了艺术、影视等领域的自动化内容生成，还在医疗、金融等产业中辅助决策和数据分析。

生成式网络推动了深度学习在创造性任务中的突破，促进了无监督学习和自监督学习的发展。其多模态生成能力（如图像、文本、语音的统一生成）和科学发现潜力（如新材料设计）为人工智能开辟了新方向。未来，生成式网络将在跨模态生成、科学探索等领域发挥更大作用，同时需应对伦理与安全的挑战。

8.2 变分自编码器

变分自编码器（VAE）是生成式网络发展历程中的重要里程碑，它将深度学习与概率图模型相结合，为复杂数据分布的建模与生成提供了全新范式。VAE 通过引入潜在变量（Latent Variable）与变分推断（Variational Inference）技术，实现了从数据到潜在空间再到生成数据的双向映射，在生成质量与可解释性之间取得了平衡。

VAE 通过将输入数据映射到潜在空间并引入概率分布，实现对数据的生成和重建。其核心是潜在变量模型，假设输入数据 x 由潜在变量 z 生成，且 z 服从先验分布 $p(z)$。由于直接计算后验分布 $p(z|x)$ 比较困难，VAE 使用变分推断，通过近似后验分布 $q(z|x)$ 逼近真实后验分布。VAE 的损失函数包括重构损失和 KL 散度，形式为

$$L = \mathbb{E}_{q(z|x)}[\log p(x|z)] - \mathrm{KL}(q(z|x) \| p(z)) \tag{8-1}$$

式中，$\mathbb{E}$ 表示期望值。

VAE 的模型架构由编码器和解码器组成。编码器将输入数据 x 映射到潜在空间，输出潜在变量 z 的分布参数（均值 μ 和方差 σ），并通过重参数化技巧采样 z，为

$$z = \mu + \sigma \cdot \epsilon, \quad \epsilon \sim \mathcal{N}(0, I) \tag{8-2}$$

式中，ϵ 是一个从标准正态分布 $N(0, I)$ 中采样的随机向量，其中 I 是单位矩阵。ϵ 起到了引入随机性、实现重参数化技巧、模拟不确定性和帮助学习潜在分布等多重重要作用。

解码器将 z 映射回数据空间，生成重建数据 $\hat{x}$，通过最大化条件分布 $p(x|z)$ 实现重建。

VAE 的训练通过最小化损失函数实现，包括输入数据编码、潜在变量采样、数据重建和损失计算与优化。编码器生成 z 的分布参数，解码器生成重建数据 $\hat{x}$，并通过重构损失和 KL 散度更新模型参数。

VAE 在图像生成、数据降维、数据增强和异常检测等任务中表现出色。例如，在 MNIST 数据集上生成手写数字，将高维数据映射到低维潜在空间用于可视化，生成新样本增强数据集多样性，以及通过重构误差检测异常样本。

VAE 的优势在于生成多样性和潜在空间可解释性，能够生成连续且多样的样本，并在降维和特征学习中表现优异。然而，VAE 也面临生成质量限制和训练复杂度高的挑战，生成的样本质量可能不如 GAN，且训练过程需要同时优化编码器和解码器，计算复杂度较高。

8.3 生成对抗网络

生成对抗网络（GAN）是由 Goodfellow 等人在 2014 年提出的一种深度学习模型框架。它通过生成器（Generator）和判别器（Discriminator）的对抗训练，实现了从噪声中生成逼真数据的目标。

8.3.1 生成对抗网络机理

生成对抗网络的核心思想源于博弈论中的零和博弈，其通过构建生成器与判别器这一对

相互对抗的神经网络模型实现数据生成任务。如图 8-1 所示，生成器以随机噪声为输入，目标是生成尽可能逼真的数据样本以欺骗判别器；判别器则以真实数据样本和生成器生成的假样本为输入，目标是准确区分二者的真伪。在训练过程中，生成器与判别器通过交替优化形成动态博弈——生成器不断改进生成策略以突破判别器的鉴别能力，判别器则持续提升判别精度以应对生成器的"造假"手段，二者在对抗中相互促进、共同进化，最终达到纳什均衡状态，此时生成器生成的样本质量已高度接近真实数据分布。

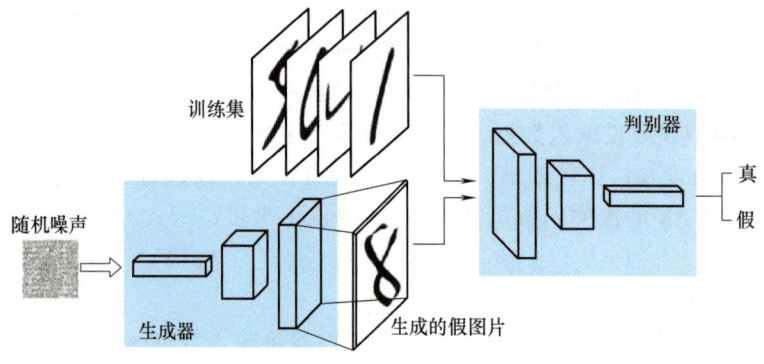

图 8-1 生成对抗网络示意图

1. 生成器

生成器的数学表达为 $G(z, \theta)$，其中 z 代表输入的随机噪声向量，θ 则是生成器的参数集。生成器本身是一个神经网络，其目标是生成与真实数据分布相仿的伪数据。它通过接收一个随机噪声向量 z 作为输入，并借助神经网络的力量，将其转换成与目标数据维度一致的伪数据。生成器的构建基于生成模型的原理，旨在学习从潜在空间到观测数据空间的映射。其目标在于学习生成样本的分布，以便能够创造出与真实数据难以区分的新样本。为了达到这一目标，生成器必须洞察数据样本的特征和统计规律，并在训练过程中不断微调其参数，以提升生成样本的逼真度。

2. 判别器

判别器的数学表达为 $D(x, \varepsilon)$，其中 x 代表输入样本，包括真实数据和生成器输出的数据，ε 则是判别器的参数集，是一组确定性的数值，决定了判别器如何对输入 x 进行处理和判断。判别器也是一个神经网络，其主要目标是准确区分生成器产生的伪数据和真实的原始数据。面对一个输入样本 x，判别器会输出一个概率值，该值反映了样本被认为是真实数据的可信度。判别器的构造基于判别模型的理念，专注于辨识真实样本与生成样本之间的微妙差异。通过训练，判别器能够学习到真实样本与生成样本的特征和模式，从而有效地对两者进行区分。

3. GAN 的总体优化目标

GAN 网络的总体优化目标为

$$\min_{G}\max_{D} V(D, G) = \mathbb{E}_{x \sim P_{\text{data}}(x)}[\log D(x)] + \mathbb{E}_{z \sim p_z(z)}[\log(1 - D(G(z)))] \tag{8-3}$$

式中，$P_{\text{data}(x)}$ 是真实数据分布；$p_z(z)$ 是随机噪声分布；右边第一项表示判别器成功区分真实数据的概率，而第二项表示判别器成功区分生成器生成的假数据的概率；$\mathbb{E}$ 表示期望值。

在 GAN 的训练过程中，生成器和判别器的参数是交替进行更新的。判别器的目标在于尽可能准确地识别出生成器产生的数据与真实数据之间的差异，因此它需要最大化其目标函数；而生成器的目标则是尽可能地欺骗判别器，使其无法分辨真伪，因此它需要最小化目标函数。在实际操作中，生成器在整体优化目标中的贡献主要体现在式（8-3）中右边的第二项，即在训练过程中，它只需关注最小化 $\mathbb{E}_{z \sim p_z(z)}[\log(1-D(G(z)))]$ 这一部分。这种训练模式会持续进行，直到生成器输出的伪数据与真实数据足够相似，以至于判别器无法有效区分两者。

总体而言，在 GAN 的框架下，生成器和判别器通过不断的竞争与适应，共同推动生成器生成更加逼真的假数据，接近真实数据的分布。在实际应用中，通常期望生成器能够在模型中发挥更为关键的作用。为了达到这一目标，可以采用多种策略来训练判别器。例如，在 ChatGPT 的训练过程中，可以引入人工标注员对 GPT 的输出结果进行评分，进而利用这些评分通过传统的神经网络训练方法，辅助 GPT 训练出性能卓越的判别器。

4. 生成器和判别器的最优解

在介绍生成器和判别器的最优解之前，先引入两个重要的概念：KL 散度和 JS 散度。

KL 散度是用来衡量两个概率分布之间的差异性。对于两个离散概率分布 P 和 Q，KL 散度定义为

$$\mathrm{KL}(P \parallel Q) = \sum P(x) \log \frac{P(x)}{Q(x)} \tag{8-4}$$

式中，$P(x)$ 和 $Q(x)$ 分别表示 P 和 Q 在某个事件上的概率。KL 散度衡量的是在给定概率分布 P 的情况下，使用概率分布 Q 来表示真实分布 P 所需的额外信息量。KL 散度的值越大，表示两个分布越不相似。KL 散度是一个非负且非对称的度量，即 $\mathrm{KL}(P \parallel Q) \neq \mathrm{KL}(Q \parallel P)$。

JS 散度是由 KL 散度推导出来的一种对称的度量，它用于衡量两个概率分布之间的相似度。对于两个概率分布 P 和 Q，JS 散度定义为

$$\mathrm{JS}(P, Q) = \frac{1}{2}\mathrm{KL}(P \parallel M) + \frac{1}{2}\mathrm{KL}(Q \parallel M) \tag{8-5}$$

式中，$M = \frac{1}{2}(P+Q)$ 是 P 和 Q 的混合分布。

JS 散度可以看作两个分布的平均相对熵，取值范围在 [0, 1] 之间。当两个分布完全相等时，JS 散度达到最小值 0；当两个分布完全不相交时，JS 散度达到最大值 1。

任意给定生成器 G 的情况下，对于判别器来说存在最优解，最优解约束为

$$\max_D V(D, G) = \mathbb{E}_{x \sim P_{\mathrm{data}}(x)}[\log D(x)] + \mathbb{E}_{x \sim P_g(x)}[\log(1-D(x))] \tag{8-6}$$

式中，$\mathbb{E}$ 表示期望值；$P_g(x)$ 表示由生成器 G 生成的数据分布。

式（8-6）最优解在 $D_G^*(x) = \dfrac{P_{\mathrm{data}}(x)}{P_{\mathrm{data}}(x) + P_g(x)}$ 处取得，这一点很重要，因为在训练中需要先根据任意生成器不断逼近判别器的最优解，然后通过更新的判别器反过来迭代生成器的

优化。因此,还需要证明当且仅当生成器生成数据的分布和真实数据的分布一致时,判别器达到全局最优解。

证明: 当且仅当 $P_{\text{data}}(x) = P_g(x)$ 时,才能得到 $\max\limits_{D} V(D, G)$ 的全局最小解。

假设 $P_{\text{data}}(x) = P_g(x)$,可以得到

$$V(G, D_G^*) = -\log 2 \int P_g(x) \mathrm{d}x - \log 2 \int P_{\text{data}}(x) \mathrm{d}x = -\log 4 \tag{8-7}$$

现在需要证明,对于任意的 G, $-\log 4$ 为 $\max\limits_{D} V(D, G)$ 的全局最小值。将 $D_G^*(x)$ 代入并通过变换,可以得到

$$\max\limits_{D} V(D, G) = -\log 4 + \mathrm{KL}\left(P_{\text{data}} \parallel \frac{P_{\text{data}} + P_g}{2}\right) + \mathrm{KL}\left(P_g \parallel \frac{P_{\text{data}} + P_g}{2}\right) \tag{8-8}$$

由于 KL 散度的非负性,得到 $\max\limits_{D} V(D, G)$ 的全局最小值为 $-\log 4$,当 $P_{\text{data}}(x) = P_g(x)$ 时,才能得到 $\max\limits_{D} V(D, G)$ 的全局最优解,已证明。

可以发现式(8-8)可用 JS 散度表示为

$$\max\limits_{D} V(D, G) = -\log 4 + \mathrm{JS}(P_{\text{data}}, P_g) \tag{8-9}$$

当且仅当 $P_{\text{data}} = P_g$ 时,$\mathrm{JS}(P_{\text{data}}, P_g) = 0$。

5. 生成器和判别器的训练过程

生成对抗网络的训练过程如下:

1) 设置一组对抗网络模型:生成器 G,其生成分布为 $P_z(z)$,且判别器 D 是一个分类器,真实数据分布为 P_{data}。

2) 在训练循环中,训练判别器 D 来判别输入的样本,并收敛到 $D_G^*(x) = \dfrac{P_{\text{data}}(x)}{P_{\text{data}}(x) + P_z(z)}$。

3) 训练生成器 G,判别器 D 引导 $G(z)$ 生成更真实的数据。

4) 训练若干步后,生成分布 $P_z(z)$ 收敛到 P_{data}。判别器 D 无法区分真实数据分布和生成分布,即 $D(x) = \dfrac{1}{2}$。

训练过程的伪代码如下所示:

输入:噪声样本集 z,训练样本集 x,学习率 α,批次大小 m。
输出:判别器参数 θ_d,生成器参数 θ_g。

```
for epoch do
    for k do
```
        从真实数据分布 P_{data} 采样一批 m 个真实样本 $\{x_1, x_2, \cdots, x_m\}$。

        从噪声数据分布 P_z 采样一批 m 个噪声数据 $\{z_1, z_2, \cdots, z_m\}$。

        通过随机梯度法更新判别器:

$$\theta_d \leftarrow \theta_d + \alpha \nabla_{\theta_d} \frac{1}{m} \sum_{i=1}^{m} \left(\log D(x^{(i)}) + \log(1 - D(G(z^{(i)}))) \right)$$

```
    end for
```

从噪声数据分布 P_z 采样一批 m 个噪声数据 $\{z_1,z_2,\cdots,z_m\}$。
通过随机梯度法更新生成器：

$$\theta_g \leftarrow \theta_g + \alpha \nabla_{\theta_g} \frac{1}{m} \sum_{i=1}^{m} \log(1 - D(G(z^{(i)})))$$

end for

8.3.2 生成对抗网络变体架构

生成对抗网络自提出以来，凭借其卓越的生成能力，在图像生成、文本创作、音频合成等领域取得了突破性进展，但其基础架构（Vanilla GAN）在训练稳定性与生成样本的多样性方面仍存在显著局限。为解决基础 GAN 在训练稳定性、生成图像质量、模式多样性等方面的问题，研究者们围绕生成器与判别器的结构革新与训练策略优化，提出了 GAN 的多种变体架构。下面将重点介绍三种具有代表性的生成对抗网络架构变体。

1. 条件生成对抗网络

基础 GAN 模型在生成图像时往往具有随机性，其输出结果不可预测，缺乏对生成过程的精确控制，导致目标生成不明确，可控性较弱。为了解决基础 GAN 在生成具有特定属性图像方面的局限性，Mirza 等研究者提出了条件生成对抗网络（Conditional GAN）。条件生成对抗网络对基础 GAN 的概念进行了扩展，使得生成器和判别器能够融入条件信息进行训练。在条件生成对抗网络的框架下，生成器和判别器都能够接收额外的条件信息，如类别标签，从而在特定条件下生成和识别样本。这一机制使得生成器能够根据给定的条件信息，如特定类别生成相应的图像，大大增强了模型的可控性和目标导向性。

条件生成对抗网络相对于基础 GAN 在模型结构上并没有变化，只是在生成器 G 和判别器 D 的输入数据上做了修改。这种修改使得条件生成对抗网络成为一种通用策略，可以嵌入到其他生成对抗网络中，如图 8-2 所示。条件生成对抗网络的损失函数与基础 GAN 的损

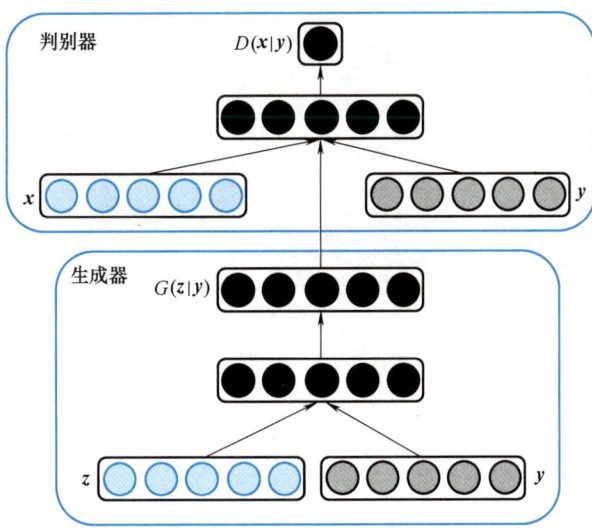

图 8-2　条件生成对抗网络的生成器与判别器

失函数的不同之处也体现在数据的输入上，条件生成对抗网络的优化目标为

$$\min_{G}\max_{D} V(D,G) = \mathbb{E}_{x \sim P_{\text{data}}(x)}\left[\log D(\boldsymbol{x}|\boldsymbol{y})\right] + \mathbb{E}_{z \sim p_z(z)}\left[\log(1 - D(G(\boldsymbol{z}|\boldsymbol{y})))\right] \quad (8\text{-}10)$$

条件生成对抗网络在基础 GAN 的基础上，添加了 $\boldsymbol{y}$ 作为标签数据。这样一来，判别器不但需要判断输入数据的真假情况，同时还需要判断输入数据和标签的匹配程度。

条件生成对抗网络的结构如图 8-3 所示，对于生成器 G 来说，条件信息 $\boldsymbol{y}$ 和随机噪声向量 z 通常是以拼接的方式共同输入到网络中，以生成具有特定属性的伪图像。而对于判别器 D，它有两种处理输入数据的方式，一是直接将样本 X 和条件信息 $\boldsymbol{y}$ 的拼接向

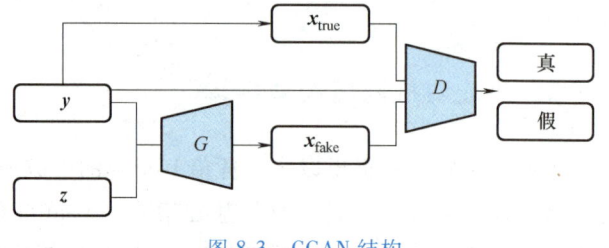

图 8-3　CGAN 结构

量作为输入，以此输出关于图像真伪及其与条件信息匹配度的判断；二是先对图像的真伪进行判断，随后对于判别器认定为真实的图像，进一步评估其与给定标签 $\boldsymbol{y}$ 的匹配程度，这样的设计使得条件生成对抗网络在生成和判别过程中都能充分考虑条件信息，提高了生成图像的准确性和匹配度。

2. 深度卷积生成对抗网络

卷积生成对抗网络（Convolutional GAN）是一种基于卷积神经网络的生成对抗网络，利用卷积层来提取图像特征并生成逼真的图像。深度卷积生成对抗网络（Deep Convolutional GAN，DCGAN）的网络结构更深，包含更多的卷积层和反卷积层，其生成器激活函数使用 ReLU，判别器激活函数使用 Leaky ReLU。DCGAN 适用于高分辨率图像生成、风格迁移等复杂任务。

在 DCGAN 中，生成器 G 利用转置卷积技术从随机噪声中重构出图像，而判别器 D 则通过卷积操作提取图像特征，以进行真伪判别。如图 8-4 所示，生成器通过一系列上采样操作，将 100×1 的随机噪声向量转换为 64×64×3 的彩色图像。该图像随后被送入判别器进行真实性评估，判别器本身是一个典型的卷积神经网络，用于执行二分类任务。

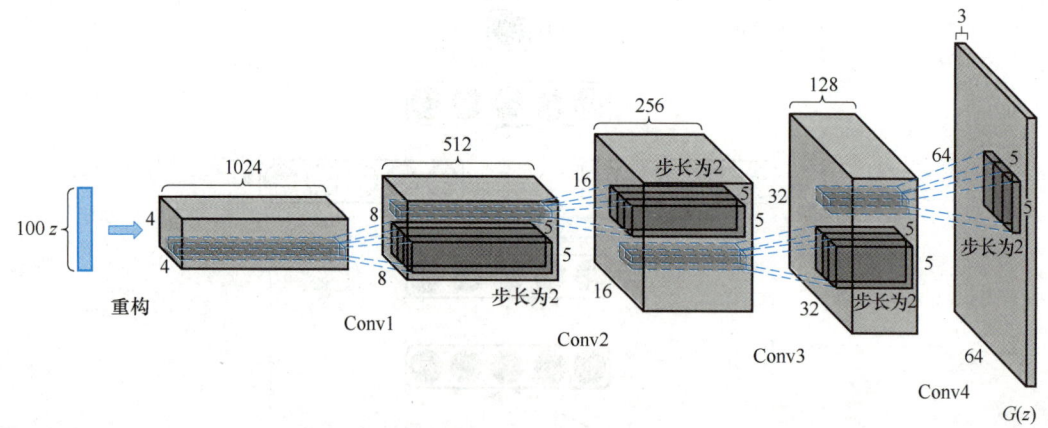

图 8-4　DCGAN 的生成器结构

DCGAN 在卷积神经网络的结构上也进行了一些优化。比如在生成器和判别器中使用了批量归一化和深度卷积层，这些结构有助于稳定训练过程，减少模式崩溃，从而生成更加多

样化和高质量的图像样本。

在DCGAN的判别器中，步幅卷积被用于下采样过程。通过采用较大的步长，步幅卷积有效地缩减了输出特征图的尺寸，从而无须人工设计特征提取器，使得网络能够自动地学习图像的深层特征。这一策略不仅显著降低了计算负担，而且促使网络更加专注于输入数据的关键特征。需要注意的是，步幅卷积本身不一定显著减少模型参数的数量，但其主要优势在于计算效率的提升。

DCGAN的生成器则借助转置卷积层实现上采样，将随机噪声转化为高分辨率的图像，将低分辨率数据转换为高分辨率数据。转置卷积允许网络逐步增加特征图的尺寸，从而生成细节丰富的图像。

3. 对抗自编码器

对抗自编码器（Adversarial Autoencoder，AAE）通过融合自编码器（Autoencoder）与生成对抗网络的核心思想，构建了一种新型生成模型。其架构采用经典的编码器-解码器结构，如图8-5所示，编码器负责将输入数据x映射到潜在空间中的潜变量z，而解码器则将z映射回数据空间，生成重构的输入数据$\hat{x}$。这种设计既保留了自编码器的数据压缩与重构能力，又通过引入对抗机制增强了潜在空间的生成能力。

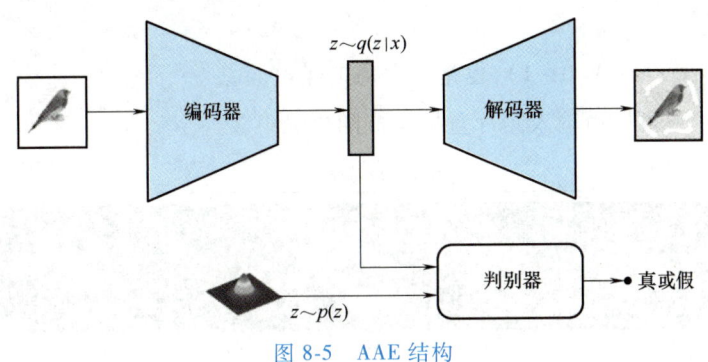

图8-5 AAE结构

AAE的训练包含重构损失与对抗损失两个部分，采用交替优化策略实现模型训练。

（1）双损失协同机制　重构损失模块通过最小化输入数据x与重构数据间的像素级误差（MSE）或语义差异（交叉熵），建立数据端到端的重建约束，确保解码器具备从潜在变量z重构高质量数据的能力。

对抗损失模块引入判别器网络构建分布匹配机制，判别器通过二分类训练鉴别潜在变量z是否源自预设先验分布$P(z)$（如标准正态分布），编码器则通过对抗训练迫使生成分布$q(z)$逼近$P(z)$。

（2）分阶段训练流程

1）阶段一（自编码重构）：编码器将输入数据x映射为潜在表征z，解码器执行逆向映射生成重构样本，通过重构误差最小化实现编码-解码网络的联合特征学习。

2）阶段二（分布对抗训练）：判别器与编码器展开极小极大博弈，判别器提升分布鉴别能力的同时，编码器通过梯度反向传播优化潜在表征的分布参数，逐步实现$q(z) \to p(z)$的分布对齐。

在训练完成后，AAE的生成过程变得高效且可控。通过从先验分布$P(z)$中采样潜在变量 z，并利用解码器将其映射回数据空间，AAE 能够生成高质量的新数据样本。由于潜在变量 z 服从已知分布，AAE 不仅提升了生成样本的多样性，还显著增强了生成过程的一致性和可控性。这种特性使得 AAE 在图像生成、数据增强等任务中表现出色，尤其适用于需要精确控制生成样本分布的场景。

8.4 生成扩散模型

生成扩散模型（Diffusion Model）是一类基于概率论的深度生成模型，通过模拟数据的扩散与去噪过程实现高质量样本的生成。其核心思想是将数据从清晰状态逐步转化为噪声（前向扩散），再通过学习逆过程从噪声中重构数据（反向去噪）。

前向扩散过程是对数据（原始图像）逐步添加高斯噪声，直至数据完全转化为纯噪声状态，具体过程如图 8-6 所示。由 x_{t-1} 到 x_t 的过程可以表示为

$$x_t = \sqrt{\alpha_t} x_{t-1} + (1-\sqrt{\alpha_t}) \epsilon_{t-1} \tag{8-11}$$

式中，α_t 是一个很小值的超参数；$\epsilon_{t-1} \sim N(0,1)$ 是高斯噪声。

由式（8-11）推导，最终可以得到 x_0 到 x_t 的公式，表示为

$$x_t = \sqrt{\overline{\alpha_t}} x_0 + (1-\sqrt{\overline{\alpha_t}}) \epsilon \tag{8-12}$$

式中，$\overline{\alpha_t} = \prod_{i=1}^{t} \alpha_i$；$\epsilon \sim N(0,1)$ 也是一个高斯噪声。

从式（8-12）便可以由输入图片直接生成随机噪声。

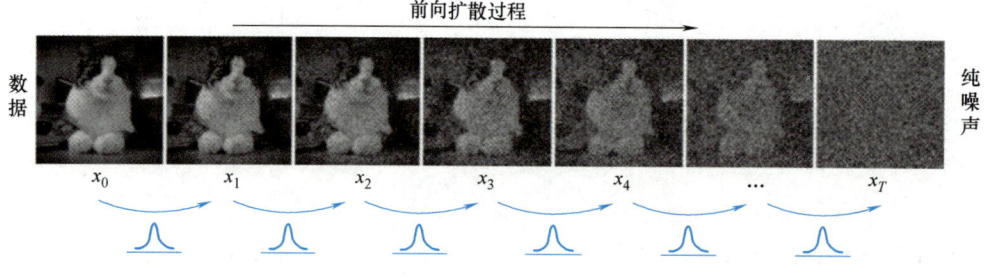

图 8-6　前向扩散过程

与前向过程将原始图像转化为随机噪声相对，反向去噪过程则是通过预测和去除噪声，将随机噪声逐步恢复为原始图像。由 x_t 到 x_{t-1} 的过程可以表示为

$$x_{t-1} = \frac{1}{\sqrt{\alpha_t}} \left(x_t - \frac{1-\alpha_t}{\sqrt{1-\overline{\alpha_t}}} \epsilon_\theta(x_t, t) \right) + \sigma_t z \tag{8-13}$$

式中，ϵ_θ 是噪声估计函数，用于估计真实噪声 ϵ；θ 是模型训练的参数；$z \sim N(0,1)$；$\sigma_t z$ 表示的是预测噪声和真实噪声的误差。

生成扩散模型的关键是训练噪声估计模型 $\epsilon_\theta(x_t, t)$，用于估计真实的噪声 ϵ，训练过程如图 8-7 所示，损失函数可以使用 MSE 误差，表示为

$$\text{Loss} = \| \epsilon - \epsilon_\theta(x_t, t) \|^2 = \| \epsilon - \epsilon_\theta(\sqrt{\overline{\alpha_t}} x_0 + (1-\sqrt{\overline{\alpha_t}}) \epsilon, t) \|^2 \tag{8-14}$$

总体来讲，生成扩散模型是一种使用逐步扩散噪声来生成数据样本的概率生成模型。它

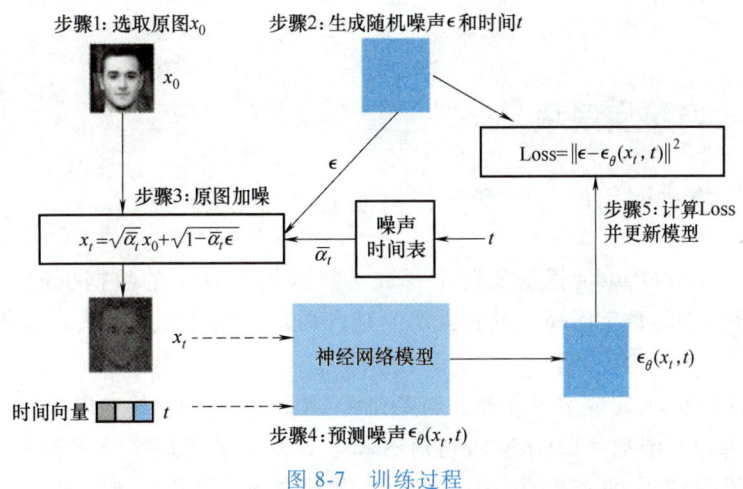

图 8-7　训练过程

通过迭代更新当前样本，逐渐逼近目标分布。在每个前向过程中，当前样本会受到随机噪声扰动，并通过反向网络进行更新。

生成扩散模型通过模拟数据的扩散与去噪过程，实现了高质量样本的生成。其核心优势在于生成质量高、训练稳定且灵活性强，在图像、文本、音频等领域展现出巨大潜力。随着技术的不断优化，扩散模型有望在更多领域推动人工智能的边界。

8.5　基于 Transformer 的生成模型

Transformer 通过自注意力机制并行捕获序列中的长距离依赖关系，避免传统 RNN 的顺序计算瓶颈，其多头注意力与前馈神经网络（FFN）结合实现了高效的序列建模。生成式 Transformer 模型在此基础上，通过自回归（如 GPT 系列）或非自回归（如 BERT 扩展模型）两种方式实现文本、图像等多模态数据的生成。自回归模型按序列顺序逐步生成词元，依赖因果掩码（Causal Masking）确保生成时仅可见历史信息；非自回归模型则通过掩码语言模型（MLM）等技术并行生成所有词元，提升生成效率。

自回归生成模型（如 GPT 系列）通过大规模预训练（如语言模型目标 $P(x_t \mid x_{<t})$）学习通用语言表示，再通过微调适配特定任务（如对话生成、文本续写），在生成质量上具有优势，但长序列生成效率较低。非自回归生成模型（如 BERT 扩展模型、NAT 翻译模型）通过并行生成词元提升效率，但需依赖知识蒸馏或迭代优化来缓解准确性问题。两类模型在文本生成、跨模态生成（如 DALL·E）等任务中各有应用场景，未来可结合两者优势实现高效可控生成。

当前 Transformer 生成模型面临长序列生成效率低、多模态对齐困难、计算资源消耗大等挑战。未来方向包括：

1）高效 Transformer：通过稀疏注意力、低秩分解等技术降低计算复杂度。

2）多模态预训练：统一文本、图像、语音的生成与理解。

3）可控生成：通过条件控制生成特定风格或内容。

在实践层面，GPT 系列已实现文本续写、对话系统等应用，BERT 扩展模型支持文本补全与改写，跨模态生成模型（如DALL·E）则展示了文本到图像的强大能力，推动生成式AI向更高效、可控、多模态的方向发展。

8.6　生成式网络实践项目

8.6.1　基于生成式网络的手写数字图片生成

本项目基于PaddlePaddle框架实现手写数字数据集MNIST的数据生成，该数据集包含不同风格和笔迹的手写数字图像，通过网络生成高质量逼真的数据，从而提升分类模型的识别精度。

本项目采用LSGAN完成生成任务，与基础GAN相比，LSGAN在以下两点进行了改进。

1）最小二乘损失函数：LSGAN的判别器和生成器均采用最小二乘损失（Least Squares Loss），替代传统GAN中的交叉熵损失。最小二乘损失通过惩罚生成样本与真实样本的分布差异，使生成样本更接近真实数据分布，从而缓解梯度消失问题并提高训练稳定性。

2）网络结构：LSGAN的网络结构与DCGAN类似，采用深层卷积网络（CNN）作为生成器和判别器的基础架构。

读者可以点击链接https://aistudio.baidu.com/project/edit/9400933运行本项目，并可扫描二维码观看讲解视频。

讲解视频

图8-8所示分别为迭代3轮、5轮、7轮和9轮的结果，随着迭代轮次的增加，生成器生成的图片越来越接近训练集的真实图片。

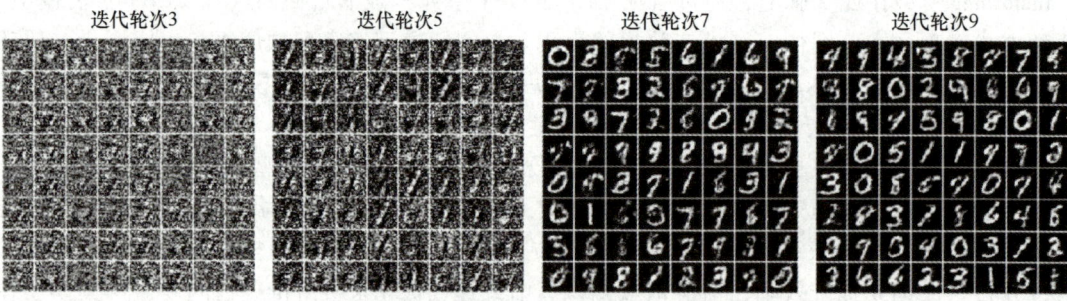

图8-8　LSGAN训练过程可视化

8.6.2　基于生成式网络的城市驾驶场景数据生成

生成对抗网络在自动驾驶领域的应用，主要聚焦于生成多样化的自动驾驶场景数据，以此来为目标检测、语义分割等网络提供丰富的数据集，进而提升自动驾驶车辆感知系统的精确度。本项目基于城市场景数据集实现，该数据集涵盖了不同光照条件下的城市与乡村道路图像。

本项目中采用DCGAN模型，为了提升生成样本的质量和网络训练的收敛效率，进行了以下优化。

1）移除池化层：在网络设计中，所有池化层均被步幅卷积（判别器）和分数步幅卷积（生成器）所替代。

2）引入批量归一化：在生成器和判别器中均加入了批量归一化处理。

3）采用全卷积网络：移除了全连接层，以构建更深的网络结构。

4）激活函数的选择：在生成器 G 中，最后一层使用了 tanh 激活函数，其余层则采用 ReLU 激活函数；在判别器 D 中，统一使用了 Leaky ReLU 激活函数。

生成器的结构由多个卷积层和相应的激活函数组合而成。判别器则构成一个二分类网络，它接收图像作为输入，并输出该图像为真实样本（相对于生成器生成的伪样本）的概率。输入的图像形状为 [3，64，64] 的 RGB 格式，经过一系列的 Conv2d、BatchNorm2d 和 Leaky ReLU 层处理后，通过全连接层输出，该层包含 2 个神经元，分别对应两个类别的预测概率。

图 8-9 所示为训练集真实图片，图 8-10 所示为刚开始训练生成器生成的噪声图，图 8-11 所示为训练 60 轮生成器生成的图片，图 8-12 所示为训练 387 轮生成器生成的图片，可以看出，随着迭代轮次增加，生成的图片越来越接近真实图片。

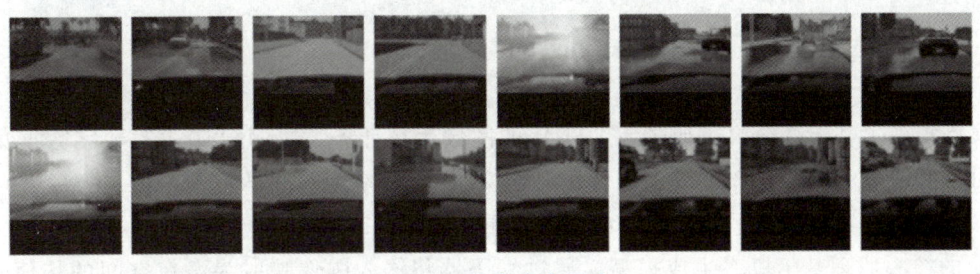

彩图

图 8-9　训练集真实图片

彩图

图 8-10　刚开始训练生成器生成的噪声图

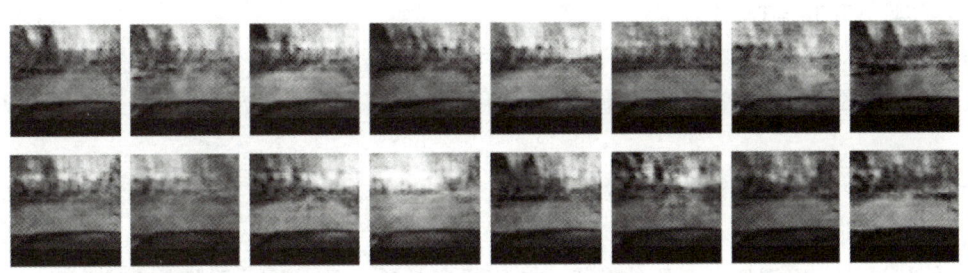

彩图

图 8-11　训练 60 轮生成器生成的图片

彩图

图 8-12 训练 387 轮生成器生成的图片

读者可以打开链接 https://aistudio.baidu.com/project/edit/9399108 运行项目，并可扫描二维码观看讲解视频。

讲解视频

8.6.3 基于变分自编码器的图像生成

本项目实现了基于变分自编码器（VAE）的图像生成任务，以 MNIST 手写数字数据集为研究对象，通过编码器将 28×28 的图像压缩至 20 维潜在空间，并学习其均值与方差，再利用重参数化技巧实现可微采样，最终由解码器重建图像。

VAE 的核心原理基于概率生成模型，通过编码器将输入图像映射为潜在空间的均值 μ 和对数方差 $\log\sigma^2$，利用重参数化技巧（$z=\mu+\varepsilon\sigma$，$\varepsilon \sim N(0,1)$）解决采样不可导问题，使模型可训练。训练过程同时优化重建损失（衡量解码图像与原始图像的差异）和 KL 散度（约束潜在空间分布接近标准正态分布），确保模型既能准确重建输入，又能生成符合数据分布的新样本。

本项目验证了 VAE 学习数据潜在分布的能力，评估模型对输入图像的重建精度，以及从潜在空间随机采样生成新手写数字图像，完整演示生成模型的数据重建与生成功能。

本项目实验分成如下几个阶段：

1）基础配置：设置随机种子保证实验可复现性，自动检测 GPU/CPU 环境。

2）数据准备：加载 MNIST 数字集，应用图像转张量及归一化预处理，创建批量加载器（batch_size = 64，shuffle = True）。

3）模型定义：构建 VAE 模型，编码器将 784 维图像压缩为 400 维特征，输出 20 维均值与对数方差；解码器从潜在变量重建 784 维图像，使用 Sigmoid 激活函数确保输出范围 [0, 1]。

4）训练过程：前向传播计算重建损失（二元交叉熵）和 KL 散度，反向传播更新参数，每 2 个 epoch 可视化生成样本。

5）评估与展示：模型切换至评估模式，禁用梯度计算，展示原始图像与重建图像的对比，直观验证模型性能。

读者可以打开链接 https：//aistudio.baidu.com/project/edit/9409384 运行项目，并可扫描二维码观看讲解视频。

讲解视频

8.6.4 基于扩散模型的车辆图像生成

本项目训练扩散模型实现从高斯噪声到高质量图像的生成任务，重点验证模型在训练过程中的生成效果演变，并分析超参数（如时间步数 T 和噪声调度表）对生成质量的影响。

扩散模型通过双过程实现图像生成。前向扩散逐步向真实图像添加高斯噪声，经过 t 步后转化为纯噪声 x_t，其噪声强度由调度表（如线性或余弦调度）控制；反向去噪则训练神经网络预测每一步的噪声，逐步从 x_t 恢复原图像。本项目核心训练框架基于去噪扩散概率模型（Denoising Diffusion Probabilistic Models，DDPM），定义的模型结构、损失函数（MSE）及训练循环均遵循 DDPM 标准流程。而去噪扩散隐式模型（Denoising Diffusion Implicit Models，DDIM）用于优化采样效率，DDIM 是 DDPM 的改进版本，通过非马尔可夫链采样过程实现更快的图像生成速度，可在一次迭代中预测多个时间步后的状态，从而大幅减少采样步数。

本项目选用了斯坦福汽车数据集（Stanford Cars Dataset，由斯坦福大学人工智能实验室于 2013 年发布）的 8144 张图像文件，采用 U-Net 作为去噪网络，通过定量指标（FID、IS）和定性观察（图像清晰度、语义合理性）综合评估模型性能，目标为优化生成质量与计算效率的平衡。

本项目实验分为四个阶段：

1) 环境与数据准备：配置 NVIDIA GPU 及 CUDA 环境，加载 CIFAR-10 数据集并构建数据加载器。

2) 模型构建：定义噪声调度表（如线性调度）和 U-Net 架构（含编码器、解码器及时间嵌入模块）。

3) 训练过程：在每个批次中随机采样时间步 t，通过前向扩散生成加噪图像 x_t，并利用 U-Net 预测噪声，计算 MSE 损失后反向传播更新参数。

4) 生成与采样：采用 DDIM 算法从纯噪声逐步去噪生成图像，最终通过 FID/IS 指标和可视化分析评估模型性能，同时调整超参数（如或调度表）优化生成效果。

读者可以打开链接 https：//aistudio.baidu.com/project/edit/9410357 运行项目，并可扫描二维码观看讲解视频。

讲解视频

1. 选择题

1) 在生成对抗网络中，生成器（G）的主要任务是什么？（　　）

A. 判断输入数据是否真实　　　　　　B. 生成尽可能真实的数据样本

C. 训练分类器　　　　　　　　　　　D. 优化损失函数

2）判别器（D）在生成对抗网络中的作用是什么？（　　）

A. 生成数据样本　　　　　　　　　　B. 评估生成器生成的样本的真实性

C. 进行数据预处理　　　　　　　　　D. 实现数据增强

3）基本生成对抗网络由以下哪些部分组成？（　　）

A. 生成器和卷积层　　　　　　　　　B. 判别器和全连接层

C. 生成器和判别器　　　　　　　　　D. 池化层和激活函数

4）条件生成对抗网络与基本 GAN 的主要区别在于什么？（　　）

A. 生成器的结构不同　　　　　　　　B. 判别器的结构不同

C. 生成器和判别器都增加了条件信息　D. 只在生成器中增加了条件信息

5）生成扩散模型的核心思想是通过以下哪个过程逐步引入噪声？（　　）

A. 前向过程　　　　　　　　　　　　B. 反向过程

C. 优化过程　　　　　　　　　　　　D. 训练过程

6）在训练生成对抗网络时，以下哪个步骤是正确的？（　　）

A. 同时训练生成器和判别器　　　　　B. 先训练判别器，再训练生成器

C. 只训练生成器　　　　　　　　　　D. 只训练判别器

2. 判断题

1）生成对抗网络中的生成器和判别器是同时进行训练的。（　　）

2）在条件生成对抗网络中，生成器和判别器都不接收额外的条件信息。（　　）

3）深度卷积生成对抗网络使用全连接层而不是卷积层。（　　）

4）对抗自编码器结合了自编码器和 GAN 的思想。（　　）

5）生成扩散模型通过反向过程逐步去除噪声来生成新的数据样本。（　　）

3. 简答题和分析题

1）请简述生成对抗网络的基本概念及其核心组成部分。

2）在生成对抗网络的训练过程中，为什么通常先训练判别器再训练生成器？请结合训练过程进行分析。

3）条件生成对抗网络与基本 GAN 的主要区别是什么？

4）深度卷积生成对抗网络为什么能够有效地生成高质量的图像样本？请从网络结构的角度进行分析。

5）生成扩散模型与生成对抗网络在生成样本的方法上有何不同？

部分习题
参考答案

第9章 强化学习理论及实践

在人工智能领域中,强化学习(Reinforcement Learning,RL)作为一种重要的学习范式,以其独特的原理和方法论,在机器学习技术中占据了重要的地位。强化学习依赖于与环境的交互式学习过程,通过奖励与惩罚的机制,引导智能体在复杂多变的环境中逐步掌握最优决策的能力。强化学习的代表性方法有值函数方法、策略梯度方法等,这些方法各有所长,适应了多样化的学习场景,共同构筑了强化学习深厚且丰富的理论与实践框架。随着强化学习技术的持续进步,其在游戏竞赛、机器人控制、自动驾驶等领域的应用日益广泛,充分展现了其广阔的应用潜力和未来发展的无限可能。

9.1 强化学习概述

9.1.1 强化学习简介

强化学习,亦称为再励学习、评价学习或增强学习,是机器学习领域的一种范式和方法。它专注于解决的问题是:智能体(Agent)在与环境(Environment)的互动中,如何通过学习有效的策略来实现奖励的最大化或达成特定目标。

作为一种独特的机器学习算法,强化学习与监督学习和无监督学习有着明显的区别。监督学习依赖于训练集上的标签来指导系统学习,而无监督学习则致力于从无标签数据中发现潜在的结构或规律。强化学习的核心在于通过与环境的实时交互,自动调整算法参数,实现自我学习,其学习过程强调"试错"原则,智能体在环境中采取行动,并根据环境提供的即时奖励反馈来不断优化和更新其行动策略,以追求长期累积奖励的最大化。

强化学习的学习过程主要通过智能体与环境的交互完成,如图9-1所示。假设智能体在某个时刻状态(State)为S_t,根据当前状态和动作策略函数,智能体将决策出某个动作(Action)A_t。随后,智能体做出的动作会对环境产生影响,引导智能体到达下一时刻的状态,环境将反馈给智能体下一时刻的状态S_{t+1}和奖励值(Reward)R_{t+1}。在这一过程中,智能体将根据所采取的动

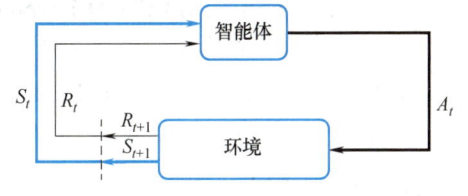

图9-1 强化学习与环境交互示意图

作、环境反馈的奖励以及状态变化，自动调整其策略参数。基于更新参数后的策略及环境反馈的新状态，智能体将决定下一时刻的动作，如此循环，直至回合结束。

强化学习模型的目标是最大化整个过程的奖励回报，其决策标准是尽可能选择那些能够带来更高回报的动作。通过这种试错、参数更新、再试错的迭代过程，强化学习模型在与环境互动中不断提升决策能力，旨在寻找执行预期任务的最优动作序列。

9.1.2 强化学习分类

强化学习的分类方式有很多种，可以按照是否对环境建模分类，也可以按照学习目标分类。还可以按照处理问题连续性分类。

1. 按照是否对环境建模分类

按照是否对环境建模，强化学习可以分为有模型强化学习（Model-Based RL）和无模型强化学习（Model-Free RL）两种。

强化学习任务可通过马尔可夫决策过程（Markov Decision Process，MDP）定义，表现为四元组 $<S, A, P, R>$，即状态集合、动作集合、状态转移函数和奖励函数。当这些元素已知且状态和动作集合在有限步数内有限时，可以对环境进行建模，采用有模型强化学习。这种方法通过学习状态转移函数来构建虚拟环境，以此模拟真实环境。

然而，在实际情况下，MDP 的元素往往不易获取，状态转移函数和奖励函数难以估计，甚至状态也可能未知。此时，应采用无模型强化学习，它不要求环境建模，而是通过在真实环境中执行策略并接收反馈来更新策略，直至学习到最优策略。

无模型强化学习是数据驱动型的强化学习方法，需大量采样来估计状态、动作及奖励函数，而有模型强化学习因拥有完整状态转移函数，可缓解数据不足的问题。无模型强化学习的泛化性通常优于有模型强化学习，后者因需建模真实环境而受限，因此一般在能预测下一步状态和奖励的情况下，可进行环境建模，采用有模型强化学习。

2. 按照学习目标分类

强化学习根据学习目标的不同，可以分为基于价值的方法（Value-Based）和基于策略的方法（Policy-Based）两种。

基于价值的方法通过学习价值函数来选择价值最高的动作，智能体隐式地学习策略。这种方法适用于动作离散的环境，如围棋或某些游戏。但对于动作连续或动作空间庞大的环境，如机器人控制或自动驾驶，基于价值的方法难以有效学习。

基于策略的方法是直接学习策略函数，输出动作的概率分布，适合连续动作或大规模动作空间的环境。这种方法考虑所有可能的动作，不局限于价值最高的动作，从而具有更好的长期效益。

常见的基于价值的方法有 Q-learning、SARSA、DQN 等，而基于策略的方法有 Policy Gradient、PPO 等。还有结合价值和策略的演员-评论家（Actor-Critic）算法，通过同时学习价值函数和策略函数，以及它们之间的交互，来加速学习过程并提高效果。

3. 按照处理问题连续性分类

按照状态空间与动作空间是否连续，强化学习任务可以分为离散型和连续型，其中以表格型为基础的强化学习方法状态与动作空间大都是离散的，因此更适合于处理离散型问题，而以策略型为基础的强化学习方法更适合处理连续型问题,当然也有结合二者优点的方法既能处理离散问题又能处理连续问题,具体使用哪种方法需要根据实际问题做出选择。

9.2 强化学习基础理论

9.2.1 马尔可夫决策过程

在强化学习的训练过程中,智能体在状态 S_t 下执行动作 A_t,并将其输出至环境。随后,环境做出响应得到新的状态 S_{t+1} 并给予智能体奖励 R_t。这一训练流程主要通过马尔可夫决策过程来实现,马尔可夫决策过程是一种经典的序贯决策数学模型,如图9-2所示,它在马尔可夫链的基础上融入了动作选择和值函数,同时保留了马尔可夫链的基本性质。

马尔可夫性质的核心在于,对于某个随机过程,在已知当前状态以及过去所有状态的情况下,下一时刻的状态仅依赖于当前状态,而与历史状态序列相互独立。基于这一性质,发展出了马尔可夫链,它构建了一个状态空间,实现了一个状态到另一个状态的转换,且每一步转换仅依赖于当前状态的概率分布,与之前的状态序列无关。

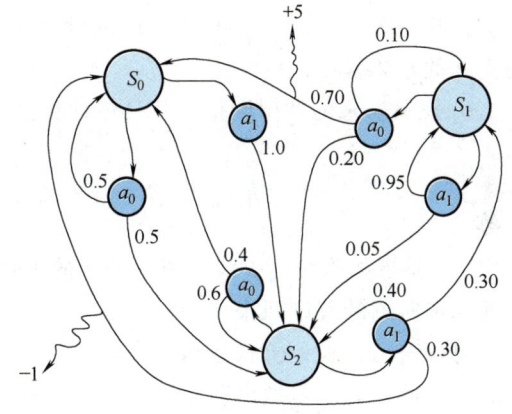

图9-2 马尔可夫决策过程示意图

然而,马尔可夫链本身并不包含关于动作优劣的信息,它仅根据概率进行状态转换。为了在决策过程中引入动作的选择和优化,在马尔可夫链的基础上增加了动作空间和奖励函数,从而发展出了马尔可夫决策过程。马尔可夫决策过程可以用一条轨迹序列表示,即 $\{S_0, A_0, R_1, S_1, A_1, R_2, \cdots, S_t, A_t, R_{t+1}\}$,其中,$S_t$ 表示在 t 时刻的智能体获取的环境状态,A_t 表示在 t 时刻智能体做出的动作,R_{t+1} 表示在智能体做出动作后,$t+1$ 时刻环境反馈给智能体的奖励,这个轨迹序列完整地表示了强化学习探索学习的过程。

由于马尔可夫决策过程依然具有马尔可夫模型的性质,因此某个时刻给定任意状态 $s \in S$ 和动作 $a \in A$ 时,也无法确定下一个时刻的状态和奖励,而是会以某个概率发生状态转移,概率方程为

$$p(s',r|s,a) = P_r(S_t = s', R_t = r | S_{t-1} = s, A_{t-1} = a) \tag{9-1}$$

式中,$p(s', r|s, a)$ 表示在状态为 s、动作为 a 的条件下,下一个状态为 s'、奖励函数为 r 的概率值;$P_r(S_t = s', R_t = r | S_{t-1} = s, A_{t-1} = a)$ 表示在具体时刻 $t-1$ 时状态转移的概率,此概率除了受当前状态 S_{t-1} 和动作 A_{t-1} 的影响外,也会受到当时时刻的环境条件的影响。可以发现,下一时刻所有可能获取的状态和奖励概率和为1。

$$\sum_{s' \in S} \sum_{r \in R} p(s', r | s, a) = 1 \tag{9-2}$$

9.2.2 强化学习算法原理

1. 马尔可夫决策过程分析

为了评价智能体在探索过程中某个动作或某个状态的好坏，马尔可夫决策过程引入如下状态价值函数和动作价值函数，分别为

$$v_\pi(s) = E_\pi[G_t | S_t = s] \tag{9-3}$$

$$q_\pi(s) = E_\pi[G_t | S_t = s, A_t = a] \tag{9-4}$$

式中，$v_\pi(s)$ 表示在动作策略为 π 的条件下，状态 S_t 为 s 时的价值函数，可以用来评判在该时刻状态为 s 的好坏程度；E_π 表示基于策略 π 的期望；$q_\pi(s)$ 表示在动作策略为 π 的条件下，状态 S_t 为 s、动作 A_t 为 a 时的价值函数，可以用来评判在该时刻状态为 s 的条件下，动作 a 的好坏程度；

G_t 表示未来的期望回报，其具体计算公式为

$$G_t = R_{t+1} + \gamma R_{t+2} + \gamma^2 R_{t+3} + \cdots + \gamma^{T-1} R_T = \sum_{k=0}^{\infty} \gamma^k R_{t+k+1} \tag{9-5}$$

式中，γ 是折扣因子，一般为值小于 1 的正数，目的是减小未来奖励回报的影响，进而更加关注当前时刻的奖励回报。

可以看出，在评价状态和动作好坏时，引入的期望回报是整个回合所有时间序列的奖励之和，因此强化学习做出动作的行为不仅只在意当前回报，还能够考虑到这个动作对之后时间序列的影响。

对状态价值函数 $v_\pi(s)$ 以及动作价值函数 $q_\pi(s)$ 进行定义后，可对每个状态和动作进行评估，以分析动作选择和即将到达状态的好坏程度，并可以此为依据评判动作策略 π 的好坏。若在所有的状态 $s \in S$ 中，都有状态价值函数 $v_\pi(s) > v_{\pi'}(s)$，则认为动作策略 π 要比 π' 更好，即 $\pi > \pi'$。通过这种评价方法，就可以根据价值函数来更新动作策略参数，并找到一个最优的策略，该最优策略用 π_* 表示。由上述定义可知，最优策略 π_* 的状态价值函数和动作价值函数总要比其他的策略更好，将最优状态价值函数和最优动作价值函数定义如式 (9-6) 和式 (9-7) 所示。

$$v_*(s) = \max_\pi v_\pi(s) \tag{9-6}$$

$$q_*(s,a) = \max_\pi q_\pi(s,a) \tag{9-7}$$

由上可知，强化学习的大致过程为：强化学习模型在状态 S_t 时，基于动作策略 π 选取动作 A_t，执行动作后与环境交互，环境反馈给模型奖励值 R_{t+1} 以及下一时刻状态 S_{t+1}。在不断的训练中，强化学习智能体根据获取的奖励值 r 更新状态价值函数 $v_\pi(s)$ 以及动作价值函数 $q_\pi(s)$，并根据价值函数调整动作策略。强化学习训练的最终目标是获得最优策略 π_*。

2. 强化学习最优策略

基于上述马尔可夫决策过程，智能体需要在与环境的交互中找到最优策略。其具体实现需要依靠上述马尔可夫链中的奖励函数计算得到的实时奖励 R_t，该奖励函数需要根据实际实验效果进行设计，反映了在当前状态下不同动作的好坏程度。为了将实时奖励与状态价值

函数联系，引入贝尔曼方程（Bellman Equation）作为状态价值计算公式，如式（9-8）所示。

$$v_\pi(s_t) = E_\pi[r_{t+1} + \gamma v_\pi(s_{t+1}) | S = s_t] \tag{9-8}$$

式中，γ 为折扣因子，同期望回报中的折扣因子一样。

式（9-8）是贝尔曼方程的基本形式，在强化学习实际应用中，因为两个状态转移间的动作可以观测确定，因此可以加入动作价值函数代替期望，得到动作价值函数与状态价值函数间的关系，为

$$v_\pi(s_t) = \sum_{a \in A} \pi(a_t | s_t) q_\pi(s_t, a_t) \tag{9-9}$$

式中，$q_\pi(s_t, a_t)$ 为动作价值函数，其计算公式为

$$q_\pi(s_t, a_t) = r_{s_t}^{a_t} + \gamma \sum_{s_{t+1} \in S} P_{SS_{t+1}}^{a_t} v_\pi(S_{t+1}) \tag{9-10}$$

式中，$r_{s_t}^{a_t}$ 表示在状态 s_t 下采取动作 a_t 所获得的奖励；$P_{SS_{t+1}}^{a_t}$ 表示采取动作 a_t 时状态从 s 到状态 s_{t+1} 的概率。

强化学习获取最优策略的方法主要分为两种，一种是基于 Q 表的算法，一种是策略梯度下降算法。

（1）基于 Q 表的算法 基于 Q 表的算法的主要思想是将每个状态计算出动作价值，并选取值最大的动作，动作选择方程如式（9-11）所示。

$$a = \underset{a}{\mathrm{argmax}} Q(s, a) \tag{9-11}$$

常用的基于 Q 表的算法有 Q-learning 和 SARSA。由于此类方法的动作将根据最大动作价值函数选取，因此在动作离散的场景时可以取得较好的效果，但在连续动作，即动作选择可能性无穷大的情况下无法顺利训练。

（2）策略梯度下降算法 策略梯度下降算法的基本思想是设计对决策有利的代价函数，并通过梯度下降的方法更新策略的内置参数，从而最小化或最大化代价函数。与基于 Q 表的算法不同，策略梯度下降算法将动作策略 π 用参数进行定义，并通过更新参数来调整动作选取的概率。

在策略梯度下降算法中，使用 $\boldsymbol{\theta}$ 作为动作策略的参数向量，动作策略方程表示为

$$\pi(a|s, \boldsymbol{\theta}) = P_r\{A_t = a | S_t = s, \boldsymbol{\theta}_t = \boldsymbol{\theta}\} \tag{9-12}$$

式中，$P_r\{A_t = a | S_t = s, \boldsymbol{\theta}_t = \boldsymbol{\theta}\}$ 表示在 t 时刻，状态 S_t 为 s，参数向量 $\boldsymbol{\theta}_t$ 为 $\boldsymbol{\theta}$ 时，该模型选取动作 A_t 为 a 的概率。

基于上述动作策略，可定义预期优化的目标函数 $J(\boldsymbol{\theta})$ 为

$$J(\boldsymbol{\theta}) = v_{\pi_\theta}(s_0) \tag{9-13}$$

可以看出，目标函数即为动作策略的参数向量为 $\boldsymbol{\theta}$ 时的状态价值函数，而强化学习的目标就是最大化该目标函数 $J(\boldsymbol{\theta})$。优化的方法是利用梯度下降法更新参数向量 $\boldsymbol{\theta}$，其更新方程为

$$\boldsymbol{\theta}_{t+1} = \boldsymbol{\theta}_t + \alpha \nabla J(\boldsymbol{\theta}_t) \tag{9-14}$$

式中，$\boldsymbol{\theta}_t$ 和 $\boldsymbol{\theta}_{t+1}$ 分别表示更新前和更新后的动作策略参数向量；α 为学习率，值小于 1；$\nabla J(\boldsymbol{\theta}_t)$ 表示目标函数对 $\boldsymbol{\theta}_t$ 的微分，有

$$\nabla J(\boldsymbol{\theta}_t) = \nabla v_\pi(s_0) \propto \sum_s \mu(s) \sum_a q_\pi(s,a) \nabla \pi(a|s) \tag{9-15}$$

式中，$\nabla v_\pi(s_0)$ 表示 $v_\pi(s_0)$ 对 $\boldsymbol{\theta}_t$ 的微分；$\propto$ 符号表示成比例；$\mu(s)$ 表示基于策略 π 的状态概率分布；$\nabla \pi(a|s)$ 表示 $\pi(a|s)$ 对 $\boldsymbol{\theta}_t$ 的微分。

式（9-15）含义为对目标函数求微分可等比例地表示为对动作策略 $\pi(a|s)$ 求微分。代入式（9-14）计算可得

$$\boldsymbol{\theta}_{t+1} = \boldsymbol{\theta}_t + \alpha \delta_t \frac{\nabla \pi(a|s, \boldsymbol{\theta}_t)}{\pi(a|s, \boldsymbol{\theta}_t)} \tag{9-16}$$

式中，δ_t 是根据训练过程中的奖励值和价值函数求解出来的基准值。

由上述方程可知，通过不断迭代更新 $\boldsymbol{\theta}_t$ 值可让 $J(\boldsymbol{\theta}_t)$ 值提高，又由于 $\boldsymbol{\theta}_t$ 是动作策略 $\pi(a|s, \boldsymbol{\theta}_t)$ 中的参数向量，因此可以同时更新动作策略，使其选择的动作更优。

9.3 表格型强化学习方法

在强化学习的领域中，表格型强化学习方法作为一种基础且直观的学习方法，以其简洁的结构和易于理解的特点而备受关注。该方法通过构建一个表格来存储不同状态下的最优行动策略，从而在有限的状态和行动空间中实现有效的决策。接下来，将介绍两种表格型强化学习方法。

9.3.1 Q-learning

1. 基本概念

Q-learning 是一种表格型强化学习方法，属于基于价值的强化学习。它通过评估和比较每个动作的价值来影响并指导智能体的下一步行动。它通过学习一个动作值函数（称为 Q 函数），来为智能体提供在给定状态下采取不同动作的预期回报。下面先介绍 Q-learning 涉及的几个基本概念。

（1）**Q 函数**（Q-function） Q 函数表示在特定状态 s 下采取动作 a 后未来回报的期望值，记作 $Q(s, a)$。它是一个表格，其中行代表状态，列代表动作，表格中的值代表 Q 值。

（2）**状态价值函数**（State Value Function） 在特定状态 s 下，所有可能动作的 Q 值中的最大值，记作 $V(s) = \max_a Q(s, a)$。

（3）**策略**（Policy） 智能体用于选择动作的规则。在 Q-learning 中，通常采用贪婪法（ε-greedy）策略，即以 ε 的概率随机选择动作，以 $1-\varepsilon$ 的概率选择 Q 值最大的动作。这种方法帮助智能体在探索未知动作和利用已知的最佳动作之间取得平衡。随着训练的深入，探索率 ε 会逐渐降低，使智能体更加倾向于依赖已学习的策略（利用），减少随机探索的行为。

Q-learning 中的"Q"代表的是动作价值，即 Q 值，该算法的核心在于构建一个 Q 表（Q-table），它用以记录不同状态和动作组合下的 Q 值，依据这个 Q 表，算法能够选择预期奖励最高的动作。以职场情境为例，设想一个智能体在工作时面临两个选择：偷懒（记为 a_1）和勤奋工作（记为 a_2）。在通常情况下，勤奋工作可能会获得老板的奖赏，而偷懒则可

能面临被解雇的风险。因此，选择 a_1 的预期奖励通常会低于选择 a_2 的预期奖励。智能体的目标就是选择具有最高预期奖励的动作。

2. 创建 Q 表的具体步骤

（1）**构建估计 Q-table** 假设当前所处的状态为 s_1，动作选择有两种，a_1 和 a_2，此时就可以构建一个关于 s_1 与 a_1、a_2 之间的价值表，见表 9-1，表中的数据可以表示为 $Q(s_1, a_1) = -2$，$Q(s_1, a_2) = 1$，也被称为 Q 估计。

表 9-1　Q-table（s_1）

状态	动作	
	a_1	a_2
s_1	-2	1

（2）**选择动作 action** 在状态 s_1 下，有两个不同的选择，对应不同的选择有不同的估计值，鉴于最终目的是最大化奖励，此时就应该选择估计值较大的 a_2，然后达到状态 s_2，与此同时，环境会针对 s_1 状态下选取的动作 a_2 反馈一个实际奖励 r_1。

（3）**继续构建 Q-table** 在 s_1 状态下选择动作后，智能体处于状态 s_2，假设选取的是动作 a_2，则此时已获得奖励值为 1。此时动作同样有 a_1 和 a_2，类似于第一步，此时也有关于两个动作的奖励估计值，根据估计值继续构建 Q-table，见表 9-2。

表 9-2　Q-table（s_2）

状态	动作	
	a_1	a_2
s_1	-2	1
s_2	1-2	1+1

（4）**计算 Q 现实值并更新 Q 估计值** 上述步骤中使用的都是 Q 估计值，为了让智能体能够根据环境对动作的反馈进行学习，还需要不断更新 Q 值。在之前的流程中，根据 Q 表的估计，因为在 s_1 状态时，a_2 的估计值比 a_1 的估计值大，因此在 s_1 时选择了动作 a_2，并到达状态 s_2，接下来并没有在实际中采取任何行为，而是假设在状态 s_2 上分别采取这两种动作，分别看两种动作中哪一个动作的 Q 估计值更大，比如在此例中 $Q(s_2, a_2)$ 的值比 $Q(s_2, a_1)$ 的大，所以把 $Q(s_2, a_2)$ 乘上一个折扣因子 $\gamma(0 \leq \gamma < 1)$，并加上到达状态 s_2 时所获取的奖励 r_1，将这个值作为现实中 $Q(s_1, a_2)$ 的值，记为 Q_r。

$$Q_r = r_1 + \gamma Q(s_2, a_2) \tag{9-17}$$

但是，之前是根据 Q-table 估计 $Q(s_1, a_2)$ 的值。至此有了现实值和估计值，就能更新 $Q(s_1, a_2)$：根据估计值与现实值的差距，将这个差距乘以一个学习率 α 累加上旧的估计值 $Q(s_1, a_2)$ 变成新的估计值，记为 $Q'(s_1, a_2)$

$$Q'(s_1, a_2) = Q(s_1, a_2) + \alpha(Q_r - Q(s_1, a_2)) \tag{9-18}$$

不断重复上述步骤，就可以不断更新 Q-table。需要注意的是，此时的状态 s_2 还没有选择做出任何动作，此时使用的都是 s_2 状态下的估计值，s_2 的行为决策需要等到 s_1 状态下的估计值更新之后再进行。

上述 Q 表的更新过程中，每一次更新 Q 值都同时用到了 Q 估计值和 Q 现实值，并且在每一个 Q 现实值中还包含了下一个状态的 Q 估计最大值，即将下一步的最大估计乘以折扣因子 γ 再加上当前所得奖励作为 Q 现实值。$Q(s_1)$ 可以表达为

$$Q(s_1) = r_2 + \gamma Q(s_2) = r_2 + \gamma [r_3 + \gamma Q(s_3)] = \cdots \qquad (9\text{-}19)$$

$$Q(s_1) = r_2 + \gamma r_3 + \gamma^2 r_4 + \cdots \qquad (9\text{-}20)$$

式中，γ 是折扣因子，表示的是对未来奖励的衰减程度。

不难看出 $Q(s_1)$ 实际上是关于后续所有奖励的一个多项式，而且这些奖励都在以折扣因子 γ 为衰减率在衰减，距离状态 s_1 越远的状态其奖励衰减越大，$\gamma=1$ 时，表示奖励不衰减，所有步骤奖励所占比重相同；$\gamma=0$ 时，则只留下下一状态所获得的奖励。总的来讲，γ 越大，表示对于未来步骤的价值影响越看重；γ 越小，表示智能体仅仅只看重眼前的利益，并不看重未来的收益。

3. Q-learning 适用范围

Q-learning 适用于状态和动作空间均为离散且规模不大的场景，广泛应用于游戏、机器人导航等领域。然而，Q-learning 面临维度灾难问题，即当状态和动作空间过大时，Q 表的存储和计算变得不切实际；同时，探索与利用之间的平衡也是一个挑战。为了克服这些限制，研究者开发了 Q-learning 的多种变体和近似方法，例如，深度 Q 网络（DQN），它利用深度学习技术来近似 Q 函数，有效应对高维输入空间的问题。这些方法扩展了 Q-learning 的应用范围，使其能够处理更复杂的强化学习任务。

9.3.2 SARSA

SARSA（State-Action-Reward-State-Action）算法是强化学习领域的一个经典算法，最初由美国计算机科学家 Rummery 和 Niranjan 在 1994 年提出。SARSA 算法通过智能体与环境的持续交互，根据当前状态选择动作，接收奖励，并观察下一个状态和动作，以此来迭代更新价值函数和动作选择策略，旨在优化智能体的行为。

SARSA 算法与 Q-learning 算法在决策过程中都使用 Q 表来选择具有较高估计值的动作，但它们的更新机制有所不同。SARSA 算法在更新 Q 值时，会考虑实际执行的动作的 Q 值，而不是像 Q-learning 那样仅依赖于最大估计 Q 值。因此，Q-learning 是一种离线学习（Off-Policy）方法，而 SARSA 是一种在线学习（On-Policy）方法。SARSA 算法在更新 Q 表时，不仅考虑在状态 s 下选择的动作 a 的估计值，还会使用实际执行动作 a 后的 Q 值来计算差异并更新 Q 表。SARSA 算法的更新流程见表 9-3。

SARSA 算法与 Q-learning 算法在决策风格上有所不同，SARSA 算法通常被认为更加谨慎。Q-learning 算法始终追求最大化 Q 值，这可能导致它更加倾向于探索和风险，因为它主要关注具有最高 Q 值的动作，而较少考虑其他动作的结果。与此相反，SARSA 算法则更加保守，它在每一步决策上都更为谨慎，对可能的错误更为敏感。两种算法各有优势：Q-learning 算法勇于探索未知领域，可能更快地达到训练目标；而 SARSA 算法更加注重避免损失，例如，在训练机器人时，如果希望减少潜在的损害，选择 SARSA 算法可能更为合适。

表 9-3　SARSA 算法更新 Q 表流程

SARSA 算法
步骤 1　初始化 Q 表。
步骤 2　按回合进入循环。
步骤 2.1　初始化状态 s。
步骤 2.2　按策略（如 ε-greedy）在状态 s 下选择动作 a。
步骤 2.3　按步进入循环。
步骤 2.3.1　执行动作 a，获得奖励 r，观测状态 s'。
步骤 2.3.2　按策略（如 ε-greedy）在状态 s' 下选择动作 a'。
步骤 2.3.3　更新 Q 值及状态 s、动作 a $$Q(s,a) \leftarrow Q(s,a) + \alpha[r + \gamma Q(s',a') - Q(s,a)]$$ $$s \leftarrow s'; a \leftarrow a'$$
步骤 3　保存 Q 表及模型。

实际上，无论是 Q-learning 还是 SARSA 算法，它们都是通过单步更新来调整 Q 值，即在获得奖励后只更新前一步的状态和动作对应的 Q 值。然而，在获得奖励之前的每一步都对最终奖励有贡献，因此提出了回合更新方法，以考虑整个回合的经历。

对于单步更新，虽然它持续进行更新，但只有在获得奖励时，才会对导致奖励的那一步进行更新，而在此之前的行为则不会直接反映在更新中。相比之下，回合更新虽然需要等到回合结束，但它认为所有步骤都与最终奖励相关，因此每个步骤都有机会在下一个回合中被重新评估和更新，这使得回合更新在某种程度上可能更有效率。

SARSA 算法可以有不同的变体，如 SARSA(0)、SARSA(1) 和 SARSA(n)。SARSA(0) 是单步更新，只关注最靠近奖励的一步；SARSA(1) 是在每一步后进行更新；而 SARSA(n) 是在回合结束后，更新本回合所经历的所有步。为了统一这些方法，引入了 λ 值来表示更新的程度，λ 在 [0, 1] 之间取值。如果 $\lambda = 0$，则 SARSA(λ) 是单步更新；如果 $\lambda = 1$，则 SARSA(λ) 是回合更新；当 λ 取值在 0~1 时，距离获得奖励越近的步更新力度越大。SARSA(λ) 算法的更新过程见表 9-4。

表 9-4　SARSA(λ) 更新 Q 表流程

SARSA(λ) 算法
步骤 1　初始化 Q 表。
步骤 2　按回合进入循环：
步骤 2.1　初始化状态 s、动作 a，$E(s,a) = 0$
步骤 2.2　按步进入循环：
步骤 2.2.1　执行动作 a，获得奖励 r，观测状态 s'。
步骤 2.2.2　按策略（如 ε-greedy）在状态 s' 下选择动作 a'。
步骤 2.2.3　更新 $Q(s,a)$、$E(s,a)$、s、a $$\delta \leftarrow r + \gamma Q(s',a') - Q(s,a)$$ $$E(s,a) \leftarrow r\lambda E(s,a) + 1$$ 对于所有访问过的 (s,a)： $$Q(s,a) \leftarrow Q(s,a) + \alpha \delta E(s,a)$$ $$E(s,a) \leftarrow r\lambda E(s,a)$$ $$s \leftarrow s'; a \leftarrow a's$$
步骤 3　保存 Q 表及模型。

9.4 值函数强化学习方法

Q-learning 和 SARSA 算法都依赖于 Q 表来记录每个状态与相应动作的 Q 值。这种基于表格的方法在处理低维度的离散状态和动作空间时，显得既简洁又高效。然而，当面对高维或连续的状态与动作空间时，例如，在将强化学习应用于围棋等复杂游戏时，状态的数量会急剧膨胀。如果继续依赖 Q 表来存储这些庞大的 Q 值数据，不仅会耗费巨额的内存资源，而且查找特定状态和动作的 Q 值也将变得极为困难。

值函数强化学习方法则将 Q 表的更新过程转化为一个函数近似问题。这种方法不是直接存储 Q 值，而是通过训练一个函数来估算它们，从而在给定状态下为特定动作提供一个近似的 Q 值。这种方法的核心在于学习一个能够预测从当前状态出发，遵循特定策略所能获得的期望回报的值函数。下面介绍三种不同的值函数强化学习方法。

9.4.1 DQN

1. DQN 算法结构

DQN（Deep Q-Network）用深度神经网络来近似值函数，它结合了深度学习的特征提取能力与 Q-learning 的时序差分框架，为处理复杂的高维输入空间提供了一种有效的解决方案。DQN 方法中，状态是神经网络的输入，而神经网络的输出则是相应的 Q 值。这样，就可以避免使用庞大的 Q 表，而是通过神经网络直接计算所需的 Q 值。这种方法不仅节省了内存，还提高了搜索特定 Q 值的效率。DQN 算法结构如图 9-3 所示。

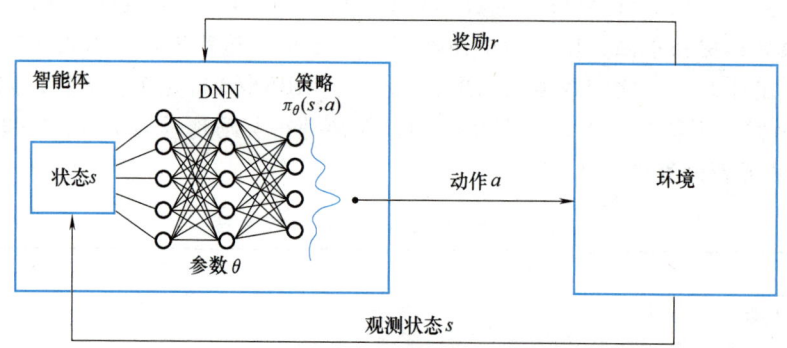

图 9-3 DQN 算法结构

2. DQN 神经网络更新

Q-learning 和 DQN 都依赖于对 Q 值的估计，但 DQN 通过神经网络来实现这一目标。DQN 训练和更新神经网络过程如图 9-4 所示，神经网络用于预测 Q 值，例如 $Q(s_2, a_1)$ 和 $Q(s_2, a_2)$，这些被称为 Q 估计值。选择具有最大 Q 估计值的动作来执行，并从环境中获取相应的奖励。Q 现实值（即目标 Q 值）的计算借鉴了 Q-learning 的思想，但引入了一个独立的目标网络来提供稳定的预测值。

使用神经网络来代替 Q 表可以使 DQN 变得强大，但事实上，强化学习（RL）与深度学习（DL）的结合还存在着一些问题：首先，深度学习是一种监督学习，需要有标签的训练

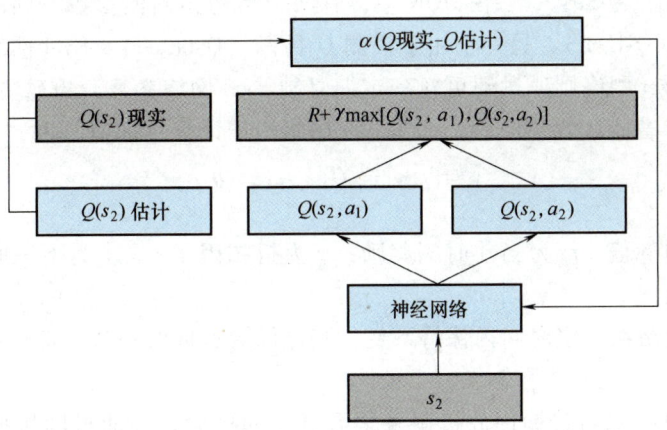

图 9-4　DQN 神经网络更新

集,而强化学习则不需要训练集,只需要通过与环境之间进行交互不断获取奖励回报(Reward)即可,并且这种奖励的获取还存在着噪声以及延迟的问题,如果直接使用状态对应的奖励作为训练集样本的话会有样本稀疏的问题,因为很多状态对应的奖励回报都是 0;其次,深度学习中的每个样本之间都是相互独立的,而强化学习中当前状态的值都依赖后续状态的反馈;最后,使用非线性网络来拟合表示值函数时会出现不稳定的情况。

3. DQN 关键技术

DQN 拥有两大关键技术。

(1) 经验回放(Experience Replay)机制　它作为 DQN 的经验池,用于解决经验之间的相关性以及非静态分布问题。DQN 源自 Q-learning,而 Q-learning 是一种离线学习方法,能够学习当前以及过去的经验,甚至其他环境的经验。因此,在每个时间步,智能体与环境交互得到的状态、动作和奖励等信息都被存储在经验池中,如图 9-5 所示。经验池的容量要足够大,在神经网络更新时,随机从经验池中抽取小批量(Minibatch)的经验进行学习,这种随机抽取打破了经验间的相关性,提高了神经网络学习的效率。

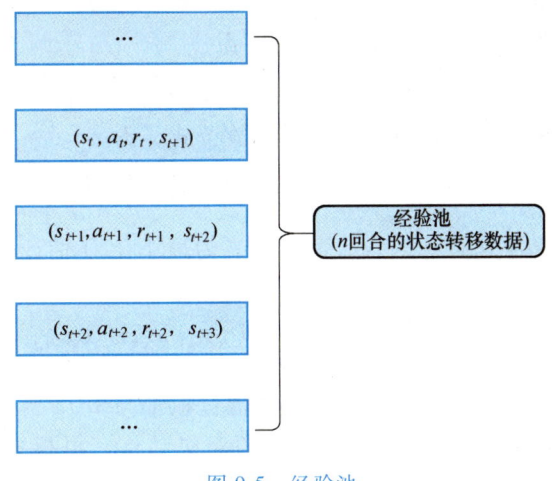

图 9-5　经验池

(2) 目标网络（Q-target） 在 DQN 中，有两个结构相同但参数不同的神经网络：一个用于预测 Q 估计（Q-Eval），另一个用于预测 Q 目标（Q-target）。Eval 网络通过梯度下降法更新参数，而 Target 网络则通过硬更新（定期复制 Eval 网络参数）或软更新方式更新参数。Eval 网络负责指导智能体收集经验，而 Target 网络用于计算目标值，为

$$y_t = r_t + \gamma \max_{a'} Q(s_{t+1}, a'; \theta^-) \tag{9-21}$$

式中，y_t 为计算目标值；r_t 为当前时刻奖励；γ 为折扣因子；s_{t+1} 为下一时刻的状态；θ^- 表示目标网络的参数。

由于 Target 网络在一定时间内保持不变，其提供的目标值相对稳定，从而增加了模型学习的稳定性。

总体而言，DQN 通过经验回放机制来学习过去的经验，并通过随机抽取打破经验间的相关性，提高了学习效率。同时，通过使用 Eval 网络和 Target 网络，两个结构相同但参数不同的神经网络进一步减少了相关性，增强了学习的稳定性。正是由于这两大技术手段，DQN 在性能上得到了显著提升，甚至在某些游戏中超越了人类玩家的水平。

9.4.2 DDQN

DQN 算法通过经验回放和目标网络两大机制，有效解决了数据相关性和非静态分布问题，从而增强了模型的泛化能力。然而，与 Q-learning 算法一样，DQN 算法使用贪婪法（ε-greedy）策略来选择动作，这种方法通过最大化 Q 值来快速收敛到优化目标，但同时也容易导致 Q 值的过估计问题。过估计会使模型产生较大的偏差。为了解决这一问题，研究者们提出了 DDQN（Double DQN）算法。

在标准 DQN 算法中，目标 Q 值的计算方式如式（9-21）所示，它通过最大化目标网络预测的 Q 值来选择动作。而 DDQN 算法对此进行了改进，它不是直接最大化目标网络的所有可能 Q 值来选择动作，而是先使用 Q-Eval 网络来选择最大 Q 值对应的动作，计算公式为

$$a_{\max} = \arg\max_a Q(s_{t+1}, a; \theta) \tag{9-22}$$

式中，θ 是 Eval 网络的参数。

之后目标网络再根据 $a_{\max}$ 来计算目标 Q 值，为

$$y_t = r_t + \gamma Q(s_{t+1}, a_{\max}; \theta') \tag{9-23}$$

结合式（9-22）与式（9-23）可得目标 Q 值的计算公式，为

$$y_t = r_t + \gamma Q(s_{t+1}, \arg\max_a Q(s_{t+1}, a; \theta); \theta') \tag{9-24}$$

算法学习的目标是最小化目标函数，可以定义为最小化 Q 估计与 Q 目标的差值，差值定义为

$$\delta = |Q(s_t, a_t) - y_t| = |Q(s_t, a_t; \theta) - r_t - \gamma Q(s_{t+1}, \arg\max_a Q(s_{t+1}, a; \theta); \theta')| \tag{9-25}$$

图 9-6 所示为 DDQN 的算法流程示意图，其他过程都与 DQN 算法一致，仅仅只是在计算 Q 目标值时先通过 Eval 网络选取最大 Q 值的对应动作，再根据这个动作来计算 Q 目标值。

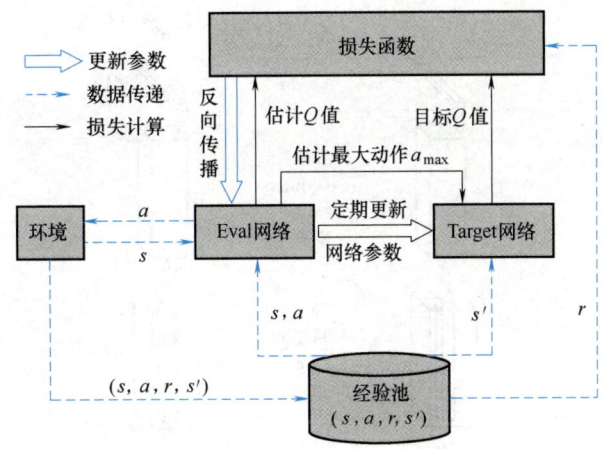

图 9-6　DDQN 算法流程示意图

9.4.3　DRQN

在 DeepMind 团队关于 DQN 算法的研究中，他们使用 Atari 游戏来训练网络。在训练过程中，通常将最近的四帧画面组合成一个状态输入到 DQN 中进行学习。这是因为单帧画面难以提供足够的信息来判断物体的运动方向和速度，例如，在 Pong 游戏中，单帧只能显示球拍和球的位置，而无法提供球的运动方向和速度。这反映了 DQN 算法的一些局限性：首先，其经验数据存储的内存是有限的；其次，DQN 训练需要完整的观测信息。

为了解决这些问题，DRQN（Deep Recurrent Q-Network）算法被提出。在 DQN 中，如果训练时使用部分观测数据，而评估时使用完整观测数据，模型效果会受观测完整性的影响。相反，如果训练时使用完整观测数据而评估时使用部分观测数据，DQN 的效果会下降。而 DRQN 在这种情况下效果下降的程度小于 DQN。原因如下：

首先，DQN 中的两个关键技巧是经验回放和目标网络，它们用于减少数据间的关联性。在神经网络中，数据被假设为独立同分布，但在马尔可夫决策过程（MDP）中，数据前后是有关系的。打破这种关联性有助于更好地拟合 Q 目标值。其次，在实际情况中，智能体往往无法获得完整的状态信息，从而失去了马尔可夫性。这种情况下，强化学习过程不再是真正的马尔可夫过程，而部分可观测马尔可夫决策过程（Partially Observable Markov Decision Process，POMDP）更适合描述这种情况。在 POMDP 中，定义了一个观测 o_t 作为状态 s_t 的观测值，可以表示为 $o_t \sim O(s_t)$。智能体不再接收状态 s_t 而是接收观测 o_t。如果使用 DQN 将不能很好地拟合逼近 Q 函数，因为此时 $Q(o, a \mid \theta) \neq Q(s, a \mid \theta)$。

DRQN 与 DQN 的主要区别在于，它将 DQN 后最后一层的全连接层替换为 LSTM 网络，能够学习长期依赖信息，DRQN 结构如图 9-7 所示。输入图像经过卷积层处理后输入到 LSTM 网络，最终输出每个动作 a 对应的 $Q(s, a)$。在训练过程中，卷积层和循环网络层共同迭代更新网络参数。每次更新循环网络时，需要包含一段时间内的连续观测值 o 和奖励值 r。

训练时，LSTM 隐藏层的初始状态可以是零，也可以继承自上一次的状态。网络更新有两种方式：顺序更新和随机更新。顺序更新从经验回放内存中随机选择一个回合，并从该回

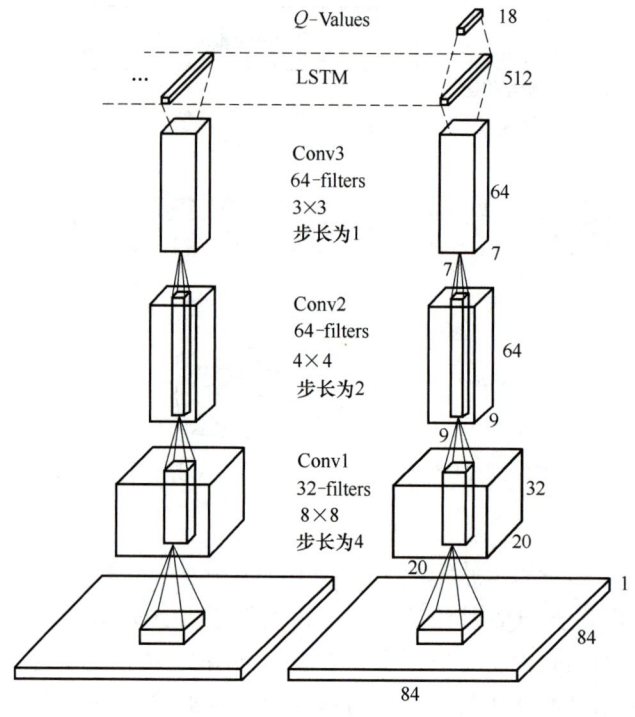

图 9-7 DRQN 结构

合开始学习直到结束,每一步的目标状态值由 Target 网络提供,且每个回合开始时 LSTM 隐藏层的状态值继承自上一时刻。随机更新则从经验回放内存中随机选择一个回合,并在该回合内随机选择时刻进行学习,每个时刻的目标状态值同样由 Target 网络提供,但在每次训练前将 LSTM 隐藏层的状态值置零。

两种更新方式相比,顺序更新有助于 LSTM 学习回合内的时序记忆,但违背了 DQN 的随机采样策略,可能导致学习效果受损。随机更新更符合 DQN 的随机采样策略,但需要每次训练前重置 LSTM 的隐藏层状态,这可能损害其记忆能力。实验表明,两种更新方式都能使模型收敛,且训练效果相似。

9.5 策略梯度强化学习方法

在强化学习的众多方法中,策略梯度方法是一种直接优化策略函数的方法。与值函数强化学习方法不同,策略梯度强化学习方法不依赖于价值函数来指导行动选择,而是直接对策略进行参数化,并通过调整参数来最大化累积奖励。本节将介绍几种策略梯度强化学习方法,此类方法能够从环境交互中直接学习最优策略的算法,为解决复杂决策问题提供了新的视角。

9.5.1 策略梯度计算

对于连续性问题,假设智能体与环境之间交互信息状态 s、动作 a 以及奖励 r 的集合形成一个轨迹 $\tau = s_1, a_1, r_1, \cdots, s_t, a_t, r_t$,每一个轨迹对应有一个发生概率,设智能体参数

为 θ，该参数决定了其选择动作的策略，那么在给定参数 θ 的情况下，轨迹 τ 发生的概率为

$$p_\theta(\tau) = p(s_1)\pi_\theta(a_1|s_1)p(s_2|s_1,a_1)\cdots = p(s_1)\prod_{t=1}^{T}\pi_\theta(a_t|s_t)p(s_{t+1}|s_t,a_t) \quad (9\text{-}26)$$

式中，π_θ 为策略；$p(s_1)$ 为状态 s_1 发生的概率。

与此同时，不同的策略参数 θ 会对应不同的奖励 R_θ，奖励 R 的期望即可通过轨迹 τ 发生的概率 $p_\theta(\tau)$ 与轨迹 τ 的总奖励 $R(\tau)$ 计算求得，有

$$R(\tau) = \sum_t^T r_t \quad (9\text{-}27)$$

$$\overline{R} = \sum_\tau R(\tau)p_\theta(\tau) = E_{\tau \sim p_\theta(\tau)}[R(\tau)] \quad (9\text{-}28)$$

强化学习的最终目标是最大化累积奖励，因此需要最大化奖励期望，在此处采用梯度上升的方法，对目标函数奖励期望求梯度，为

$$\begin{aligned}\nabla \overline{R} &= \sum_\tau R(\tau)\nabla p_\theta(\tau) = \sum_\tau R(\tau)p_\theta(\tau)\frac{\nabla p_\theta(\tau)}{p_\theta(\tau)} \\ &= \sum_\tau R(\tau)\nabla \ln p_\theta(\tau) = E_{\tau \sim p_\theta(\tau)}[R(\tau)\nabla \ln p_\theta(\tau)]\end{aligned} \quad (9\text{-}29)$$

因为 $p_\theta(\tau)$ 是一个概率密度函数，所以等式最终可以转化成期望的形式。但是，这个期望事实上是没法直接求得的，智能体通过多次随机采样，得到大量的轨迹，然后近似获得这一期望值，这也就是蒙特卡洛方法，由此上述公式可以进一步改写为

$$\begin{aligned}\nabla \overline{R} &= \frac{1}{N}\sum_{n=1}^{N} R(\tau^n)\nabla \ln p_\theta(\tau^n) \\ &= \frac{1}{N}\sum_{n=1}^{N} R(\tau^n)\nabla\left(\ln p(s_1) + \sum_{t=1}^{T}\ln p_\theta(a_t|s_t) + \sum_{t=1}^{T}\ln p(s_{t+1}|s_t,a_t)\right) \\ &= \frac{1}{N}\sum_{n=1}^{N} R(\tau^n)\nabla \sum_{t=1}^{T}\ln p_\theta(a_t|s_t) \\ &= \frac{1}{N}\sum_{t=1}^{T}\sum_{n=1}^{N} R(\tau^n)\nabla \ln p_\theta(a_t|s_t)\end{aligned} \quad (9\text{-}30)$$

梯度更新公式为

$$\theta = \theta + \alpha \nabla \overline{R} \quad (9\text{-}31)$$

这就是整个梯度更新计算的过程。

9.5.2 演员-评论家算法

传统策略梯度方法采用回合更新机制，导致其学习效率相对受限。相较之下，Q-learning 等值函数方法通过单步更新实现了更高效的学习过程。演员-评论家（Actor-Critic）算法结合了策略梯度与价值函数两种方法特点，其架构如图 9-8 所示，演员网络（Actor 网络）负责行动决策（Actor），评论家网络（Critic 网络）负责价值评估（Critic），二者通过交互

迭代实现策略优化。

作为策略生成模块，Actor 本质是参数化的策略函数，通常采用神经网络进行建模。其核心目标是通过最大化长期累积奖励来优化策略参数，在训练过程中沿策略梯度方向更新网络权重。策略梯度不仅指示了参数调整方向，更量化了特定状态下各动作的长期收益预期，引导 Actor 逐步趋近最优策略。

Critic 模块则专注于价值评估功能，通过构建状态值函数 $V(s)$ 或动作值函数 $Q(s,a)$ 来量化环境状态的价值特征。不同于直接决策指导，Critic 采用时序差分方法学习价值函数，为 Actor 提供精确的长期收益评估。这种评估机制使得策略更新能够平衡即

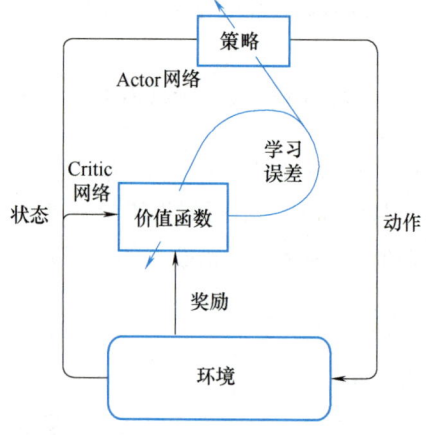

图 9-8　Actor-Critic 算法架构示意图

时奖励与未来收益，有效克服传统策略梯度方法的高方差问题。Critic 同样采用神经网络进行函数逼近，其参数更新既可独立进行，也可与 Actor 形成联合优化。

在 Actor-Critic 框架中，策略梯度的计算通过引入价值函数实现了更高效的单步更新。具体来说，其梯度公式可表示为

$$\nabla \overline{R}(\tau) = \frac{1}{N} \sum_{n=1}^{N} \sum_{t=1}^{T} \left(\sum_{t'=t}^{T} r_{t'}^{n} \gamma^{t'-t} - b \right) \nabla \log p_{\theta}(a_t^n \mid s_t^n) \qquad (9\text{-}32)$$

式中，N 表示单次参数更新所使用的完整交互轨迹（Episode）数量；T 为单条交互轨迹的最大长度，反映算法对时序差分步长的限制；$r_{t'}^n$ 表示第 n 条轨迹中 t' 时刻的即时奖励，体现环境反馈的稀疏性特征；$\gamma \in [0,1]$ 为折扣因子，平衡即时奖励与长期收益的权重分配，其取值直接影响策略的远见性，$\gamma \to 1$ 时趋向最优累积收益，$\gamma \to 0$ 时聚焦短期回报；b 为基线函数（Baseline Function），用于降低梯度估计方差；$p_{\theta}(a_t^n \mid s_t^n)$ 表示为给定某个状态 s_t^n 下采取某个动作 a_t^n 的概率。

由于策略梯度算法是一个在线学习的算法，在每次更新参数后都需要重新收集数据，并且每次更新都收集大量数据也会使得效率变得低下。因此为了保证累计奖励值相对稳定，选择使用累计奖励值的期望来替代它，此时就需要结合 value-based 算法的思想。

定义比较优势（Advantage Function），表示为

$$A^{\theta}(s_t, a_t) = \sum_{t'=t}^{T} r_{t'}^n \gamma^{t'-t} - b \qquad (9\text{-}33)$$

比较优势实际上就是利用蒙特卡洛方法计算得出的累计奖励期望减去 b，也可以写成是动作价值函数与状态价值函数之差，为

$$A^{\theta}(s_t, a_t) = Q^{\pi_{\theta}}(s_t^n, a_t^n) - V^{\pi_{\theta}}(s_t^n) \qquad (9\text{-}34)$$

式中，动作价值函数 $Q^{\pi_{\theta}}(s_t^n, a_t^n)$ 描述了在策略 π_{θ} 下，从状态 s_t^n 出发执行动作 a_t^n 后所能获得的累积奖励期望；状态价值函数 $V^{\pi_{\theta}}(s_t^n)$ 则表示在策略 π_{θ} 下，处于状态 s_t^n 时的累积奖励期望。通过这种差值形式，能够更清晰地反映出特定动作相对于当前状态的额外价值。

因此，最终其训练函数可以表示为

$$\nabla \overline{R}(\tau) = \frac{1}{N} \sum_{n=1}^{N} \sum_{t=1}^{T} (Q^{\pi_\theta}(s_t^n, a_t^n) - V^{\pi_\theta}(s_t^n)) \nabla \log p_\theta(a_t^n \mid s_t^n) \qquad (9\text{-}35)$$

Actor-Critic 算法采用的是单步更新方式,因此其每做出一个决策就需要进行一次自我参数的更新,具体更新步骤见表 9-5。

表 9-5 基于单步更新的 Actor-Critic 算法训练流程

基于单步更新的演员-评论家算法
步骤 1　输入设置:定义带参数且可微分的策略 $\pi(a \mid s, \boldsymbol{\theta})$;定义带参数且可微分的状态价值函数 $\hat{v}(s, \boldsymbol{w})$;选择更新步长 $\alpha^\theta > 0, \alpha^w > 0$。
步骤 2　初始化参数:初始化策略参数 $\boldsymbol{\theta}$ 以及价值状态权重 $\boldsymbol{w}$。
步骤 3　在每个回合中做如下循环。
步骤 3.1　初始化状态 S。
步骤 3.2　$I=1$,I 是累计折扣因子。
步骤 3.3　回合不是终止状态时做如下循环。
步骤 3.3.1　利用策略 $\pi(\cdot \mid S, \boldsymbol{\theta})$ 选取动作 A。
步骤 3.3.2　执行动作 A,获取环境反馈状态 S' 以及奖励值 R。
步骤 3.3.3　更新基准值 δ:$\delta \leftarrow R + \gamma \hat{v}(S', \boldsymbol{w}) - \hat{v}(S, \boldsymbol{w})$。
步骤 3.3.4　更新价值函数权重 $\boldsymbol{w}$:$\boldsymbol{w} \leftarrow \boldsymbol{w} + \alpha^w \delta \nabla \hat{v}(S, \boldsymbol{w})$。
步骤 3.3.5　更新策略参数 $\boldsymbol{\theta}$:$\boldsymbol{\theta} \leftarrow \boldsymbol{\theta} + \alpha^\theta I \delta \nabla \ln \pi(A \mid S, \boldsymbol{\theta})$。
步骤 3.3.6　更新折扣因子 I:$I \leftarrow \gamma I$。
步骤 3.3.7　更新状态 S:$S \leftarrow S'$。

Actor-Critic 方法的优势在于它结合了策略梯度的探索能力和价值函数的评估能力,这使得它在学习效率和稳定性方面通常优于单纯的策略梯度方法或价值函数方法。此外,Actor-Critic 方法可以处理部分可观测的问题,并且在连续动作空间中表现良好。

在实际应用中,Actor-Critic 算法的变体很多,如异步优势演员评论家(A3C)、信赖域策略优化(TRPO)、近端策略优化(PPO)等,这些变体都是为了提高算法的性能和稳定性。

9.5.3　近端策略优化算法

传统的策略梯度强化学习算法在优化过程中常面临策略更新幅度过大或过小的问题,这往往导致训练过程的不稳定。为克服这一难题,OpenAI 提出了近端策略优化(Proximal Policy Optimization,PPO)算法。PPO 算法通过设计一个近端策略的目标函数来实现策略的优化,并引入了剪切(Clipping)机制,有效地避免了单次更新过程中的过度调整,确保了策略更新的幅度保持在相对稳健的范围内。此外,PPO 算法还成功地规避了传统策略梯度方法中常见的策略崩塌和数值不稳定问题,从而显著提升了训练的稳定性和效率。PPO 在大规模训练任务中表现出色,尤其是在需要处理复杂、动态环境的情况下,如在部分大语言模型中利用强化学习根据人类反馈来优化模型。

PPO 算法是基于信赖域策略优化算法(Trust Region Policy Optimization,TRPO)的改进版本。在 TRPO 算法中,无论选取的步长大小如何,它都能确保在策略更新过程中回报函数的单调非减性。其回报函数定义为

$$\eta(\pi) = E_{s_0,a_0,\cdots}\left[\sum_{t=0}^{\infty}\gamma^t r(s_t)\right] \tag{9-36}$$

式中，$\eta(\pi)$ 表示策略 π 对应的回报函数值；γ 是折扣因子；r 是奖励。

TRPO 算法的基本思想是，在策略更新中，将对应策略的回报函数分解成原有策略的回报函数再加上参数项，若策略更新过程中保持参数项大于等于零，则该策略对应的回报函数即可不断升高。

TRPO 算法在策略更新过程中，将新策略的回报函数拆分为原策略的回报函数与一个参数项的和。只要在策略更新时确保该参数项保持非负，新策略的回报函数就能够持续增长。回报函数的更新公式为

$$\begin{aligned}\eta(\widetilde{\pi}) &= \eta(\pi) + E_{s_0,a_0,s_1,a_1,\cdots}\left[\sum_{t=0}^{\infty}\gamma^t A_{\pi}(s_t,a_t)\right] \\ &= \eta(\pi) + \sum_s \rho_{\widetilde{\pi}}(s)\sum_a \widetilde{\pi}(a\mid s)A_{\pi}(s,a)\end{aligned} \tag{9-37}$$

式中，$\eta(\widetilde{\pi})$ 表示更新后的策略 $\widetilde{\pi}$ 所对应的回报函数；$E_{s_0,a_0,s_1,a_1,\cdots}\left[\sum_{t=0}^{\infty}\gamma^t A_{\pi}(s_t,a_t)\right]$ 是不为零的参数项；$\rho_{\widetilde{\pi}}(s)$ 表示策略 $\widetilde{\pi}$ 的状态分布；$A_{\pi}(s_t,a_t)$ 表示优势函数，它的作用是用来衡量智能体采取的某个动作获取的动作价值函数值是否要比平均的动作价值函数值更高，即这个动作是否比期望动作更好，其方程定义为

$$A_{\pi}(s,a) = Q_{\pi}(s,a) - V_{\pi}(s) \tag{9-38}$$

因此，若 $\sum_a \widetilde{\pi}(a\mid s)A_{\pi}(s,a) > 0$，也就是使用确定性策略并选择优势函数最大的动作即可引导模型更新，即 $\widetilde{\pi}(s) = \mathrm{argmax}_a A_{\pi}(s,a)$。但由于新策略 $\widetilde{\pi}$ 的状态分布无法直接获取，因此使用近似策略目标函数 $L_{\pi}(\widetilde{\pi})$ 代替 $\eta(\widetilde{\pi})$，并用原有的状态分布 $\rho_{\pi}(s)$ 替代了新状态分布 $\rho_{\widetilde{\pi}}(s)$，并使用重要性采样对动作分布进行处理，方程为

$$\begin{aligned}L_{\pi}(\widetilde{\pi}) &= \eta(\pi) + \sum_s \rho_{\pi}(s)\sum_a \widetilde{\pi}(a\mid s)A_{\pi}(s,a) \\ &= \eta(\pi) + E_{s\sim\rho_{\theta_{\mathrm{old}}},a\sim\pi_{\theta_{\mathrm{old}}}}\left[\frac{\widetilde{\pi}_{\theta}(a\mid s)}{\pi_{\theta_{\mathrm{old}}}(a\mid s)}A_{\theta_{\mathrm{old}}}(s,a)\right]\end{aligned} \tag{9-39}$$

为解决训练步长问题，Kakada 和 Langford 提出了保守策略迭代方法，方程为

$$\widetilde{\pi}(a\mid s) = (1-\alpha)\pi(a\mid s) + \alpha\pi'(a\mid s) \tag{9-40}$$

式中，$\widetilde{\pi}(a\mid s)$ 表示新的策略；$\pi' = \mathrm{argmax}_{\pi'} L_{\pi}(\pi')$。

根据上述方程，结合 $\eta(\widetilde{\pi}) \geq \eta(\pi)$ 可得

$$\eta(\widetilde{\pi}) \geq L_{\pi}(\widetilde{\pi}) - \frac{2\epsilon\gamma}{(1-\gamma)^2}\alpha^2 \tag{9-41}$$

式中，$\epsilon = \max_s |E_{a\sim\pi'(a\mid s)}[A_{\pi}(s,a)]|$，也就是说，在训练过程中，新策略只需要选择目标函数 $\eta(\widetilde{\pi})$ 的最大值即可。

为将训练步长做更有效的约束，以保证新老策略更新时不会差异过大，信赖域策略优化算法引入了 KL 散度变化来描述新老策略的分布差异。KL 散度定义为

$$D_{\mathrm{TV}}(p \| q) = \frac{1}{2}\sum_i |p_i - q_i| \qquad (9\text{-}42)$$

式中，p_i 和 q_i 表示的是两个离散概率分布，代入策略后可得

$$D_{\mathrm{KL}}^{\max}(\pi, \widetilde{\pi}) = \max_s D_{\mathrm{TV}}(\pi(\cdot|s) \| \widetilde{\pi}(\cdot|s)) \qquad (9\text{-}43)$$

通过将传统的训练步长 α 替换为 KL 散度，由式（9-41），可得

$$\eta(\widetilde{\pi}) \geqslant L_\pi(\widetilde{\pi}) - CD_{\mathrm{KL}}^{\max}(\pi, \widetilde{\pi}) \qquad (9\text{-}44)$$

式中，$C = \dfrac{4\epsilon\gamma}{(1-\gamma)^2}$。

综合以上，TRPO 算法策略更新步骤见表 9-6。

表 9-6 TRPO 算法策略更新步骤

TPRO 算法策略更新步骤
步骤 1　初始化策略 π_0。
步骤 2　做如下循环直到训练回合结束。
步骤 2.1　计算所有优势函数 $A_{\pi_i}(s,a)$。
步骤 2.2　更新策略：$\pi_{i+1} = \arg\max\limits_\pi [L_{\pi_i}(\pi) - CD_{\mathrm{KL}}^{\max}(\pi_i,\pi)]$；其中，$C = \dfrac{4\epsilon\gamma}{(1-\gamma)^2}$，$D_{\mathrm{KL}}^{\max}(\pi_i,\pi)$ 表示策略 π_i 和策略 π 的 KL 散度。

但即使引入 KL 散度作为策略更新因子，TRPO 算法训练过程中依然存在前后策略分布差异问题；此外，尽管 TRPO 也利用了重要性采样、共轭梯度求解等方法提升了样本效率、训练速度等，但在处理函数的二阶近似时仍然会面临计算量过大，以及实现过程复杂、兼容性差等问题。为解决这些问题，PPO 算法在 TRPO 的基础上做出了一定改进，根据 Actor 网络的更新方式可以细化为：①含有 KL 散度做惩罚（KL-Penalty）的 PPO-Penalty，也叫近端策略优化惩罚；②含有 Clipped Surrogate Objective 函数的 PPO-Clip，也叫近端策略优化裁剪。

与 TRPO 不同，PPO-Penalty 基于 KL 散度惩罚项优化目标函数，即将 KL 散度引入目标函数中，作为自适应惩罚因子以控制前后策略的差异。因此目标函数方程变成

$$L^{\mathrm{KLPEN}}(\theta) = \hat{E}_t\left[\frac{\widetilde{\pi}_\theta(a_t|s_t)}{\pi_{\theta_{\mathrm{old}}}(a_t|s_t)}\hat{A}_t - \beta\mathrm{KL}[\pi_{\theta_{\mathrm{old}}}(\cdot|s_t), \pi_\theta(\cdot|s_t)]\right] \qquad (9\text{-}45)$$

式中，$\mathrm{KL}[\pi_{\theta_{\mathrm{old}}}(\cdot|s_t), \pi_\theta(\cdot|s_t)]$ 即为 KL 散度值；β 则是惩罚因子。

在模型训练过程中，并不希望 θ 差太多，但是并不是说参数的值不能差太多，而在于输入同样的状态（state）下，得到的动作概率分布不能相差太多。而这个动作概率分布的相似程度就可以用 KL 散度来计算表示。在实际中，就可以根据 KL 散度的大小来动态改变这一部分的惩罚，即当 KL 散度大于某个阈值时，增大惩罚因子 β，当 KL 散度小于某个阈值时，减小惩罚因子 β。

与 PPO-Penalty 直接将 KL 散度放入目标函数中进行计算不同，PPO-Clip 不将 KL 散度直接放入目标函数中，而是进行一定程度上的裁剪，此时其目标函数就可以表示为

$$L^{\mathrm{KLCLIP}}(\theta) = \hat{E}_t\left[\min\left(\frac{\widetilde{\pi}_\theta(a_t|s_t)}{\pi_{\theta_{\mathrm{old}}}(a_t|s_t)}\hat{A}_t, \mathrm{clip}\left(\frac{\pi_\theta(a_t|s_t)}{\pi_{\theta_{\mathrm{old}}}(a_t|s_t)}, 1-\varepsilon, 1+\varepsilon\right)\right)\right] \qquad (9\text{-}46)$$

式中，ε 为超参数，是需要自行调整的，一般取值范围为 (0，1)。

PPO-Clip 的目标在于优化策略的同时，控制策略更新的幅度，以避免过大的策略更新幅度导致策略发生剧烈变化，由此可以增强算法的稳定性，有助于算法模型收敛到一个较好的策略。通常通过调整超参数 ε 来控制剪切比例（clip_ratio），在计算新旧策略的比例时可以将其限制在 $[1-\varepsilon, 1+\varepsilon]$ 的范围内。这样做的好处主要体现在以下两点。

1）PPO-Clip 可以使用剪切函数来确保策略的更新不超过预订范围，从而避免了过大的策略变化，可以防止策略的不稳定性和发散，同时保证了算法的收敛性。

2）PPO-Clip 可以通过剪切目标来改进策略更新的效果，即在策略优化更新过程中通过比较新旧策略在每个样本上的比例，然后选择较小的那个，就可以保留原策略中表现良好的部分，从而提高策略的稳定性。

综上所述，PPO 的伪代码可以简单表示为：

```
PPO, Actor-Critic Style
for iteration = 1, 2, ⋯, do
    for actor = 1, 2, ⋯, N do
        Run policy π_{θ_old} in environment for T timesteps
        Compute advantage estimates Â_1, ⋯, Â_t
    end for
    Optimize surrogate L wrt θ, with K epochs and minibatch size M ≤ NT
    θ_old ← θ
end for
```

9.5.4 深度确定性策略梯度算法

深度确定性策略梯度（Deep Deterministic Policy Gradient，DDPG）算法是一种融合了价值和策略优化的强化学习算法，它基于 Actor-Critic 框架发展而成。在 Actor-Critic 框架中，策略梯度算法通过整合演员网络来优化策略。DDPG 进一步引入了"确定性"和"深度学习"的概念。其中，"确定性"指的是演员网络直接输出一个确定的动作，而不是动作的概率分布。而"深度"则体现在，DDPG 采用了深度神经网络，类似于 DQN，这些网络分别用于演员和评论家，以处理复杂的函数近似。与 DQN 不同，DDPG 的演员网络能够直接输出连续的动作值，这使得它适合于连续动作空间的问题，能够有效地控制智能体。此外，DDPG 还采用了目标网络技术，以提高学习的稳定性和减少波动。

DDPG 的评论家网络损失函数定义为

$$J(\omega) = \frac{1}{m}\sum_{j=1}^{m}(y_j - Q(\varphi(S_j), a_j, \omega))^2 \tag{9-47}$$

式中，ω 为评论家网络参数；$Q(\varphi(S_j), a_j, \omega)$ 为当前估计值；y_j 为考虑了真实奖励的目标值；$\varphi(S_j)$ 是对状态 S_j 的某种特征提取或表示在某些情况下可能直接就是状态 S_j 本身。

DDPG 的演员网络采用的是确定性策略梯度（Deterministic Policy Gradient，DPG）方法，这与传统的随机策略梯度方法不同。在 DPG 中，演员网络输出的是一个确定的动作，而不是动作的概率分布。其损失梯度定义为

$$\nabla J(\theta) = \frac{1}{m} \sum_{j=1}^{m} [\nabla_\alpha Q(s_j, a_j, \omega) \, \nabla_\theta(\pi_\theta)] \qquad (9\text{-}48)$$

式中，∇_α、∇_θ 分别为价值网络与策略网络的梯度。

在 DPG 条件下，每个状态输出的动作是唯一的，因此此时状态价值函数等于动作价值函数，其损失值为 Q 值。目标是使 Q 值尽可能大，一般自带的优化器都是求最小值，而此处求最大值，为了使用梯度下降方法，对传过来的 Q 值取负号，得到损失函数为

$$J(\theta) = -\frac{1}{m} \sum_{j=1}^{m} Q(s_j, a_j, \omega) \qquad (9\text{-}49)$$

DDPG 算法流程见表 9-7。

表 9-7　DDPG 算法流程

DDPG 算法
步骤 1　初始化 Critic 网络 $Q(s, a\|\theta^Q)$ 和 Actor 网络 $\mu(s\|\theta^\mu)$ 的权值 θ^Q、θ^μ。
步骤 2　初始化步骤 1 中两个网络对应目标网络 Q' 和 μ' 的权值 $\theta^{Q'} \leftarrow \theta^Q, \theta^{\mu'} \leftarrow \theta^\mu$。
步骤 3　初始化经验缓冲区。
步骤 4　进入循环直至回合结束。
步骤 4.1　在动作探索策略中初始化随机噪声 N。
步骤 4.2　接收初始观测状态。
步骤 4.3　进入循环。
步骤 4.3.1　根据当前策略和随机噪声选择动作 $a_t = \mu(s_t\|\theta^\mu) + N_t$。
步骤 4.3.2　执行动作 a_t 并且观察奖赏值 r_t，得到新的状态 r_{t+1}。
步骤 4.3.3　保存元组 (s_t, a_t, r_t, s_{t+1}) 到缓冲区 R。
步骤 4.3.4　从缓冲区 R 中随机采样生成 N 维数据库 (s_t, a_t, r_t, s_{t+1})，有 $$y_i = r_i + \gamma Q'(s_{i+1}, \mu'(s_{i+1}\|\theta^{\mu'})\|\theta^{Q'})$$
步骤 4.3.5　通过 Critic 最小化损失函数更新 critic 网络，有 $$L = \frac{1}{N} \sum_i (y_i - Q(s_i, a_i\|\theta^Q))^2$$
步骤 4.3.6　根据 Actor 的梯度更新 Actor 网络，有 $$\nabla_{\theta^\mu} J = \frac{1}{N} \sum_i \nabla_\alpha Q(s, a\|\theta^Q) \, \nabla_{\theta^\mu} \mu(s\|\theta^\mu)$$
步骤 4.3.7　目标网络参数更新，即 $$\theta^{Q'} \leftarrow \tau \theta^Q + (1-\tau)\theta^{Q'}, \theta^{\mu'} \leftarrow \tau\theta^\mu + (1-\tau)\theta^{\mu'}$$

9.5.5　双延迟深度确定性策略梯度算法

双延迟深度确定性策略梯度（Twin Delayed Deep Deterministic Policy Gradient，TD3）算法是对 DDPG 算法的改进，旨在解决 DDPG 在训练过程中可能遇到的一些问题，如过估计和策略更新的不稳定性问题。TD3 使用两个独立的 Q 网络来估计动作值函数，而不是一个。这两个网络结构相同，但参数不同。这样做可以减少价值函数的过估计问题。在更新网络参数时，TD3 会选择两个 Q 网络中估计值较小的一个来计算目标值，从而减少高估。因此，TD3 算法总共有 6 个网络，包含 2 个 Actor 网络（Target 网络与 Eval 网络），4 个 Critic 网络（2 组 Target 网络与 Eval 网络），如图 9-9 所示。

在 TD3 算法中，Actor 网络的更新频率低于 Critic 网络。具体来说，通常的做法是每更

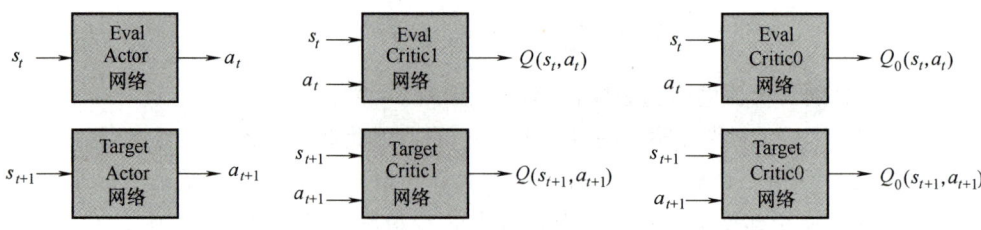

图 9-9 TD3 网络构成图

新若干次 Critic 网络后，才更新一次 Actor 网络。这种延迟更新策略旨在提高学习的稳定性，避免 Actor 网络因过于频繁的更新而导致的不稳定行为。

尽管 TD3 在网络结构上与 DDPG 有所不同（特别是 TD3 使用了两个独立的 Critic 网络），但它们的 Actor 与 Critic 网络的基本作用是一致的。Actor 网络负责根据输入的状态输出对应的动作，而 Critic 网络则根据输入的状态和动作计算 Q 值。Actor 网络的目的是输出能够使该状态下产生的动作价值最大的动作，而 Critic 网络则负责精确评价当前状态与输出动作之间的动作价值。

在 TD3 中，Eval 网络是实时更新的，它从经验池中取出数据后会立即进行参数更新。而目标网络通过软更新（每一步按比例同步参数）实现滞后。这种滞后机制可以确保强化学习网络在训练过程中的稳定性，防止过拟合，并加速收敛。

与 DDPG 一样，TD3 也使用了经验池来消除前后经验之间的相关性，从而防止过拟合。在将动作存入经验池时，会在动作基础上添加随机噪声，这既保证了探索性，又有助于智能体在训练过程中更快地找到最优动作，进而增加策略的鲁棒性。

在建立了基本的网络框架和经验池存储策略后，就可以对 Actor 网络与 Critic 网络进行更新。Actor 网络的更新方式与 DDPG 类似，从经验池中挑选对应的数据，以负 Q 值作为损失值，通过最大化 Q 值（即最小化-Q 值）来训练网络。值得注意的是，虽然 Actor 网络在决策过程中起着关键作用，但 Critic 网络的准确性同样重要，因为它直接影响了 Actor 网络的训练质量和效果。在 TD3 中，通过使用两个独立的 Critic 网络来分别估计 Q 值，并选择其中较小的 Q 值作为目标 Q 值进行更新，从而有效地减少了 Q 值的过高估计问题。这一做法借鉴了 DDQN（Double Deep Q Network）的思想。TD3 网络更新过程如图 9-10 所示。

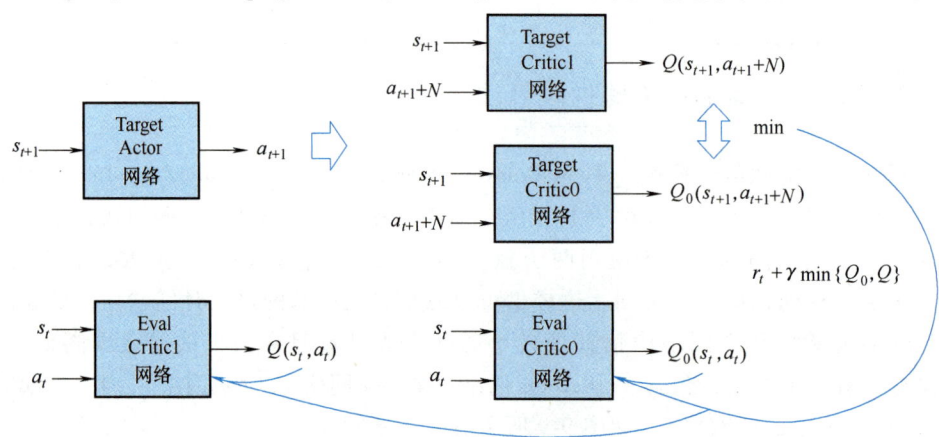

图 9-10 TD3 网络更新过程

因为选取两个网络对参数更新，对应频繁更新的 Critic 网络也有两个，由于网络参数以及梯度下降过程不完全相同，其采用的更新方式为

$$y = r_t + \gamma \min\{Q_0(s_{t+1}, a_{t+1}+N), Q(s_{t+1}, a_{t+1}+N)\} - Q_{\text{Eval}}(s_t, a_t) \quad (9\text{-}50)$$

式中，y 为下一时刻状态动作对所对应的状态动作价值；r_t 为当前时刻回报；Q_0、Q 分别为 2 个目标网络；Q_{Eval} 为 Eval 网络，同样为 2 个，对应网络更新时选取该网络下相应的 Q_{Eval} 值，完成更新。

此外，在更新过程中，与 DDPG 不同，它给目标网络的估计值 a_{t+1} 加入随机噪声 N，变为动作 $a_{t+1}+N$ 后才作为两个 Critic 目标网络的输入，这样可提高探索的随机性，使得下一步计算的 Q 值更为精确。在经过一定步长后，需要将 Critic 网络的参数更新到 Critic 目标网络中，将 Actor 网络的参数更新到 Actor 目标网络参数中，且 Actor 网络更新频率比 Critic 频率慢，通常采用软更新的方式，即延迟软更新。

TD3 网络参数更新流程见表 9-8。综上所述，TD3 算法通过引入双 Critic 网络、延迟更新策略、策略平滑化以及经验池等技术，提高了学习的稳定性和鲁棒性，使得智能体能够在复杂环境中更有效地学习最优策略。

表 9-8 TD3 网络参数更新流程

TD3 算法
步骤 1 初始化 Eval 网络：通过随机网络参数 θ_1、θ_2、ϕ 初始价值网络 Q_{θ_1}、Q_{θ_2} 和策略网络 π_ϕ。
步骤 2 初始化目标网络与经验池：目标网络参数进行 $\theta'_1 \leftarrow 1, \theta'_2 \leftarrow 2$ 更新，初始经验池 B。
步骤 3 从时刻 t 开始直至时间 T 结束，进行以下循环。
步骤 3.1 经验池存储：选择加上随机噪声的探索动作 $a \sim \pi_\phi(s) + \varepsilon, \varepsilon \sim N(0, \sigma)$，将该动作与计算的奖励 r 和新的状态 s' 变为记忆片段 (s, a, r, s') 存储至经验池 B 中。
步骤 3.2 经验池数据提取：在经验池 B 中选取最小批次 R 的数据 (s, a, r, s')。
步骤 3.3 计算状态 s' 下动作估计值 $\tilde{a} \leftarrow \pi_{\phi'}(s') + \varepsilon, \varepsilon \sim \text{clip}(N(0, \sigma), -c, c)$。
步骤 3.4 计算网络目标值 $y \leftarrow r + \gamma \min_{i=1,2} Q_{\theta'_i}(s', \tilde{a})$。
步骤 3.5 更新价值网络参数 $\theta'_i \leftarrow \mathop{\text{argmin}}\limits_{\theta_i} N^{-1} \sum (y - Q_{\theta_i}(s, a))^2$。
步骤 3.6 若 t 为时间段 d 的模数，则执行下面操作：
步骤 3.6.1 确定性策略梯度更新参数 ϕ，有 $\nabla_\phi J(\phi) = N^{-1} \sum \nabla_a Q_{\theta_1}(s, a)\vert_{a=\pi_\phi(s)} \nabla_\phi \pi_\phi(s)$
步骤 3.6.2 更新目标网络参数，有 $\theta'_i \leftarrow \tau \theta_i + (1-\tau) \theta'_i$（更新目标价值网络的参数 θ'_i） $\phi' \leftarrow \tau \phi + (1-\tau) \phi'$（更新目标策略网络的参数 ϕ'）
步骤 4 训练结束，参数保存。

9.5.6 SAC

在面向连续控制的强化学习算法中，目前最有效的算法大致可以分为三类：一是 TRPO 和 PPO 这类基于策略梯度的算法，二是 DDPG 及其拓展算法这类基于值函数的算法，三是 Soft Q-learning、Soft Actor-Critic（SAC）这类基于最大熵的强化学习算法。PPO 算法能够同时处理离散控制和连续控制任务。然而，PPO 是一种离线策略算法，这意味着它面临着严重的样本效率问题，需要巨大的采样量才能进行有效学习。相比之下，DDPG 及其拓展算法

是 DeepMind 团队开发的专门用于连续控制的算法，它们通常比 PPO 具有更高的样本效率。但需要注意的是，DDPG 的训练策略是确定性的，即在每个状态下只选择最优的一个动作。而 SAC 算法则是面向最大熵强化学习开发的一种离线策略算法，与 DDPG 相比，SAC 使用随机策略（Stochastic Policy），这在某些情况下比确定性策略具有优势。

SAC 的核心特征在于熵正则化（Entropy Regularization）。SAC 的策略被训练，以便在期望回报和熵之间找到最佳平衡。熵是衡量策略随机性的一个指标，增加熵意味着策略的随机性增强，从而可以促进更多的探索行为，加快后续的学习速度，并防止策略过早地收敛到局部最优解。

熵（Entropy）可以理解为衡量随机变量随机性强弱的一个值。假设 $x \sim P$，P 是一个分布，那么 x 的熵 H 的计算公式为

$$H(P) = -E_{x \sim P}[\log P(x)] \tag{9-51}$$

式中，E 代表概率学里面的期望。

在熵正则化的强化学习中，智能体在每个时间步都会获得一个与当前策略熵成比例的额外奖励，其表示为

$$\pi^* = \arg\max_{\pi} E_{\tau \sim \pi}\left[\sum_{t=0}^{\infty} \gamma^t (R(s_t, a_t, s_{t+1}) + \alpha H(\pi(\cdot | s_t)))\right] \tag{9-52}$$

式中，α 为熵正则化系数。

对应状态价值函数为

$$V^\pi(s) = E_{\tau \sim \pi}\left[\sum_{t=0}^{\infty} \gamma^t (R(s_t, a_t, s_{t+1}) + \alpha H(\pi(\cdot | s_t))) | s_0 = s\right] \tag{9-53}$$

对应的动作价值函数为

$$Q^\pi(s,a) = E_{\tau \sim \pi}\left[\sum_{t=0}^{\infty} \gamma^t R(s_t, a_t, s_{t+1}) + \alpha \sum_{t=1}^{\infty} \gamma^t H(\pi(\cdot | s_t)) | s_0 = s, a_0 = a\right] \tag{9-54}$$

此时，状态价值函数 V^π 与动作价值函数 Q^π 之间的关系为

$$V^\pi(s) = E_{a \sim \pi}[Q^\pi(s,a)] + \alpha H(\pi(\cdot | s)) \tag{9-55}$$

动作价值函数 Q^π 的贝尔曼方程可以写成

$$Q^\pi(s,a) = E_{\substack{s' \sim P \\ a' \sim \pi}}[R(s,a,s') + \gamma(Q^\pi(s',a') + \alpha H(\pi(\cdot | s')))] \tag{9-56}$$

$$Q^\pi(s,a) = E_{s' \sim P}[R(s,a,s') + \gamma V^\pi(s')] \tag{9-57}$$

SAC 会同时通过一个策略网络和两个 Q 网络同时学习策略和两个 Q 函数，学习的方式有两种，一是使用一个固定的熵正则化系数 α，另一种是在训练的过程中自动求解熵正则化系数。联立式（9-51）、式（9-55）和式（9-57）可得

$$Q^\pi(s,a) = E_{\substack{s' \sim P \\ a' \sim \pi}}[R(s,a,s') + \gamma(Q^\pi(s',a') - \alpha \log \pi(a'|s'))] \tag{9-58}$$

此时，求期望是对来自经验池的下一个状态以及来自当前策略的下一个动作求期望，因此可以使用样本来近似估算 Q 值，为

$$Q^\pi(s,a) \approx r + \gamma(Q^\pi(s', \tilde{a}') - \alpha \log \pi(\tilde{a}'|s')), \tilde{a}' \sim \pi(\cdot | s') \tag{9-59}$$

再应用裁剪双 Q 技巧就可以得到 SAC 中 Q 网络的损失函数，为

$$L(\Phi_i, D) = E_{(s,a,r,s',d) \sim D} \left[(Q_{\Phi_i}(s,a) - y(r,s',d))^2 \right] \qquad (9\text{-}60)$$

学习的目标就是

$$y(r,s',d) = r + \gamma(1-d)\left(\min_{j=1,2} Q_{\Phi_{\text{target},j}}(s', \tilde{a}') - \alpha \log \pi_\theta(\tilde{a}'|s')\right), \tilde{a}' \sim \pi_\theta(\cdot|s') \qquad (9\text{-}61)$$

学习的策略就是最大化 $V^\pi(s)$，$V^\pi(s)$ 是在每个状态熵最大化期望回报与期望熵之和。优化策略的方法使用重参数化技巧，通过计算状态、策略参数以及独立噪声的确定性函数，从中抽取样本，此时可以将对动作的期望重写为对噪声的期望，由此可以消除此时动作分布取决于策略参数的痛点。

$$E_{a \sim \pi_\theta}\left[Q^{\pi_\theta}(s,a) - \alpha \log \pi_\theta(a|s)\right] = E_{\xi \sim \aleph}\left[Q^{\pi_\theta}(s, \tilde{a}_\theta(s,\xi)) - \alpha \log \pi_\theta(\tilde{a}_\theta(s,\xi)|s)\right] \qquad (9\text{-}62)$$

此时策略的损失值就可以写为

$$\max_\theta E_{\xi \sim \aleph}\left[\min_{j=1,2} Q_{\Phi_j}(s, \tilde{a}_\theta(s,\xi)) - \alpha \log \pi_\theta(\tilde{a}_\theta(s,\xi)|s)\right] \qquad (9\text{-}63)$$

式中，ξ 是一个随机变量；$\xi \sim \aleph$ 表示随机变量 ξ 服从 $\aleph$ 分布。

根据上述理论推导，SAC 在处理连续任务时的更新流程见表 9-9。

表 9-9　SAC 算法参数更新流程

Soft Actor-Critic 算法
步骤 1　初始化策略参数 θ，Q 函数参数 Φ_1、Φ_2，清空经验池 D。
步骤 2　将 Q 函数参数赋值给 Q-target：$\Phi_{\text{target},1} \leftarrow \Phi_1, \Phi_{\text{target},2} \leftarrow \Phi_2$。
步骤 3　进入循环直至回合结束。
步骤 3.1　观测状态 s 并根据 $a \sim \pi_\theta(\cdot|s)$ 选择动作 a。
步骤 3.2　获得下一状态 s'、奖励 r、结束标志 d。
步骤 3.3　将 (s,a,r,s',d) 存入经验池 D。
步骤 3.4　循环　执行步骤 3.4.1～步骤 3.4.5。
步骤 3.4.1　从经验池 D 中随机选取 $B = (s,a,r,s',d)$。
步骤 3.4.2 $$y(r,s',d) = r + \gamma(1-d)\left(\min_{j=1,2} Q_{\Phi_{\text{target},j}}(s', \tilde{a}') - \alpha \log \pi_\theta(\tilde{a}'|s')\right), \tilde{a}' \sim \pi_\theta(\cdot|s')$$
步骤 3.4.3　梯度下降更新 Q 函数为 $$\nabla_{\Phi_i} \frac{1}{|B|} \sum_{(s,a,r,s',d) \in B} (Q_{\Phi_i}(s,a) - y(r,s',d))^2, i = 1,2$$
步骤 3.4.4　梯度上升更新策略，即 $$\nabla_\theta \frac{1}{|B|} \sum_{s \in B} \left(\min_{j=1,2} Q_{\Phi_j}(s, \tilde{a}_\theta(s,\xi)) - \alpha \log \pi_\theta(\tilde{a}_\theta(s,\xi)|s)\right)$$
步骤 3.4.5　更新目标网络，有 $$\Phi_{\text{target},i} \leftarrow \rho \Phi_{\text{target},i} + (1-\rho)\Phi_i$$

总体来讲，SAC 是为了解决其他强化学习算法的一些问题而提出的一种稳定且高效的无模型方法，它的基础是最大熵强化学习框架，在这个框架中，Actor 的目标不仅只是最大化期望的奖励，同时也需要最大化熵。其目的在于能够完成任务的同时也能够将动作尽量随机化。尽管 SAC 处理的任务是连续的，但是不同于 DDPG 中将离线学习的 AC 与确定性策略的 Actor 结合，SAC 是将离线学习的 AC 与随机性策略的 Actor 结合起来。通过设置最大化熵可

以做到实质性地提高强化学习的探索性和鲁棒性。

9.6 强化学习实践项目

9.6.1 基于 Q-learning 的智能体配送路径规划

本项目实现了 Q-learning 算法在路径规划中的应用,特别是在有障碍物的环境中寻找最优路径。在模拟的网格环境中,训练智能体从起点移动到终点,避开预设的障碍物。

环境类 Env 创建了 10×10 网格环境,设置障碍物位置,定义起点和终点。Q-learningAgent 类定义了状态空间、动作空间,初始化 Q 值表,通过 ε-贪婪策略选择动作,使用贝尔曼方程更新 Q 值表。

训练与评估部分进行 250 轮训练,记录每轮的总奖励,评估训练后的模型,统计成功到达终点的次数和平均步数。最后,绘制训练过程中奖励随轮次变化的曲线,可视化智能体在训练后的路径规划结果。

> 读者可以打开链接 https://aistudio.baidu.com/project/edit/9397901 运行项目,并可扫描二维码观看讲解视频。

讲解视频

9.6.2 基于 DQN 的智能体配送路径规划

本项目实现一个基于深度 Q 网络(DQN)的配送路径规划智能体,该智能体能够在包含障碍物的网格环境中学习从起点到终点的最优路径。项目以 PaddlePaddle 框架实现,通过神经网络近似 Q 函数,结合经验回放与目标网络技术解决训练不稳定问题,最终在障碍物场景中验证算法有效性,展示了 DQN 算法在连续状态空间中的有效性和收敛性,以及智能体在未知环境中的自主决策能力。

项目环境设置定义了一个 10×10 的网格环境,包含起点、终点和障碍物。智能体通过执行上下左右动作来探索环境。DQN 模型模块包括 DQNNetwork 和 DQNAgent 两个类。DQNNetwork 定义了神经网络的结构,DQNAgent 负责实现经验回放、目标网络和 ε-贪婪策略等 DQN 算法的核心机制。

训练流程包括初始化环境、智能体和训练参数,进行多个回合的训练,每个回合中智能体与环境交互、存储经验进行训练,并定期更新目标网络。

结果展示部分通过打印训练过程中的奖励、步数、探索率和损失等信息来监控训练进度,最终保存训练好的模型,并提供了可视化工具来展示训练历史和智能体的一次完整回合路径。

> 读者可以打开链接 https://aistudio.baidu.com/project/edit/9398795 运行项目,并可扫描二维码观看讲解视频。

讲解视频

9.6.3 基于 PPO 小车爬坡

本项目基于 OpenAI 推出的强化学习实验环境库 Gym 库（http：//gym.openai.com/）中的 MountainCar-v0 设计，如图 9-11 所示。

在该项目中，小车放置于一维轨道之上，位于两座山峰之间的山谷位置。小车的目标是驶向右侧山峰上的旗帜位置。但是，小车的动力系统不足以使其一次性从山谷驶上山顶，因此需要对小车来回施加向左或向右的驱动力使其在左侧山峰上积累势能，再配合小车本身的动力驶上右侧山顶。在每个时刻，智能体可以对小车施加 3 种动作，分别是向左的驱动力、向右的驱动

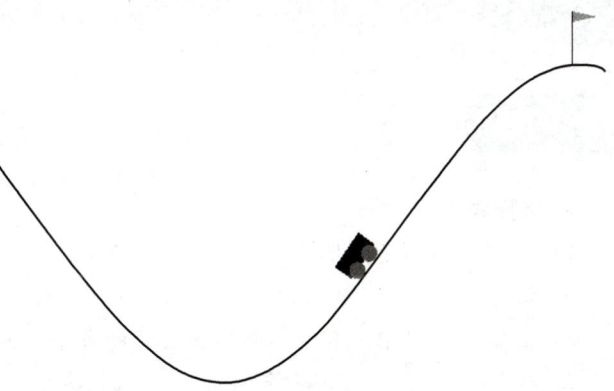

图 9-11　MountainCar-v0 环境示例

力或者不施加力，智能体施加驱动力的方向和小车的水平位置会决定下一时刻小车的速度。

本项目采用 PPO 实现，构建了演员网络（Actor 网络）和评论家网络（Critic 网络），分别用于生成策略和评估策略。演员网络包含两层全连接层，输出动作概率；评论家网络也包含两层全连接层，输出状态值。

经过近 1000 个回合的训练可以看出每次小车冲上右侧山峰旗帜处所花的时间相较于最开始得到了大幅度的减小，图 9-12 所示为损失函数值随着迭代轮次变化的结果，实际上，模型在 100 个回合以内就基本已经收敛，后续训练对模型改进并不多。

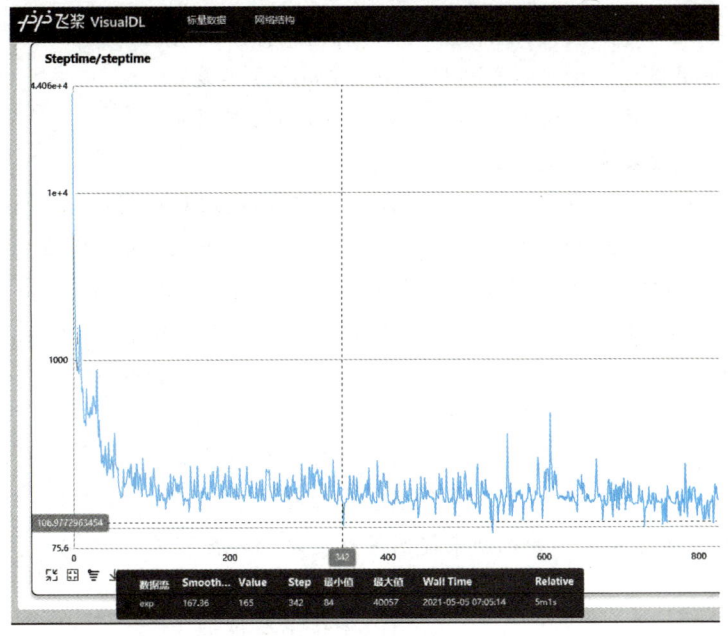

图 9-12　训练结果

读者可以打开链接 https：//aistudio.baidu.com/projectdetail/8769363 运行项目，并可扫描二维码观看讲解视频。

讲解视频

习题

1. 选择题

1）以下哪项不是强化学习的基本组成元素？（　　）

A. 状态　　　　B. 动作　　　　C. 奖励　　　　D. 感知机

2）在强化学习中，智能体与环境交互的每个时间步被称为一个什么？（　　）

A. 状态　　　　B. 动作　　　　C. 奖励　　　　D. 会合（Episode）

3）以下哪种强化学习分类依据的是学习过程中环境是否是已知的？（　　）

A. 基于模型　　B. 无监督　　　C. 基于值　　　D. 基于策略

4）马尔可夫决策过程的核心假设是什么？（　　）

A. 状态转移概率仅依赖于当前状态　　B. 状态转移概率依赖于所有历史状态

C. 奖励仅依赖于下一个状态　　　　　D. 奖励仅依赖于当前动作

5）在 Q-learning 算法中，Q 表的更新依赖于哪个值？（　　）

A. 当前状态　　B. 下一个状态　C. 当前动作　　D. 所有以上

6）SARSA 算法与 Q-learning 算法的主要区别是什么？（　　）

A. SARSA 是模型无关的，而 Q-learning 不是

B. SARSA 在更新 Q 值时考虑了下一个动作，而 Q-learning 不是

C. SARSA 使用模型来预测状态转移，而 Q-learning 不是

D. SARSA 的目标是最大化长期奖励，而 Q-learning 不是

7）DQN 算法的主要创新是什么？（　　）

A. 使用了 Q 表来存储 Q 值　　　　B. 引入了经验回放机制

C. 使用了线性函数来近似 Q 值　　　D. 不使用深度神经网络

8）DDQN 算法相比于 DQN 算法，主要解决了什么问题？（　　）

A. 减少了训练时间　　　　　　　　B. 减少了计算资源消耗

C. 减少了 Q 值的过估计　　　　　　D. 提高了策略的收敛速度

9）在 Actor-Critic 算法中，Actor 的作用是什么？（　　）

A. 估计状态值函数　　　　　　　　B. 估计动作值函数

C. 优化策略　　　　　　　　　　　D. 优化值函数

10）PPO 算法通过以下哪种机制来提高策略更新的稳定性？（　　）

A. 经验回放　　　　　　　　　　　B. 剪切

C. 目标网络　　　　　　　　　　　D. 价值函数逼近

11）DDPG 算法相比于传统 PG 算法，更适合处理哪种类型的问题？（　　）

A. 离散动作空间 B. 连续动作空间
C. 部分可观测环境 D. 完全可观测环境

12）TD3算法相比于DDPG算法，主要改进了什么？（　　）
A. 提高了学习速度 B. 减少了Q值的过估计
C. 提高了策略的稳定性 D. 减少了计算资源消耗

13）SAC算法是一种什么类型的强化学习算法？（　　）
A. 基于值 B. 基于策略 C. 模型无关 D. 模型基础

2. 判断题

1）强化学习的主要目标是最大化长期奖励。（　　）
2）在MDP中，奖励仅依赖于当前状态。（　　）
3）Q-learning算法是一种基于模型的强化学习算法。（　　）
4）DQN算法中，目标网络用于生成训练数据的目标Q值。（　　）
5）在Actor-Critic算法中，Critic的作用是优化策略。（　　）
6）DDPG算法可以处理部分可观测的环境。（　　）
7）TD3算法使用了两个独立的Q网络来减少价值函数的过估计。（　　）
8）SAC算法是一种基于值函数的强化学习算法。（　　）

3. 简答题和分析题

1）请简述马尔可夫决策过程的基本组成部分。
2）在强化学习中，Q-learning算法和SARSA算法有什么主要区别？
3）DQN算法是如何解决Q-learning在函数近似时遇到的问题的？
4）DDQN算法相比于DQN算法，主要解决了什么问题？
5）在策略梯度强化学习方法中，Actor-Critic算法的Actor部分的作用是什么？
6）请简述PPO算法如何提高策略更新的稳定性。
7）TD3算法相比于DDPG算法，主要引入了哪些技术来提高学习性能？
8）SAC算法是如何在强化学习中实现同时优化策略和值函数的？

部分习题
参考答案

第10章 大模型技术及实践

随着深度学习技术的飞速发展，大模型（Large Model，LM）成为人工智能研究的热点，它们通过高效的并行计算、自注意力机制和优化算法等技术实现。这些模型在自然语言处理、计算机视觉和多模态学习等领域展现出巨大的应用潜力和多样化的应用方法，如预训练与微调、模型剪枝和量化、知识蒸馏等。

大模型技术的进步为人工智能领域带来了革命性的变革，其广泛的应用场景预示着无限的可能性。但同时，这些模型的庞大规模和复杂性也引发了一系列挑战，包括对计算资源的巨大需求、数据隐私和安全风险，以及对模型决策透明度和伦理责任的担忧。因此，如何在推动技术进步的同时，妥善应对这些挑战，成为业界和学界共同关注的焦点。

10.1 大模型技术概述

10.1.1 大模型的定义和分类

1. 大模型的定义

大模型是深度学习领域的核心突破，其通过海量参数（通常达亿级以上）与大规模数据训练，实现对复杂模式的泛化理解与推理能力。显著超越传统的小规模模型。大模型基于Transformer架构，通过预训练（如掩码语言建模、自回归预测）吸收通用知识，再通过微调适配下游任务。

大模型参数规模以十亿（Billion）为基本单位，可分为三级，见表10-1。

表 10-1 大模型参数规模

参数规模	典型代表	能力特点
1亿~10亿	BERT（3.4亿）	基础语义理解，适用于文本分类、NER等任务
100亿级	GPT-3（1750亿）	上下文学习、零样本泛化，支持复杂生成任务
万亿级	GPT-4（约1.8万亿）、DeepSeek-MoE（1.3万亿）	多模态融合、涌现推理，逼近通用智能体能力

需要注意的是,早期模型如BERT(3.4亿)虽未达10亿参数,但因突破传统模型规模极限,仍被视为大模型奠基之作。DeepSeek-MoE虽然参数达万亿级,但其通过动态稀疏激活技术,推理时仅激活14%参数,实现训练效率提升108%。另外,参数规模非绝对能力指标,需结合架构创新(如MoE)与训练优化(如混合精度)综合评估。

2. 大模型的分类

大模型可从模型结构、模态能力、任务功能、应用领域、训练策略、扩展能力等多个维度进行分类。

(1)按模型结构划分　大模型的核心能力边界由其结构设计决定,按编码器-解码器组件的组合方式可分为三类,见表10-2。

表10-2　大模型结构类型

结构类型	核心组件	典型模型	适用任务
仅编码器架构(Encoder-Only)	编码器	BERT	文本理解、情感分析
仅解码器架构(Decoder-Only)	解码器	GPT系列、DeepSeek-R1	文本生成、对话系统
编码器-解码器架构(Encoder-Decoder)	编码器+解码器	T5、BART	机器翻译、摘要生成

(2)按模态能力划分　模态能力决定大模型感知世界的维度。单模态模型在文本、图像或音频等独立领域实现了深度优化;多模态模型则突破感官边界,通过跨模态对齐技术(如图文联合编码)模拟人类综合认知能力,支撑复杂场景理解与创作。大模型按模态融合程度分为两类,见表10-3。

表10-3　大模型模态类型

模态类型	核心能力	代表案例	技术意义
单模态模型	单一数据深度处理	LLaMA-2(文本)、ViT-G(图像)	垂直领域高性能基础
多模态模型	跨模态关联与生成	GPT-4V(图文声融合)、Qwen-VL(文本与图像)	通用智能体的核心能力雏形

(3)按任务功能划分　大模型解决实际问题的核心范式由其任务功能定位决定,主要分为三类,见表10-4。判别式模型聚焦内容理解与分类预测,生成式模型突破创作边界实现开放内容生成,混合模型则协同两类能力解决复杂决策需求。

表10-4　大模型功能类型

功能类型	核心目标	代表模型
判别式模型	分类、预测	BERT
生成式模型	内容创作	GPT-4、DeepSeek-Coder
混合模型	判别+生成联合优化	Flan-T5、Qwen-VL

(4)按应用领域划分　应用场景驱动大模型从技术底座向产业工具演进,根据应用领

域类型，分为三类，见表10-5。通用大模型追求跨任务广度适配，行业大模型深耕垂直领域知识增强，垂直任务模型则在特定场景实现极致性能。三者形成覆盖"面-线-点"的落地应用。

表 10-5　大模型领域类型

领域类型	特点	案例
通用大模型	跨任务泛化能力	ChatGPT、通义千问、DeepSeek-R1
行业大模型	垂直领域知识增强	百度文心·医疗大模型
垂直任务模型	特定场景高性能	Whisper(语音识别)

（5）**按训练策略划分**　训练策略决定模型的能力演进方向。从通用知识建模的基础预训练，到适配任务格式的指令微调，再到融合人类价值观的对齐优化，这一递进过程推动大模型从"知识库"蜕变为"任务执行体"。大模型按照训练策略分为三类，见表10-6。

表 10-6　大模型训练类型

训练策略	核心技术	代表模型	能力特点
基础预训练	无监督语言建模	LLaMA-2、BERT	通用知识底座，未对齐任务格式
指令微调	监督微调(SFT)	Alpaca-7B、DeepSeek-Instruction	理解人类指令，适配问答/写作等任务
人类对齐	人类反馈强化学习(RLHF)	ChatGPT、Claude 3、DeepSeek-RLHF、Qwen-Align	优化安全性、有用性、无害性

（6）**按扩展能力划分**　扩展能力定义模型的应用边界，按照扩展能力，可分为三个层级，见表10-7。封闭型模型仅限原生功能，而插件增强型通过API接入工具链实现"操作系统级"智能代理，开源可扩展型则赋能开发者轻量化定制。三者形成从封闭到开放的能力递进。

表 10-7　大模型扩展类型

扩展类型	接口支持	代表模型	功能扩展场景
插件增强型	标准化 API 接入	GPT-4 with Plugins、DeepSeek-Agent	实时联网搜索、代码执行、专业工具调用
封闭型	无外部接口	GPT-3(初始版)、PaLM 2	仅限原生文本生成能力
开源可扩展型	支持 LoRA/Adapter 等轻量化扩展	LLaMA-2、Qwen-7B	社区开发者可自定义功能模块

10.1.2　大模型技术研究进展概述

1. 大模型的技术演进脉络

大模型的技术演进大致可划分为三个阶段：

（1）**架构奠基期（2017—2018）**　以 Google 提出 Transformer 架构为标志，其自注意力机制彻底革新了序列建模范式，为大模型预训练奠定了算法基础。同期，BERT 模型通过双

向编码技术开创了自然语言理解的新范式，而 OpenAI 发布的 GPT 系列则开启了生成式模型的新方向。这一阶段的技术突破，标志着大模型从学术研究向产业化探索的跨越。

(2) 能力爆发期（2019—2022） GPT-2 的发布验证了语言生成能力的边界，而 OpenAI 于 2020 年发布的 GPT-3 凭借 1750 亿参数规模，通过上下文学习机制实现了零样本任务泛化，重新定义了 AI 的能力上限。随后于 2022 年推出的 ChatGPT，更将大模型从技术工具转化为全民级交互入口，其多模态对话能力引发行业范式转变，推动了 AI 技术的普及与应用爆发。

(3) 多维突破期（2023 年至今） GPT-4 实现了文本、图像、语音的跨模态理解与生成，推动 AI 向"通用智能体"演进。与此同时，中国开源模型 DeepSeek 通过动态神经元激活、混合精度量化等技术，在推理效率提升 40% 的同时降低部署成本 60%，破解了大模型落地的资源瓶颈，标志着工程化落地进入新阶段。

2. 大模型的核心突破方向

大模型的核心突破方向集中在范式革新、能力跃迁与工程优化三大维度，共同推动技术边界的持续拓展。

(1) 范式革新层面 上下文学习机制颠覆了传统"预训练-微调"模式。通过少量任务示例直接触发能力（如 GPT-3 的数学推理），模型不再依赖大规模标注数据，显著降低应用门槛。更进一步，思维链技术将复杂任务拆解为逻辑步骤（如"逐步思考"提示），使模型在逻辑推理、数学证明等任务准确率提升 30%，实现从"被动执行"到"主动规划"的质变。

(2) 能力跃迁维度 涌现现象与多模态协同成为关键突破口。当参数突破百亿级阈值时，模型突然具备小规模模型无法实现的能力（如 GPT-4 的复杂推理），但需通过隔离测试集验证以排除数据污染干扰。同时，跨模态对齐技术（如 CLIP）实现文本-图像-语音的语义统一表征，支撑 DALL-E 3 等生成式应用，推动 AI 技术从"单模态专家"向"通用智能体"演进。

(3) 工程优化领域 架构创新、训练加速与数据工程共同破解落地难题。Swin Transformer、Mixture of Experts（MoE）等变体提升计算效率，支撑万亿参数模型训练；混合精度训练与 3D（数据+模型+流水线）并行策略将训练周期缩短至周级；合成数据技术与差分隐私保护则有效缓解高质量数据稀缺问题，为大模型产业化奠定技术基础。

3. 我国大模型技术生态的特色化发展

我国大模型技术生态在政策驱动与市场需求双重作用下，走出了一条差异化创新路径。通过《人工智能创新策源地实施方案（2023—2025）》等政策，构建了涵盖技术攻关、场景落地、生态培育的立体化支撑体系，催生了百度文心大模型、讯飞星火认知等国产技术体系。这些模型在中文语义理解、行业知识图谱构建、低延迟实时交互等方面形成独特优势，例如文心大模型通过知识增强技术将医疗领域问答准确率提升 25%，星火认知大模型则依托语音技术积累实现多模态交互突破。

开源生态建设成为我国大模型技术输出的重要窗口。例如，DeepSeek 大模型凭借其先进的效率优化技术，其全开源策略吸引全球 200 余团队参与，形成覆盖 30+ 语言的国际化技术联盟。这种"技术普惠"模式不仅打破了行业壁垒，更在生物医药、智能制造等领域催生创新应用，展现出我国 AI 技术从跟跑到局部领跑的转型态势。

4. 大模型未来发展趋势

未来，大模型技术的演进将呈现四大趋势：

（1）原生多模态融合　　将突破当前拼接式架构，实现跨模态数据的深度语义对齐与联合建模，推动 AI 向通用智能体演进。

（2）算力高效利用　　将通过动态稀疏激活、分布式训练优化等技术，将万亿参数模型训练成本降低 80%，破解资源瓶颈。

（3）可信 AI 构建　　将结合因果推理与对抗训练等技术，提升模型鲁棒性（有效防御数据投毒等攻击）与可解释性（如通过注意力热力图分析决策依据），满足金融、医疗、自动驾驶等高风险场景需求。

（4）垂直领域渗透　　将深化生物医药（如 AlphaFold 3）、智能制造（如工业缺陷检测）等领域的精准解决方案，加速数字化转型与智能化升级。

10.1.3　大模型发展中的伦理考量

大模型的广泛应用引发了深刻的伦理与社会挑战，其技术风险呈现多维矩阵特征：

1. 数据隐私与保护

在大模型的发展过程中，数据隐私与保护是一个核心伦理考量。由于大模型需要海量数据进行训练，这些数据往往包含用户的个人信息和隐私。因此，确保数据在收集、存储和使用过程中的安全至关重要。这要求建立严格的数据保护机制，加强数据加密和访问控制，以防止数据泄露和滥用。同时，遵循知情同意原则，明确告知用户数据将如何被使用，并征得用户同意，也是保护数据隐私的重要措施。

2. 算法偏见与公平性

算法偏见与公平性是另一个重要的伦理考量。由于大模型的训练数据来源于现实世界，而现实世界中的数据往往存在偏见，这可能导致大模型在预测和决策过程中产生不公平的结果。如招聘模型中的性别倾向、医疗诊断中的种族差异等案例频发。为了解决这个问题，需要在数据收集和处理过程中注重数据的多样性和代表性，以减少数据偏见。同时，对模型进行公平性评估和调试，确保模型在不同群体间的预测和决策结果具有公平性和一致性，也是实现算法公平性的关键。

3. 内容生成与管控

大模型的内容生成能力带来了内容管控的挑战。如何确保生成的内容符合社会主流价值观，避免有毒文本、虚假信息和恶意内容的传播，以免对公共舆论构成威胁，需结合数字水印与事实核查 API 构建多层级防御机制。此外，模型可解释性不足导致的"黑箱决策"问题，正通过注意力热力图、特征归因分析等技术逐步改善。

4. 能效与可持续性

能效与可持续性是另一个重要的伦理考量。大模型在训练和推理过程中需要消耗大量的计算资源和能源，对环境造成不小的影响。为了平衡模型性能与能效，实现可持续发展，需要研究如何在保持高性能的同时降低能耗，开发更加绿色、高效的算法和硬件解决方案。同时，倡导节能减排和环保理念，推动整个行业的可持续发展，也是实现能效与可持续性的重要途径。

5. 人类自主能动性与尊严

最后，人类自主能动性与尊严是大模型发展中的另一个重要伦理考量。大模型的自动化算法可能对人类自主能动性构成挑战，诱导用户产生情感依赖，反向塑造人类思维。此外，大模型的数据挖掘与推理能力可能加重隐私泄露与滥用，损害人类尊严。为了解决这个问题，需要坚持以人为本的科技伦理核心要义，明确人类在开发和使用人工智能相关技术、产品和系统时的道德准则及行为规范。同时，加强法律法规建设，保护个人隐私和尊严不受侵害，也是实现人类自主能动性与尊严的关键。

面对上述技术风险，全球治理框架正加速构建，形成政策与技术协同演进的治理格局。欧盟《AI法案》将大模型列为"高风险AI系统"，要求强制披露透明度报告并进行风险评估，其"红队测试"制度强制要求模型开发者模拟攻击以验证安全性；中国《生成式AI服务管理办法》则规定生成内容需标识来源，并建立备案制度确保算法可追溯。与此同时，技术治理手段不断创新，如基于人类反馈的强化学习通过偏好数据优化模型行为，宪法AI（Constitutional AI）则通过预设伦理原则约束模型生成边界。这种"技术-政策"双轮驱动模式，正推动大模型向"可信、可控、可解释"的方向演进。

10.2 大模型生成技术原理

大模型的生成能力依赖于自回归生成机制、外部知识融合及逻辑控制三大核心技术支柱，这些技术共同支撑了从基础文本生成到复杂推理任务的实现。

10.2.1 自回归生成机制

自回归生成是大模型文本生成的核心范式，其本质是通过逐词预测实现序列生成。模型基于输入文本或已生成内容，每次预测下一个token的概率分布，并从中采样以扩展序列。这一过程包含两类关键技术。

1. 词元（Token）预测与采样策略

（1）**Top-k 采样** 从概率最高的 k 个候选词中随机选择，平衡确定性（如 $k=1$ 时退化为贪心搜索）与多样性。

（2）**Top-p 核采样** 根据累积概率阈值动态调整候选词范围，适应不同分布形态。

（3）**Temperature 调节（温度调节）** 通过调整概率分布的平滑度控制生成多样性。高温（$T>1$）增加随机性，低温（$T<1$）强化确定性选择。

（4）**Repetition Penalty（重复惩罚）** 通过对已生成过的 token 进行概率惩罚，防止模型重复输出相同词语或短语。惩罚系数大于 1 时，可显著减少复读和问题，提高文本多样性和连贯性。

2. 并行解码优化

（1）**Flash Decoding（快速解码）** 利用并行计算加速解码过程。其通过缓存中间结果减少重复计算，并支持动态终止条件（如生成质量达标时提前结束），在保持输出质量的同时显著提升效率。

（2）**Prefill+Decode**（预填充-解码）**分阶段推理**　将生成过程划分为上下文 Prefill 和 Decode 两个阶段。Prefill 阶段可并行处理全部输入，提升首次 token 延迟；Decode 阶段则复用 KV 缓存，仅计算新增 token，显著降低延迟与算力开销。

（3）**KV Cache**（键值缓存）**重用**　在生成过程中对历史 token 的注意力计算结果进行缓存，避免每步重复计算历史上下文注意力。通过 KV Cache 机制，可实现 O（1）复杂度增量解码，是提升长序列生成效率的关键技术。

（4）**Speculative Decoding**（投机式解码）　先用轻量模型生成多个候选 token，再由主模型并行验证，通过批量接受或拒绝候选实现一次生成多个 token，显著提高吞吐量并降低延迟，适用于对实时性要求高的推理任务。

（5）**Continuous Batching**（连续批处理）　动态收集来自不同请求的 token 生成任务，组成批次同时推理。通过多请求合并优化 GPU 利用率，有效提升服务并发能力和吞吐性能，常用于高负载大语言模型服务系统。

10.2.2　检索增强生成

为解决大语言模型生成过程中存在的知识局限与幻觉问题，检索增强生成（Retrieval-Augmented Generation，RAG）成为提升生成内容准确性与可信度的关键方案。它深度融合信息检索与语言生成，借助外部知识库，让系统在应对开放领域问题时，既能"查资料"又能"写答案"，实现更实时、可追溯且专业的内容生成。

RAG 的显著优势在于生成结果可追溯，每条回答都能明确标注来源文档或片段，用户可据此验证回答依据，极大增强了系统输出的可信度与透明度。实际应用中，这一机制通过附引用、展示来源文本或高亮关键信息等方式呈现，尤其在医疗、法律、科研等高风险领域，RAG 凭借此特性成为可信 AI 的重要落地技术。

1. RAG 的模块构成

RAG 系统要实现上述功能，通常由如下多个关键模块构成，从原始知识构建到生成回答，各环节紧密相连，形成完整的信息流转闭环。

（1）**文档预处理模块**　RAG 系统的第一步是将原始的知识语料转化为便于检索的小片段。这些语料可能来自多种格式（如 PDF、TXT、HTML 等），需先统一编码、去除噪声、解析文本结构。文本处理的核心任务是切分，即将长文档分割成适度长度的片段。切分通常以语义单元（如句子或段落）为界，结合最大 token 限制进行滑窗式拆分，并设置一定的内容重叠，以提升片段在不同查询中的复用性和语义完整性。这一策略能显著增强后续检索模块的召回效果，是构建高效知识库的关键基础。

（2）**文本向量化模块**　文本片段在进入检索系统前，需要被编码为向量表示，以便后续在高维空间中进行相似性搜索。此过程称为语义向量化或文本嵌入。现代 RAG 系统多使用基于深度学习训练的预训练语言模型，如 Sentence-BERT、E5、CoCondenser 等。这些模型将语义相近的文本编码为相邻的向量，从而可以通过简单的相似度计算来判断文本相关性。相比传统基于关键词的检索方法，语义向量检索能更好地捕捉深层语义联系，特别适用于复杂问答、跨语言搜索等任务。

（3）**向量数据库与高效检索模块**　文本向量生成后需存储在专用的向量数据库中。常用的向量数据库如 FAISS、Milvus、Chroma 等，支持高效、低延迟的大规模近似向量检索。这些系统使用先进的数据结构和算法，如分层图或倒排量化树，支持在海量文本中快速检索与查询向量最接近的若干文本片段。该模块的目标是，在保证检索准确性的同时，提高响应速度，为生成模块提供高质量的知识支撑。

（4）**检索增强的文本生成模块**　在获得相关文档片段后，这些内容会与用户原始问题一起送入语言生成模型（如 LLaMA、ChatGLM 等）中，生成更加准确、合理的回答。生成模块的关键任务是有效融合多个检索片段，构建出包含丰富语境的信息输入，指导语言模型完成基于知识的生成。主流方法包括简单拼接式提示设计（Prompt Concatenation），以及更高级的结构如 FiD（Fusion-in-Decoder），后者将每个片段分别编码，解码时整体融合，更适用于多文档问答任务。通过引入外部检索结果，语言模型能"看见"知识库中真实的相关内容，从而显著减少"幻觉"现象，提高输出的事实一致性和可验证性。

（5）**联合优化协调模块**　传统 RAG 系统中，检索和生成两个模块常独立训练，可能导致检索结果对生成效果帮助有限。为此，近年来提出了联合优化框架，即在训练过程中同时调整检索模型和生成模型的参数，使得两者在目标上协同一致。例如，系统会通过生成效果反馈，强化那些有助于生成高质量答案的检索片段，使得检索器更"懂得"为生成模块服务。这类方法在真实场景中大幅提升了回答的准确率和上下文契合度，代表了 RAG 技术的发展趋势。

通过上述多个模块的协同配合，RAG 系统构建出完整的信息加工流程，为大语言模型的知识能力提供了强有力的外部支持。

2. RAG 的三级演进架构

为了提升系统的泛化能力与可组合性，研究者提出三级演进架构，即基础版 RAG（Naive RAG）、进阶版 RAG（Advanced RAG）、模块化 RAG（Modular RAG），如图 10-1 所示。

（1）**基础版 RAG**　基础版 RAG 是最基本的 RAG 实现方式，通常包括索引构建、文档检索和语言模型生成三个阶段。用户输入查询后，系统通过检索模块在知识库中获取相关文档片段，并将其与查询一并拼接成提示词（Prompt），输入给冻结的大语言模型（如 GPT、T5 等），从而生成回答。该架构结构清晰、实现简单，但在处理模糊提问、多文档融合或复杂推理等任务时存在局限。

（2）**进阶版 RAG**　为提升整体效果，进阶版 RAG 在基础版 RAG 流程的基础上引入了两个关键优化阶段——检索前处理（Pre-Retrieval）与检索后处理（Post-Retrieval）。在检索前，系统可以对用户查询进行重写、扩展或路由选择，以提升召回质量；检索后，则可以对结果进行重排、摘要提取或信息融合，以优化输入给语言模型的上下文结构。这种方式能显著增强模型在长文档阅读、多段内容组织及跨文档问答中的表现。

（3）**模块化 RAG**　该架构将 RAG 系统划分为多个可插拔模块，如任务路由（Routing）、多轮检索（Retrieve）、查询重写（Rewrite）、结果重排（Rerank）、上下文读取（Read）、生成回答（Predict）、多源融合（Fusion）、上下文记忆（Memory）与示例引导（Demonstrate）等。这些模块可以按需组合，形成不同的执行路径，以适配搜索、问答、推理、指令生成等多样化任务。

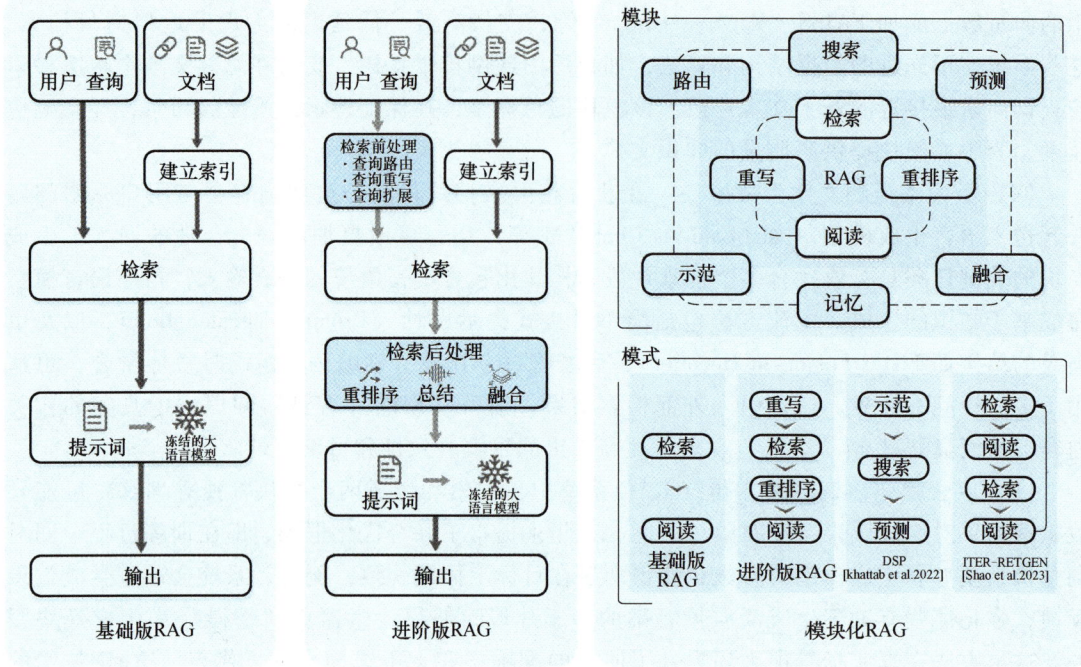

图 10-1　检索增强生成流程图

10.2.3　知识处理技术

知识处理技术通过结构化编码、上下文激活与逻辑控制三大路径，系统性提升大模型的时效性、准确性与可解释性。当前技术体系已形成"显式知识注入-隐式知识激活-结构化思维控制"的递进式解决方案，同时正朝多模态融合与认知架构升级方向演进。

1. 显式知识注入

显式知识注入通过结构化编码将人类知识融入模型，主要方法包括知识图谱嵌入与递归关系推理。知识图谱嵌入技术（如 ERNIE 模型）将实体与关系映射为低维向量，保留语义关联并支持动态更新，解决模型知识滞后问题。递归关系推理（如 Interstellar 模型）则通过路径展开与语义聚合机制，实现多跳逻辑推理（如"药物-适应证-禁忌证"链），显著提升复杂关系预测性能。显式知识注入技术为模型提供了可解释的知识骨架，尤其在医疗、金融等需要严格逻辑验证的领域发挥关键作用。

2. 隐式知识激活

隐式知识激活技术通过设计任务特定的上下文示例，在不修改模型参数的情况下唤醒其潜在能力。上下文学习（In-Context Learning）利用 Prompt 模板注入示例（如"输入→输出"对），使模型通过模式匹配理解任务规则（如信息抽取中的"人物-机构-成就"关联）。进一步发展的零样本迁移技术，通过领域定制化指令（如法律条文引用、金融模型名称）实现快速场景适配。这种"示例驱动"的推理方式，使模型具备类似人类的渐进式学习能力，同时避免传统微调的高成本。

3. 结构化思维控制

思维链（Chain-of-Thought）技术通过强制分步推理提升复杂决策的可解释性。在医疗诊断中，模型需按"症状→检查指标→鉴别诊断→结论"的逻辑链展开思考；在金融风控中，则需展示"市场数据→风险指标→预警信号→处置建议"的推导过程。结合注意力热力图可视化技术，可高亮关键决策依据（如法律文书中的法条引用、科研论证中的核心数据），使原本"黑箱"的生成过程转化为可追溯的"玻璃盒"推理，显著增强专业场景下的用户信任度。

4. 下一代技术方向

当前知识处理技术正朝三个方向演进：

（1）**多模态知识融合** 结合医学影像、传感器数据等非文本信息构建全息认知。

（2）**自适应检索增强** 根据任务复杂度动态调用知识库片段（如简单问答使用本地缓存，专业咨询触发外部数据库检索）。

（3）**认知架构升级** 从被动生成向主动推理演进（如具备元认知能力的"思考-验证-修正"循环）。

这些趋势将推动 AI 从工具型应用向认知伙伴转型，在实时决策、专业咨询等场景中展现更大价值。

10.3 大模型部署优化技术

大模型的部署优化聚焦于模型压缩与稀疏架构设计，通过降低计算资源消耗、提升推理效率，推动大模型向端侧设备与实时场景渗透。

10.3.1 模型压缩

模型压缩旨在减少模型参数量与计算量，核心策略包含量化与蒸馏两类技术。

量化策略通过将全精度（如 FP32，Floating-Point 32，32 单精度浮点数）数值压缩为低精度（如 INT4，Integer 4，4 位整数）格式，实现模型的轻量化，如图 10-2 所示。将模型从 FP32 精度压缩为 INT4 精度，可使整体模型尺寸缩减至原来的 1/8，大幅降低显存占用与推理延迟。例如，Falcon-7B 模型在应用 FP32→INT4 量化后，推理速度提升约 20%，内存消耗下降达 8 倍。同时，结合非对称量化（如 NF4）与低秩微调策略（如 QLoRA）能够进一步降低量化误差，在保持模型精度的同时实现极致压缩和高效部署。

蒸馏方法通过知识迁移构建轻量模型，包含任务特定蒸馏与通用知识蒸馏两大路径。前者针对特定场景（如文本生成、分类）定制学生模型，例如医疗问诊场景下通过注意力机制重校准技术，使参数量减少 58% 的学生模型在 MedQA 数据集上保持 92% 的教师精度；后者则采用多教师协同或自蒸馏机制提升泛化能力，如华为 TinyBERT 通过动态掩码蒸馏，以 25M 参数量实现接近 BERT-large 的性能，同时手机端推理

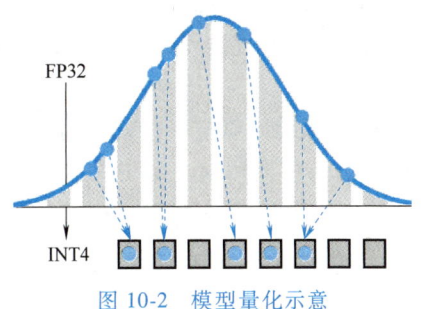

图 10-2 模型量化示意

延迟降低 60%。该技术特别适用于端侧 NLP 任务，可与量化策略协同部署，在金融风控等场景实现性能与效率的最佳平衡。

10.3.2 稀疏架构

1. 稀疏架构的核心

稀疏架构的核心在于通过"分而治之"的路由机制实现参数动态激活，其典型实现混合专家（MoE）架构包含两大组件：专家网络池（由多个功子网络构成）与门控网络 $G(x)$（负责输入与专家的匹配计算），如图 10-3 所示。门控路由策略分为软路由（如 GShard 的概率化权重分配）与硬路由（如 Switch Transformer 的 Top-1 激活），后者通过仅激活 1/8 参数实现 7 倍推理加速。清华 Configurable Foundation Model 进一步将专家解耦为预训练通用模块与后训练定制模块，支持医疗、法律等场景的模块化组合，开创了"乐高式"模型构建范式。

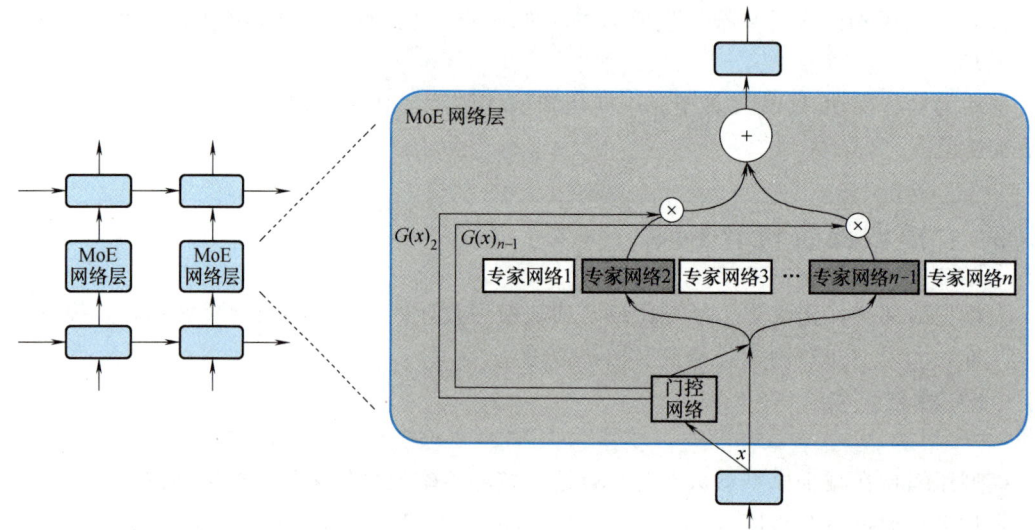

图 10-3　混合专家架构

2. MoE 架构的两大核心挑战

尽管 MoE 架构通过动态路由实现了计算效率的突破，但其工程化落地面临两大核心挑战，这些挑战源于原理设计与实际系统间的本质矛盾：

（1）**动态路由的不稳定性**　门控网络 $G(x)$ 的自由选择易导致专家负载失衡（如"马太效应"），需通过算法约束（如负载均衡损失函数）与架构创新（双层路由机制）协同解决。

（2）**稀疏计算与系统效率的冲突**　专家并行带来的跨设备通信（All-to-All）成为瓶颈，需依赖通信压缩技术（如 DeepSpeed-MoE）与分布式策略（3D 并行）优化，结合硬件协同实现吞吐量提升（如腾讯万亿 MoE 模型性能翻倍）。

3. MoE 架构的发展方向

当前研究正推动 MoE 架构向三大方向突破：

（1）**智能路由** 通过强化学习赋予门控网络 $G(x)$ 自适应能力（如 Meta Routing Transformer），实现更精细的专家选择。

（2）**协同增强** 引入图神经网络建模专家间依赖关系（Google Graph-of-Experts），打破独立专家假设以提升模型容量。

（3）**硬件原生支持** 定制 AI 加速器（如特斯拉 Dojo 芯片）直接优化稀疏计算与通信，从根本上降低 MoE 架构的落地成本。这些方向共同指向一个目标：在保持稀疏架构高效性的同时，使其具备接近稠密模型的易用性与泛化能力。

10.3.3 部署框架

为推动大语言模型在产业界的规模化部署，近年来涌现出一批高性能推理框架，它们通过底层计算优化、流程调度创新与工程化封装，构建起覆盖全生命周期的推理基础设施。代表性开源方案 vLLM、SGLang 和 LMDeploy，分别从系统加速、任务编排与工程集成三个维度形成了"性能-可控性-可部署性"的协同技术矩阵。

1. vLLM

vLLM 是一个专为大语言模型推理优化设计的高性能执行引擎，图 10-4 所示为 vLLM 高性能推理系统的架构。vLLM 通过分布式缓存管理和模型分片并行，显著提升大模型推理的吞吐量和响应速度，尤其适用于多用户高并发场景。

vLLM 主要由调度模块、KV 缓存管理模块和工作节点集群三部分组成，各模块协同实现高效的大语言模型推理。vLLM 核心目标是提升自回归生成过程中"Prefill-Decode"阶段的执行效率。通过引入 Flash Decoding 机制，vLLM 能够缓存注意力计算中冗余的中间结果，避免每一步生成重复计算，有效降低计算负载。其分阶段推理策略将预填充与解码分离调度，并支持异步执行，大幅提升推理吞吐率。

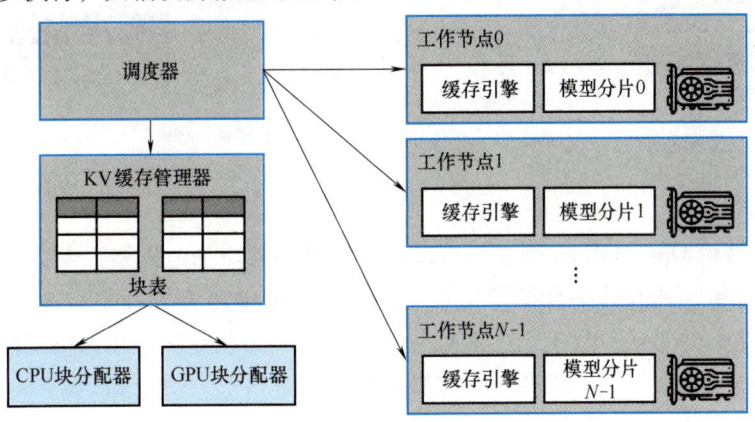

图 10-4 vLLM 高性能推理系统架构

在接口设计上，vLLM 完整兼容 OpenAI 风格的 API 标准，原生支持 Top-k、Top-p、Temperature、Repetition Penalty 等主流采样策略，具备强大的易接入性与可扩展性，已成为高性能文本生成服务的事实标准。

2. SGLang

SGLang 作为基于 vLLM 构建的智能体推理框架，不仅通过类 DSL 式 Prompt 编排机制赋予用户以任务图定义复杂推理流程的能力，更在底层架构上实现了从简单轮询到智能缓存感知的迭代升级。早期版本（图10-5上半部分 v0.3），采用 Round Robin 策略均匀分配数据块，但因忽略缓存状态导致仅20%命中率，而新版本（图10-5下半部分 v0.4）引入双层树结构路由机制，通过近似树快速筛选缓存候选、实际树精准匹配数据块，将缓存命中率提升至75%以上，这一优化与 Prompt 可重组特性形成协同，例如在多轮对话中，系统可动态复用缓存的上下文片段（如用户历史偏好），同时通过子任务中断（Interruptible Subtask）和上下文重写（Context Rewriting）机制实时调整推理路径，确保输出既符合结构化要求（如JSON格式），又保持逻辑连贯性。这种"上层可控编排+下层智能调度"的设计，使SGLang 在 AI Agent、工具增强大模型等场景中，既能维持vLLM的高性能基底（如Flash Decoding 加速），又突破性地实现了推理流程的精细控制与资源效率的双重优化。

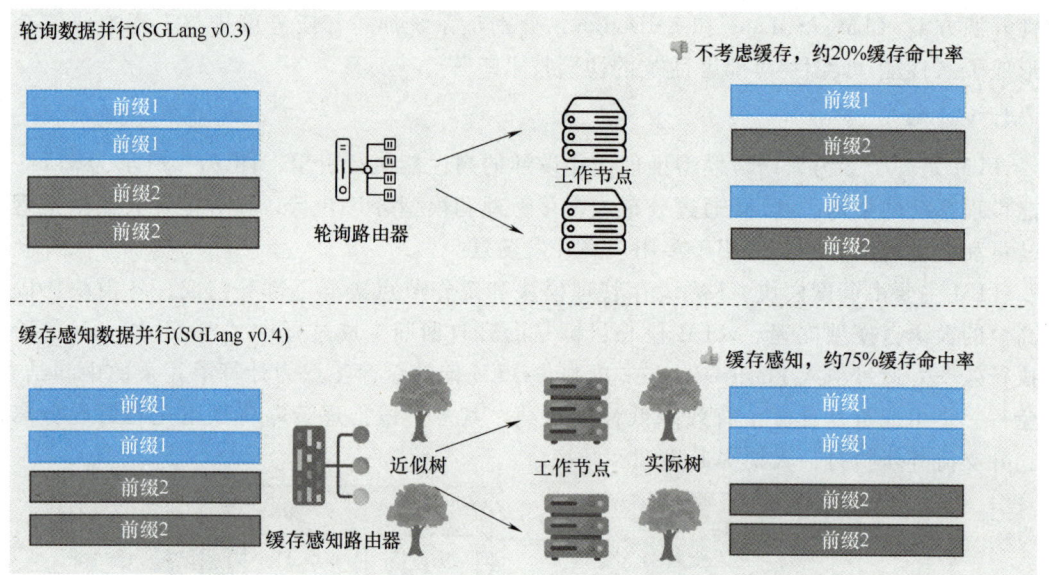

图 10-5　SGLang 版本升级优化图

3. LMDeploy

LMDeploy 是由 OpenMMLab 开发的全流程大模型部署与加速框架，专为模型落地应用中的精度控制、计算加速与跨平台部署需求设计。其在模型压缩方面支持主流的 INT8、INT4 低比特量化策略，并集成 GPTQ、QLoRA、AWQ 等离线量化算法，在保持模型精度的同时实现极致压缩，便于模型在边缘设备或资源受限环境中部署。

在推理性能优化方面，LMDeploy 内置 FasterTransformer、LightSeq、TensorRT 等高性能推理后端，可自动适配不同硬件环境，实现 FP16/INT8 混合精度执行，并显著加速自回归生成流程。此外，LMDeploy 原生支持 Triton Inference Server，实现模型多实例部署、异步服务并发与负载均衡调度，是企业级推理部署的工程化首选方案。

凭借其模块化、跨平台与工程友好特性，LMDeploy 能够覆盖从云端推理服务到移动端模型部署的全场景需求，尤其适合对部署可靠性、系统可维护性与执行性能有较高要求的产业化落地项目。

10.4 大模型提示词工程

提示词工程是大语言模型应用中的关键技术，旨在通过精心设计的输入提示词引导模型生成更符合预期的输出。随着模型能力的提升，提示词工程逐渐从简单的提示设计演化为系统性的技术体系。提示词不仅控制模型的生成行为，还影响其任务理解与能力调度。以下从多种常见提示方法出发，逐一进行系统性讲解，帮助初学者从入门到深入理解提示词工程的设计原则与方法。

1. 零样本提示

零样本提示（Zero-shot Prompting）是指不提供任何示例，仅通过简洁自然的提示词向模型发起请求。这种方式最依赖模型本身的预训练知识与语言理解能力。

在零样本提示中，提示通常采用任务式描述，例如"将以下句子翻译为英文：……"。该方法操作简单、覆盖任务广泛，适用于模型知识较全面、预训练质量较高的场景。但由于没有示例提供任务边界，零样本提示容易受到提示歧义的影响，特别是在多义任务或专业术语下，模型输出可能不稳定，故需注重提示语义的精确表达。

2. 少样本提示

少样本提示（Few-shot Prompting）是在提示中附加 1~5 个高质量的示例，帮助模型理解任务模式。这种方式通过"示范→模仿"的方式显著增强模型的任务适配能力。

例如，在情感分析任务中，少样本提示可包含如下结构："示例1：今天运动之后非常高兴，正面；示例2：考试成绩不理想，负面"等。模型据此学习输入与标签的对应关系，并以此推断新输入的答案。

少样本提示提高了输出准确性，尤其在领域偏移任务、复杂推理任务中表现显著。但其上下文窗口受限，过多示例会压缩实际输入，影响生成完整性。

3. 链式思维提示

链式思维提示（Chain-of-Thought，CoT）通过引导模型逐步推理过程，提升其在多步计算、复杂逻辑判断任务中的准确率。其核心思想是将问题拆解为多个子步骤，引导模型沿"思路链条"给出答案。CoT 在算术推理、因果分析、程序生成等任务中具有显著优势，但其效果依赖模型预训练中是否具备逻辑链建模能力，一般需在大型模型（如 100B 级以上）中才能稳定发挥作用。

图 10-6 所示为无 CoT 和有 CoT 的大模型输出示例，根据图像输入判断是否需要变道，无 CoT 的大模型输出结果是可加速，这个回复结果是不对的。有 CoT 的大模型会加入思考过程，根据输入图片得到三条结论，进而给出不能加速的回复。

4. 自我一致性

自我一致性（Self-Consistency）作为思维链的增强策略，通过引入多路径推理与答案聚合机制，缓解了模型因随机采样导致的输出波动问题。其针对同一输入生成多个独立推理链，随后通过投票或概率加权统计各候选答案的共识度，最终选择支持率最高的结果作为输出。例如，在数学题求解中，模型可能生成 3 种不同解题路径，若其中 2 种得出相同答案，

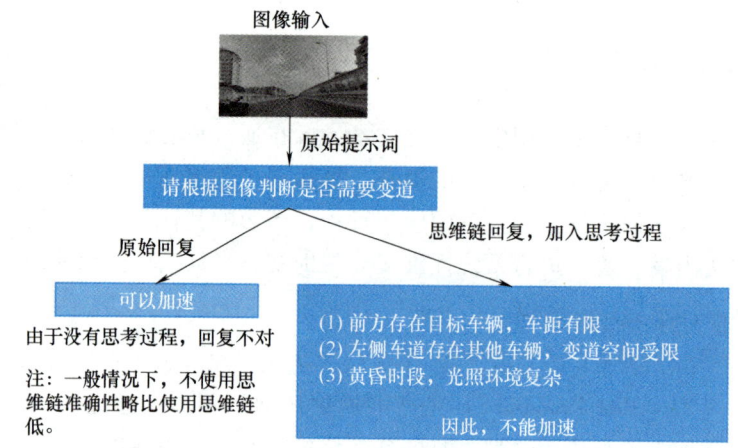

图 10-6 无 CoT 和有 CoT 大模型输出示例

则该答案被判定为最优解。

自我一致性方法显著提升了复杂推理任务的稳定性，尤其在考试类问题（如数学应用题、逻辑谜题）与多轮对话场景中，通过冗余推理路径的交叉验证，可过滤偶然性错误并增强结果可信度。然而，其代价在于计算成本线性增长：需额外生成并评估多个推理链，导致推理延迟与资源消耗增加，因此更适用于对准确性要求高于效率的场景。

5. 自动提示生成

自动提示生成（AutoPrompt）通过算法化搜索替代人工设计提示词，利用优化策略（如梯度引导、进化算法）从候选 token 池中筛选出能最大化任务目标的提示组合。例如，在分类任务中，系统可自动调整提示词序列，使模型对特定类别的预测概率显著提升；在关系抽取任务中，则通过迭代优化生成与目标实体对强关联的上下文提示。其核心在于将提示工程转化为离散优化问题，以数据驱动方式逼近最优解。

自动提示生成方法显著降低了人工调优提示的复杂度，尤其适用于跨领域任务迁移（如从新闻分类迁移到法律文书判别），通过自动化搜索快速适配新场景。然而，其依赖模型梯度可访问性（如开源模型或 API 开放接口），且需平衡搜索效率与提示泛化性。目前主要应用于研究场景，为提示设计提供高效范式，但在封闭模型生态中落地仍面临挑战。

6. 指令微调

当单一提示难以覆盖高复杂度任务时，指令微调（Instruction Tuning）通过多任务指令数据集系统性增强模型对自然语言指令的理解能力。其核心在于构建涵盖多样化任务（如文本分类、摘要生成、问答匹配）的"指令-响应"对数据集，并以此对模型进行联合微调，使其在接收到任意自然语言任务描述时，均能生成符合预期的响应。例如，FLAN 系列研究通过混合数千种任务指令（如"用 5 句话总结文章""将文本情感分类为积极/消极"），显著提升模型在零样本和少样本场景下的泛化表现。

指令微调方法将提示工程从单点优化推向系统级能力构建，使模型具备跨任务的指令理解"元能力"。相较于传统微调，指令微调无须为每个新任务重新标注数据，而是通过统一框架适配未知任务，成为连接通用模型与领域应用的关键桥梁。

7. 多轮提示与上下文注入

为解决对话连贯性与任务执行一致性难题，提示词工程引入多轮提示与上下文注入（Multi-turn Prompting & Context Injection）机制，通过多轮提示与外部知识注入增强模型记忆与推理能力。多轮提示将历史对话序列显式嵌入当前输入（如"用户：查询天气→助手：今日多云→用户：明天呢？"），使模型在生成回复时能参考上下文逻辑，显著提升对话连贯性，尤其适用于智能助手、长文本问答等场景。上下文注入则通过检索增强技术，将知识库片段、文档索引等外部信息动态插入提示中，例如在医疗问答中注入患者病历或专业指南，使回答兼具时效性与准确性。

多轮提示与上下文注入的核心在于信息融合与逻辑对齐，需平衡上下文长度（避免信息过载）、设计分层提示结构（如区分任务指令与知识引用），并确保注入内容与模型原生知识的协同激活。其价值在于突破模型预训练数据的静态限制，使提示工程从"控制输出"升级为"构建认知框架"，推动语言模型向"动态知识处理器"演进。随着技术发展，提示系统正从简单模板迭代为包含逻辑分支、多模态引用的复杂指令网络，成为连接模型能力与应用场景的核心纽带。

10.5 大模型训练

为了实现通用语言智能体的构建，大模型训练一般采用分阶段策略。图 10-7 所示为大模型训练流程的框架，整合了预训练、指令微调、奖励建模、强化学习及对齐优化等关键阶段，体现了从原始数据到高性能对齐模型的完整路径。虚线框为整体流程，表示从数据到对

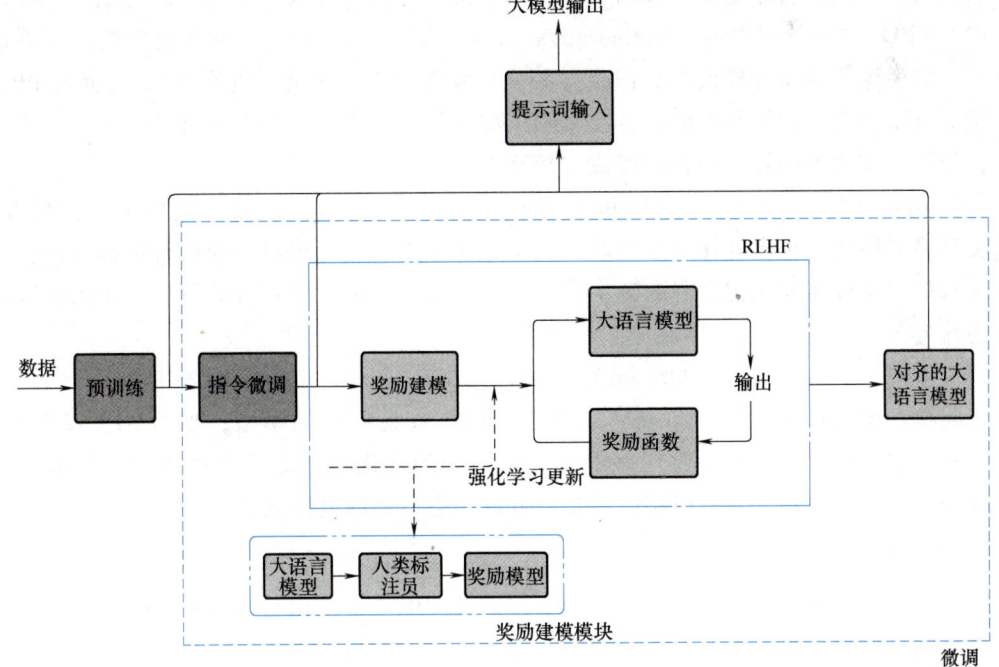

图 10-7　大模型训练流程框架

齐模型的完整训练链路，强调各阶段的顺序依赖与迭代优化。点画线框为基于人类反馈的强化学习（Reinforcement Learning with Human Feedback，RLHF），突出强化学习与人类反馈的核心作用，通过奖励模型将人类偏好注入模型优化目标，解决单纯监督微调难以覆盖的复杂偏好问题。双点画线框为奖励建模子系统，是人类标注与奖励模型训练的独立流程，强调其作为 RLHF 前置条件的重要性。

1. 预训练

预训练阶段通过大规模通用语料库的自监督学习，构建模型的语言建模与通用知识表征能力。数据来源有网页文本、新闻、百科、社交对话及代码等多元模态，训练目标以自回归（预测下一个 token）或掩码建模（恢复被掩盖 token）为核心。此阶段是模型泛化能力的基础，赋予其对语言结构、逻辑关系及常识知识的底层理解，但尚未形成对话交互、指令遵循或人类偏好对齐等高层行为模式。

2. 监督微调

在通用语言能力基础上，模型需适配实际任务的行为范式。监督微调通过"指令-回答"标注数据（如 OpenAI 的 Instruct 数据集、ShareGPT/Alpaca 合成数据）进行有监督训练，使其学会根据输入指令生成符合预期的回复。数据覆盖问答、写作、摘要、代码生成及推理等任务，核心目标是让模型掌握"理解指令→生成响应"的行为逻辑，形成任务驱动的输出模式。

3. 强化学习优化

监督微调后的模型虽能响应指令，但仍可能生成冗余、有害或低质内容。强化学习对齐通过引入人类反馈，引导模型生成内容符合人类偏好与伦理规范，主流方法有如下三种。

（1）PPO（Proximal Policy Optimization，近端策略优化）方法　基于奖励模型的策略优化算法。先训练奖励模型模拟人类评分（如从多候选回答中选出优质答案），再通过 PPO 算法调整语言模型策略，使其生成内容在奖励模型中得分更高。优势在于可端到端优化长文本生成，但依赖高质量偏好数据且训练成本较高。

（2）DPO（Direct Preference Optimization，直接偏好优化）方法　直接偏好优化算法，跳过奖励模型构建，从成对样本中学习人类偏好排序。通过对比损失函数直接提升优质回答的生成概率，避免传统强化学习的复杂性，具有高效、稳定、易收敛的特点，成为轻量级对齐的主流方案。

（3）GRPO（Generative Retrieval Preference Optimization，生成检索偏好优化）方法　结合生成与检索偏好的强化学习方法，适用于多模态或检索增强模型，如 RAG、视频生成、VLM。通过"生成内容→检索验证→偏好反馈"的闭环优化，提升生成内容与外部信息的关联性与可靠性，尤其适合需依赖实时知识或跨模态信息的复杂场景。

4. 知识蒸馏

知识蒸馏（Knowledge Distillation）是一种关键的模型轻量化与行为对齐技术，其核心在于通过高能力教师模型的输出（如软标签、响应分布或偏好排序）引导学生模型学习，从而实现知识迁移与压缩。该方法广泛应用于语言模型领域，一方面可将 32B、70B 等大模型的性能压缩至 7B、3B 等小模型，降低部署成本；另一方面可结合 RLHF 增强模型对齐能力,或在模型剪枝、量化后通过蒸馏保留原始知识,避免性能损失。

典型蒸馏流程如图 10-8 所示,教师模型生成软标签(softmax($T=t$)),学生模型通过简化结构学习教师输出的软预测(细粒度分布)与硬预测。损失函数设计包含两项:蒸馏损失(学生软预测与教师软标签的差异)和学生损失(学生硬预测与真实标签的差异)。通过联合优化,学生模型在保留核心能力的同时实现高效轻量化。

知识蒸馏的形式多样,涵盖 token 级软标签、响应级生成对齐及基于排序的偏好学习,是构建资源受限场景下高效模型(如移动端 AI、企业级可部署系统)的核心策略,有效平衡了模型性能与计算开销。

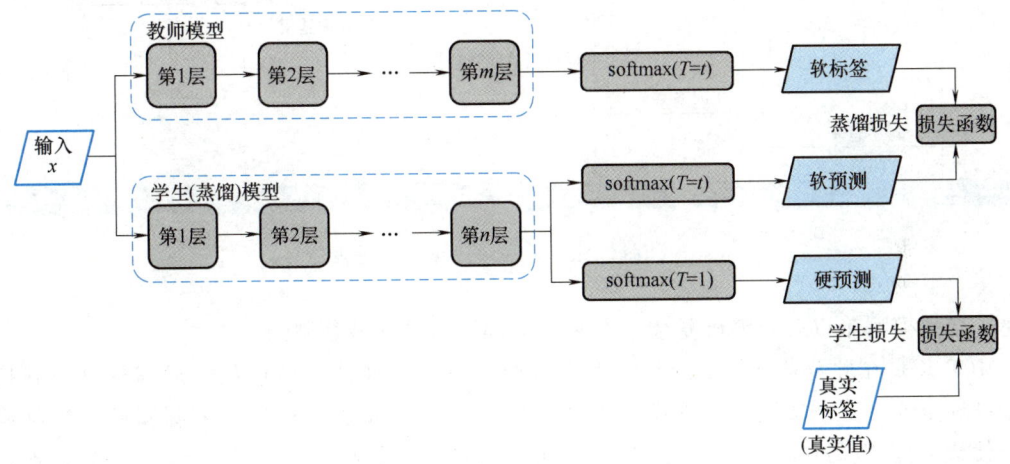

图 10-8　典型蒸馏流程

10.6　MCP 模型上下文协议

随着大语言模型(LLM)从封闭问答系统逐步演化为支持多模态输入、插件调用与智能体任务调度的泛用智能平台,其上下文处理能力需突破传统线性文本提示的限制,整合来自异构来源(如 API、文档、代码、搜索结果、用户偏好等)的结构化语义信息。为应对这一趋势,Anthropic 于 2024 年提出 MCP(Model Context Protocol)模型上下文协议,旨在通过构建统一的上下文通信格式,打通模型与外部工具之间的数据桥梁,实现信息注入的标准化、自动化与高语义透明度。

MCP 模型上下文协议的流程如图 10-9 所示,用户通过 MCP 主机提出问题,主机将问题转发至大语言模型,模型根据需求请求调用外部工具(如 API、数据库等),MCP 客户端通过服务器与数据源交互获取数据并返回处理结果,模型结合注入信息生成答案,最终由主机将答案展示给用户,实现模型与外部工具的标准化、高透明度数据交互。

1. MCP 协议背景与设计动机

在传统大语言模型推理中,输入上下文主要依赖用户手动编写提示词。这种方式在处理简单问题时尚能满足需求,但在面对多源异构信息场景(如代码环境、搜索摘要、浏览器状态、历史对话等混合数据)时,提示词的构建变得冗长复杂,且极易引发语义歧义与上下文误导。此外,手工拼接的输入缺乏对数据源、优先级、生命周期等关键语用信息的显式

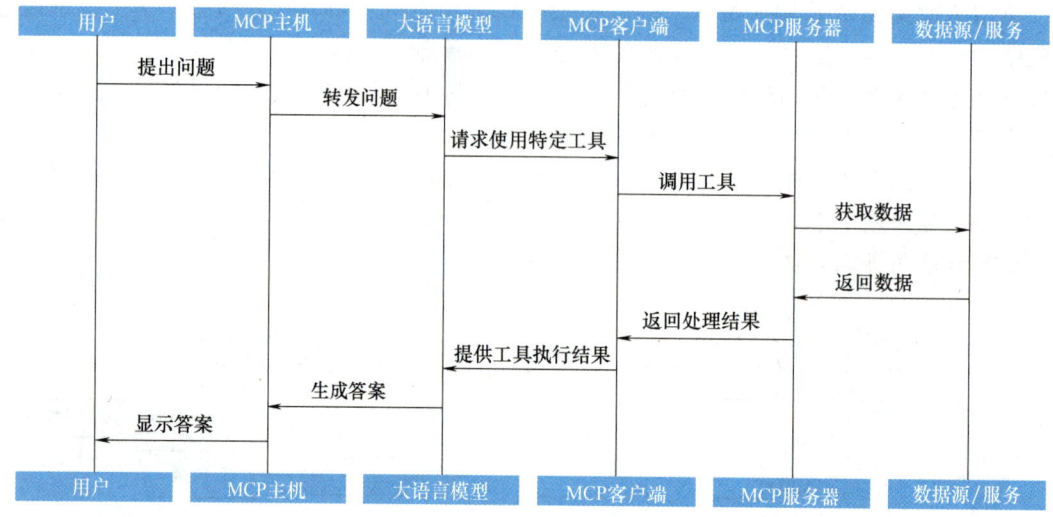

图 10-9　MCP 模型上下文协议流程

标注,导致模型难以有效解析复杂上下文,推理能力受到显著制约。

MCP 正是在此背景下提出的面向大语言模型输入多样性与结构化的通信标准。其核心设计目标是统一上下文注入的范式,通过结构化表示(如语义标签、来源属性、控制逻辑等)使模型能够精准接收并解析信息块,实现高精度、低歧义的上下文感知。MCP 不仅解决了 AI 系统工程化中信息注入的标准化难题,更为多模态智能体架构提供了可扩展的通信语义基础。

2. 协议核心结构与语义设计

MCP 以统一上下文块作为最小交互单元,每个上下文块通过以下关键字段实现结构化封装:

(1) context_type(上下文类型)　语义类型标识字段,如 code(代码)、search_result(搜索结果)、user_profile(用户画像)、terminal_log(终端日志)等。该字段作为显式语用信号,指导模型按类型解析内容(如代码块需语法感知、搜索结果需相关性排序),显著提升输入的类型感知能力。

(2) content(内容)　原始数据主体字段,支持多模态格式,如自然语言、代码、JSON、HTML、表格等。内容与 context_type 联动,动态决定 token 编码策略(如代码块采用语法敏感的 tokenizer),是模型编码的核心信息载体。

(3) metadata(元数据)　元信息字段,涵盖数据源 ID、创建时间、作用范围、所属插件、任务标识等,主要用于上下文调度与生命周期管理。模型或代理系统可基于此字段实现上下文缓存、更新或丢弃,优化资源占用。

(4) control(控制参数,可选)　控制参数字段,支持定义优先级、作用窗口、时效性等属性,构建"软指令层"。例如,标记高优先级上下文可强制模型优先推理,时效性参数可触发过期自动清理,为智能体记忆与检索机制提供显式控制能力。

通过"语义类型+内容+元信息+控制逻辑"的四位一体设计,MCP 将传统提示词升级为结构化信息单元，使模型输入空间具备可编程性。这一范式不仅提升了复杂信息注入任务的可管理性，更为构建高可控、可扩展的智能体系统奠定了通信语义基础。

3. 使用机制与模型适配策略

MCP 的应用流程分为四个主要阶段，各阶段均提供标准化、可扩展的接口机制：

(1) 数据采集阶段　各类插件、代理程序或外部工具负责实时采集来自用户、环境或任务执行结果的上下文信息。这些信息既可以是结构化数据（如表格、JSON），也可以是非结构化文本（如网页摘要、代码）。

(2) 上下文封装阶段　采集到的原始信息通过 MCP 接口转换为标准上下文块（context_block），每个 context_block 为一个 JSON 对象，包含 context_type、content、metadata、control 等字段。封装器可按插件、模块或数据来源组织不同上下文流（context flow）。

(3) 注入与交互阶段　已封装的 context_block 被送入模型推理系统（如 Claude 的上下文窗口或 Agent 执行引擎），可采用静态预注入（在推理前一次性加载）或动态调度（在对话过程中按需加载）策略，并支持显式插入、分批管理等优化机制。

(4) 模型侧感知与处理阶段　模型在解码时识别上下文块中的 context_type 与 metadata，从而执行对应的专用编码策略（如代码语法感知、时间敏感数据加权），并结合 control 参数确定注意力分配（如高优先级上下文强化关注）与信息更新规则（如时效性数据过期淘汰）。

MCP 的注入机制支持缓存复用、上下文淘汰与优先级引导，使模型不仅能被动感知上下文，还能主动"调度"输入来源，为构建具备自主决策能力的智能体（Agent-oriented LLM）提供了关键基础。

4. 应用场景与系统价值

MCP 作为一种上层通信协议，其价值在于降低多模态输入在大型语言模型系统中的接入成本，同时提升开发效率与系统可扩展性。目前，MCP 已在以下典型场景中展现出强大的适配能力：

(1) 插件系统构建　传统插件输出需手动转换为提示词，而基于 MCP 的插件可直接返回 context_block，通过统一的输出描述与上下文注入机制，大幅提升系统的通用性、兼容性与可维护性。

(2) 多源信息调度智能体　智能体系统需综合处理文件、任务状态、函数调用结果等复杂上下文。MCP 通过解耦封装数据模块并统一注入，支持构建"带记忆""可检索""模块自治"的高级智能体框架。

(3) 代码助手与开发环境融合　集成 MCP 后，模型可感知开发环境状态（如当前文件内容、光标位置、错误日志等），从而提供环境感知型建议，例如代码补全、单元测试生成及重构（refactor）路径提示。

(4) 网页理解与文档处理助手　网页阅读助手可通过 MCP 封装网页结构（如 DOM 树、meta 标签、正文摘要）为 context_block 注入模型，支持执行页面跳转、内容总结、跨页对比等复杂推理任务。

进一步而言，MCP 有望成为跨模型平台的上下文层协议，使 Claude、GPT、Gemini 等模型共享统一的信息注入接口，从而推动大模型生态向标准化与开放化方向演进。

10.7 大模型智能体

随着大语言模型从语言理解工具演进为多任务执行引擎，研究者正探索将其嵌入自主系统以完成复杂、开放式、交互式任务。这类系统被统称为大模型智能体，以语言模型为"决策大脑"，整合上下文注入、工具调用、记忆管理与任务规划模块，构建"感知—计划—执行"闭环，成为通用人工智能的关键路径之一。

10.7.1 LLM Agent 定义与能力

LLM Agent 是以大型语言模型为核心，融合感知理解、自主规划、工具执行与记忆管理的综合性智能系统。与传统对话机器人相比，其具备"能思会做"的主动执行能力，核心模块包括：

（1）**任务理解**　从开放式自然语言中解析用户意图。
（2）**自主规划**　将复杂目标拆解为有序子任务。
（3）**记忆管理**　维护短期任务状态与长期对话历史，支持持久化。
（4）**工具调用**　调用插件、API、数据库等外部工具完成任务。
（5）**反思与调整**　基于反馈自我优化策略，如 ReAct 范式。

示例：用户提出"规划北京三日游并预订住宿"时，LLM Agent 可自动分解任务（查景点、订机票、选酒店），调用工具执行，并生成完整行程反馈。语言模型在此过程中从被动响应者升级为主动执行者。

10.7.2 LLM Agent 的类型与能力划分

根据目标特性和系统设计，当前 LLM Agent 可划分为以下几类：

（1）**任务导向型 Agent**　面向特定场景完成明确任务，如客户服务、代码补全、数据分析等。这类 Agent 通常内置固定工具集，语言模型充当槽位填充与指令转译器。例如 GitHub Copilot 实质就是一类典型的代码 Agent。

（2）**推理与规划型 Agent**　能够在面对开放任务时，自主制定解决方案，具备复杂任务建模与路径规划能力。常结合 Chain-of-Thought（思维链）、ReAct（推理+行动）等提示范式。例如，"帮我撰写一份市场调研报告并附图表"这种多步骤任务适用于此类 Agent。

（3）**多智能体系统**　由多个具有不同角色的 Agent 协作完成任务，如模拟软件开发流程中的产品经理 Agent、工程师 Agent 与测试 Agent。它们可进行信息共享、通信与协同决策，典型代表包括 ChatDev 和 AutoGen。

（4）**探索型 Agent**　侧重于策略优化与环境交互，能够在运行过程中不断学习与调整行为，部分融合强化学习机制。适用于游戏策略探索、软件使用引导等任务。

10.7.3 智能体系统的构建流程与运行机制

构建一个具备自主执行能力的 LLM Agent 系统，需实现从语言感知到工具执行的完整链路。其核心机制可分为以下几步：

（1）**语言模型接入**（决策中心）　选用具有强指令理解能力的语言模型，如 GPT-4、

Qwen2.5 等，并支持结构化输入输出接口，如 OpenAI Function Calling 或 ChatML。这些模型具备将自然语言意图映射为函数调用请求的能力，是智能体的"大脑"。

（2）**工具函数定义**（执行能力） 通过一组预定义的工具函数（如 Python API、数据检索函数、计算模块），构建语言模型可调用的外部操作集。通过 Docstring 或 JSON Schema 定义函数功能和参数结构，使模型能理解并正确调用。

（3）**智能体控制逻辑**（任务调度器） 核心控制逻辑封装在 Agent 类中，负责：系统初始化（包括系统提示词和上下文配置）；对话状态管理；调用判断与参数构造；结果解析与上下文更新。Agent 控制整个"对话—判断—调用—执行—反馈"的运行循环，是语言模型与外部工具之间的桥梁。

（4）**闭环执行流程**（智能体循环） 完整的一轮智能体任务执行包含：用户发起任务→模型判断是否需调用工具；构建调用请求（含参数）→模型生成结构化调用；执行函数并返回结果→嵌入对话上下文；模型生成最终自然语言回复。这一流程实现了从语言意图到真实操作的闭环控制，使大模型"说出来的"能"做出来"。

10.7.4 典型智能体框架与工具生态

当前 LLM Agent 构建已进入工具化阶段，典型框架对比见表 10-8。LangChain 擅长构建流程明确的单体智能体，提供记忆管理与工具调用控制，适合垂直领域快速落地；LangGraph 通过图结构管理多阶段任务，支持条件跳转与状态回滚，适用于动态路径规划场景；AutoGen 与 CrewAI 则聚焦多 Agent 协作，简化角色分配与信息共享，推动"多智能体社会"的构建。这些框架为不同复杂度的任务提供了模块化、可扩展的解决方案。

表 10-8 典型的智能体框架对比

框架	智能体类型适配性	核心优势	适用场景	学习曲线	典型用例
LangChain	任务导向型推理与规划型	·模块化设计（链/代理/记忆） ·丰富工具集成（搜索/API/DB） ·活跃中文社区	快速构建单体智能体 流程明确的垂直任务	中等	客户服务机器人 文档分析助手
AutoGen	多智能体系统推理与规划型	·多 Agent 协作框架 ·自动协商机制 ·支持 WebSocket 实时通信	复杂任务分布式求解 角色协同系统开发	陡峭	软件开发生命周期模拟 多角色决策系统
CrewAI	多智能体系统探索型	·面向生产环境设计 ·内置任务编排可视化 ·支持异步执行与超时控制	企业级工作流自动化 长期运行智能体	平缓	市场调研报告生成 竞品监控系统
LangGraph	推理与规划型探索型	·基于状态机的任务流 ·支持循环/分支/回溯 ·可视化调试界面	动态路径规划任务 需状态管理的探索场景	中等	游戏策略 AI 故障诊断系统
Transformers Agents	任务导向型	·原生集成 HuggingFace 模型 ·零代码工具调用 ·轻量级部署	快速原型验证 简单工具调用场景	低	多模态问答机器人 API 聚合工具

从发展趋势来看，大模型智能体系统未来将向三个方向演进。一是"能力通用化"，也就专门执行单一任务的工具型Agent，升级为能够处理多种任务、自动理解并适应不同场景的通用执行体。二是"系统规模化"，即通过多Agent协作与并行机制来处理更大规模、更高复杂度的任务流程，从而提升系统整体效率与响应能力。三是"行为自主化"，未来Agent将具备反思、总结与自我调整能力，通过引入记忆模块和反馈机制，不断提升决策质量与适应性，实现从"工具"到"自主智能体"的跃升。

对于开发者而言，推荐从LangChain等单体Agent系统入手，逐步引入LangGraph的任务流程管理，再扩展到AutoGen等多智能体框架进行协同设计。在系统建设过程中，应同步考虑工具集成、上下文存储与状态管理等关键模块，为未来的通用化、自主化升级打下可拓展的基础。这将是迈向下一代智能体系统的重要实践路径。

10.8 大模型实践项目

10.8.1 大模型调用基础——文本与图像的生成方法

本项目基于百度星河社区大模型API（包括ERNIE、DeepSeek等文本模型和Stable Diffusion XL图像模型），通过设计文本生成（对话、诗歌创作）和图像生成（多风格绘图）实验，旨在掌握大模型API调用方法，理解不同模型在生成效果上的差异，并探索生成式AI在创意辅助和开发工具等场景的实际应用价值。实验重点包括参数配置优化、多轮对话实现、流式输出控制，以及图像生成中的提示词工程和风格调整，最终形成可复用的模型调用方案。

文本生成基于Transformer架构的大语言模型（如ERNIE、DeepSeek），通过自回归预测生成连贯文本，其多样性由temperature和top_p等参数调控；图像生成则依托扩散模型（如Stable Diffusion XL）的迭代去噪过程，通过文本提示词引导图像合成，并可通过negative_prompt排除不良特征。所有实验均通过RESTful API实现与星河社区模型服务的交互，请求参数（如messages、prompt、style等）以JSON格式传递，响应数据包含生成内容或图片URL。

实验步骤如下：

1）环境配置：安装openai库，获取星河社区API Key并设置请求端点。

2）文本生成实验：

① 调用ERNIE-4.5进行单轮问答，调整temperature观察输出变化。

② 使用DeepSeek-R1模拟多轮对话，维护messages列表保持上下文。

3）图像生成实验：

通过Stable Diffusion XL生成基础图像，测试不同style（如Anime、3D Model）的效果。

读者可以打开链接 https://aistudio.baidu.com/project/edit/9411014 运行项目，并可扫描二维码观看讲解视频。

讲解视频

10.8.2　文心大模型 ERNIE-4.5-VL 多模态应用实践

本项目基于 ERNIE-4.5-VL 多模态大模型对图文混合任务的处理能力，实现图片信息提取和图片内容分析。通过上传图片（URL 或 Base64 编码）与文本问题结合，启用 enable_thinking 参数展示模型的推理过程，验证其在结构化信息提取（如 OCR）和跨模态理解上的准确性。

实验依赖视觉编码器（ViT）与文本编码器（Transformer）的跨模态融合架构，支持图像和文本的联合输入。关键功能包括通过 penalty_score 抑制重复生成，以及 enable_thinking 输出中间推理步骤以增强可解释性。实验步骤涵盖图片预处理、多模态请求构建、推理逻辑分析和性能对比，最终证明模型在证件识别等场景中的实用价值，为复杂多模态任务提供了可靠解决方案。

读者可以打开链接 https://aistudio.baidu.com/project/edit/9411037 运行项目，并可扫描二维码观看讲解视频。

讲解视频

10.8.3　文心大模型 ERNIE-4.5 监督微调文本生成实践

本项目基于 ERNIE-4.5-0.3B 模型，通过 ERNIEkit 工具实现监督式微调（SFT），旨在帮助读者掌握大模型定制化训练的核心流程。实验内容包括环境搭建（PaddlePaddle GPU 环境配置）、模型与代码获取（ERNIEkit 及预训练权重下载）、数据准备（处理 src-tgt 格式的微调数据）以及训练参数配置（学习率、批次大小、优化策略等）。通过实验，读者能够深入体会和理解大模型的微调方法，并学习如何优化训练效率和模型性能。

项目采用 Transformer 架构的 ERNIE 预训练模型，结合监督式微调技术，利用标注数据调整模型参数以适应特定任务。关键技术包括混合精度训练（BF16）、梯度累积、余弦退火学习率调度等，以提升训练效率和稳定性。项目还支持分布式训练与多种并行策略（如 ZeRO 优化），适用于不同规模的硬件环境。

实验步骤包括环境验证、数据准备到启动训练（通过 erniekit train 命令），开发者可实时监控 loss 变化、GPU 利用率等关键指标，并通过评估结果分析模型表现。最终生成的微调模型可用于实际任务部署，为 NLP 应用提供定制化能力支持。

读者可以打开链接 https://aistudio.baidu.com/project/edit/9406915 运行项目，并可扫描二维码观看讲解视频。

讲解视频

10.8.4　基于计算机视觉和大语言模型的智能停车场管理系统

本项目开发了一个基于深度学习和自然语言处理的智能停车场管理系统，通过 YOLOv3

模型实时检测停车场内车辆类型和数量,统计车位使用情况,并利用文心大模型 ERNIE Bot 实现自然语言交互功能,为用户提供车位查询、预约等服务。系统结合 FAISS 向量数据库存储停车场规则信息,并通过 Gradio 搭建可视化交互界面,实现车位状态展示和智能问答功能,形成完整的"检测—分析—交互"闭环系统。

实验步骤包括:

1)环境配置与模型部署:安装 PaddleHub、ERNIE-Bot 等依赖库,加载 YOLOv3 车辆检测模型。

2)功能开发:实现车辆检测统计、自然语言交互和向量数据库检索功能。

3)界面搭建:使用 Gradio 设计可视化操作界面。

4)系统测试:验证各模块功能并进行整体优化,最终形成可运行的智能停车管理系统。

读者可以打开链接 https://aistudio.baidu.com/projectdetail/9406933 运行项目,并可扫描二维码观看讲解视频。

讲解视频

10.8.5 基于 DeepSeek 检索增强的智能问答系统

本项目基于 DeepSeek-R1 大语言模型,结合检索增强生成(RAG)技术,构建了一个面向"无人驾驶挑战赛规则"的智能问答系统。实验内容涵盖从原始文档处理到智能问答的全流程开发,包括规则文档预处理、文档切片与向量化存储、大模型微调与接口开发、检索系统与生成系统的协同优化等。系统最终实现了对比赛规则、参赛要求、奖励政策等专业内容的精准解析与智能问答功能。

本项目使用 ERNIE-Bot 模型将非结构化的比赛文档转化为 384 维语义向量,构建高效的向量表示;基于 Milvus 向量数据库实现近似最近邻搜索,通过 DeepSeek-R1 大模型实现检索结果的语义融合与自然语言生成。RAG 机制通过将外部知识检索与大模型推理能力相结合,有效解决了大模型的幻觉问题和知识更新滞后问题。

实验步骤包括:

1)数据准备阶段:收集竞赛规则文档,构建原始语料库。

2)知识库构建:使用 LangChain 的 RecursiveCharacterTextSplitter 进行文档分块(chunk_size = 200),通过 ERNIE-Embedding 生成 384 维向量表示,在 Milvus 中建立包含多个向量的检索数据库。

3)模型部署:在 NVIDIA V100 环境下部署 DeepSeek-R1 模型,优化生成参数(temperature = 0.7,top_p = 0.9)。

4)调用测试:实现"用户提问—向量检索—提示构建—答案生成"的自动化流程。

读者可以打开链接 https://aistudio.baidu.com/projectdetail/9422201 运行项目,并可扫描二维码观看讲解视频。

讲解视频

10.8.6 基于 LangChain 自动驾驶决策智能体构建

本项目实践将利用本地部署（或通过 API 调用）的大模型与 LangChain 框架构建一个自动驾驶智能体，实现在不同仿真场景下根据场景的文本描述生成离散的驾驶决策，并返回决策指令到 Highway-env 仿真环境中实现闭环控制。

> 读者可扫描内封上的二维码下载项目代码，可扫描右侧二维码观看讲解视频。
>
>
> 讲解视频

基于大模型的自动驾驶智能体整体框架流程如图 10-10 所示。下面将展开对各个子模块的介绍。

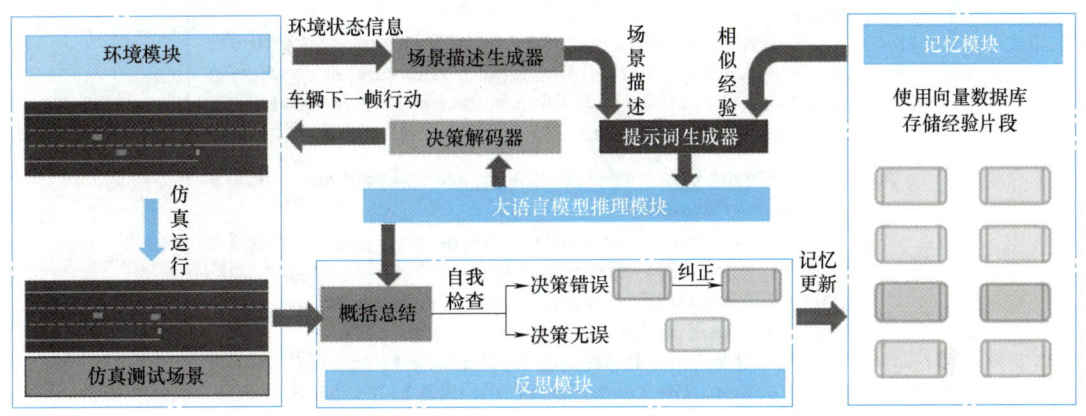

图 10-10 基于大模型的自动驾驶智能体整体框架流程

1. 环境模块

环境模块是一个仿真平台，其作用是实现自动驾驶仿真场景的设计与搭建，让智能体的离散决策能够在仿真场景中逐步执行和测试。本项目实践将在 Highway-env 仿真环境中设计并搭建自动驾驶智能体仿真测试场景。

Highway-env 是由法国国家信息与自动化研究所（INRIA）开发的用于自动驾驶研究的仿真环境，它允许研究人员和开发者在虚拟环境中测试和训练自动驾驶车辆，旨在提供一个复杂且现实的交通场景和逼真的多车交互环境，以便更好地研究和开发自动驾驶技术。Highway-env 也因此成为众多自动驾驶强化学习算法的仿真测试平台。

为适配基于大语言模型的决策系统，本项目需构建场景描述生成器以实现仿真数据到结构化文本的转换。该生成器作为仿真平台与语言模型间的桥梁，按固定时间间隔提取三类关键信息，如图 10-11、图 10-12 所示。

① 车道背景信息，包含当前车道拓扑结构、几何参数及预设导航目标；

② 自车状态信息，涵盖全局坐标、车身尺寸、运动学参数（速度、加速度等）；

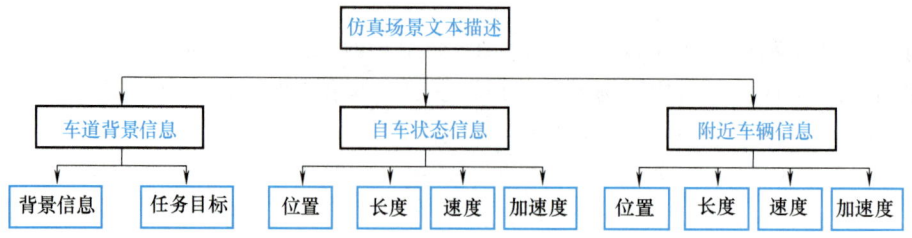

图 10-11　仿真场景的文本描述包含的内容

You are driving on the entrance ramp of the highway and have reached the section where you can merge onto the highway.The end of the road segment is 75.50 meters ahead of you, you must turn left to merge onto the highway before the end of this section, otherwise you will have a collision. Your goal is to merge onto the highway safely, so please make sure there is no collision with other vehicles before changing lanes.

You are driving on a road with 3 lanes, and you are currently driving in the rightmost lane. Your current position is `(231.00, 8.00)`, speed is 20.00 m/s, acceleration is 0.00 m/s^2, and lane position is 1.00 m.

There are other vehicles driving around you, and below is their basic information:

- Vehicle `96` is driving on the lane to your left and is parallel to me. The centre position of it is `(231.00, 4.00)`, length is 5.0 meters, speed is 20.00 m/s, acceleration is 0.00 m/s^2, and lane position is 1.00 m.
- Vehicle `584` is driving on the lane to your left and is ahead of you. The centre position of it is `(300.00, 4.00)`, length is 5.0 meters, speed is 20.00 m/s, acceleration is 0.00 m/s^2, and lane position is 70.00 m.

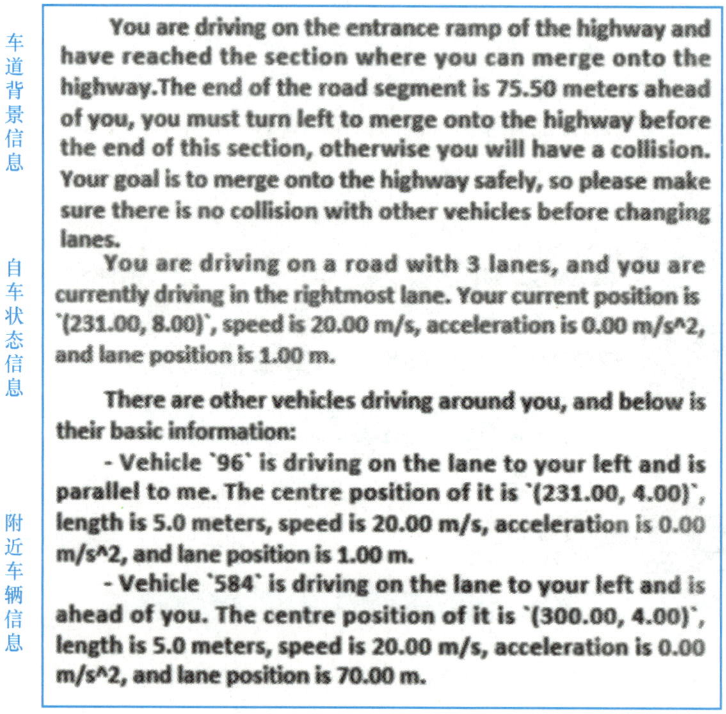

图 10-12　仿真场景的文本描述示例

③ 附近车辆信息，包括相邻车辆的相对位置、运动状态及物理属性。所有数据经规范化处理后，将按照预定义模板生成自然语言描述，作为语言模型进行实时决策的情境输入。这种文本化接口设计既保留了环境状态的完整语义，又规避了直接处理仿真中间数据的复杂性。

2. 记忆模块

记忆模块本质上是一个用来存储历史经验的向量数据库，外置向量数据库能够提供实时记忆与知识更新，解决大模型没有使用最新经验再训练的问题，同时通过嵌入技术将数据转换为向量并存储，使得大模型能够快速检索最相关的信息。向量数据库的核心功能是近似搜索，它能够快速找出与目标最接近的数据，增强了大模型的生成能力，使其能够结合最新的数据生成更精准、更贴合需求的答案，可以减少大模型在生成回答时可能出现的不准确或虚构的信息，即所谓的“幻觉效应”。同时，向量数据库能够处理文本、图像、音频和视频等多种类型的非结构化数据，通过使用机器学习模型、词嵌入或特征提取技术将它们转换为向量，进一步扩展了大模型的应用范围和能力。因此，外置向量数据库成为大模型时代的重要技术需求，为大模型提供了强大的支持和扩展。本项目拟采用开源的嵌入式向量数据库Chroma，将场景的文本描述向量化并存储。

当环境模块输出场景文本描述时，该场景文本描述将首先被转换成向量并在记忆模块中通过向量相似度检索最相近的场景描述片段，记忆模块接着将相似的场景片断经验解码成文本格式。当前场景的文本描述和相似场景的经验片段文本将在固定的提示词模板下耦合，共同成为大语言模型的输入。存储在记忆模块中的相似场景经验将作为示例，辅助大语言模型在面对当前场景时进行逻辑推理，并做出最终的行动决策。每一段历史经验均由场景描述、推理过程和最终决策三个关键部分组成。场景的文本描述可以通过OpenAI提供的文本嵌入模型（text-embeddings-ada-002）转换成向量形式。

3. 大语言模型推理模块

大语言模型推理模块主要负责构建基于大语言模型的自动驾驶智能体，并耦合当前场景的文本描述和历史经验片段生成完整的提示词。大语言模型根据预设的提示词和输入信息通过逻辑推理得到可解释的离散行动决策，最后提取得到当前帧的智能体车辆行动决策并返回给仿真平台进行执行，从而完成大语言模型对自动驾驶智能体的一次决策控制。

本项目使用LangChain框架构建大模型智能体，LangChain是一个专注于构建和部署基于大语言模型（LLM）的应用程序的框架。它旨在简化开发过程，使开发者能够更容易地利用LLM的能力来创建智能应用程序，其提供了一系列工具和接口，支持从数据预处理到模型训练、微调和部署。在模型部署方面，LangChain提供了一系列部署选项，包括本地部署、云端部署或通过API提供服务，让开发者可以根据应用需求和资源情况灵活选择部署方式。LangChain是一个强大的工具，它通过提供一套完整的解决方案，使得利用LLM构建智能应用变得更加容易。它不仅简化了开发流程，还提高了开发效率，降低了进入门槛，让更多开发者能够参与到自然语言处理领域中来。

使用LangChain框架构建大语言模型智能体时，首先需要明确大模型的调用方式，如果采用本地部署的方式，可以通过Ollama库本地下载Qwen、Qwen2、Llama2、Llama3等不同类型中不同大小的开源免费大模型。本地部署大模型对显存和内存要求较高，如果硬件条件不满足，可以使用API的方式对大模型进行调用，需要在对应大模型的官网上注册账号并获取API。

在完成了基本的大语言模型调用后，需要提供System message作为大语言模型的背景设定，以及Human message作为每次与大语言模型对话的输入，从而得到与Human message对应的大语言模型输出AI message。

在本项目中，System message主要用于明确大语言模型的自动驾驶智能体的角色定位，确立驾驶的目标是保障驾驶的安全与高效，要求做出对应输入的场景描述文本的离散行动决策，同时约束大语言模型的AI message输出格式框架，方便最终行动决策的提取。通过API调用大模型的简单示例代码如下。

```
#引入库
from langchain.chat_models import ChatOpenAI
from langchain.schema import AIMessage, HumanMessage, SystemMessage
```

```
#创建大模型智能体,选择对应模型和其他参数
llm = ChatOpenAI(temperature = 0,
                 model_name = "gpt-4-1106-preview",
                 max_tokens = 2000,
                 request_timeout = 60)
#给大模型输入任务背景和要求
System_message = "xxx"
#输入具体的场景文本描述和经验池中的相似场景经验
Human_message = "xxx"
messages = [SystemMessage(content = System_message),
            HumanMessage(content = Human_message)]
response = llm(messages)
print(response.content)
```

4. 反思模块

因为大语言模型在决策时会受到所提供的相似场景历史经验的影响,做出与参考案例类似的决策推理过程与结论,所以要求记忆模块中的经验片段都是优质经验,也就是说并非所有经验都需要存储,部分导致车辆发生碰撞的决策经历需要修正和反思后再进行存储。因此在发生碰撞时,反思模块将通过大模型反思智能体对导致碰撞的决策进行修正和反思。通过这种反思过程,智能体能够将从错误中学习到的、经过提炼的推理逻辑和经过修正的决策存储在记忆模块中。这样的做法不仅确保了知识的累积和保存,而且为智能体在多变的驾驶环境中进行闭环学习打下了坚实的基础。基于大模型的反思智能体构建思路与自动驾驶智能体相似,主要的区别在于 System message 中反思的背景描述和对输出的格式要求,以及 Human message 中输入的决策信息和推理要求有所不同。

5. 闭环仿真训练

在完成各个子模块的搭建并耦合后,即可开始进行闭环仿真训练。在训练过程中可以通过检查发生碰撞时大模型的推理过程,分析智能体做出错误决策的根本原因并及时调整。随着训练轮数的不断增加,经验库中的经验片段也将不断丰富和完善,基于大模型的自动驾驶智能体在场景中的表现也会不断提升。在完成训练后可以尝试修改仿真场景,但保留原记忆模块,测试基于大模型的智能体在新场景中能否通过历史经验提升决策水平,测试大模型智能体的泛化能力。

10.8.7 基于大视觉语言模型的汽车驾驶场景描述

本项目采用大模型微调来完成,大模型微调有诸多平台可供使用。本项目基于阿里巴巴达摩院(Alibaba DAMO Academy)开发的多模态模型 Qwen2-VL-Instruct-7B,并借助 SWIFT 框架进行微调。

读者可扫描内封上的二维码下载本项目数据集和项目代码,可扫描右侧二维码观看讲解视频。

讲解视频

以下是对项目的整体介绍：

1. 采用的大模型简介

Qwen2-VL-Instruct-7B 具备同步处理文本与图像数据的能力，能够深入理解图像内容，并依据文本输入生成精准描述、回答问题或执行其他与图像相关的复杂任务。Qwen2-VL-Instruct-7B 拥有高达 70 亿的参数，赋予了模型在多任务场景下卓越表现力。尽管其参数规模不及某些超大型模型（如拥有 100 亿或 175 亿参数的 GPT 模型），但其处理能力依然强大，足以应对大多数应用场景的需求。

Qwen2-VL-Instruct-7B 不仅擅长解读图像内容，还能高效生成与之相关的文本信息，如精准的图像描述和视觉问答。在处理图像内容时，Qwen2-VL-Instruct-7B 能够精准提取关键信息，并输出连贯、符合上下文逻辑的自然语言描述。在设计之初，Qwen2-VL-Instruct-7B 便充分考虑了大规模计算和推理的需求，确保了在多模态任务处理上的高效性。此外，该模型具备良好的兼容性，能够在包括 GPU 和分布式计算在内的多种硬件和计算环境中稳定高效地运行。

2. 大模型微调策略

在深度学习领域，大模型如 GPT、InterVL、Chatglm、Qwen 等的发展标志着一次重要的技术突破。这些模型通过在大规模通用数据上进行预训练，采用无监督或自监督学习方法，成功捕获了丰富的语义、语法和结构信息，积累了广泛的通用知识。预训练阶段的重要性在于，它使模型具备了全面认知语言、图像及多模态数据的能力，成为泛化应用的基础工具。

然而，面对不同任务和领域的独特需求，预训练模型所掌握的知识往往不足以满足特定任务的精准要求。为此，需要通过微调（Fine-tuning）来进一步提升模型在具体应用中的性能和适用性。微调的一个显著特征是，所需的数据量通常较小，但数据的质量需求较高，因为微调的目标是对模型已有的能力进行补充和优化，而不是从头学习。

微调的核心在于，利用预训练模型所掌握的通用知识，在特定任务数据集上对模型进行进一步训练，使其从广泛的通用能力转向专业化的任务处理能力。预训练模型已具备的基础能力，如语法规则、上下文关系、逻辑推理等，为微调提供了强大的支撑。

相较于从零开始训练，微调具有明显的资源优势和性能提升的潜力。它降低了数据需求和计算成本，使得普通研究者或企业能够在较小的数据集上实现高效的任务适配。此外，微调的定制化能力使其能够更好地适应不同领域的需求，如医学、自动驾驶等。

微调在实践中展现了高效性和灵活性，通过调整模型参数，研究者可以选择不同的微调策略以适应不同的计算资源和任务需求。这种灵活性使得微调在学术研究和实际应用中得到了广泛应用。

大模型的预训练和微调是一种协同的学习过程，预训练为模型构建了广泛的知识基础，而微调则通过特定领域的优化，使模型实现从"通用"到"专精"的转变。微调不仅提升了大模型在具体任务上的表现力，还降低了开发和部署的资源门槛，为深度学习技术的推广应用提供了重要的技术支撑。随着预训练模型规模的不断增长和多样化应用场景的涌现，微调将继续在推动大模型落地和实现精细化智能服务中发挥重要作用。

3. 数据集简介

本项目数据集基于上海人工智能实验室构建的开源数据集 DriveLM-nuScenes 而设计，

DriveLM-nuScenes 是一个专为自动驾驶场景设计的多任务问答数据集，涵盖感知、预测、规划和行为分析等核心任务。为了降低学习门槛并帮助学习者快速上手，本项目对原始数据集进行了优化和精简，从中筛选出六个摄像头视角中的汽车行驶前视角图像作为主要研究对象，并选取了原始数据集中的 scene_description（场景描述）部分，作为与前视角图像配对的语言描述信息。基于此，本项目构建了一个新的训练集，旨在通过多模态数据的结合（图像和文本），提升模型对行驶场景的语义理解能力。

在具体实践中，使用这一数据集对视觉语言模型（如多模态模型）进行微调，重点培养模型对当前行驶场景的自然语言解释能力。通过训练，模型能够实现视觉信息与语言表达的有效对接，能够生成对场景的语义描述，例如识别道路环境中的关键要素、预测潜在的驾驶风险以及推测车辆的下一步驾驶行为。

4. 环境配置

本次实验采用 NVIDIA RTX 4090 显卡（24GB 显存），搭载 CUDA 12.2 和 Ubuntu 22.04 操作系统，对于没有高性能设备的学习者，可参考租用 GPU 资源。以目前市场价格为例，每块 4090（24G）显卡的租用费用大约为 2.08 元/h，适合需要短期使用高性能设备的场景。环境配置具体步骤如下。

首先，需要先安装虚拟环境。

```
#创建虚拟环境
conda create -n qwen2vl python==3.10
conda activate qwen2vl
pip install torch==2.2.2 torchvision==0.17.2 torchaudio==2.2.2 --index-url https://download.pytorch.org/whl/cu118
```

检查是否安装成功，若返回结果为 True，则 Torch 安装成功。

```
import torch
cuda_available = torch.cuda.is_available()
print(f"CUDA Available:{cuda_available}")
```

然后去 ModelScope 下载模型参数。ModelScope 是由阿里巴巴达摩院推出的开源平台，旨在为开发者和研究人员提供便捷的大规模预训练模型使用体验。平台覆盖了自然语言处理、计算机视觉以及多模态任务，致力于降低大模型使用门槛，帮助用户快速完成模型加载、微调、评估和部署等工作。与 Hugging Face 的 Transformers 不同，ModelScope 的服务器位于国内，无须上网即可快速访问和使用丰富的模型资源，为国内开发者提供了更加高效、流畅的使用体验。

```
pip install modelscope
modelscope download --model Qwen/Qwen2-VL-7B-Instruct
```

5. 使用原始大模型对图片进行描述

```
#导入必要的库
from modelscope import Qwen2VLForConditionalGeneration, AutoTokenizer, AutoProcessor
from modelscope import snapshot_download
from qwen_vl_utils import process_vision_info
```

```python
model_dir = "/home/kemove/.cache/modelscope/hub/Qwen/Qwen2-VL-7B-Instruct"
#加载预训练模型
model = Qwen2VLForConditionalGeneration.from_pretrained(
    model_dir,
    torch_dtype = "float16",
    device_map = "auto",
    attn_implementation = "flash_attention_2"
)
#加载处理器
processor = AutoProcessor.from_pretrained(model_dir)
messages = [
    {
        "role":"user",
        "content":[
            {
                "type":"image",
                "image":"/home/kemove/workspace/qwen2l7B/image1.jpg",
            },
            {"type":"text", "text":"描述这张照片"},
        ],
    }
]
#处理消息并生成适合模型格式的文本
text = processor.apply_chat_template(
    messages, tokenize = False, add_generation_prompt = True
)
image_inputs, video_inputs = process_vision_info(messages)
inputs = processor(
    text = [text],
    images = image_inputs,
    videos = video_inputs,
    padding = True,
    return_tensors = "pt",
)
# 使用GPU
inputs = inputs.to("cuda")
generated_ids = model.generate(**inputs, max_new_tokens = 128)
#从生成的ID中去除输入的ID部分,只保留生成的输出部分
generated_ids_trimmed = [
    out_ids[len(in_ids):] for in_ids, out_ids in zip(inputs.input_ids, generated_ids)
]
#将代码解析
```

```
output_text = processor.batch_decode(
    generated_ids_trimmed, skip_special_tokens=True, clean_up_tokenization_spaces=False
)
#打印结果
print(output_text)
```

输入图片如图 10-13 所示。输出结果如图 10-14 所示。

图 10-13 输入图片

['这张照片展示了一条繁忙的高速公路。道路上有许多车辆,包括轿车、货车和公交车。道路两侧有绿化带,中间有隔离带。路标和指示牌清晰可见,引导车辆行驶。整体来看,这是一条繁忙的交通路线,车辆密集,显示出一定的交通压力。']

图 10-14 输出结果

6. 基于 LoRA 的大视觉语言模型汽车行驶场景描述微调

(1) 微调策略 采用 LoRA 技术优化汽车行驶场景描述。

本项目采纳了 LoRA（Low-Rank Adaptation of Large Language Model）技术,一种针对大规模预训练模型设计的轻量级且高效的微调策略。传统全参数微调方法涉及对所有模型参数的调整,这不仅消耗大量计算资源,还增加了存储成本。LoRA 则通过创新的低秩分解技术,仅需训练少量的新增参数,而无须触动原始模型的权重,大幅降低了微调的资源需求。

LoRA 的工作原理在于将模型权重矩阵近似为两个低秩矩阵的乘积,这些小矩阵成为微调过程中唯一需要训练的部分,而原始模型参数则保持不变。这种方法显著减少了需要调整的参数数量,同时保留了预训练模型所蕴含的通用知识,使得模型能够迅速适应新任务。

LoRA 的优势具有高效性和灵活性。由于仅需添加少量参数,微调过程中的内存和计算需求大幅降低,使得在单个 GPU 或资源受限的环境中微调大模型成为现实。此外,由于原始参数保持冻结,不同的 LoRA 模块可以独立训练和存储,这不仅便于模型在多个任务间的迁移,还允许开发者根据需要组合或切换不同任务的模块,实现模型的多任务处理能力。

在实际应用中,LoRA 广泛应用于自然语言处理和多模态任务,如文本分类、机器翻译、图文生成等。它特别适合于 GPT、T5、BERT 等大模型的微调,尤其是在算力和存储资源有限的情况下。LoRA 还提供了一种资源节约且操作简便的微调途径,同时其灵活的适配性有助于开发者快速在特定任务中部署高效的大模型解决方案。

（2）微调工具——Swift 框架　鉴于模型微调通常涉及搭建众多独立的训练架构，涵盖数据加载、模型构建、优化器设置等多个复杂环节，这一过程对于初学者而言可能存在较高的学习曲线。为此，本项目采纳了阿里巴巴推出的 Swift 框架作为微调的优选工具，旨在降低操作难度并提高学习效率。Swift 框架与 PyTorch 相似，提供了全面集成的功能和高效的开发套件，极大简化了数据处理至模型训练的全流程，使得开发者可以集中精力于微调任务本身，避免了在框架搭建上的耗时。

借助 Swift 框架，开发者不仅能轻松实现模型微调的关键步骤，包括数据加载、模型初始化、训练流程配置等，还能利用框架内置的多模态工具集进一步减轻开发负担，为初学者营造了一个便捷上手的学习平台。Swift 安装代码如下：

```
# pip install git+https://github.com/modelscope/ms-swift.git
git clone https://github.com/modelscope/ms-swift.git
cd ms-swift
pip install -e
```

（3）数据集处理　加载数据集，将数据集改成模型适配的格式。

```python
import json
def read_json(file_path):
    """
    读取 JSON 文件，并返回数据。
    :param file_path:输入文件路径
    :return:文件中的 JSON 数据（解析为 Python 对象）
    """
    try:
        with open(file_path, 'r', encoding='utf-8') as f:
            return json.load(f)
    except FileNotFoundError:
        print(f"错误:文件 {file_path} 未找到。")
        return {}
    except json.JSONDecodeError as e:
        print(f"错误:解析 JSON 文件 {file_path} 失败。错误信息:{e}")
        return {}

def write_json(file_path, data):
    """
    将数据以 JSON 格式追加写入文件。
    :param file_path:输出文件路径
    :param data:要写入的 JSON 数据
    """
    try:
        with open(file_path, 'a', encoding='utf-8') as f:
```

```python
            json.dump(data, f, ensure_ascii=False)
            f.write("\n")  # 每条记录换行
    except Exception as e:
        print(f"错误:写入文件 {file_path} 失败。错误信息:{e}")


def process_data(input_file, output_file):
    """
    处理 JSON 数据,将其格式化为新的结构并保存到文件中。
    :param input_file:输入 JSON 文件路径
    :param output_file:输出 JSON 文件路径
    """
    # 常量:用户提示的内容
    user_prompt = "<image>请你描述汽车运动状态"

    # 读取输入文件
    data = read_json(input_file)
    if not data:
        print("未能成功读取数据,程序终止。")
        return

    # 遍历原始数据并生成新的结构
    for key, values in data.items():
        for image_path in values:
            formatted_entry = {
                "messages":[
                    {"role":"user", "content":user_prompt},  # 用户提示
                    {"role":"assistant", "content":key}  # 助手的回答
                ],
                "images":[image_path]  # 图像路径
            }
            # 将生成的结构写入输出文件
            write_json(output_file, formatted_entry)


def main():
    """
    主函数,定义输入和输出文件路径,并调用数据处理逻辑。
    """
    input_file = "/home/kemove/workspace/qwen2l7B/output.json"   # 输入文件路径
    output_file = "/home/kemove/workspace/qwen2l7B/output2.json"  # 输出文件路径

    # 调用处理函数
    process_data(input_file, output_file)
```

```
    print(f"数据处理完成,结果已保存到 {output_file}。")

if __name__ == '__main__':
    main()
```

(4) 用 LoRA 脚本进行微调

```
CUDA_VISIBLE_DEVICES=0 \
swift sft \
    --model Qwen/Qwen2.5-7B-Instruct \
    --train_type lora \
    --dataset 'swift/self-cognition#1000' \
    --num_train_epochs 1 \
    --per_device_train_batch_size 1 \
    --learning_rate 1e-4 \
    --lora_rank 8 \
    --lora_alpha 32 \
    --gradient_accumulation_steps 16 \
    --eval_steps 100 \
    --save_steps 100 \
    --save_total_limit 2 \
    --logging_steps 5 \
    --model_author swift \
    --model_name swift-robot
```

注意修改脚本参数信息--model、--dataset 为自己本地电脑的位置,其他参数可不变。

(5) 训练推理情况 原始参数推理脚本如下:

```
CUDA_VISIBLE_DEVICES=0 swift infer \
    --model /home/kemove/.cache/modelscope/hub/Qwen/Qwen2-VL-7B-Instruct \#自己的模型参数位置
    --stream true \
    --infer_backend pt \
    --max_new_tokens 2048
```

LoRA 微调后的推理脚本如下:

```
# LoRA
CUDA_VISIBLE_DEVICES=0 swift infer \
    --model /home/kemove/.cache/modelscope/hub/Qwen/Qwen2-VL-7B-Instruct \
    --adapters /home/kemove/workspace/swift/output/Qwen2-VL-7B-Instruct/v0-20241228-233133/checkpoint-40 \#lora 参数权重位置
    --stream true \
    --infer_backend pt \
    --temperature 0 \
    --max_new_tokens 2048
```

分别使用原始参数脚本和 LoRA 微调后的参数脚本对图 10-15 进行推理，推理结果分别如图 10-16 和图 10-17 所示，可以发现，原模型对图片无法进行描述，经过推理后的模型能输出正确结果。

图 10-15　推理图片

结果如下：

<<< /home/kemove/workspace/qwen2vl/1/n008-2018-05-21-11-06-59-0400__CAM_BACK_LEFT__1526915244547295.jpg 请描述这辆车的运动状态
很抱歉，我无法查看或描述图片中的内容。

图 10-16　原始参数脚本推理结果

<<< /home/kemove/workspace/qwen2vl/1/n008-2018-05-21-11-06-59-0400__CAM_BACK_LEFT__1526915244547295.jpg请描述这辆车的运动状态
The ego vehicle proceeds along the current road, and upon encountering a stationary vehicle on the right side, it makes a right turn and continues its journey.

图 10-17　微调后参数脚本推理结果

本次实验的主要目的是演示微调的基本过程，让大家了解其原理和操作方法。需要注意的是，实验本身只是一个简化的演示，要想在实际任务中获得良好的效果，不仅需要更复杂的程序，还需要高质量的数据集以及充足的算力支持。因此，尽管本次实验重点在于学习流程，但实际应用时应结合更完善的技术方案和资源条件。

习题

1. 选择题

    1) RAG 系统的主要优势是什么？（　　）

    A. 生成结果可追溯　　　　　　　　B. 减少模型参数

    C. 提高训练速度　　　　　　　　　D. 增强模型泛化能力

    2) 以下哪种技术不属于模型压缩策略？（　　）

    A. 量化　　　　B. 蒸馏　　　　C. 稀疏架构　　　　D. 预训练

3) 在 MoE 架构中，哪个组件负责输入与专家的匹配计算？（　　）

A. 专家网络池　　　　　　　　B. 门控网络 $G(x)$

C. 负载均衡器　　　　　　　　D. 通信压缩模块

4) 以下哪种提示方法不依赖示例？（　　）

A. 零样本提示　　　　　　　　B. 少样本提示

C. 链式思维提示　　　　　　　D. 自动提示生成

5) 在大模型训练中，哪个阶段通过人类反馈优化模型生成内容？（　　）

A. 预训练　　　B. 指令微调　　　C. 强化学习　　　D. 知识蒸馏

6) MCP 协议的主要设计目标是什么？（　　）

A. 统一上下文注入的范式　　　B. 提高模型推理速度

C. 减少模型参数　　　　　　　D. 增强模型泛化能力

7) LLM Agent 的核心模块不包括以下哪项？（　　）

A. 任务理解　　　　　　　　　B. 自主规划

C. 硬件加速　　　　　　　　　D. 工具调用

8) 以下哪种智能体类型侧重于策略优化与环境交互？（　　）

A. 任务导向型 Agent　　　　　B. 推理与规划型 Agent

C. 多智能体系统　　　　　　　D. 探索型 Agent

9) 在多模态微调项目中，使用了哪种微调技术？（　　）

A. 全参数微调　　B. LoRA 微调　　C. 增量学习　　D. 迁移学习

10) SWIFT 框架主要用于什么？（　　）

A. 模型压缩　　B. 模型微调　　C. 模型推理　　D. 模型评估

2. 判断题

1) 量化策略通过减少模型参数量来实现模型压缩。（　　）

2) 在 MoE 架构中，专家网络池负责输入与专家的匹配计算。（　　）

3) 在大模型训练中，预训练阶段通过人类反馈优化模型生成内容。（　　）

4) 大模型的分类维度包括模型结构、模态能力、开发语言和应用领域。（　　）

5) RAG 系统通过联合优化协调模块实现检索与生成模型的完全独立训练。（　　）

3. 简答题和分析题

1) 分析 RAG 系统的主要优势及其实现方式。

2) 分析模型压缩策略中的量化与蒸馏技术的区别与联系。

3) 分析 MoE 架构的工作原理及其优势。

4) 分析大模型训练中的预训练、指令微调与强化学习阶段的作用。

5) 简述多模态微调项目中 LoRA 技术的应用及其效果。

6) 简述 SWIFT 框架在模型微调中的作用及其优势。

部分习题参考答案

参 考 文 献

[1] 邱锡鹏. 神经网络与深度学习［M］. 北京：机械工业出版社，2020.
[2] 徐国艳，刘聪琳. Python深度学习及智能车竞赛实践［M］. 北京：机械工业出版社，2024.
[3] 刘阳，林惊. 多模态大模型：新一代人工智能技术范式［M］. 北京：电子工业出版社，2024.
[4] 黄佳. GPT图解大模型是怎样构建的［M］. 北京：人民邮电出版社，2024.
[5] WEN L, FU D, LI X, et al. Dilu: a knowledge-driven approach to autonomous driving with large language models［Z/OL］. ［2024-12-01］. https：//doi. org/10. 48550/arXiv. 2309. 16292.
[6] JIANG K, CAI X, CUI Z, et al. koma: knowledge-driven multi-agent framework for autonomous driving with large language models［Z/OL］. ［2024-12-01］. https：//doi. org/10. 48550/arXiv. 2407. 14239. 2024.
[7] WANG L, REN Y, JIANG H, et al. AccidentGPT：a V2X environmental perception multi-modal large model for accident analysis and prevention［C］//2024 IEEE Intelligent Vehicles Symposium（IV）. New York：IEEE, 2024：472-477.
[8] LAN Z, LIU L, FAN B, et al. Traj-llm: a new exploration for empowering trajectory prediction with pre-trained large language models［C］//IEEE Transactions on Intelligent Vehicles（Early Access）. New York：IEEE, 2024：1-14.
[9] REN Y, CHEN Y, LIU S, et al. TPLLM: a traffic prediction framework based on pretrained large language models［Z/OL］. ［2024-12-10］. https：//doi. org/10. 48550/arXiv. 2403. 02221.
[10] WANG M, PANG A, KAN Y, et al. LLM-assisted light: leveraging large language model capabilities for human-mimetic traffic signal control in complex urban environments［Z/OL］. ［2024-12-01］. https：// doi. org/ 10. 48550/arXiv. 2403. 08337.
[11] PANG A, WANG M, PUN M O, et al. iLLM-TSC: integration reinforcement learning and large language model for traffic signal control policy improvement［Z/OL］. ［2024-12-01］. https：//doi. org/10. 48550/arXiv. 2407. 06025.
[12] SZEGEDY C, LIU W, JIA Y, et al. Going deeper with convolutions［C］//Proceedings of the IEEE conference on computervision and pattern recognition. New York：IEEE, 2015：1-9.
[13] YANN L, LÉON B, YOSHUA B, et al. Gradient-based learning applied to document recognition［J］. Proceedings of the IEEE, 86（11）：2278-2324，1998.
[14] ALEX K, LLYA S, GEOFFREY E H. Imagenet classification with deep convolutional neural networks［J］. Communications of the ACM, 2017, 60（6）：84-90.
[15] KAREN S, ANDREW Z. Very deep convolutional networks for large-scale image recognition［Z/OL］. ［2024-12-01］. https：//doi. org/10. 48550/arXiv. 1409. 1556.
[16] CHRISTIAN S, WEI L, JIA Y, et al. Going deeper with convolutions［Z］. 2015.
[17] HE K, ZHANG X, REN S, et al. Deep residual learning for image recognition［Z］. 2016.
[18] VASWANI A, SHAZEER N, PARMAR N, et al. Attention is all you need［Z］. 2017.
[19] GOODFELLOW I, POUGET-ABADIE J, MIRZA M, et al. Generative adversarial nets［Z］. 2014.
[20] SONG Y, ERMON S. Generative modeling by estimating gradients of the data distribution［Z］. 2019.
[21] HO J, ERMON S. Generative adversarial imitation learning［Z］. 2016.
[22] DHARIWAL P, NICHOL A. Improved denoising diffusion probabilistic models［Z/OL］. ［2024-12-01］. https：//doi. org/10. 48550/arXiv. 2102. 09672.
[23] TAN M, LE Q V. EfficientNet: rethinking model scaling for convolutional neural networks［Z］. 2019.
[24] ZHAO Y, DENG Y, BAO F, et al. Deep learning model for ultrafast multifrequency optical property ex-

tractions for spatial frequency domain imaging [J]. Opt Lett, 2018, 43 (22): 5669-5672.

[25] XU Z, WANG A, ZHAO G, et al. Three-dimensional reconstruction of industrial parts from a single image [J]. Visual Computing for Industry, Biomedicine, and Art, 2024, 7 (7): 1-12.

[26] HUI F, WEI C, SHANG GUAN W, et al. Deep encoder-decoder-NN: a deep learning-based autonomous vehicle trajectory prediction and correction model [J]. Physica A: Statistical Mechanics and its Applications, 2022, 593: 126869.

[27] GÜLTEKIN Ö, CINAR E, ÖZKAN K, et al. Multisensory data fusion-based deep learning approach for fault diagnosis of an industrial autonomous transfer vehicle [J]. Expert Systems with Applications, 2022, 200: 117055.

[28] ZOU Z, CHEN K, SHI Z, et al. Object detection in 20 years: a survey [J]. Proceedings of the IEEE, 2023, 111 (3): 257-276.

[29] VIOLA P, JONES M. Rapid object detection using a boosted cascade of simple features [C]//Proceedings of the 2001 IEEE computer society conference on computer vision and pattern recognition: CVPR 2001, 2001, 1: I-I.

[30] DALAL N, TRIGGS B. Histograms of oriented gradients for human detection [C] //2005 IEEE computer society conference on computer vision and pattern recognition (CVPR05). New York: IEEE, 2005: 886-893.

[31] FELZENSZWALB P, MCALLESTER D, RAMANAN D. A discriminatively trained, multiscale, deformable part model [C] //2008 IEEE conference on computer vision and pattern recognition. New York: IEEE, 2008: 1-8.

[32] GIRSHICK R, DONAHUE J, DARRELL T, et al. Rich feature hierarchies for accurate object detection and semantic segmentation [C] //Proceedings of the IEEE conference on computer vision and pattern recognition. New York: IEEE, 2014: 580-587.

[33] GIRSHICK R. Fast R-CNN [C]//Proceedings of the IEEE international conference on computer vision. New York: IEEE, 2015: 1440-1448.

[34] REN S, HE K, GIRSHICK R, et al. Faster R-CNN: towards real-time object detection with region proposal networks [J]. IEEE Transactions on Pattern Analysis and Machine Intelligence, 2017, 39 (6): 1137-1149.

[35] HE K, ZHANG X, REN S, et al. Spatial pyramid pooling in deep convolutional networks for visual recognition [J]. IEEE transactions on pattern analysis and machine intelligence, 2015, 37 (9): 1904-1916.

[36] LIN T Y, DOLLÁR P, GIRSHICK R, et al. Feature pyramid networks for object detection [C] //Proceedings of the IEEE conference on computer vision and pattern recognition. New York: IEEE, 2017: 2117-2125.

[37] REDMON J, DIVVALA S, GIRSHICK R, et al. You only look once: unified, real-time object detection [C]//Proceedings of the IEEE conference on computer vision and pattern recognition. New York: IEEE, 2016: 779-788.

[38] LIU W, ANGUELOV D, ERHAN D, et al. Ssd: single shot multibox detector [C] //Computer Vision-ECCV 2016. Berlin: Springer International Publishing, 2016: 21-37.

[39] LIN T Y, GOYAL P, GIRSHICK R, et al. Focal loss for dense object detection [C] //Proceedings of the IEEE international conference on computer vision. New York: IEEE, 2017: 2980-2988.

[40] TIAN Z, SHEN C, CHEN H, et al. Fcos: fully convolutional one-stage object detection [C] //Proceedings of the IEEE/CVF international conference on computer vision. New York: IEEE, 2019: 9627-9636.

[41] ZHOU X, WANG D, KRÄHENBÜHL P. Objects as points [Z/OL]. [2024-12-01]. https://doi.org/

10.48550/arXiv.1904.07850.

［42］ CARION N, MASSA F, SYNNAEVE G, et al. End-to-end object detection with transformers［C］//European conference on computer vision. Berlin：Springer International Publishing, 2020：213-229.

［43］ TREMEAU A, BOREL N. A region growing and merging algorithm to color segmentation［J］. Pattern Recognition, 1997, 30（7）：1191-1203.

［44］ ACHANTA R, SHAJI A, SMITH K, et al. SLIC superpixels compared to state-of-the-art superpixel methods［J］. IEEE Transactions on Pattern Analysis and Machine Intelligence, 2012, 34（11）：2274-2282.

［45］ BOYKOV Y Y, JOLLY M P. Interactive graph cuts for optimal boundary region segmentation of objects in N-D images［C］//Proceedings Eighth IEEE International Conference on Computer Vision. New York：IEEE, 2001：105-112.

［46］ MATHERON G. Random Sets and Integral Geometry［M］. New York：Wiley Press, 1975.

［47］ HOLLAND J H. Genetic algorithms and the optimal allocation of trials［J］. SIAM Journal on Computing, 1973, 2（2）：88-105.

［48］ LONG J, SHELHAMER E, DARRELL T. Fully convolutional networks for semantic segmentation［C］//Proceedings of the IEEE conference on computer vision and pattern recognition. New York：IEEE, 2015：3431-3440.

［49］ RONNEBERGER O, FISCHER P, BROX T. U-net：convolutional networks for biomedical image segmentation［C］//Medical Image Computing and Computer-Assisted Intervention-MICCAI 2015. Berlin：Springer International Publishing, 2015：234-241.

［50］ BADRINARAYANAN V, KENDALL A, CIPOLLA R. Segnet：a deep convolutional encoder-decoder architecture for image segmentation［J］. IEEE transactions on pattern analysis and machine intelligence, 2017, 39（12）：2481-2495.

［51］ CHEN L C, PAPANDREOU G, KOKKINOS I, et al. Semantic image segmentation with deep convolutional nets and fully connected crfs［Z/OL］.［2024-12-01］. https：//doi.org/10.48550/arXiv.1412.7062.

［52］ CHEN L C, PAPANDREOU G, KOKKINOS I, et al. Deeplab：semantic image segmentation with deep convolutional nets, atrous convolution, and fully connected crfs［J］. IEEE transactions on pattern analysis and machine intelligence, 2017, 40（4）：834-848.

［53］ VASWANI A, SHAZEER N, PARMAR N, et al. Attention is all you need［Z］. 2017.

［54］ HAN K, WANG Y, CHEN H, et al. A survey on vision transformer［J］. IEEE transactions on pattern analysis and machine intelligence, 2022, 45（1）：87-110.

［55］ CARION N, MASSA F, SYNNAEVE G, et al. End-to-end object detection with transformers［C］//European conference on computer vision. Berlin：Springer International Publishing, 2020：213-229.

［56］ DEVLIN J, CHANG M W, LEE K, et al. Bert：pre-training of deep bidirectional transformers for language understanding［Z］.［2024-12-01］. https：//doi.org/10.48550/arXiv.1810.04805.

［57］ SUTSKEVER I, VINYALS O, LE Q V. Sequence to sequence learning with neural networks［Z］. 2014.

［58］ HE K, ZHANG X, REN S, et al. Deep residual learning for image recognition［C］//Proceedings of the IEEE Conference on Computer Vision and Pattern Recognition. New York：IEEE, 2016：770-778.